Franz Halbartschlager · Gerhard Ruß

Algarve

Die schönsten Küsten- und Bergwanderungen

53 ausgewählte Touren

AF626999

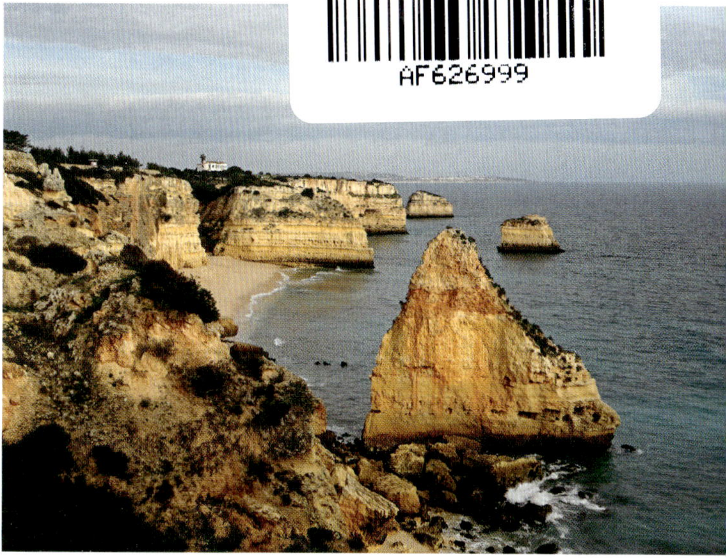

ROTHER
BERGVERLAG

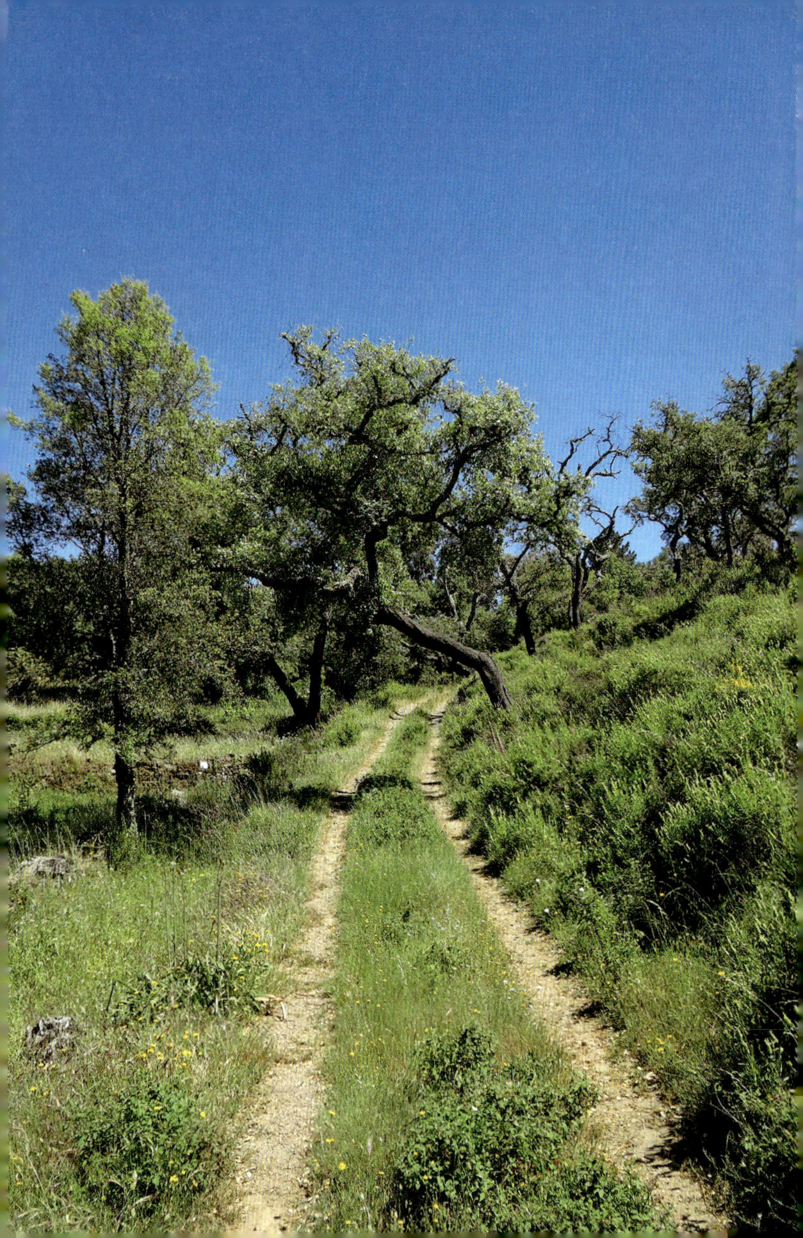

Umschlagbild: Leuchtturm am Cabo de São Vicente (Tour 8 und 10).

Bild im Innentitel: Die berühmten Sandsteinfelsen bei bei Ponta da Piedade (Tour 10).

Bild S. 42/43: Eindrucksvolle Steilküstenlandschaft zwischen Luz und Porto de Mós (Tour 10).

Alle Fotos von den Autoren.

Kartografie:
55 Wanderkärtchen im Maßstab 1:25.00 / 1:50.000 / 1:75.000 und 1:100.000
Geodaten © OpenStreetMap und Mitwirkende
Kartografisches Design: SHOCart (CZ), shocart.cz
sowie 2 Übersichtskärtchen im Maßstab 1:700.000 und 1:1.000.000
© Freytag & Berndt, Wien

Werk-Nr.: 4276

Die Ausarbeitung aller in diesem Führer beschriebenen Wanderungen erfolgte nach bestem Wissen und Gewissen der Autoren. Die Benützung dieses Führers geschieht auf eigenes Risiko. Soweit gesetzlich zulässig, wird eine Haftung für etwaige Unfälle und Schäden jeder Art aus keinem Rechtsgrund übernommen.

6., aktualisierte und erweiterte Auflage 2024
© Bergverlag Rother GmbH, München
ISBN 978-3-7633-4699-8

FSC www.fsc.org MIX Papier | Fördert gute Waldnutzung FSC® C147178

Wir freuen uns über jeden Korrekturhinweis zu diesem Wanderführer!
Bitte per E-Mail an: leserzuschrift@rother.de

ROTHER BERGVERLAG · Keltenring 17 · D-82041 Oberhaching
Tel. +49 89 608669-0 · rother.de

VORWORT

Fährt man von Lissabon in Richtung portugiesische Südküste, so passiert man nach den großen Weiten des Alentejo einen leichten, kaum wahrnehmbaren Hügelzug, bevor Schilder mit Sonnensymbolen entlang der Straße ankündigen, dass man nun eine andere Region Portugals erreicht hat: die Algarve, die Sonnenküste Portugals, die wichtigste Tourismusdestination des Landes. Tatsächlich merkt man auch landschaftlich einen deutlichen Unterschied. Die Schieferberge der Serra do Caldeirão und die roten Erden des Barrocal sind deutliche Hinweise darauf, dass die Algarve sich von der Landschaftsformung doch deutlich vom Rest des Landes unterscheidet.

In Portugiesisch ist das Wort »Algarve« männlich (also eigentlich »der Algarve«) und hat einen arabischen Ursprung. Das arabische Wort »al-gharb« bedeutet auf Deutsch »der Westen«. Bei uns hat sich die Bezeichnung »die Algarve« hartnäckig eingebürgert, sodass wir in diesem Wanderführer auch die weibliche Form belassen. Dass dieser Landstrich einen arabischen Namen trägt, weist auch darauf hin, dass die Algarve der letzte Teil des Landes war, der im Hochmittelalter in das christliche Königreich Portugal eingegliedert wurde. Allerdings gibt es nur wenige architektonische Reste aus der muslimisch-arabischen Vergangenheit der Algarve.

Die meisten Besucher der Algarve lassen sich von den fast 300 Sonnentagen anlocken, die im langjährigen Durchschnitt die portugiesische Südküste prägen. Lange Sandstrände und eindrucksvolle Klippenküsten mit eingelagerten Buchten, das ist das Bild der Algarve, das in den meisten Touristenprospekten zu finden ist. Tatsächlich findet Tourismus in diesem Teil des Landes zum überwiegenden Teil an der Küste statt. Das Hinterland wird von Besuchern oft kaum erkundet. Und gerade hier hat sich in den vergangenen Jahrzehnten sehr viel verändert. Durch den Boom an der Küste sind viele Dörfer im Hinterland verlassen worden und die Natur holt sich ehemaliges Kulturland wieder zurück.

Dieser Wanderführer möchte die Algarve als ein vielfältiges Wanderland präsentieren: Neben Wanderungen an der West- und Südküste enthält er besonders viele Wanderungen im hügeligen Hinterland, vielfach abseits von touristischen Routen. Alle Wanderungen wurden aktuell begangen und verlaufen zumeist auf markierten Wegen. Sollten Sie bei Ihren Wanderungen dennoch veränderte Gegebenheiten vorfinden, dann teilen Sie dies bitte dem Verlag mit.

Wir wünschen Ihnen vor allem viele schöne, erholsame und erlebnisreiche Wandertage in der Algarve!

Wien, im Frühjahr 2024 — Franz Halbartschlager und Gerhard Ruß

Landschaft im Hinterland der Algarve.

INHALTSVERZEICHNIS

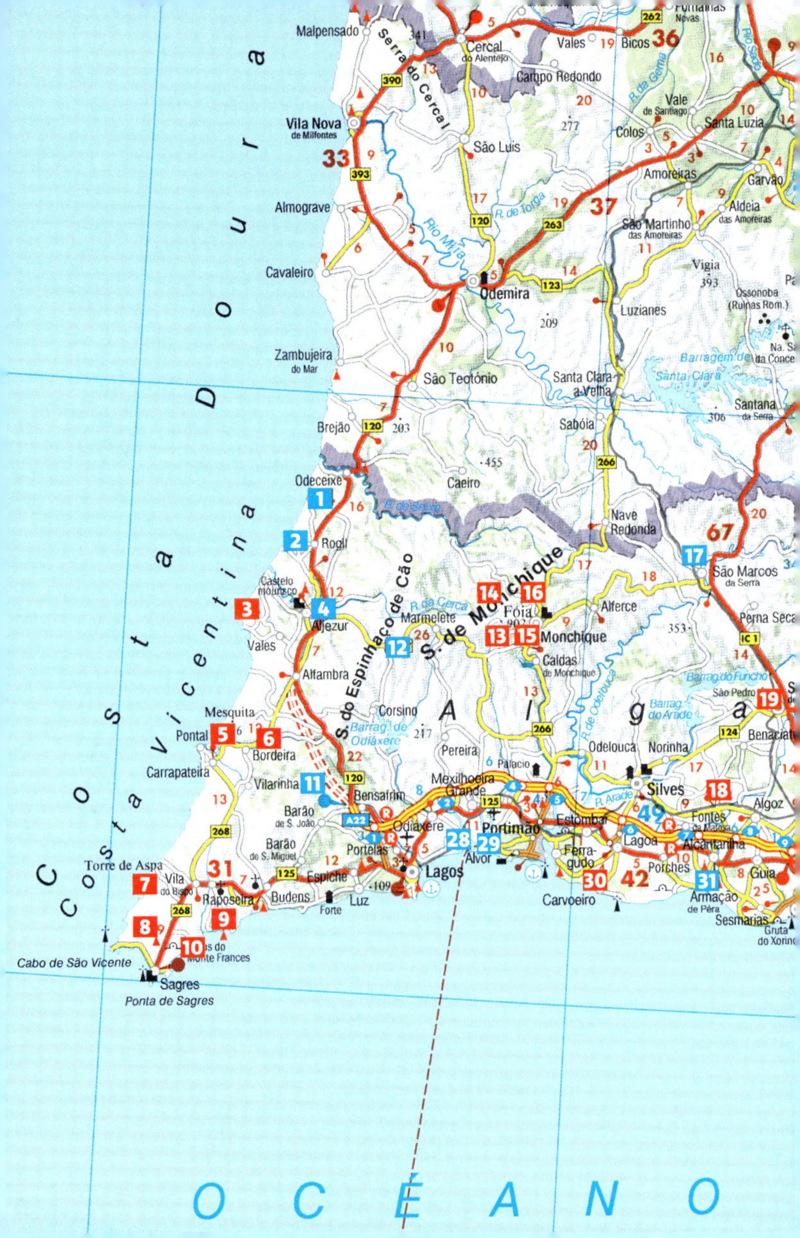
Costa Vicentina
Costa Doura
OCÉANO
Malpensado
Serra do Cercal
Cercal do Alentejo
Vales
Bicos
Campo Redondo
Vila Nova de Milfontes
São Luis
Colos
Vale de Santiago
Santa Luzia
Amoreiras
Garvão
Almograve
Aldeia das Amoreiras
São Martinho das Amoreiras
Rio Mira
Cavaleiro
Odemira
Vigia
Luzianes
Ossonoba (Ruínas Rom.)
Zambujeira do Mar
São Teotónio
Santa Clara a-Velha
Barragem de Santa Clara
Santana da Serra
Brejão
Sabóia
Odeceixe
Caeiro
Nave Redonda
Rogil
Castelo Mourisco
S. de Monchique
São Marcos da Serra
Aljezur
Marmelete
Fóia
Alferce
Monchique
Perna Seca
Vales
Caldas de Monchique
Alfambra
S. do Espinhaço de Cão
Barrag. do Funcho
Mesquita
Corsino
Barrag. de Odiáxere
Barrag. do Arade
São Pedro
Pontal
Bordeira
Pereira
Odelouca
Norinha
Benaciate
Carrapateira
Palácio
Vilarinha
Mexilhoeira Grande
Silves
Bensafrim
Algoz
Barão de S. João
Odiáxere
Portimão
Estômbar
Fontes da Matosa
Lagoa
Alcantarilha
Barão de S. Miguel
Portelas
Alvor
Ferragudo
Porches
Torre de Aspa
Vila do Bispo
Raposeira
Espiche
Lagos
Guia
Budens
Luz
Forte
Carvoeiro
Armação de Pêra
Sesmarias
Gruta do Xorino
Monte Frances
Cabo de São Vicente
Sagres
Ponta de Sagres

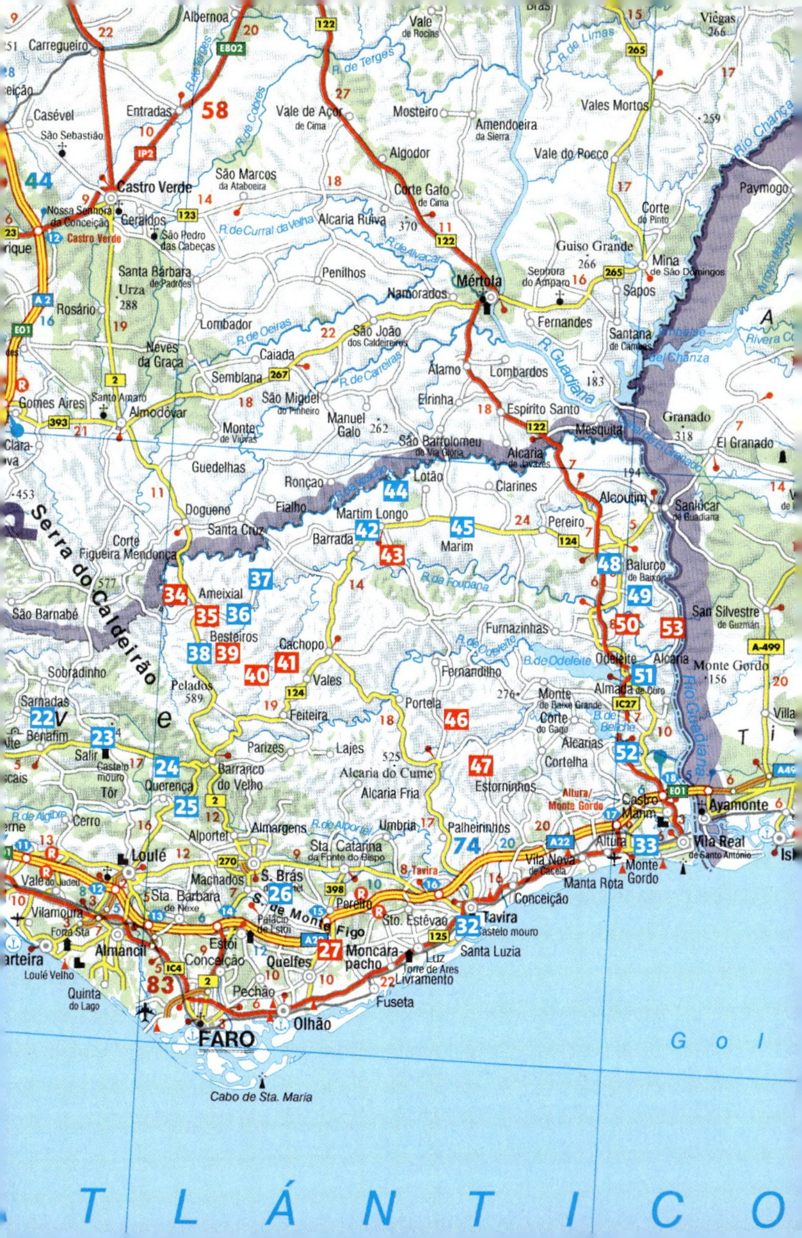

Albernoa
Carregueiro
Casével
São Sebastião
Entradas
Castro Verde
Nossa Senhora da Conceição
Geraldos
São Pedro das Cabeças
São Marcos da Ataboeira
R. de Curral da Velha
Alcaria Ruiva
Vale de Açor de Cima
Mosteiro
Amendoeira da Serra
Algodor
Corte Gafo de Cima
Vale do Poço
Vales Mortos
Viegas
R. de Limas
R. de Terges
R. de Cobres
Paymogo
Corte do Pinto
Guiso Grande
Mina de São Domingos
Senhora do Amparo
Sapos
Mértola
Namorados
Penilhos
Santa Bárbara de Padrões
Urza
Rosário
Lombador
R. de Oeiras
São João dos Caldeireiros
Fernandes
Santana de Cambas
Embalse del Chanza
Rivera Chanza
Rio Chança
R. Guadiana
Neves da Graça
Caiada
Semblana
São Miguel do Pinheiro
R. de Carreiras
Álamo
Lombardos
Eirinha
Espírito Santo
Mesquita
Granado
El Granado
Gomes Aires
Santo Amaro
Almodôvar
Monte de Viúvas
Manuel Galo
São Bartolomeu de Via Glória
Alcaria de Javazes
Guedelhas
Ronção
Lotão
Clarines
Alcoutim
Sanlúcar de Guadiana
Serra do Caldeirão
Dogueno
Fialho
Martim Longo
Marim
Pereiro
Santa Cruz
Barrada
Corte Figueira Mendonça
Balurco de Baixo
R. da Foupana
Ameixial
São Barnabé
Besteiros
Cachopo
Furnazinhas
R. de Odeleite
San Silvestre de Guzmán
B. de Odeleite
Odeleite
Alcaria
Monte Gordo
Sobradinho
Pelados
Vales
Fernandilho
Almada de Ouro
Rio Guadiana
Sarnadas
Benafim
Feiteira
Portela
Monte de Baixo Grande
Corte do Gago
Alcarias
B. de Beliche
Salir
Castelo mouro
Parizes
Lajes
Alcaria do Cume
Cortelha
Tôr
Querença
Barranco do Velho
Alcaria Fria
Estorninhos
Altura/Monte Gordo
Castro Marim
Ayamonte
R. de Algibre
Cerro
Alportel
Almargens
R. de Alportel
Umbria
Palheirinhos
Altura
Vila Real de Santo António
Loulé
Sta. Catarina da Fonte do Bispo
Tavira
Vila Nova de Cacela
Monte Gordo
Vale do Judeu
Machados
S. Brás
Manta Rota
Conceição
Sta. Bárbara de Nexe
S. de Monte Figo
Pereiro
Sto. Estêvão
Vilamoura
Palácio de Estoi
Castelo mouro
Forte Sta
Almancil
Estoi
Moncarapacho
Luz
Santa Luzia
Conceição
Quelfes
Torre de Ares
Loulé Velho
Pechão
Livramento
Quinta do Lago
Fuseta
Olhão
FARO
Cabo de Sta. Maria
G o l
T L Á N T I C O

TOP-TOUREN

Obwohl die Algarve nicht sehr groß ist, bietet die Region doch sehr unterschiedliche Wandermöglichkeiten hinsichtlich Länge und Charakter der Wege. Wir haben in jeder Region 1–2 Top-Touren ausgewählt, die unserer Meinung nach die schönsten Wanderungen in diesen Gebieten sind.

Über der Praia da Cordoama
Hohe Felsmauern, die bildhübsche Sandstrände voneinander trennen. Der Blick vom Miradouro da Cordoama auf das Wellenspiel ist ein eindrucksvolles Spektakel *(Tour 7, 4.15 Std.).*

Klippenweg von Lagos zum Cabo de São Vicente
Viele Postkartenmotive von berühmten Klippenlandschaften und einsame Sandbuchten *(Tour 10, 2 Tage).*

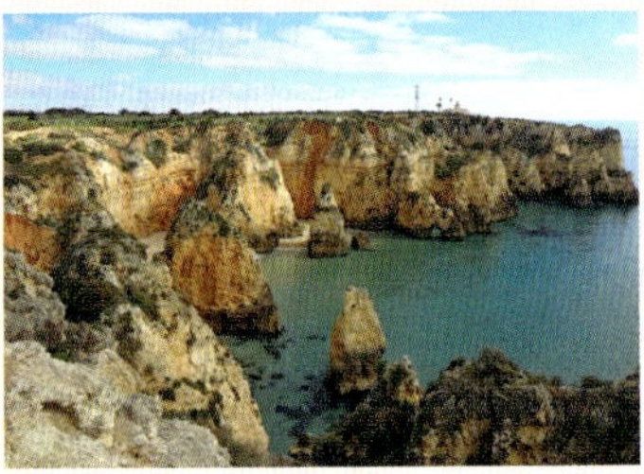

Die Route der Wasserfälle in der Serra de Monchique
Die schönste Wanderung im höchsten Gebirgszug Südportugals *(Tour 14, 6 Std.).*

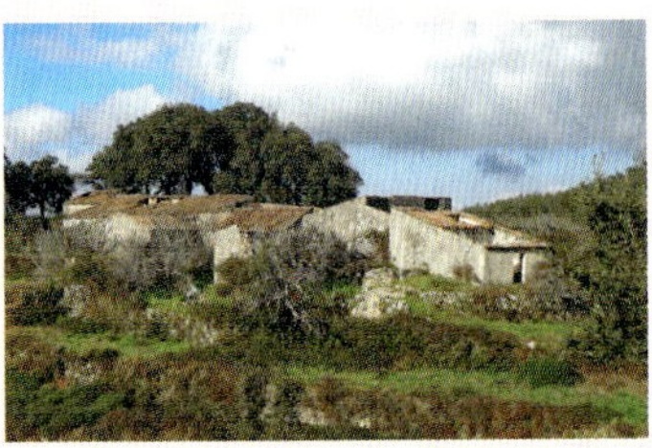

Megalithenweg von Vale Fuzeiros
Keine Wanderung Südportugals bietet derart viele Zeugnisse aus der Megalithzeit: Menhire, Dolmen und Nekropolen begleiten uns *(Tour 18, 2.15 Std.).*

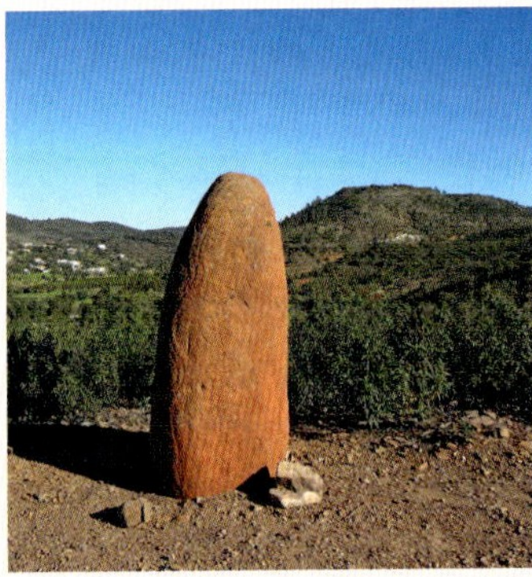

Der Aussichtsberg Rocha da Pena
Wanderung durch eine eindrucksvolle Karstlandschaft mit schönen Panoramablicken *(Tour 22, 2.30 Std.).*

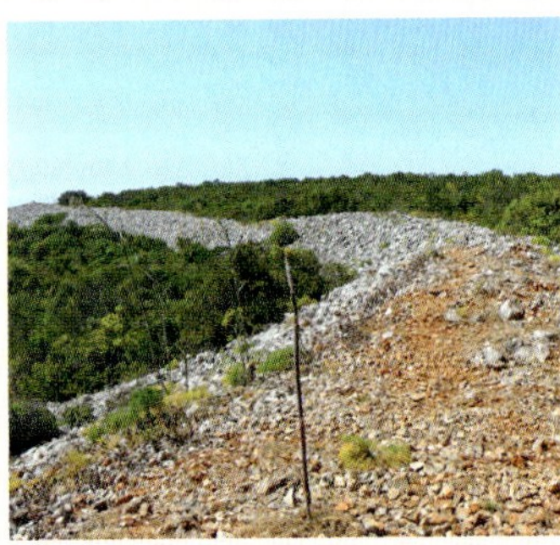

Der Weg der sieben hängenden Täler bei Carvoeiro
Atemberaubende Sandsteinküste zwischen Albufeira und Portimão. Der schönste Klippenpfad an der portugiesischen Südküste *(Tour 30, 2 Std.)*.

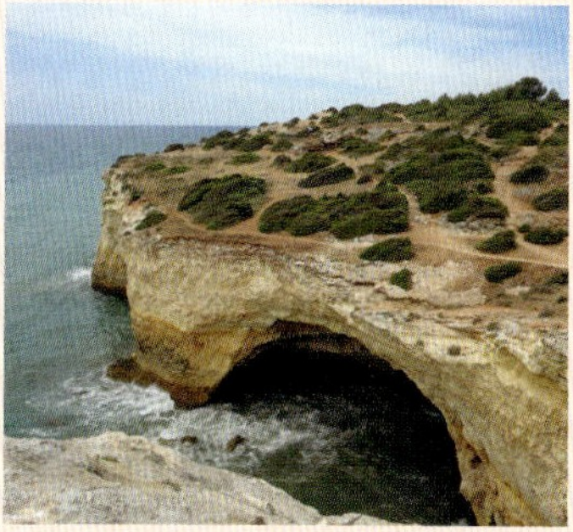

Runde um Azinhal dos Mouros
Einsames Hochland an der Grenze zum Alentejo *(Tour 34, 5.30 Std.)*.

Der Südrand der Serra do Caldeirão
Zwischen Tälern, Quellen und Flüssen, vorbei an verlassenen Dörfern: ein Potpourri an unvergesslichen Eindrücken im Küstenhinterland *(Tour 40, 7.30 Std.)*.

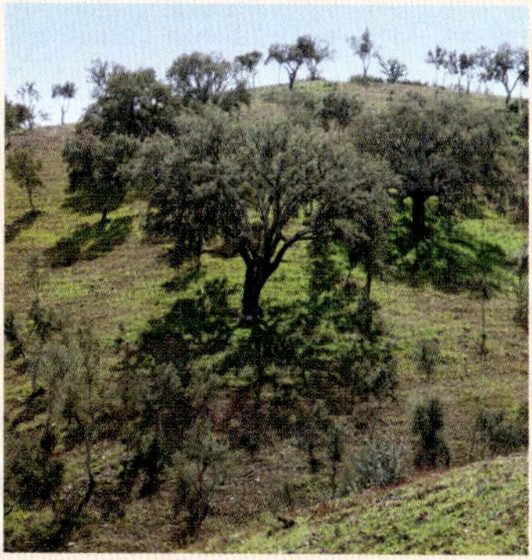

Mandelbaumweg bei Alta Mora
Auf Entdeckertour zu einem »Wahrzeichen« der Algarve *(Tour 46, 4 Std.)*.

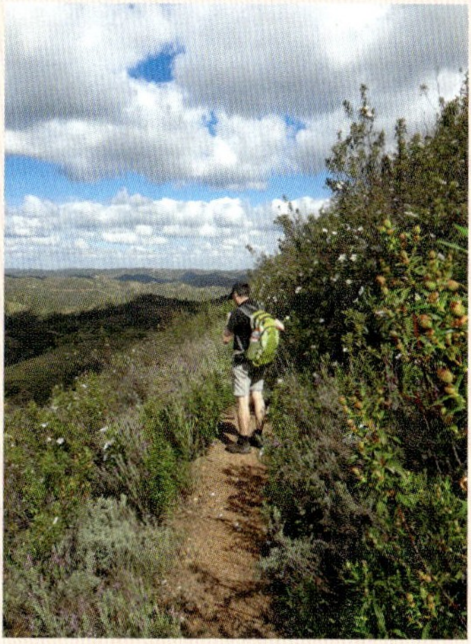

Am großen Fluss bei Laranjeiras
Die schönste Wanderung im größten Flusstal der Algarve mit zahlreichen Ausblicken auf den Guadiana *(Tour 49, 3.30 Std.)*.

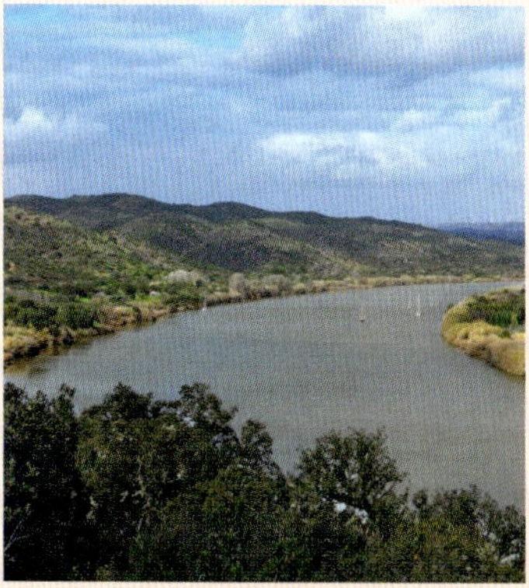

ALLGEMEINE HINWEISE

Anforderungen

Die meisten Wanderungen verlaufen auf deutlich erkennbaren und zumeist auch markierten Wegen. Dennoch erfordern einige Touren Orientierungssinn, zudem gute Kondition, Trittsicherheit und in Einzelfällen auch Schwindelfreiheit. Bei ungünstigen Wetterverhältnissen können sich die Anforderungen einiger Wege erheblich erhöhen.

Die zweifarbige Schwierigkeitsskala ermöglicht eine schnelle, erste Einordnung. Im Infoblock der jeweiligen Tour werden die Anforderungen dann im Detail beschrieben.

Die Tourfarben erklären sich wie folgt:

SCHWIERIGKEITSKATEGORIEN

■ = Leicht

Wanderungen auf meist breiten und durchgehend markierten Wegen; sie verlaufen vorwiegend eben oder mit nur leichten Anstiegen. Diese Wege sind nicht allzu lang (meist unter oder knapp über 10 km) und auch bei schlechtem Wetter gefahrlos zu begehen. Sie können auch von Kindern und älteren Menschen problemlos bewältigt werden.

■ = Mittel

Mittelschwere Wanderungen auf schmalen und zumeist durchgehend markierten Wegen. Sie sind in der Regel zwischen 10 und 18 km lang und können zum Teil steile An- und Abstiege enthalten. Trittsicherheit ist an manchen Stellen erforderlich. Im Normalfall können diese Wanderungen auch von wenig geübten Wanderern bewältigt werden.

Gehzeiten

Die Gehzeiten jeder Tour wurden anhand persönlicher Erfahrung ermittelt und entsprechen einem gemütlichen Wandertempo. Sie verstehen sich jedoch als reine Gehzeit ohne Fotopausen, Rastzeiten und Stopps zur Orientierung. Sie können je nach individuellem Wandertempo zum Teil auch erheblich nach oben oder unten abweichen. Es empfiehlt sich, zu Beginn eine kürzere Tour auszuwählen, um sich anhand dieser Vergleichswerte einordnen zu können.

Ausrüstung

Von wenigen Ausnahmen an der zentralen Südküste (Touren 28, 29, 31, 32 und 33) abgesehen, sind bei den meisten Touren gut eingetragene knöchelhohe Wanderschuhe mit rutschfester Profilsohle anzuraten. Wanderstöcke bringen vor allem bei längeren Touren mit steilen An- und Abstiegen eine spürbare Entlastung der Beine bzw. der Gelenke und helfen beim Ausbalancieren.

Auch bei der Überquerung von Bächen und Flüssen leisten sie gute Dienste. Portugal ist ein sehr wettersicheres Land. Dennoch sollten Regen-, Wind- und Kälteschutz im Tagesrucksack nicht fehlen. Zu empfehlen sind zudem leichte und strapazierfähige Wanderhosen. Die meisten Touren können prinzipiell von Frühling bis Herbst mit kurzen Hosen gewandert werden. Allerdings wird bei manchen Touren auf schmalen Pfaden Gras- und Buschland (manchmal mit Stechginster) durchquert; hierfür sind lange Hosenbeine anzuraten. Für alle Situationen ideal sind daher Wanderhosen mit abnehmbaren Hosenbeinen. In der heißen Jahreszeit ist ausreichender Sonnenschutz unabdingbar. Neben Sonnencreme mit hohem Schutzfaktor ist auch eine Kopfbedeckung ratsam.
Die meisten Touren in diesem Wanderführer (insbesondere im Küstenhinterland) verlaufen durch einsame Landschaften, wo es keine Einkehrmöglichkeiten gibt. Viele Dörfer verfügen über keine Geschäfte, Cafés oder Restaurants. Deswegen ist es in der Regel notwendig, Verpflegung und ausreichend Wasser auf die Wanderungen mitzunehmen.

Anfahrt

Bei jeder Wanderung werden Angaben zur Anfahrt gemacht. Gibt es eine Möglichkeit mit öffentlichen Verkehrsmitteln, weist ein Bussymbol neben der Überschrift darauf hin. Die Anfahrt mit dem Pkw ist jeweils von der nächstgelegenen Kreishauptstadt aus beschrieben. Um die Orientierung zu erleichtern, werden die Straßennummern bei den Toureninformationen (z. B. N396) mit angegeben. Eine gute Straßenkarte oder ein aktuelles Navi-

Bucht von Boca do Rio bei Salema (Tour 10).

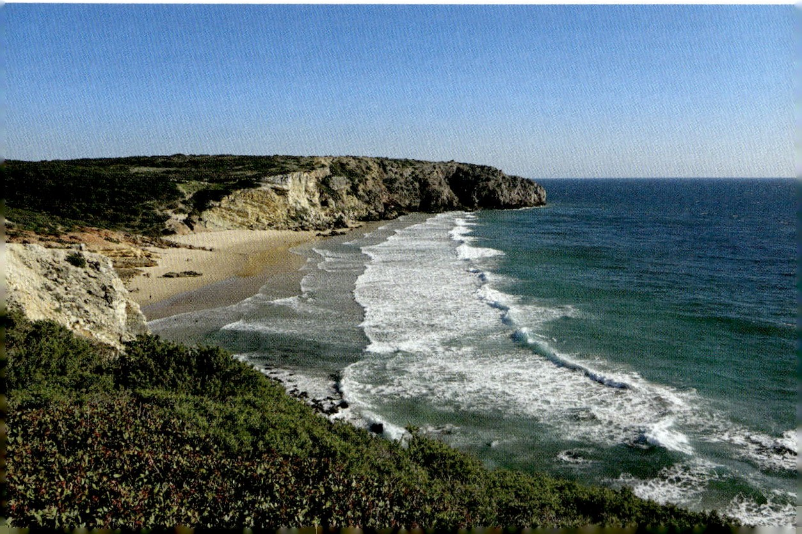

gationsgerät sind zusätzlich zu empfehlen. Viele markierte Wanderungen in Portugal starten in Dorfzentren oder an gut ausgeschilderten Stellen. Bei markierten Wegen befindet sich am Ausgangspunkt in der Regel eine Informationstafel, die Angaben zu Wegverlauf und Dauer enthält.
Das öffentliche Verkehrsnetz ist in Portugal – entgegen vielen Informationen in Reiseführern – recht gut ausgebaut. Viele Wanderungen können mit öffentlichen Bussen erreicht werden. Man sollte sich jedoch bei der Planung bewusst sein, dass die Busse zum Teil selten fahren, manchmal Umsteigen nötig ist und sich auch Fahrpläne laufend ändern. Die bequemere und Zeit sparendere Variante für den Wanderurlaub ist daher ein Mietfahrzeug.
Detaillierte Informationen zum öffentlichen Verkehr und wichtige Informationsquellen sind unter »Informationen und Auskunft« auf den Seiten 19–22 zu finden.

Wegenetz und Markierungen

Es ist in Portugal schwierig, auf gänzlich unmarkierten Wegen zu wandern. Es fehlt dafür an gutem Kartenmaterial (s. u.), auch sind viele Wege durch Zäune und private Weiden blockiert bzw. ist ein Querfeldeinwandern in der sehr häufig anzutreffenden Macchienlandschaft gänzlich unmöglich. Deswegen ist es ratsam, auf markierten und angelegten Wegen unterwegs zu sein. Das Netz der Wanderwege wächst, besonders in den Naturschutzgebieten. Viele der hier beschriebenen Touren verlaufen auf diesen offiziellen Wegen. Dennoch werden auch diese in manchen Fällen von heute auf morgen geschlossen, weil sich manche neue Grundbesitzer davon gestört fühlen, dass Wanderer in die Nähe ihrer Häuser kommen. Besonders stark ist dieser Rückgang an Wandermöglichkeiten in den Küstengebieten zu beobachten, wo ständig neue, von Zäunen umgebene Apartmenthäuser er-

SYMBOLE

Symbole im Tourenkopf
- Mit Bahn/Bus erreichbar
- Einkehrmöglichkeit
- für Kinder geeignet

Symbole im Höhenprofil
- Ort mit Einkehrmöglichkeit
- Einkehrmöglichkeit, Café
- eingerichteter Parkplatz
- Hafen
- Strand/Bademöglichkeit
- Wasserfall
- Quelle
- Gipfel
- Pass, Sattel/Brücke
- Abzweigung
- Kirche, Kapelle
- Kastell, Turm, Ruine
- archäologische Stätte
- Picknickplatz
- Aussichtsplatz
- Leuchtturm
- Höhle

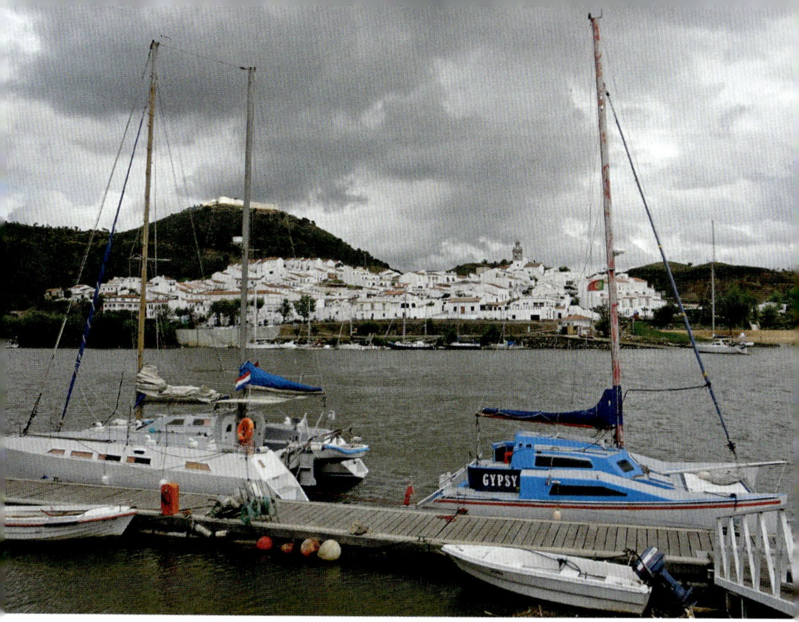

Blick auf Sanlúcar de Guadiana.

richtet werden. So sind Wege, die im Vorjahr noch zu begehen waren, plötzlich gesperrt.

In Portugal gibt es ein sehr logisches und einheitliches Markierungssystem: Die sogenannten »Pequenas Rotas« (PR), die »kurzen Wege«, sind immer gelb-rot markiert. »Pequenas Rotas« sind in der Regel eintägige Touren von bis zu 20 km Länge; sie werden meist von Gemeinden markiert und instandgehalten. Daneben gibt es »Grandes Rotas« (GR), Weitwanderwege, die immer eine weiß-rote Markierung tragen. Die Wegemarkierungen sind meist systematisch und gut sichtbar angebracht.

Neben farblichen Markierungen findet man in Portugal häufig mit Steinmännchen gekennzeichnete Wege. Das kann manchmal verwirren, weil Steinmännchen alternative Verläufe oder andere Einstiege anzeigen.

Der Großteil der in diesem Führer beschriebenen Touren sind Rundwanderungen. Bei den drei ausgewählten Streckenwanderungen (Tour 10, Tour 32 und Tour 53) können die Rückwege jeweils mit öffentlichen Verkehrsmitteln oder mit einem Taxi bewerkstelligt werden.

Viele Wanderwege in der Algarve folgen breiten oder schmäleren Erdstraßen. An der Küste gibt es zudem oftmals Klippenpfade. Abschnittsweise folgen die Wege nicht selten auch Asphaltstraßen oder betonierten Wegen, insbesondere, wenn die Wanderungen Dörfer durchqueren.

Weitwanderwege

Der bekannteste Weitwanderweg der Algarve ist die »Via Algarviana« (GR 13, via-algarviana.com). Sie ist rund 300 km lang und führt auf 14 Etappen von Alcoutim (Nordosten der Algarve, Grenze zu Spanien) bis zum Cabo de São Vicente (Südwestkap). Zudem gibt es entlang der Route markierte Zuwanderwege von Bahnhöfen der Kreisstädte.

Parallel zur südlichen Westküste Portugals verläuft die sogenannte »Rota Vicentina« (rotavicentina.com), ein Weitwanderweg mit zwei Optionen. Der »Caminho Histórico« (Historischer Weg, GR 11, weiß-rot markiert) führt von Santiago do Cacém im Alentejo auf 11 Etappen und rund 213 km zum Cabo de São Vicente. Er ist Teil des europäischen Weitwanderweges (E 9) und verläuft meist nicht unmittelbar an der Küste, sondern etwas im Landesinneren. Direkt an der Steilküste führt der sogenannte Fischerpfad (»Trilho dos Pescadores«, grün-blau markiert) von der Praia de São Torpes (südlich von Sines) bis nach Lagos (an der Südküste). Er umfasst 13 Etappen und ist 226 km lang. Die beiden Weitwanderwege haben an einigen Stellen Übergänge / Verbindungswege, wodurch Kombinationen der beiden Weitwanderwege möglich sind (vgl. dazu Rother Wanderführer »Rota Vicentina«). In diesem Wanderführer sind die Etappen 12 und 13 des Fischerpfades von Lagos bis Sagres als zweitägige Streckenwanderung enthalten (Tour 10).

Die »Grande Rota do Guadiana« (Guadiana-Weitwanderweg, GR 15, weiß-rot markiert) führt im Südosten Portugals am Grenzfluss Guadiana entlang. Der Weg startet in Mértola (Alentejo, Parque Natural do Vale do Guadiana) und gliedert sich in 6 Etappen auf 105 km Länge. Zudem gibt es ein paar zusätzliche Wandervarianten (u. a. auch auf Seiten Andalusiens). In diesem Wanderführer sind die Etappen 3–6 des Guadiana-Weitwanderweges von Alcoutim bis Vila Real de Santo António als viertägige Streckenwanderung enthalten (Tour 53).

GPS-TRACKS UND KOORDINATEN DER AUSGANGSPUNKTE

Auf **gps.rother.de** stehen zu diesem Wanderführer GPS-Tracks und die Koordinaten der Ausgangspunkte zum kostenlosen Download bereit. Dieser QR-Code führt direkt zum Download.
6. Auflage, Passwort: **427606wza**
Die GPS-Tracks können in die **Rother App** importiert werden. In der App kann man unterwegs stets sehen, wo man gerade ist und wo es langgeht. **Anleitungen dazu: rother.de/gps**
Trotz sorgfältiger Prüfung können wir Fehler und zwischenzeitliche Veränderungen nicht ausschließen. Verlassen Sie sich für die Orientierung niemals einzig und allein auf die GPS-Daten, sondern beurteilen Sie die Verhältnisse vor Ort.

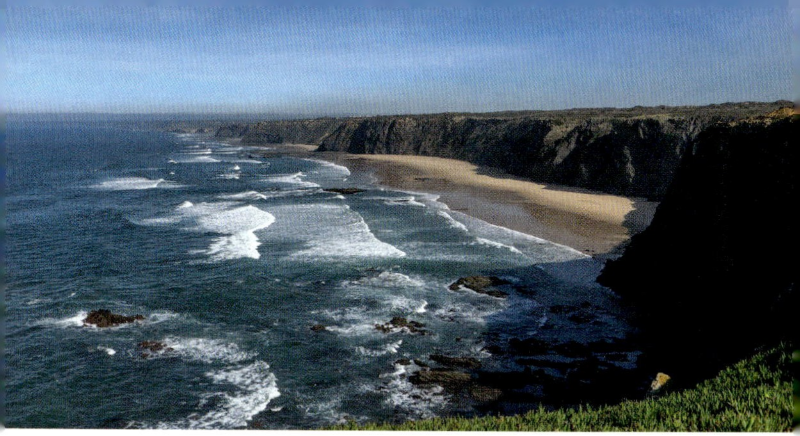

Blick von der Ponta da Atalaia auf die Praia do Medo da Fonte Santa.

Der »Percurso Descoberta« (GR 23) ist ein 45 km (3 Etappen) langer Weitwanderweg um Cachopo, der einen Einblick in das ländliche Leben der Serra do Caldeirão ermöglicht.
Bemühungen, einen Küstenwanderweg von Faro bis Cabo de São Vicente anzulegen, sind bisher gescheitert und aufgrund gegensätzlicher touristischer Interessen (Hotels und Apartments an der Küste und in Buchten versus einsame Klippenpfade) ist dieses Vorhaben auch schwerlich umsetzbar. Dennoch sind weite Teile der portugiesischen Südküste auch per Wanderweg erkundbar.

Karten und Reiseführer

Jede Tourenbeschreibung enthält ein Kärtchen mit Routeneintrag und ein Höhenprofil. Dies ist in der Regel ausreichend zur Orientierung. Topographische Wanderkarten wie in Mitteleuropa sonst üblich gibt es in Portugal nicht. Für viele Touren können aber bei den genannten Informationsstellen Faltblätter von sehr unterschiedlicher Qualität erworben werden. Die Tourismusbehörde der Algarve hat zudem in den letzten Jahren einen »Wanderführer Algarve« in verschiedenen Sprachen (auch in Deutsch) herausgegeben. Empfehlenswert für eine grundlegende Orientierung ist die überblicksartige Wanderkarte »Algarve – mapa de estradas e percursos pedestres«, die erstmals 2015 im Verlag GeoBloco erschienen ist. Zu den oben erwähnten Weitwanderwegen Via Algarviana (via-algarviana.com) und Rota Vicentina (rotavicentina.com) gibt es gutes Kartenmaterial online und in gedruckter Form, wie z. B. die beiden Karten »Costa Vicentina« von freytag & berndt, Maßstab 1:50.000, Erscheinungsjahr 2023. Besonders hilfreich und mit gutem Kartenmaterial ausgestattet ist die Website WIP – Wandern in Portugal (wiportugal.org), die Kartenausschnitte für Tages-

Der Umwelt zuliebe ...

Auch beim Wandern hinterlassen wir einen ökologischen Fußabdruck, aber im Einklang mit der Natur unterwegs zu sein, ist gar nicht so schwer!

VORBEREITUNG UND ANFAHRT

- Sich vorab informieren, worauf in Bezug auf Natur und Umwelt in der jeweiligen Wanderregion besonders zu achten ist.
- Soweit möglich mit Bahn und Bus anreisen, Wander- und Rufbusse nutzen.
- Ist eine Anfahrt mit dem Auto nötig, Fahrgemeinschaften bilden.
- Bei weiten Anfahrten Mehrtagestouren planen oder von einem Quartier vor Ort aus mehrere Touren absolvieren.
- Flugreisen möglichst reduzieren und durch Beiträge zu Klimaschutzprojekten kompensieren.

KLEIDUNG UND AUSRÜSTUNG

- Beim Kauf von Outdoor-Kleidung auf umweltfreundliche und faire Herstellung achten und Kleidungsstücke möglichst viele Jahre nutzen.
- Ausrüstung kann man eventuell auch gebraucht kaufen oder ausleihen.
- Reparieren statt neu kaufen.

VERPFLEGUNG

- Beim Einkauf Bio-Ware, regionale und saisonale Erzeugnisse bevorzugen.
- Hütten und Gasthäuser auswählen, die regionale Produkte verwenden.
- Auf Einwegflaschen und Plastikverpackungen verzichten, stattdessen wiederverwendbare Trinkflaschen und Brotzeitboxen benutzen.

ÜBERNACHTUNG

- Bei lokalen Anbietern buchen, damit Menschen vor Ort profitieren.
- Auf Hütten und in anderen Unterkünften Strom und Wasser sparen.

UNTERWEGS

- Wege benutzen und Abkürzer vermeiden.
- Sperrungen von Wegen und Schutzgebieten respektieren.
- Keine Blumen pflücken und keine Pflanzen entnehmen.
- Waldbrandgefahr beachten.
- Müll wieder mit nach Hause nehmen und dort entsorgen.
- Toilettengänge in freier Natur möglichst vermeiden.
- Lärm vermeiden.
- Hunde an die Leine nehmen.

ROTHER
BERGVERLAG

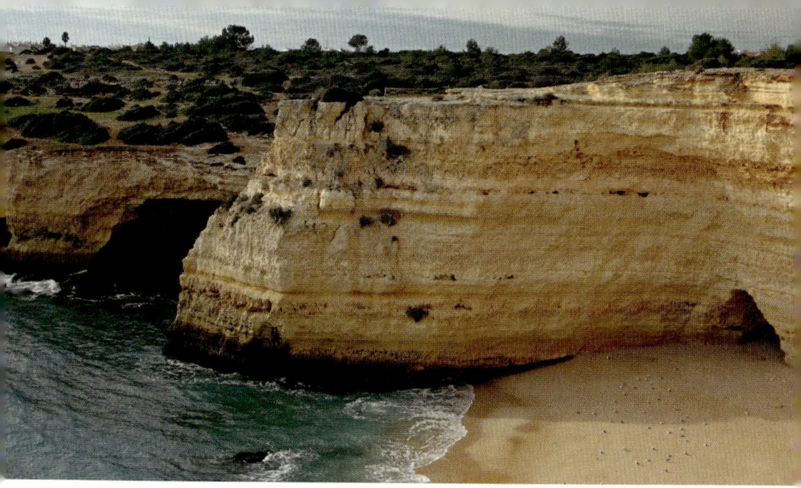

Eindrucksvolle Sandsteinküste bei Benagil (Tour 30).

touren wie auch für Weitwanderwege zum Download (z. T. kostenpflichtig) enthält. Viele Karten auf dieser Website basieren auf den detailreichen Karten des Instituto Geográfico e Cadastral (igeo.pt), die im Maßstab 1:50.000 zur Verfügung stehen. Sie können im Original beim Institut bestellt werden. Für die Anfahrt sind gute Straßenkarten mit Straßennummern zu empfehlen. Leider wurden in den letzten Jahren viele neue Straßen gebaut, wodurch die Aktualität rasch verloren geht. Die besten Straßenkarten für die Region bieten Michelin: Portugal Sul – Algarve, Maßstab 1:300.000 (Blattnummer 593) und Freytag & Berndt: Spanien – Portugal, Maßstab 1:700.000. Reiseführer zur Algarve gibt es im deutschsprachigen Raum in großer Zahl, zum Beispiel von DuMont, Michael Müller, Baedeker und Reise Know-How.

Verhalten unterwegs

Ein Grundprinzip sollte sein: Verhalten Sie sich der Umwelt gegenüber respektvoll, damit auch nachfolgende Wanderer die Natur genießen können. Wer in Gruppen wandert, sollte sich am schwächsten Wegbegleiter orientieren. Langsames, rhythmisches und gleichmäßiges Gehen ist in der Regel energiesparender als schnelles Wandern mit häufigem Anhalten. Pausen und regelmäßiges Trinken sind wichtig.

Idealerweise hinterlassen Sie auf den Wanderungen nur Ihre Fußabdrücke. Wenn Sie mit dem Auto anreisen, dann parken Sie so, dass niemand behindert wird. Hinterlassen Sie keine Abfälle und bitte pflücken Sie keine geschützten Pflanzen. Wenn Sie auf Tore und Gatter treffen, dann hinterlassen Sie diese in dem gleichen Zustand, wie Sie sie angetroffen haben.

Wald- und Buschbrände sind ein großes Problem im sommerlichen Portu-

gal. Deswegen ist ein sehr vorsichtiger Umgang mit Feuer ausgesprochen wichtig. Das Anfachen von kleinen Lagerfeuern kann extreme Folgen haben und wird mit hohen Strafen geahndet. Löschen Sie Zigaretten und Streichhölzer mit größter Vorsicht und besonders sorgfältig.

Gefahren

Die Wanderwege an sich bergen – bei entsprechender Ausrüstung und Selbsteinschätzung – keine Gefahren. Klettersteige und ausgesetzte Passagen sind in dieser Region ganz selten anzutreffen. Bei einigen Touren müssen Bäche und Flussläufe auf Trittsteinen überquert oder manchmal auch gefurtet werden. Hier kann es jahreszeitlich bedingt Hochwasser geben. In den ersten Monaten des Jahres empfiehlt es sich, bei der lokalen Bevölkerung oder bei Tourismusinformationsstellen diesbezüglich nachzufragen.
Das Wetter ist in Portugal in der Regel sehr stabil. Plötzlich einfallende Unwetter mit heftigen Niederschlägen sind in dieser Klimaregion ausgesprochen selten. Dennoch ist es ratsam, bei längeren Touren und unsicheren Wetteraussichten einen Wetterbericht abzufragen.
Gefahren, die von Wildtieren ausgehen, sind kaum bekannt. Zwar gibt es in Portugal einige Giftschlangen (Ottern- und Vipernarten), es wurde in den vergangenen Jahren jedoch über keinen Biss berichtet. Hingegen sollte man bei domestizierten Tieren (Kühe, Schafe, Ziegen), denen man immer wieder begegnet, vorsichtig sein. Manche Wege kreuzen offene Tierweiden. Den Wanderern wird empfohlen, den Tieren ihren Freiraum zu lassen und Berührungen zu vermeiden. Im Küstenhinterland sind viele Bienenvölker anzutreffen. Auch hier ist es ratsam, um die in der Regel deutlich sichtbaren Bienenhäuser einen großen Bogen zu machen.
Plagegeister und durchaus gefährlich können Hunde sein. Leider ist es in Portugal noch immer weit verbreitet, vor Häusern oder Gartenhäuschen Wachhunde anzuketten. Viele von ihnen gebärden sich verständlicherweise aggressiv. Auch frei herumlaufende Hunde können Wanderern durch lautes und bedrohliches Gebell Schrecken einjagen. Auch hier ist es ratsam, einen weiten Bogen um die Tiere zu machen, deren Grenzen zu respektieren und keine Gewalt anzuwenden.
Es wurde oben bereits auf die Waldbrandgefahr hingewiesen. Diese besteht vor allem in den Sommermonaten und ist zumeist ein lokales Problem. Falls ein Waldbrand in der unmittelbaren Wanderregion ausbricht, sollte die Wanderung nicht durchgeführt werden.

Wandern mit Kindern

Die für Kinder besonders attraktiven Wanderungen sind durch ein entsprechendes Symbol in der Titelzeile gekennzeichnet. Auch viele der anderen Touren sind für Kinder grundsätzlich geeignet. Je nach Alter und Wanderbegeisterung kann die Familie selbst entscheiden, was an Länge und Anforderungen in Frage kommt.

INFORMATIONEN UND ADRESSEN

Anreise

Der internationale Flughafen der Algarve liegt etwas westlich der Stadt Faro. Er wird mit Linienflügen der TAP (Transportes Aéreos Portugueses), Lufthansa, Eurowings und Swiss sowie durch mehrere Charterfluggesellschaften von vielen größeren Flughäfen Deutschlands, der Schweiz und Österreichs aus angeflogen.
Flughafen Faro: faro-airport.com.

Auskunft

Portugal unterhält in vielen europäischen Ländern Konsulate und angeschlossene Fremdenverkehrsämter, bei denen man Informationen erhält.

- **Deutschland:** AICEP – Portugiesisches Fremdenverkehrsamt, Zimmerstr. 56, D-10117 Berlin, Tel. +49 30 2541060.
- **Österreich:** ICEP – Portugiesische Handelsdelegation – Touristikzentrum, Opernring 1/2. OG, A-1010 Wien, Tel. +43 1 5854450.
- **Schweiz:** Portugiesisches Touristikbüro – Office du Tourisme du Portugal, Zeltweg 15, CH-8032 Zürich, Tel. +41 432688768.

Tourismusinformationen der Kreisstädte

- **Aljezur:** Rua 25 de Abril 62, Tel. +351 282 998 229, cm-aljezur.pt
- **Vila do Bispo:** Paços do Concelho, Tel. +351 282 630 600, cm-viladobispo.pt
- **Lagos:** Rua Candido dos Reis 58, Tel. +351 969 227 868, lagosportugal-guide.com
- **Monchique:** Largo de S. Sebastião, Tel. +351 282 911 189, cm-monchique.com
- **Portimão:** Largo 1° de Dezembro, Tel. +351 282 402 487, visitportimao.com
- **Lagoa:** Largo de Carvoeiro, Tel. +351 282 357 728, cm-lagoa.pt
- **Silves:** Praça do Município 3, Tel. +351 282 440 800, cm-silves.pt
- **Albufeira:** Rua 5 de Outubro, Tel. +351 289 585 279, cm-albufeira.pt
- **Loule:** Avenida 25 de Abril 9, Tel. +351 289 463 900, cm-loule.pt
- **Faro:** Rua da Misericórdia 8–12, Tel. +351 289 803 604, faro.pt
- **São Brás de Alportel:** Rua Dr. Victorino Passos Pinto 1–5, Tel. +351 289 840 210, cm-sbras.pt
- **Olhão:** Largo Seb. Martins Mestre, Tel. +351 289 700 100, cm-olhao.pt
- **Tavira:** Praça da República 5, Tel. +351 281 322 511, tavira.algarvetourist-guide.com
- **Alcoutim:** Rua 1° de Maio, Tel. +351 281 546 179, cm-alcoutim.pt
- **Castro Marim:** Rua Dr. José Alves Moreira 2–4, Tel. +351 281 531 232, cm-castromarim.pt
- **Vila Real Santo António:** Av. Infante D. Henrique, Tel. +351 281 544 495, cm-vrsa.pt

Nützliche Internetseiten

Tourismusauskünfte und Informationen zu Portugal und speziell zur Algarve: visitportugal.com (Website der portugiesischen Tourismusbehörde mit umfangreichen touristischen Informationen), visitalgarve.pt sowie das Informationsportal: portugal-live.net.

Die Website des Instituto da Conservação da Natureza e das Florestas informiert über alle Naturschutzgebiete in Portugal: icnf.pt.

Unterkunft

Im Küstenbereich und in den Kreishauptstädten verfügt die Algarve über ein gutes Angebot an Hotels in verschiedenen Kategorien. In den Dörfern im Hinterland sind Unterkünfte aber rar. Dort bieten sogenannte »Turismo Rural« gemütliche Zimmer mit Familienanschluss und oft mit Frühstück. Häufig sprechen die Besitzer allerdings nur Portugiesisch. Leider gibt es bisher keine Website, die das volle Angebot abbildet. Eine gute Auswahl, jedoch ohne regionale Suchfunktion, findet sich auf der Website visitportugal.com.

Wer traditionellen Komfort, reichhaltiges und authentisches Essen sowie Übernachtungen in gediegenen historischen Bauwerken schätzt, sollte sich bei den »Pousadas« umsehen. Die ehemals staatlichen Hotels (*** oder ****Kategorie) sind meist in historischen Gebäuden untergebracht. Das Preisniveau liegt ca. 25 % über den landesüblichen Preisen: pousadas.pt.

Größer wird derzeit das Angebot an Apartments und Ferienhäusern. In der Umgebung der größeren Naturschutz- und Wandergebiete gibt es auch ein breites Angebot an Campingplätzen (port. »Parque de Campismo«). Eine gute Übersicht bietet: camping.info.

Feiertage

Kirchliche Feiertage: Karfreitag, Fronleichnam, Mariä Himmelfahrt (15. August), Allerheiligen (1. November), Mariä Empfängnis (8. Dezember) und Weihnachten (25. Dezember).

Staatliche Feiertage: 1. Januar, 25. April (Tag der Nelkenrevolution), 1. Mai, 10. Juni (Portugiesischer Nationalfeiertag), 5. Oktober (Tag der Ausrufung der Ersten Republik), 1. Dezember (Tag der Restauration).

Notruf

Zentrale Notrufnummer (Polizei, Ambulanz, Feuerwehr): 112 (gebührenfrei, auch Englisch). Notruf bei Waldbrand: 117.

Pannennotdienst (Automóvel Club de Portugal, acp.pt): Tel. 707 509 510 (24-Stunden-Service).

Telefonvorwahl

Vorwahl von Portugal nach Deutschland: 0049 bzw. +49; nach Österreich: 0043 bzw. +43; in die Schweiz: 0041 bzw. +41.

Vorwahl aus dem Ausland nach Portugal: 00351 bzw. +351.

Verkehrsmittel

Pkw: Mietautos kann man recht unkompliziert am Flughafen von Faro reservieren und abholen. Darüber hinaus bieten Autoverleiher auch Abhol- und Rückgabestellen in den größeren Städten der Algarve an.
Das Straßennetz ist in Portugal sehr gut ausgebaut. Auf Autobahnen wird eine kilometerabhängige Mautgebühr (Roadpricing) erhoben. Zurzeit gibt es nur noch wenige Autobahnen, auf welchen diese Gebühr in bar oder mit Kreditkarte bezahlt werden kann. Bei den meisten Autobahnen erfolgt die Gebührenerhebung automatisch durch ein Abnahmegerät im Auto. Die Autovermieter erheben für das automatische Abbuchgerät zusätzlich Verleihgebühren.
Ausländische Touristen, die mit dem eigenen Fahrzeug nach Portugal einreisen und auf Autobahnen unterwegs sind, müssen für die Dauer des Aufenthaltes ein elektronisches Ablesegerät anmieten. Dieses ist erhältlich an Zahlstellen direkt nach der Grenze, an Autobahntankstellen oder in Postämtern. Dort muss ein entsprechender Mietvertrag abgeschlossen und eine Kaution hinterlegt werden. Das Gerät wird im Anschluss mit einem Guthaben (pro Woche) aufgeladen. Informationen auch auf portugaltolls.com und viaverde.pt.
Die Straßennummerierung in Portugal ist manchmal etwas unübersichtlich und verwirrend. Eine gute Straßenkarte und/oder ein Navigationsgerät sind hilfreich.
Taxi: Taxifahrten sind in Portugal sehr kostengünstig und können daher auch für die Anfahrt zu Wanderstrecken in Erwägung gezogen werden. Allerdings gibt es Taxiunternehmen in der Regel nicht in den kleinen Dörfern.
Bus: Der öffentliche Verkehr ist in Portugal – entgegen den Informationen in vielen Reiseführern – sehr gut ausgebaut. Viele der beschriebenen Wanderungen sind mit öffentlichen Verkehrsmitteln erreichbar. Dies kostet jedoch viel Zeit und benötigt eine gute Vorbereitung.
Das Unternehmen »EVA-Bus« (eva-bus.com) betreibt das größte Streckennetz in der Algarve. Es bedient lokale, regionale und überregionale Streckennetze mit modernen Bussen. Die Fahrpreise sind günstig.
Das »Rede Nacional de Expressos« (rede-expressos.pt) bietet regionale und überregionale Busfahrten an der Algarve und von der Algarve in andere Landesteile Portugals an.
Kommunale Bus-Dienste werden von den meisten Kreisstädten innerhalb ihres Bezirkes angeboten. Informationen dazu sind in den re-

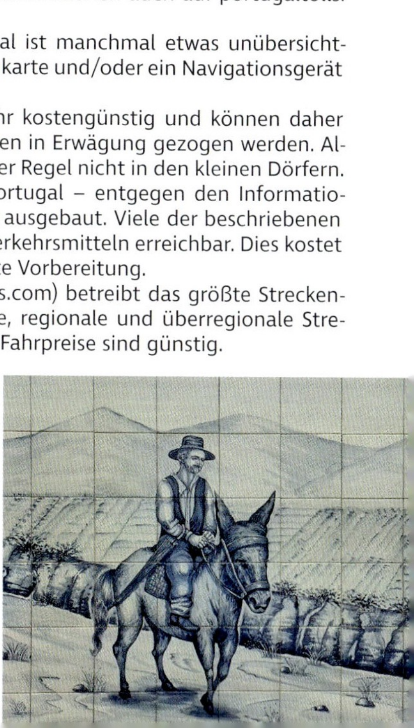

Der Esel, Haupttransportmittel vergangener Zeiten.

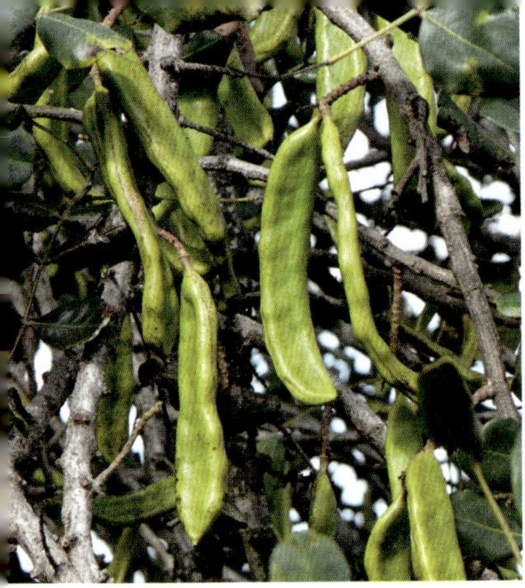

Schoten des Johannisbrotbaumes.

gionalen Tourismusbehörden zu bekommen. An Wochenenden besteht in der Regel nur eingeschränkter Verkehr.

Eisenbahn: In Portugal werden Züge von der portugiesischen Eisenbahngesellschaft »Caminhos de Ferro Portugueses« (CP, Website cp.pt) betrieben. Die Züge sind sauber, pünktlich und preisgünstig.

Fahrgäste können mit der Bahn nahezu die ganze West-Ost-Ausdehnung der Algarve befahren, nämlich eine Strecke zwischen Lagos im Westen und Vila Real de Santo António unmittelbar an der Grenze zu Spanien im Osten.

Wandervereine

Die Zahl der Wandergruppen und Wandervereine in Portugal wird laufend größer, auch in Portugal eine Folge der COVID-19-Pandemie. Auf den Webseiten der Gruppen und bei Bloggern gibt es gelegentlich auch gute Tipps für neu entdeckte Touren. Sie sind jedoch ausschließlich auf Portugiesisch verfasst.
caminhadas.com.pt: Webportal zum Wandern in Portugal.

Gesundheit

Leider passieren beim Wandern gelegentlich auch kleinere Unfälle, sodass man auf medizinische Versorgung vor Ort angewiesen ist. Das Gesundheitswesen in Portugal ist gut ausgebaut. Neben dem staatlichen Gesundheitsdienst mit einem Netz an zumeist modern ausgestatteten Krankenhäusern gibt es eine wachsende Anzahl von privaten Arztpraxen. Auf dem Land sind die sogenannten »Centros da Saúde«, Gesundheitszentren, im Krankheitsfall und bei medizinischen Notfällen wie z. B. Knochenbrüchen, Verbrennungen und sonstigen Verletzungen die erste Anlaufstelle. Gesundheitszentren gibt es in allen Kreisstädten. Falls ein Krankenhausaufenthalt notwendig wird, gibt es in vielen größeren portugiesischen Hospitälern inzwischen einen speziellen Service für ausländische Patienten: Anamnese und Diagnosegespräche auf Englisch.

Nicht verordnungspflichtige Medikamente, Salben und Verbände bekommt man in Apotheken und teilweise auch in Supermärkten. Das Netz an Apotheken (port. »a farmácia«) ist gut ausgebaut. Jede Kreisstadt verfügt zumeist über mehrere Apotheken. Schwierig ist die medizinische Erstversorgung in den kleinen Dörfern. Hier hilft im Notfall oft nur der internationale Notruf 112.

ALGARVE: LAND UND LEUTE

Die Region Algarve

Die Algarve ist die südlichste Region Festland-Portugals. Von oben betrachtet bildet sie eine Art Rechteck mit einer Seitenlänge von rund 150 km (Ost-West-Ausdehnung) bzw. rund 50 km (Nord-Süd-Ausdehnung) und einer Fläche von fast 5000 km² (ca. 5,6 % der Landesfläche Portugals). Im Osten bildet der Guadiana-Fluss die Grenze der Algarve zu Andalusien. An der Süd- und Westküste wird das Land vom Atlantik umspült. Im Norden grenzt die Algarve an die weiten Ebenen des südlichen Alentejo. Die Gebirgszüge der Serra de Monchique im Westen und der Serra do Caldeirão im Osten bilden dort eine Barriere.

Betrachtet man die Verwaltungsgrenzen Portugals, dann ist die Algarve auch einer der 20 Distrikte des Landes, mit Faro als Hauptstadt. Der Distrikt gliedert sich in 16 Kreise, die nach ihren Kreishauptstädten benannt sind. Das sind von West nach Ost: Aljezur, Vila do Bispo, Monchique, Lagos, Portimão, Silves, Lagoa, Albufeira, Loulé, Faro, São Brás de Alportel, Olhão, Tavira, Alcoutim, Castro Marim und Vila Real de Santo António.

Heute leben rund 450.000 Menschen (ca. 4,5 % der Gesamtbevölkerung) an der Südküste Portugals. Der unmittelbare Küstensaum ist dicht besiedelt und zumeist auch dicht verbaut. Das Hinterland hingegen hat in den letzten Jahrzehnten zunehmend an Bevölkerung verloren. Bis in die 1960er-Jahre waren Landwirtschaft (v. a. Obst- und Gemüseanbau sowie Korkproduktion) und Fischerei die wichtigsten wirtschaftlichen Säulen dieser Region. Dann begann der große Tourismusboom an der Küste, was zu einer gewaltigen »Landflucht« (eigentlich zu einer Bevölkerungsverlagerung vom Hinterland in Richtung Küste) führte. Heute werden viele der ehemals typischen landwirtschaftlichen Kleinbetriebe im Hinterland der Algarve nicht mehr bewirtschaftet, verlassene Höfe und Dörfer prä-

Blumenpracht im Hinterland der Algarve.

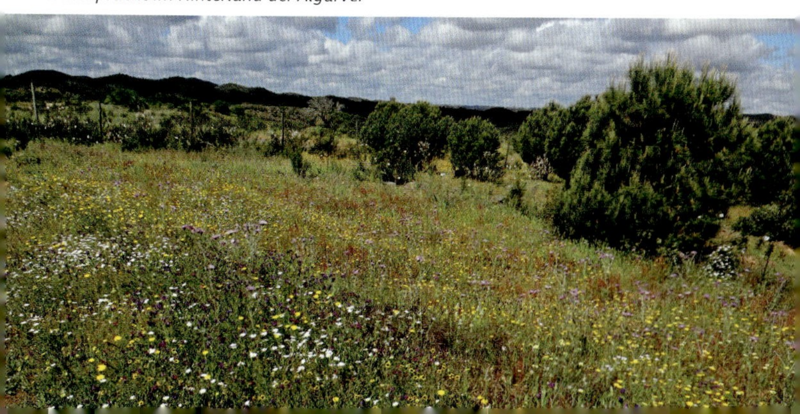

gen das Landschaftsbild. Dennoch, gänzlich verschwunden sind die landwirtschaftlichen Betriebe nicht. In den Flussniederungen des Barrocal, der Übergangsregion zwischen Küste und Gebirge, sind in den letzten Jahren sogar neue landwirtschaftliche Gebiete für Orangen- und Zitronenhaine erschlossen worden. Boden und Klima sind dafür besonders gut geeignet.

Großlandschaften und Geologie

Die Algarve gliedert sich in vier Großlandschaften: die Gebirge im Norden (Serra de Monchique und Serra do Caldeirão), den Barrocal im Zentrum, die Küsten im Westen und im Süden sowie das Flusstal des Guadiana (inkl. der angrenzenden Hochebene im Nordosten). Die Gliederung des Wanderführers folgt diesen Großlandschaften und unterteilt zudem noch die Küsten sowie die Gebirge in jeweils zwei Abschnitte.

Auf einer vergleichsweise kleinen Fläche bietet die Algarve eine große landschaftliche Vielfalt: Steilküsten und Dünenlandschaft, Mittelgebirge, Flusstäler und Hochebenen. Der geologische Untergrund prägt die Landschaftsformen. Die Gebirge bestehen aus Tonschiefer (Serra do Caldeirão) sowie Schiefer, Graniten und Gneisen (Serra de Monchique). Die Hügellandschaft erreicht durchschnittlich eine Höhe zwischen 300 und 500 Metern. Im Westen, in der Serra de Monchique, liegt mit der Fóia (902 m) die höchste Erhebung der Algarve. Die Gebirge Monchique und Caldeirão machen etwa die Hälfte der Landesfläche aus. Dieser Teil des Landes ist dünn besiedelt und touristisch wenig relevant.

Der Barrocal ist eine Vorgebirgslandschaft und schließt im Süden an die Mittelgebirge an. Das Hügelland besteht aus Kalk- und Sandstein. Hier gibt es eindrucksvolle Karstformationen. In den fruchtbaren Flusstälern wird Landwirtschaft (Obst- und Gemüseanbau) betrieben.

Der lange Küstensaum ist die wohl bekannteste Großlandschaft der Algarve. Die Bilder der Sandsteinküste (z. B. Praia da Rocha oder Ponta da Piedade) sind auf vielen Tourismusprospekten Portugals zu finden und zeigen malerische Formationen aus gelben und rötlichen Sandsteinen. Die Küsten sind im Westen und Südwesten steile Klippenküsten (z. T. bis 100 m hoch) mit gelegentlich eingelagerten Sandbuchten. Dieser Abschnitt wird als »Fels-Algarve« bezeichnet. Zwischen Lagos und Faro liegen berühmte, vom Massentourismus heimgesuchte Badestrände. Hier wechseln sich Steilküste und Badebuchten ab. Ab Faro ostwärts beginnt die »Sand-Algarve«. Sie

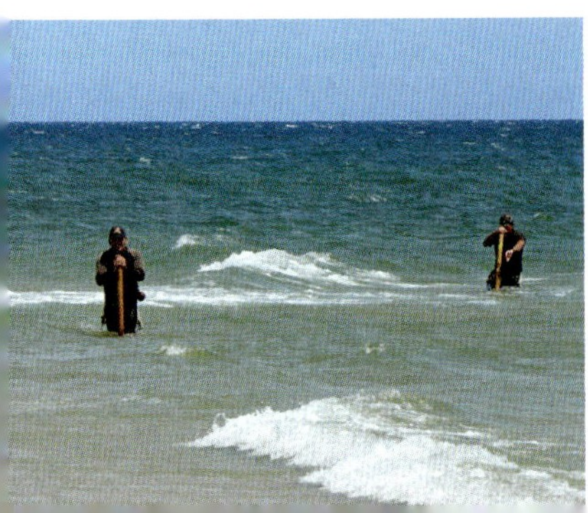

Schneckenfischer auf der Ilha de Tavira (Tour 32).

Märkte
In fast jeder größeren Ortschaft der Algarve werden regelmäßig Märkte abgehalten. Eine Übersicht der originellsten:
Albufeira: 1. und 3. Di im Monat; Alcoutim: 1. Mai Töpfermarkt mit Volkstanz; Algoz: 2. Mo im Monat; Alte: 3. Do im Monat; Estói: 2. So im Monat; Faro: 1. Fr und Sa im Monat (Blumen!); Lagos: 1. Sa im Monat am Busbahnhof; Loulé: Jeden Sa um die Markthalle; Moncarapacho: 1. So im Monat; Monchique: 26.–28. Okt. (breite Angebots-Palette!); Olhão: jeden Sa; Pereiro: 4. So im Monat; Portimão: 1. Mo im Monat; Quarteira: jeden Mi; São Brás de Alportel: jeden Sa; Sagres: 1. Fr im Monat; Silves: 3. Mo im Monat.

Sport
Die Algarve bietet ideale Voraussetzungen für das Mountainbiking – vor allem im Hinterland und im Monchique-Gebirge. Viele der hier beschriebenen Touren können auch mit dem Mountainbike durchgeführt werden. Zahlreiche Golfplätze zählen zu den schönsten Europas. Die Meeresküsten ermöglichen alle Arten von Wassersport vom Surfen und Segeln über Wellenreiten (besonders an der West- und Südwestküste bis zur Praia do Zavial) bis zu Wasserski. Vor allem an den Felsen der Westküste und zwischen Lagos und dem Cabo de São Vicente finden Taucher zahlreiche sehr attraktive Reviere.

Schiffsausflüge
Von vielen Städten der Südküste aus werden Schiffsausflüge entlang der Küste angeboten. Sie können auch in die Planung mancher Küstenwanderung einbezogen werden. Sehr empfehlenswert ist die Bootsfahrt von Lagos zur Ponta da Piedade. Ihren ganz besonderen Reiz haben die Fluss-Ausflüge auf dem Rio Arade von Portimão nach Silves und von Vila Real auf dem Rio Guadiana.

Strände
»Wer an der Algarve seinen Lieblingsstrand nicht finden kann, dem ist nicht zu helfen.« Wenige Landstriche bieten eine derartige Vielfalt an Möglichkeiten, das Meer zu besuchen, ob an den klippengefassten, gefährlich brandungsexponierten Stränden der Westküste, wo nur an bewachten Stellen gebadet werden sollte, an den kleinen und großen Sandbuchten der Felsalgarve oder an den schier unendlichen Sandufern der Inseln des Sotavento bis zu den Fluss- und Bachstränden im Hinterland.
Die Algarve bietet jedem Besucher seinen schönsten Strand – er muss nur suchen können. Die beschriebenen Wanderungen führen zu vielen der schönsten Strände der Algarve.

Feste
Ende Jan./Anfang Feb.: Mandelblütenfest in Vilamoura. Feb.: Karnevals-Dienstag (besonders in Loulé, Moncarapacho, Portimão). Feb./März: Ährenfest in Salir, Würstefest in Alte. 2. Sonntag nach Ostern: Festa da Mãe Soberana in Loulé. 1. Mai: Festa da Grande Fonte in Alte. 13. Juni: Fest des hl. Antonius in Faro. Juni: Festival de Cerveja (Bierfest) in Silves. Mitte Juli: Feira do Carmo (großes Volksfest) in Faro. 17. Juli: Festa do Carmo (Wasserprozession) in Fuzeta. Aug.: Fest der Sardinen in Olhão. Sept.: Festa do Beato São Vicente in Albufeira. Okt.: Feira de Santa Iria (großer Jahrmarkt) in Faro, Oktobermarkt in Monchiqe.

KLIMATABELLE

		Jan	Feb	Mrz	Apr	Mai	Jun	Jul	Aug	Sep	Okt	Nov	Dez	Ø
Tag	°C	15	16	18	20	22	25	28	28	26	22	19	16	21
Nacht	°C	9	10	11	13	14	18	20	20	19	16	13	10	12
Wasser	°C	16	15	16	16	17	18	19	20	20	19	17	16	17
Regentage		9	7	10	6	4	1	0	0	2	6	8	9	62

besteht aus einer flachen Küste mit vorgelagerten Düneninseln und einer Art Lagunenlandschaft, die im Osten in den Golf von Cádiz (Andalusien) übergeht.
Ganz im Osten liegt das größte Flusstal der Algarve. Der Guadiana und seine Nebenflüsse durchschneiden die Hügellandschaft der Schieferberge und bilden mit der vergleichsweise großen Süßwassermasse einen eigenen Klimaraum. Der Nordosten der Algarve, jenseits der Schieferberge, ist eine Hochebene, die dem südlichen Alentejo ähnelt.

Klima

An der Algarve herrscht ein mildes Klima mit wenig Regenfällen und vielen Sonnentagen. Es gibt große Ähnlichkeiten zum mediterranen Klima. Die meisten Niederschläge fallen im Winter, in der Regel von November bis März. Der Frühling beginnt früh und besticht durch die Fülle farbenfroher Blüten. Eindrucksvoll ist die Blüte der Zistrosen in den Schieferbergen der Serra do Caldeirão im April und Mai. Ab Juni steigen die Temperaturen stark an. Die Sommer an der Algarve sind sonnig, heiß und trocken, werden jedoch an der Küste durch kühle Meeresbrisen gemildert. In den Hitzemonaten Juli und August wirkt die Landschaft ausgedörrt, im Hinterland kann es bis zu 40 °C heiß werden. Wandern ist dann allenfalls an der Küste zu empfehlen. Dort weht fast immer eine kühlende Brise und man kann Küstenwanderungen mit Badestopps in den Buchten verbinden. Die Herbsttage an der Algarve sind milde, die Nächte können jedoch schon abkühlen. September und Oktober sind gute Monate für Wanderreisen an die Algarve. Ab Mitte November kann bereits der Winterregen einsetzen. In der Regel sind aber noch im Dezember die Temperaturen angenehm mild in Südportugal und viele der hier beschriebenen Touren können auch problemlos im Winter begangen werden. Im Januar und Februar kann es in den Bergen (v. a. in der Serra de Monchique) während der Nacht auch Minustemperaturen geben. Tagsüber werden aber Temperaturen bis zu 15 °C erreicht.
Wind spielt in der Algarve, besonders an der Küste, eine große Rolle. In diesem Sinn wird die Algarve in zwei »Großlandschaften« eingeteilt. »Berlavento« wird der westliche Teil des Landes genannt. In der Bezeichnung steckt der portugiesische Begriff für Wind (vento). Berlavento bedeutet frei übersetzt etwa »die dem Wind zugewandte Seite« (Luv). Hier weht also ganzjährig ein vom Atlantik kommender, mitunter starker Wind. Die Windgeschwin-

digkeit in Sagres, der Siedlung im äußersten Südwesten Europas, liegt im Jahresdurchschnitt bei 19 km/h. Sturmartige Winde können dort mit höherer Wahrscheinlichkeit auftreten. Als »Sotavento« wird im Gegensatz dazu die »dem Wind abgekehrte Seite« im Osten des Landes bezeichnet.

Flora

Die Algarve bietet eine spektakuläre Pflanzenwelt, die das Land im Laufe eines Jahres immer wieder in ein Blütenmeer verwandelt. Doch diese Pflanzendecke hat sich im letzten Jahrhundert stark verändert. Heute ist ein Großteil der Algarve landwirtschaftliche Nutzfläche oder Wald. Besonders das Hinterland (verlassene Bauernhöfe) wird aufgeforstet.
Die ursprüngliche Vegetation der Algarve ist durch Pflanzen aus dem Mittelmeerraum geprägt. Stein- und Korkeichen waren neben den buschartigen Erdbeerbäumen (portugiesisch »medronheiro«), dem Seidelbast oder auch dem Oleander die wichtigsten Baumarten. Der Korkeiche begegnet man beim Wandern im Hinterland der Algarve auf Schritt und Tritt. Portugal deckt heute fast 50 % der Weltkorkproduktion. Zwar gilt der Alentejo als das Kerngebiet der Korkeichenwälder Portugals, aber auch weite Teile der Algarve sind von Korkeichenwäldern bedeckt. São Brás de Alportel gilt als die Korkhauptstadt der Algarve.
Korkeichen können nach rund 30 Jahren alle 10 Jahre »geschält« werden. Die häufig zu sehende, am Stamm der Bäume aufgepinselte Zahl zeigt das Jahr der letzten Ernte. Auch der Erdbeerbaum spielt in der Algarve eine wichtige Rolle. Aus den Früchten des Baumes wird der Medronho gewonnen, ein traditioneller, klarer und sehr geschmackvoller Obstschnaps. Das Zentrum der Medronho-Herstellung ist die Serra de Monchique.
An Kulturpflanzen wurden Oliven-, Feigen-, Mandel- und Johannisbrotbäume in die Algarve eingeführt. Heute trifft man jedoch Zitrusfrüchte (Orangen, Mandarinen und Zitronen) besonders häufig an. Der weiß blühende

Öffentliche Waschstelle in Mesquita Alta (Tour 26).

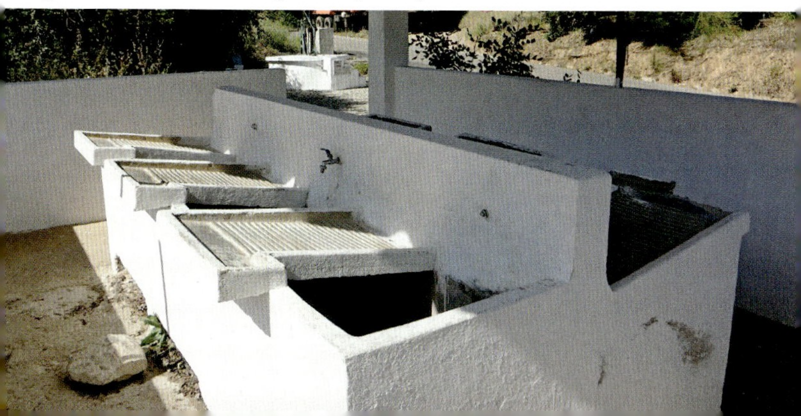

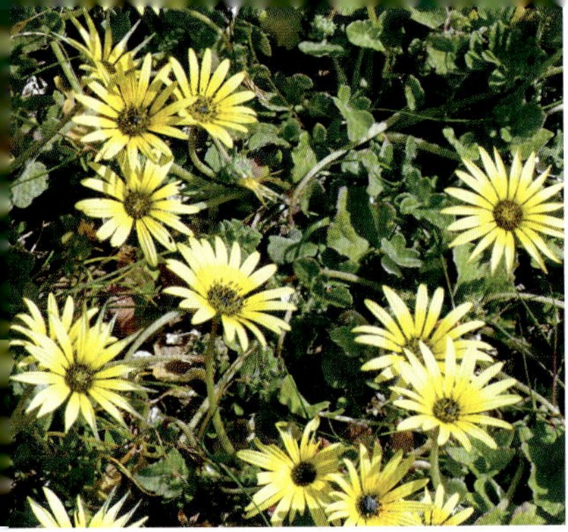

Blütenpracht in der Algarve.

Mandelbaum gilt als ein Symbol Südportugals. Bereits im Januar beginnt in der Algarve die Mandelblüte. Die Früchte werden im Herbst geerntet. Der Großteil der Bäume, denen man auf Wanderungen immer wieder begegnet, tragen jedoch ungenießbare Bittermandeln. Der Johannisbrotbaum mit seinen langen Fruchtschoten war früher ein wichtiger Kulturbaum in der Algarve. Die Früchte wurden als Futtermittel gebraucht, aber auch zermahlen und als Mehl für Brot- und Süßspeisen verwendet. Heute ist die Zahl der Johannisbrotbäume in der Algarve im Rückgang.

Für die oben erwähnten Aufforstungen im Hinterland werden Pinien und Eukalyptus verwendet. Der Eukalyptusbaum war in dieser Region ursprünglich nicht heimisch. Da Eukalyptus aber ein sehr rasch wachsendes Holz ist und viel Zellstoff für die Papierindustrie gebraucht wird, wurden große Flächen mit Eukalyptus-Monokulturen bepflanzt. Bedenklich sind die ökologischen Auswirkungen: Eukalyptus entzieht dem Boden viel Wasser, daher sinkt der Grundwasserspiegel in der Region. Zudem verhindern abgefallene Blätter der Eukalyptusbäume dauerhaft fast jedes Unterholz.

Außerhalb der Wälder trifft man in der Algarve auf eine üppige Buschlandschaft, »mato« (Gestrüpp oder Dickicht) genannt. Dieser Macchia-Bewuchs macht Wandern abseits von ausgetretenen Wegen nahezu unmöglich. Die Zusammensetzung dieser Buschvegetation ist je nach Region sehr unterschiedlich. Stachelige Kermes-Eichen sind weit verbreitet, daneben auch Zistrosen, die im April/Mai weite Teile der Landschaft in ein weißes Blütenmeer verwandeln. In Küstennähe wächst Phrygana, eine Art Kugelbuschgewächs. Auch Lavendelbüsche (mit unterschiedlichen Blütenfarben) und Mimosen sind Bestandteil dieser Buschlandschaft.

Blühende Wildblumen prägen die Wiesen. Zwischen Februar und Juni verwandelt sich die Landschaft in ein üppiges Blütenmeer, wobei gelb die dominante Farbe ist. Schöllkraut, Butterblumen und Sandröschen eröffnen den Blütenreigen, später folgen Pimpernellen und Lilienarten. Im Karst des Barrocal findet man verschiedene Orchideenarten (z. B. Knabenkraut). Eindrucksvoll sind auch die Mittagsblumen (hellgelb oder violett blühend), die vorwiegend in Küstennähe gedeihen.

Fauna

Auch die Tierwelt der Algarve hat für aufmerksame Beobachter viel zu bieten. Auf den Wanderungen trifft man zumeist auf Nutztiere: Ziegen, Schafe,

Rinder, (schwarze) Schweine und Esel. Viele Bauernhöfe sind jedoch inzwischen verlassen und damit werden auch diese »Tierbegegnungen« weniger. Mit der Cabra Algarvia gibt es auch eine autochthone Ziegenrasse, aus deren Milch schmackhafter Ziegenfrischkäse hergestellt wird.
Hunden begegnet man in der Algarve beim Wandern besonders häufig. Leider ist das Anketten von Hunden vor Häusern oder Schrebergärten in Portugal noch sehr verbreitet. Man sollte diesbezüglich nicht schreckhaft sein, einen weiten Bogen um die Tiere machen und ihre Grenzen respektieren. Die Algarve ist Heimat einer besonderen Hunderasse, des portugiesischen Wasserhundes. Der Körper des mittelgroßen und robusten Hundes ist mit widerstandsfähigem Haar ohne Unterwolle bedeckt, außerdem besitzt er Zwischenzehenhäute. Die Rasse wurde früher von Fischern eingesetzt, um Fischschwärme in die ausgelegten Netze zu treiben.
Zu den Nutztieren zählen auch Bienenvölker, deren Stöcke man entlang vieler Wanderwege sieht. Studien belegen jedoch – ähnlich wie in anderen Teilen Europas – ein deutlich zunehmendes Bienensterben in Portugal.
Größere wildlebende Säugetiere gibt es nur noch wenige in Südportugal, nur mit viel Glück begegnet man ihnen auf Wanderungen. Geringe Bestände von Kaninchen, Hasen, Füchsen, Dachsen, Rehen und Wildschweinen sind besonders in den Bergen (Monchique und Caldeirão) noch vorhanden. Der Grund dafür sind die fast 200.000 Jäger in Portugal.
Ein außergewöhnliches Säugetier der Algarve ist die Ginsterkatze, eine nachtaktive Schleichkatze, die ursprünglich von den Mauren aus Nordafrika nach Südportugal gebracht und zur Mäuse- und Rattenjagd eingesetzt wurde. Weiters der Mungo, ein kleines Raubtier mit schlankem Körper und kurzem Schwanz, das ursprünglich aus Indien stammt, sowie der Pardelluchs (oder Iberischer Luchs), der im mediterranen Buschwald lebt. Über die Bestände dieser Tiere gibt es nur Spekulationen. Die Population des Pardelluchses in Portugal schätzt man heute auf 40 bis 50 Tiere, alle davon in den Naturschutzgebieten des nördlich gelegenen Alentejo angesiedelt.
An Kleinsäugetieren gibt es eine große Vielfalt. 27 Fledermausarten sind in Portugal heimisch, 16 davon in der Algarve. Ihre Bestände sind aber bedroht, weil einige ihrer Lebensräume (z. B. Höhlen) für sie nicht mehr bewohnbar sind. Die meisten Fledermausarten in der Algarve gehören zur Familie der Glattnasen-Fledermäuse.
Eine bemerkenswerte Vielfalt bietet die Algarve an Amphibien (12 Arten) und Reptilien (22 Arten). Bei Wan-

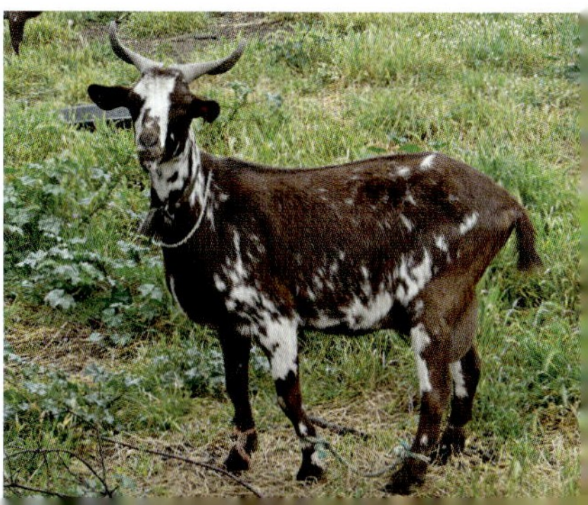

Typische Ziege der Algarve (Cabra Algarvia).

derungen häufig anzutreffen sind verschiedene Eidechsenarten, am häufigsten die vielfältig schimmernde Perleidechse. Die kleinen Mauergeckos dagegen verstecken sich tagsüber in Mauerritzen oder unter Steinen. In der Ostalgarve kann man – mit Glück – auch die streng geschützten Chamäleons entdecken. Sie leben auf Bäumen und Sträuchern, bewegen sich sehr langsam und fangen mit ihrer langen Zunge Insekten. Auch Schlangen gibt es in der Algarve; meist ungiftige Nattern. Allerdings gibt es auch zwei giftige Schlangen: die europäische Eidechsennatter sowie die Stülpnasenotter, die durch ein kleines Horn am Kopf zu erkennen ist.
Von besonderem Interesse ist die Algarve für ornithologisch interessierte Besucher. Über 300 Vogelarten sind das ganze Jahr über in Südportugal anzutreffen. Störche sind hier besonders weit verbreitet und nisten auf Türmen, Strommasten und sogar auf Felsen in Meeresnähe. Die meisten Tiere kommen im Januar/Februar aus Westafrika zurück und bleiben bis Anfang April. Es gibt aber auch Störche, die das ganze Jahr über in Portugal leben. Eine Besonderheit sind die an der Westküste der Algarve nistenden Störche: Es ist dies angeblich der einzige Platz der Welt, wo die Tiere ihre Nester direkt an der Steilküste bauen. Im Winter und Frühjahr kann man in der Lagune um Castro Marim auch Flamingos beobachten. Der Naturpark Ria Formosa (Lagunenlandschaft) bietet Watvögeln wie Stelzenläufer, Rallenreiher, Seidenreiher, Kuhreiher, Löffler oder auch dem bläulichen Purpurhuhn idealen Lebensraum.
Im Hinterland der Algarve kann man auch Greifvögel beobachten, darunter Falken- und Eulenarten. Der Schlangenadler in der Serra de Monchique zählt mit bis zu 1,80 m Flügelspannweite zu den größten Raubvögelarten in der Algarve. Auch der Wiedehopf ist in Südportugal noch recht weit verbreitet. Die Algarve verfügt aber auch über eine bemerkenswerte Vielfalt

Schafe im Hinterland der Algarve.

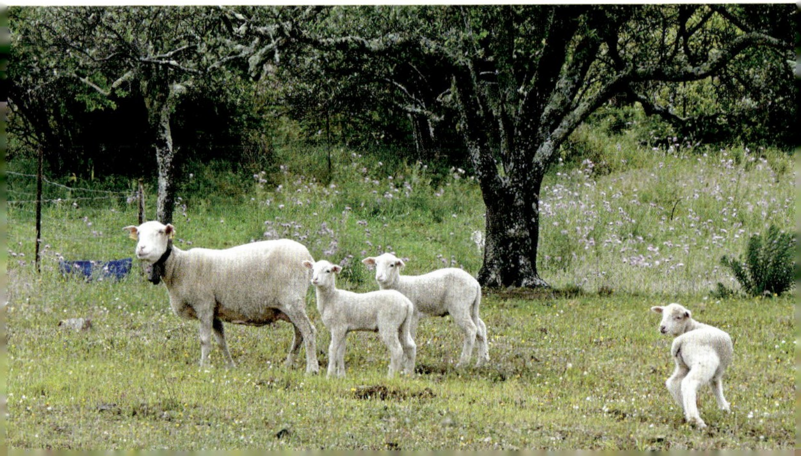

an Singvögeln, darunter der grünlichgelbe Girlitz, der bunte Bienenfresser, die Haubenlerche sowie der kleine und durch seinen Balzflug auffällige Cistensänger.
Die blütenreichen Wiesen im Hinterland der Algarve sind Heimat vieler Insekten. Bei Wanderungen entdeckt man gelegentlich Gottesanbeterinnen aus der Familie der Fangschrecken. Der Osterluzei-Falter zählt zu den schönsten Schmetterlingen Südportugals. Zu den Faltern zählt auch der Kiefern-Prozessionsspinner, dessen Raupen in Kiefern riesige Netze spinnen. Von April bis Juni begeben sich die Raupen auf Wanderschaft und bilden »Prozessionen« von bis zu 50 Metern Länge. Die Härchen der Tiere können bei Berührung Juckreiz verursachen, für Kinder und Hunde besteht im Extremfall Lebensgefahr. Ebenso unangenehm kann eine Begegnung mit der europäischen schwarzen Witwe, einer kleiner Webspinne, werden.
Der Vollständigkeit halber sei noch auf die reichhaltige Meeresfauna sowie auf einige Küstenbewohner hingewiesen. An den Stränden der Algarve können die Schalen von Mies-, Herz-, Venus- und Messermuscheln gesammelt werden. Seltener sind Jakobsmuscheln anzutreffen. Taschenkrebse sind in manchen Gebieten der Flachküsten-Algarve besonders häufig zu sehen. Ebenso an den Küsten sind die Schalen von Seeigeln sowie der Rückschulp von Tintenfischen zu entdecken. Neuerdings besteht auch die Möglichkeit – von März bis November – Touren zur Beobachtung von Walen und Delfinen an der Algarve zu buchen. Streifendelfine und Rundkopfdelfine sowie Schwertwale und Finnwale können hier mit etwas Glück gesichtet werden.

Naturschutzgebiete

Portugal unterscheidet im Bereich Naturschutz fünf Kategorien: Nationalpark (1), Naturpark (13), Naturreservat (9), Naturdenkmal (7) und geschützte Landschaft (3) (Angaben beziehen sich auf Festlandportugal; die autonomen Regionen Madeira und Azoren haben andere Regelungen). Dazu kommen Schutzgebiete im Sinne des REDE Naturschutzprogramms und des Natura 2000 Netzwerkes.
In der Algarve liegen zwei Naturparks, ein Naturreservat, zwei Schutzgebiete im Sinne des REDE Naturschutzprogramms sowie 14 Schutzgebiete des Natura 2000 Netzwerkes. Zählt man diese Gebiete zusammen, stehen 38 % der Fläche der Algarve unter Naturschutz. Die beiden Naturparks der Algarve sind: der »Parque Natural do Sudoeste Alentejano e Costa Vicentina« und der »Parque Natural da Ria Formosa«. Der Naturpark der Vinzentinischen Küste umfasst die gesamte Westküste und Teile der Südwestküste der Algarve (Touren 1–10). Der Naturpark der Lagune von Formosa ist ein Küstensaum westlich und östlich von Faro (Tour 32). Auch das Naturreservat »Reserva Natural do Sapal de Castro Marim e Vila Real de Santo António« ist eine Lagunenlandschaft, die sich zwischen Castro Marim und Vila Real de Santo António erstreckt (Touren 33 und 53). Die beiden REDE Naturschutzgebiete sind die Rocha da Pena (Tour 22) und die Fonte de Benémola (Tour 24).

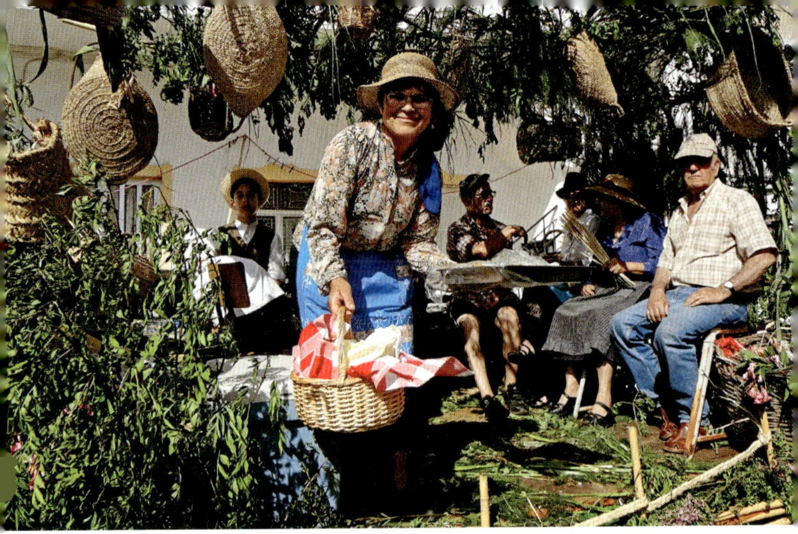

Festwagen am Ährenfest von Salir.

Ein Blick in die Geschichte

Portugal ist in seinen heute bestehenden Grenzen eines der ältesten Länder Europas. 1139 entstand das Königreich Portugal, das sich aus der zwischen den Flüssen Minho und Douro gelegenen Grafschaft Portucale entwickelt hat. Im Laufe des Mittelalters dehnte sich das kleine Königreich stetig Richtung Süden aus, indem es nach und nach die muslimischen Fürstentümer, die seit dem 8. Jh. auf portugiesischem Boden existierten, zurückdrängte. Mit der Eroberung der Algarve Mitte des 13. Jh. bekam das Staatsgebiet von Portugal weitgehend seine heutige Form. In einem Vertrag mit Kastilien wurde 1267 der Grenzverlauf endgültig festgelegt, der – mit ganz wenigen Verschiebungen im 18. Jh. – bis heute existiert.

Im 15. Jh. begann die portugiesische Expansion nach Übersee, die das kleine südwesteuropäische Königreich zu einem bedeutenden Kolonialreich machte. Die Algarve spielte in diesem Prozess aufgrund ihrer geographischen Lage eine besondere Rolle. Die Erfolge dieser Politik bescherten der portugiesischen Krone besonders in den ersten Jahrzehnten des 16. Jh. große Einnahmen und internationales Ansehen. Bis heute spricht man vom »século do ouro«, vom »goldenen Jahrhundert« Portugals. Der große Zusammenbruch kam 1580: Aufgrund einer dynastischen Krise wurde das Königreich Portugal von Spanien erobert, in der Folge bestand 60 Jahre lang eine Personalunion der beiden Königreiche unter spanischer Dominanz. Ab 1640 begannen die Portugiesen einen Unabhängigkeitskrieg, der mit der Restauration der portugiesischen Monarchie endete.

Mitte des 18. Jh. wurde die vergleichsweise rückständige Monarchie durch die Reformen des Marquês de Pombal modernisiert. Während der napoleonischen Kriege flohen die königliche Familie und der gesamte Hofstaat nach Brasilien. Portugal wurde für ein Jahrzehnt zum Kriegsschauplatz und geriet zunehmend in Abhängigkeit von Großbritannien. 1910 wurde in Portugal der letzte Bragança-König gestürzt und die Republik im Land ausgerufen.
1926 beendete ein Militärputsch die erste portugiesische Republik, in der Folgezeit entstand der »Estado Novo« genannte faschistische Ständestaat. Dieser war mit der Person António de Oliveira Salazar verbunden, zunächst Finanzminister und später Ministerpräsident Portugals. Der »Estado Novo« endete mit der sogenannten Nelkenrevolution vom 25. April 1974, dem wichtigsten Ereignis der jüngeren portugiesischen Geschichte.
Seither ist Portugal wieder eine Republik. 1986 trat das Land der Europäischen Gemeinschaft (heute EU) bei. 2011 erreichte die Wirtschaftskrise in Portugal ihren Höhepunkt und das Land erhielt aus dem ESM (Europäischer Stabilitätsmechanismus) einen Kredit über 78 Milliarden Euro. Erst 2014 verbesserte sich die wirtschaftliche Lage im Land. Durch das Sparprogramm der konservativen Regierung blieb allerdings die soziale Lage (hohe Arbeitslosigkeit, wenig Absicherung) sehr angespannt. Ab Ende 2015 hatte Portugal wieder einen sozialistischen Regierungschef, der einige unpopuläre Sparmaßnahmen der Vorgängerregierung rückgängig machte und zuletzt mit einer absoluten Mehrheit regierte. Im März 2024 kam es zu vorgezogenen Neuwahlen. Die Konservativen (Aliança Democrática) erzielten dabei eine knappe Mehrheit. Eine Neuheit für Portugal: Die rechtspopulistische Partei Chega legte stark zu. Aufgrund der nun eingetretenen Mehrheitsverhältnisse im portugiesischen Parlament sind baldige Neuwahlen wahrscheinlich.

Kultur und Sehenswürdigkeiten

Portugal ist ein bedeutendes und altes Kulturland, das viele kulturhistorische Schätze zu bieten hat. 16 Kulturdenkmäler und -regionen Portugals sind von der UNESCO als Weltkulturerbe ausgewiesen, allerdings keines in der Algarve. In den Städten und Dörfern der Algarve kann man dennoch viele bemerkenswerte Architekturreste von geschichtlichem, architektonischem oder künstlerischem Wert entdecken. Dazu zählen Überreste aus der Megalithkultur (z. B. die Nekropolis von Alcalar in der Nähe von Portimão), ebenso wie römische Ausgrabungen (z. B. die römische Kleinstadt Milreu in der Nähe von Faro), Überreste aus der muslimischen Periode (z. B. Silves, das »Bagdad des Westens«) oder aus dem christlichen Mittelalter (z. B. die Kathedralen von Silves und Faro oder die Festungen von Loulé, Lagos oder Paderne). Zu den bemerkenswertesten Baudenkmälern der Algarve zählen die Festung von Prinz Heinrich dem Seefahrer in Sagres (leider nur noch in Resten original vorhanden, aber in bemerkenswerter Umgebung angelegt), die »Goldkirche« Santo António in Lagos (heute Teil des Stadtmuseums),

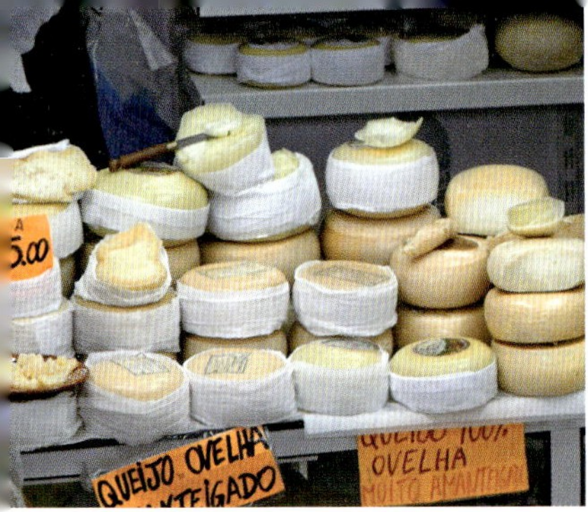

In Portugal gibt es eine große Auswahl an geschmackvollen Käsesorten.

die Festung von Silves sowie insbesondere die Kirche São Lourenço in Almancil (die wohl schönste Azulejos-Kirche des Landes).

Portugiesische Sprache

Wie alle romanischen Sprachen hat das Portugiesische seinen Ursprung im Vulgärlatein, das von römischen Soldaten und Siedlern gesprochen wurde. Nach dem Zusammenbruch des Römischen Reiches entwickelte sich in Westiberien mit der Sprachfamilie Galicisch-Portugiesisch eine eigene Ausprägung einer romanischen Sprache, die sich zunächst sehr isoliert entfaltete. Erst im Laufe des 14. Jh., auch beeinflusst durch separate politische Entwicklungen, bildeten sich Portugiesisch und Galicisch als selbstständige Sprachen heraus.
Portugiesisch ist zwar eng verwandt mit dem Spanischen, weist aber vor allem in der Aussprache viele Unterschiede auf. Portugiesen haben in der Regel kaum Schwierigkeiten, Spanischsprachige zu verstehen. Umgekehrt gilt das nur eingeschränkt. Die Aussprache des Portugiesischen ist relativ kompliziert und kann häufig nicht aus dem Schriftbild erschlossen werden. Nasale Laute sowie viele sch-Laute (z. B. sehr häufig für »c«, »g«, »j«, »s«, »x«) dominieren die Sprache. Die Artikel lauten »o« (männlich) und »a« (weiblich). Beherrscht man als Reisender etwas Portugiesisch, wird das sehr wohlwollend aufgenommen.

Kulinarisches

Die portugiesische Küche ist variantenreich und geschmackvoll. Die Portugiesen sind zu Recht stolz auf ihre gastronomische Tradition.
Die Essenszeiten in Portugal sind in der Regel: Frühstück (port.: »o pequeno-almoço«): ab 8.00 Uhr, Mittagessen (port.: »o almoço«): zwischen 12.00 und 14.00 Uhr, Abendessen (port.: »o jantar«): zwischen 19.00 und 22.00 Uhr.
In den Städten gibt es meist eine gute Auswahl an Restaurants. Anders ist es in den Dörfern, wo es manchmal »Cafés«, seltener aber Restaurants gibt, sieht man einmal von touristisch gut erschlossenen Regionen ab. Es kann also vor allem im Hinterland der Algarve schwierig sein, ein Lokal für ein Abendessen zu finden. Hotels bieten in der Regel auch Mahlzeiten an.
Supermärkte für den Einkauf von Tagesverpflegung und von Getränken sind in den kleinen Dörfern leider auch nicht selbstverständlich vorhanden. Hier empfiehlt es sich, sich vorher gut zu erkundigen (im Hotel oder bei der Tourismusinformation) und gegebenenfalls Vorräte für einige Tage einzukaufen.

DIE WANDERGEBIETE DER ALGARVE

Die West- und Südwestküste der Algarve

Die zerklüftete Küste im Westen und Südwesten der Algarve zählt zu den schönsten und besterhaltenen durchgehenden Klippenlandschaften Europas. Die Steilküste ist mit ihren Buchten und den mächtigen Wellen des Atlantiks ein sich durch die Wellenerosion ständig veränderndes, eindrucksvolles Naturspektakel. Die Küste bietet auch zahlreichen Tier- und Pflanzenarten Lebensraum. Hier begegnet man vielen Vogelarten wie den seltenen Fischadlern. Die größte Aufmerksamkeit gilt jedoch den Weißstörchen, die weltweit nur an dieser Küste auf Meeresklippen nisten. Eine weitere Seltenheit sind die Otter. Der Naturpark der Costa Vicentina ist eines der letzten Gebiete Europas, in denen sie in ihrem natürlichen Lebensraum, dem Meer, anzutreffen sind. Die Region ist auch hinsichtlich der Vegetation bemerkenswert. Hier gibt es einige endemische Pflanzen, wie eine besondere Ausprägung des Brillenschötchens (*Biscutella vicentina*) oder der *Plantago almogravensis*, ein äußerst seltenes und streng geschütztes Wegerichgewächs.

Die bei Surfern sehr beliebten Strände an der südwestportugiesischen Küste gehören zu den schönsten des Landes. Die Auswahl ist riesig und reicht von ausgedehnten Sandstränden bis hin zu kleinen Buchten, die versteckt zwischen Steilküsten und Felsen liegen. Im äußersten Südwesten liegt das berühmte Cabo de São Vicente mit dem Leuchtturm. Einen Besuch verdient auch die dem Kap benachbarte Landzunge an der Südküste, Ponta de Sagres. In der Fortaleza auf dem Felskap unterhielt Infante D. Henrique, bekannt als Heinrich der Seefahrer, im 15. Jh. angeblich seine berühmte Seefahrerschule.

Steilküste westlich von Salema.

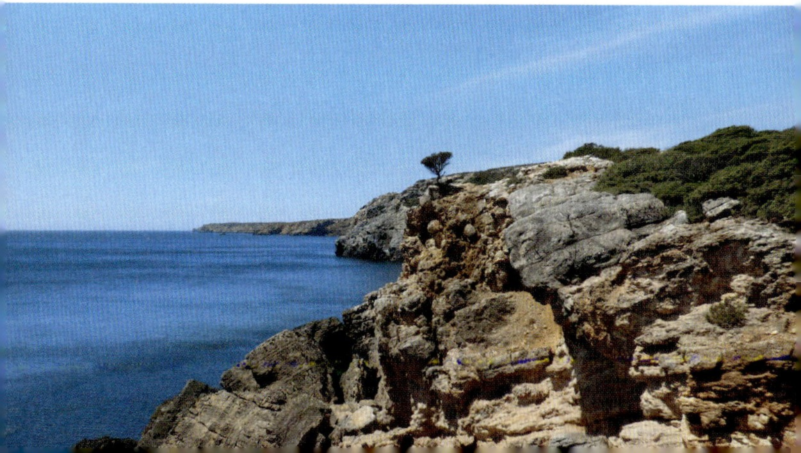

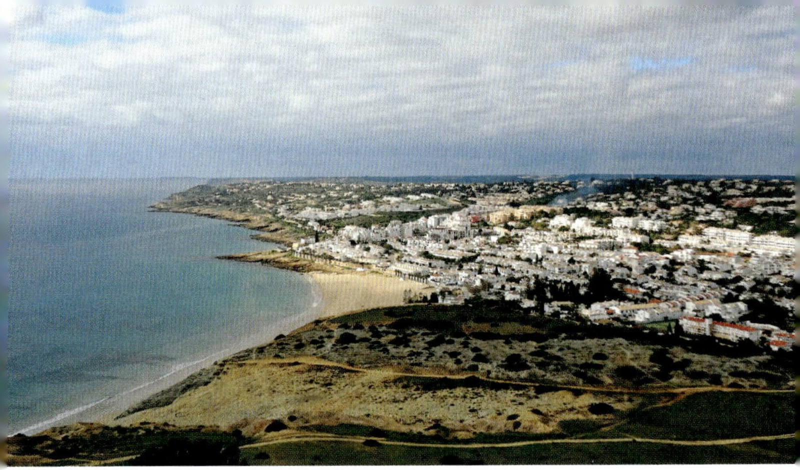

Blick vom Torre de Atalaia auf die Stadt Luz (Tour 10).

Für Wanderer bietet dieser vom Pauschaltourismus wenig erschlossene Teil der Algarve die schönsten Küsten- und Klippenwanderungen der Region. Vom Norden kommend (Startpunkt Santiago do Cacém, Alentejo) führt die »Rota Vicentina« parallel zur Küste in Richtung Cabo de São Vicente. In der Kombination des »Caminho Histórico« (Historischer Weg) und des »Trilho dos Pescadores« (Fischerpfad) sind Rundwanderungen mit Abschnitten entlang der Steilküste möglich (Touren 1–8). Am Cabo de São Vicente treffen die beiden schönsten Weitwanderwege der Algarve zusammen (»Rota Vicentina« und »Via Algarviana«). Tour 8 liegt im Schnittpunkt dieser »Grandes Rotas«. Die Wanderung entlang der Südwestküste (Tour 10) ist eine zweitägige Streckenwanderung, die auf den letzten drei Etappen des Fischerpfades verläuft. In diesem Wandergebiet liegt auch das wohl bekannteste Fotomotiv der Algarve, die Ponta da Piedade (der »Gipfel der Schönheit«).

Die Serra de Monchique

Im Hinterland der West- und Südwestküste der Algarve liegen einige Hügelketten, die mit der Fóia (902 m) die höchste Erhebung Südportugals bilden. Die Fóia ist Teil der Serra de Monchique, einem Gebirgszug aus wasserundurchlässigen Gesteinen (Schiefer, Granit, Gneis). Die Niederschläge versickern nicht im Erdboden, sondern sammeln sich in zahlreichen kleinen Flüssen und Bächen. Diese wiederum ermöglichen die Vegetationsvielfalt des Gebirgszuges, der bis in die Höhenlagen von Eukalyptuswäldern, Korkeichen, Mimosen und Rhododendren geprägt wird.

Ein Relikt der vulkanischen Vergangenheit sind die heißen Quellen, die bereits im Mittelalter als Heilquellen bekannt und genutzt wurden. Ende des 15. Jh. versuchte König João II. mit Hilfe des Wassers von Caldas de Mon-

chique sein Leiden zu kurieren. Auch wenn der portugiesische Monarch kurze Zeit später verstarb, folgten viele wohlhabende Bürger und Adelige in den folgenden Jahrhunderten seinem Beispiel und so wird heute das recht kleine Bergdorf von zahlreichen Villen geziert. Den Mittelpunkt des Kurbetriebes bildet die Thermalbadanlage der Fundação Oriente.
Namensgeber für die gesamte Gebirgskette ist die Kleinstadt und Kreishauptstadt Monchique, die sich auf über 450 Höhenmetern malerisch an den Berghang schmiegt. Von hier aus führt eine Bergstraße weiter zur Fóia. Nicht der Berggipfel, der von zahlreichen Antennen des Militärs, des Rundfunks und der portugiesischen Telekom verunstaltet wird, sondern vielmehr der Weg dorthin ist ein Erlebnis. Mehrere Aussichtspunkte entlang der Straße eröffnen wunderschöne Panoramablicke auf die südlich gelegene Küste, das Cabo de São Vicente und an besonders klaren Tagen bis nach Faro.
Für Wanderer bieten die zumeist bewaldeten Hügelzüge nördlich der Küste eine angenehme Abwechslung. Schattige Wege queren die Höhenrücken, die sogar anspruchsvolle Gipfeltouren ermöglichen. Viele ehemalige Erdstraßen wurden leider inzwischen asphaltiert, sodass die meisten Wanderungen in der Serra de Monchique zumindest abschnittsweise auf schmalen Asphaltstraßen verlaufen.
Die Serra de Monchique wird auch von der Via Algarviana, dem berühmtesten Weitwanderweg der Algarve, gequert. Die Touren 11–16 kreuzen deren Wegverlauf. Die Touren 13 und 14 starten auf der Fóia. Die Tour 16 führt auf die Picota (774 m), den höchsten Gipfel des östlich der Stadt Monchique gelegenen Teils der Serra de Monchique.

Macchia-Bewuchs in Küstennähe (Tour 10).

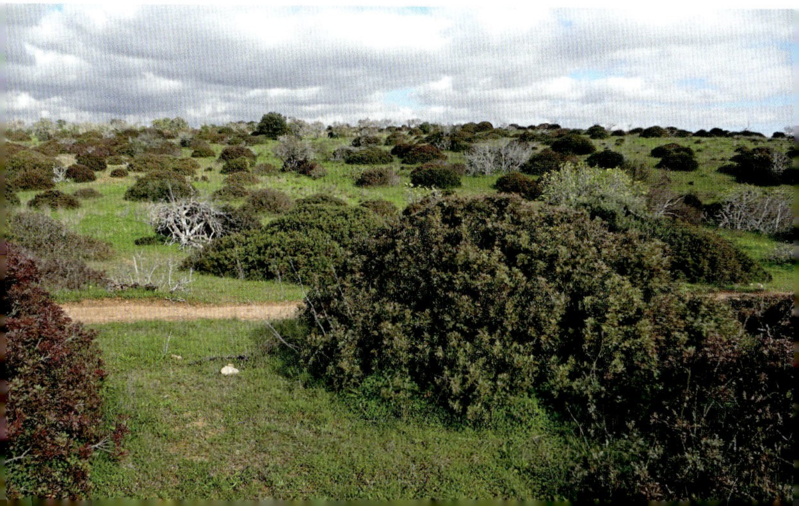

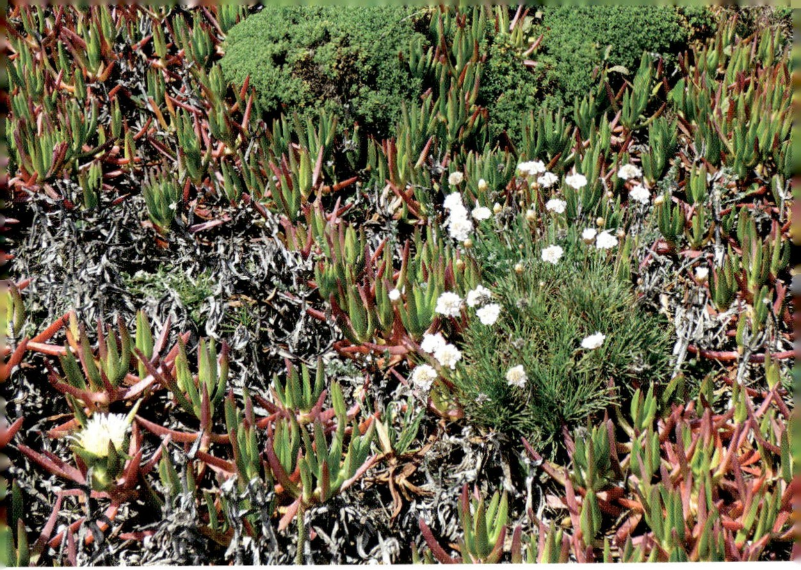

Mittagsblumen.

Im Barrocal

Der Barrocal ist ein Hügelland, das vor allem aus Sedimentgesteinen, hauptsächlich Kalk- und Sandstein besteht. Der geologische Untergrund wie auch die Lage zwischen zwei Großlandschaften (Küste und Gebirge) haben hier eine besonders artenreiche Flora entstehen lassen. Die ursprüngliche Vegetation ist mediterran geprägt: Lavendel und Thymian sind häufig anzutreffen; daneben bilden Kermes-Eichen, verschiedene Pinienarten, Tamarisken, Zwergpalmen und Zistrosen die Buschlandschaft. Im Karstgebiet gibt es zudem außergewöhnliche Blütenpflanzen (verschiedene Orchideenarten).

Der Barrrocal war schon in der Vergangenheit ein wichtiges Agrarland und besitzt bis heute einen sehr ländlichen Charakter. Die Flusstäler des Barrocal gelten als der Obst- und Gemüsegarten der Algarve. Viele Zitrusfrüchte, aber auch Oliven, Mandeln, Feigen und Johannisbrotschoten werden hier geerntet. Die wenigen Weinberge der Algarve liegen zum überwiegenden Teil im Barrocal. Zwischen den Feldern und alten Steinmauern (ehemaligen Weidegebieten) findet man kleine Bauernhöfe und vermehrt auch prächtige Villen, die von Zuwanderern errichtet oder renoviert wurden.

Für Wanderer bietet der Barrocal vor allem abwechslungsreiche und klein strukturierte Landschaften. Viele Touren führen durch Dörfer, über Hügel und entlang von Tälern. Nirgendwo sonst in der Algarve gibt es zudem eine so vielfältige Blütenpracht, besonders im Frühjahr. Nachdem ein guter

Teil des Barrocal Karstgebiet ist, gibt es hier mehrere Wanderungen, die entweder thematische Brunnen- und Quellentouren sind oder an solchen vorbeiführen (Touren 22, 23, 24 und 26); einige davon sind traditionelle Zugangswege zu öffentlichen Brunnen. Besonders lieblich ist die Landschaft im schönsten »Hinterlandrechteck« der Algarve, das zwischen den Dörfern Paderne, Alte, Salir und Querença liegt. Hier befinden sich zwei REDE Naturschutzgebiete, die Rocha da Pena (Tour 22) und die Fonte de Benémola (Tour 24). Die »Via Algarviana« quert die Touren 19 und 23.

Die Südküste der Algarve

Die Südküste von Lagos bis zur Mündung des Guadiana, im Grenzgebiet zwischen Portugal und Spanien (Andalusien), gliedert sich in mehrere Abschnitte. Östlich von Lagos beginnen längere Sandstrände. Die anschließende Ria von Alvor ist eine der beiden Lagunenlandschaften an der Südküste. Portimão ist eines der touristischen Zentren der Algarve. Hier befindet sich die Praia da Rocha, der wohl berühmteste Badestrand der Region: ein weiter Sandstrand mit Sandstein-Konglomerat-Säulen; bei Flut wird der Strand großteils vom Wasser bedeckt.

An der Steilküste hat man in den letzten Jahrzehnten viele Hotelbauten und Apartmentsiedlungen errichtet. Nach der Mündung des Arade-Flusses folgt zwischen Portimão und Albufeira ein reizvoller Küstenabschnitt. Steilküste und Badebuchten wechseln sich hier ab. Die Klippenküste aus Sandstein und Konglomerat zählt zu den reizvollsten Portugals. Nach Albufeira, einem weiteren touristischen Zentrum der Algarve, geht die Steilküste allmählich in eine Flachküste über. Östlich von Faro liegt die zweite, besonders große Lagune, Ria Formosa, heute einer der Naturparks der Region. Eine Reihe von vorgelagerten Inseln prägt diese Dünenlandschaft, die aus einem Zusammenspiel von Meer (Salzgehalt), Wind und geologischem Untergrund entstanden ist.

Die Pflanzenwelt hat sich auf diese Bedingungen eingestellt. Quecken, Stranddisteln, Strohblumen, Meersenf, Schneckenklee, Grasnelke u. a. m. sind in Strandnähe zu finden; Pinienarten prägen das Hinterland. Die Südküste der Algarve gilt als Eldorado für Ornithologen, die hier eine unglaublich große Artenvielfalt vorfinden: In Strandnähe sind unter anderem Strandläufer, Stelzenläufer, Seidenreiher, See-

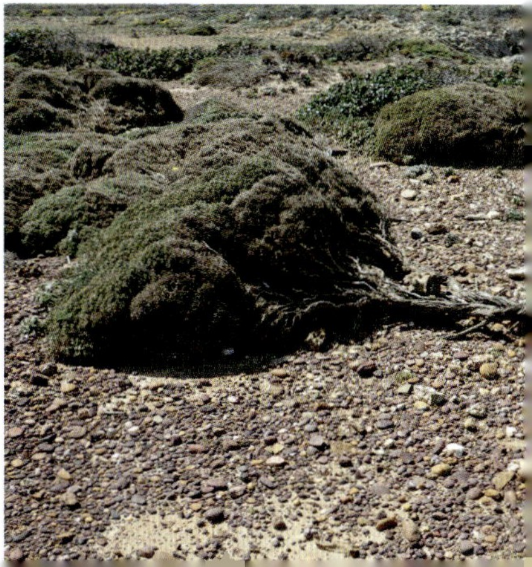

Steineichen (Quercus ilex) sind ein Bestandteil der Macchie in der Algarve.

schwalben, Seeregenpfeifer, Säbelschnäbler, Möwen, Kormorane, Graureiher, Alpenstrandläufer, Zwergtaucher, Flamingos, Blässhuhn u. a. m. zu sehen.
Ein ausgeprägtes Wandergebiet ist die Südküste nicht. Weite Teile sind entweder Lagune, Badestrand oder von Hotelbauten besetzt. Die hier ausgewählten Wanderungen verlaufen großteils in den beiden Lagunen (Tour 28, 29, 32 und 33) und ermöglichen Vogelbeobachtungen. Die Tour 30 präsentiert den schönsten Abschnitt der Steilküste zwischen Portimão und Albufeira.

Die Serra do Caldeirão

Die Serra do Caldeirão schließt östlich an die Serra de Monchique an und reicht bis zur spanischen Grenze am Guadiana-Fluss. Dieser Teil der Algarve ist besonders karg, zum Teil auch wasserarm und liegt auf einem schiefrigen Untergrund. Wenige Felder, viel unbewirtschaftetes Buschland und zunehmend Wälder, darunter auch Korkeichenwälder und neue Anpflanzungen von Seekiefern und Schirmpinien prägen die Landschaft. Die höchste Erhebung der Region ist der Pelados (589 m) etwas nördlich von Barranco Velho, erkennbar durch einen Turm am »Gipfel«.
Dieser Teil des Küstenhinterlandes ist sehr dünn besiedelt. Es gibt nur wenige Dörfer und keine Städte. Aufgrund der begrenzten Jobperspektiven vor Ort sind in den letzten Jahrzehnten viele Junge in Richtung Küste abgewandert. Verlassene Dörfer und Weiler prägen diesen Teil der Algarve einerseits, andererseits aber auch Ursprünglichkeit, Ruhe und alte Kulturdenkmäler. Bisher wurde dieses Potential touristisch wenig unterstützt.

Autobahnbrücke über den Guadiana bei Castro Marim (Tour 33).

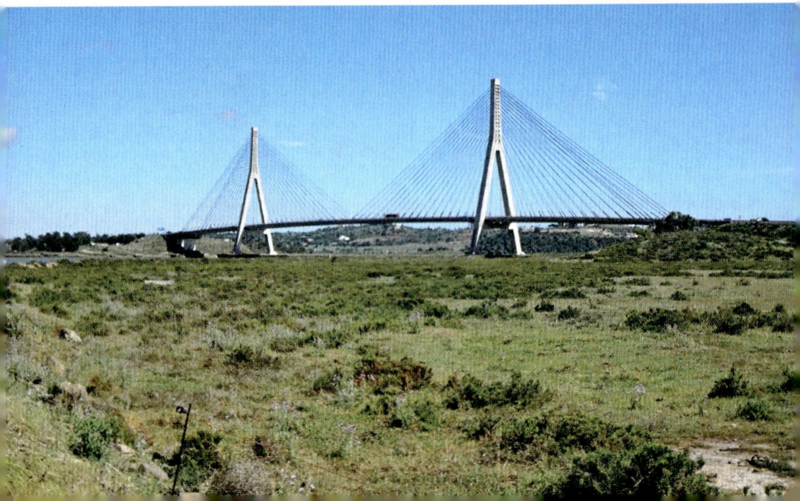

Zwar wurden in den letzten Jahren Wanderwege angelegt, aber oft fehlt die Infrastruktur vor Ort (Übernachtungsmöglichkeiten, Restaurants, Geschäfte), sodass nur (wenige) Tagesgäste von der Küste kommen, ohne viel Geld und Wertschöpfung in der Region zu belassen. In den letzten Jahren wurde auf den windreichen Hügeln der Serra eine Kette von Windrädern (z. B. zwischen Feiteira und Cachopo) zur Energiegewinnung errichtet.
Die Serra do Caldeirão zählt sicher zu den interessantesten Wandergebieten in der Algarve. In Mealha (Touren 36 und 37) und Corte de Ouro (Tour 35) gibt es Reste von alten Rundhäusern. Mehrere Touren führen zu Dolmen (Touren 35–37) und zu verlassenen Dörfern (Touren 38 und 40). Besonders eindrucksvoll ist der Blick auf die Flussschleife des Odeleite (Tour 41). Auch durch diese Landschaft verläuft die »Via Algarviana« (Tour 41). Wer die einsame Landschaft um Cachopo besonders schätzt, sollte den Weitwanderweg »Percurso Descoberta« (GR 23) gehen.

Nördliche Hochebene und Flusstal des Rio Guadiana

Der Rio Guadiana entspringt in Kastilien–La Mancha und durchfließt auf einer Länge von 745 km den südlichen Teil der Iberischen Halbinsel. In der Algarve bildet er durchgehend die Ostgrenze zwischen Portugal und Spanien (Andalusien). Die Region entlang des Stromes ist mit keiner anderen Landschaft der Algarve zu vergleichen: Das große, gemächlich fließende Gewässer wird von grünen Hügeln eingerahmt. Entlang des Flusses bildeten sich eine eigene Kultur und ein besonderes Ökosystem aus. Das Klima entlang des Flusses ist gemäßigt mediterran. Die durchschnittliche Jahrestemperatur liegt bei 16 °C; im Sommer wie im Winter wirkt das große Gewässer mildernd. Der Wasserstand des Flusses variiert aber beträchtlich. Es gibt Jahre, in denen der Fluss beinahe austrocknet, aber auch sehr wasserreiche Jahre. Das letzte Rekordjahr war 1997, als der Guadiana einen Wasserstand von 20 m erreichte.
Der Guadiana ist reich an Biotopen, Wiesen, Hügeln und bewachsenen Felsen. Der »Parque Natural do Vale do Guadiana«, bereits auf dem Gebiet des Alentejo gelegen, eignet sich hervorragend für Vogelbeobachtungen. Schwarze Geier und Störche finden im fischreichen Guadiana eine gute Nahrungsgrundlage. In den Flussniederungen und den umgebenden Hügeln und Hochländern wachsen Stein- und Korkeichen, Oleander, Tamariske und Kreuzdorn sowie Rosmarin und Lavendel.
Dieser östlichste Teil der Algarve bietet mit der Hochebene im Nordosten einfache und weitgehend einsame Wanderungen (Touren 42–45). Die Wanderungen mit Blick auf den großen Fluss sind besonders reizvoll (Touren 48, 49, 52). Der Weitwanderweg »Via Algarviana« startet am Guadiana-Fluss in Alcoutim und berührt einige Wanderungen (Touren 43 und 48) dieses Wanderführers. Die letzte beschriebene Wanderung ist die »Grande Rota do Guadiana« (Tour 53), die weitere Rundwanderungen (Touren 48, 49, 51 und 52) im äußersten Osten der Algarve berührt.

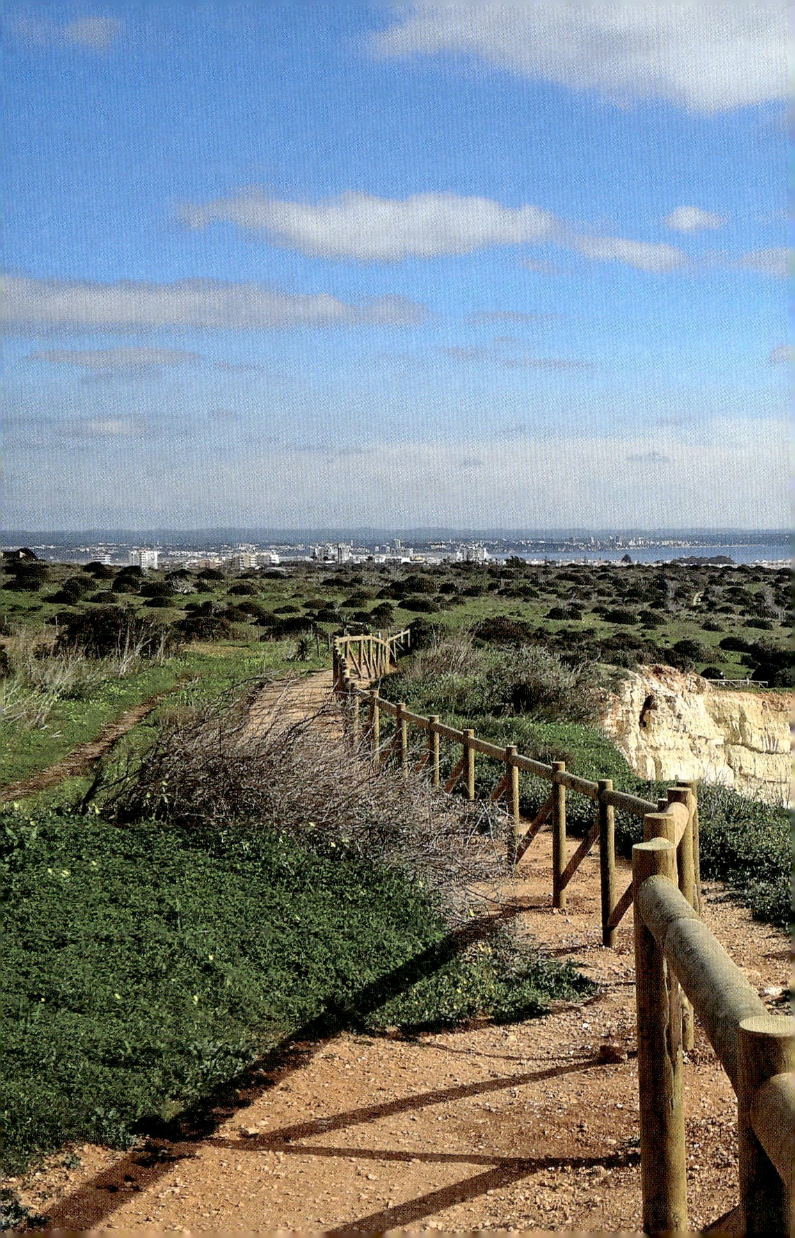

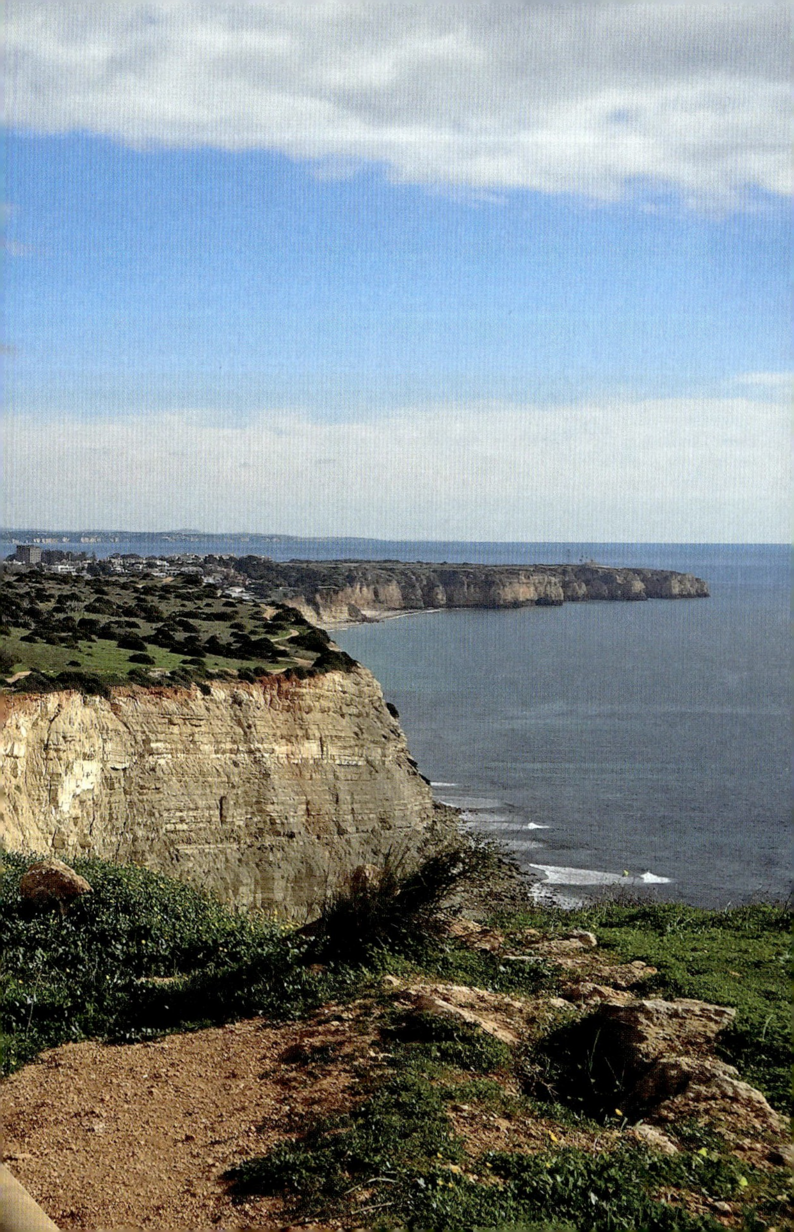

↗ 220 m | ↘ 220 m | 14.8 km

4.00 h

1 Am Klippenpfad von Odeceixe

Eindrucksvolle Steilküste mit vielen brütenden Störchen

Der Seixe ist der Grenzfluss zwischen Algarve und Alentejo und das Städtchen Odeceixe die letzte Siedlung auf Seiten der Algarve. In der Regel verirren sich nur wenige Algarve-Touristen in diesen Teil Portugals. Diese genießen dafür unvergessliche Ausblicke. Der Miradouro da Maravilha mit Blick auf die Praia de Odeceixe zählt zu den schönsten Aussichtspunkten des Landes. Einmalig sind die vielen an der Steilküste brütenden Störche. Angeblich ist dies der einzige Platz der Welt, an dem Störche an der Küste nisten.

Ausgangspunkt: Odeceixe, 3 m, Dorfausgang, an der Straße in Richtung Praia de Odeceixe (Variante 19 de Abril). Anfahrt von Aljezur auf der N 120 in Richtung Sines, 16 km.
Anforderungen: Längere Rundwanderung auf Asphaltstraßen, Erdstraßen und sandigen Wegen, leichte An- und Abstiege, Kondition erforderlich.
Markierungen: Der Weg zur und entlang der Küste ist grün-blau markiert (»Fischerpfad«). Der Verbindungsweg im Landesinneren ist weiß-rot markiert (Weitwanderweg »Rota Vicentina«).
Einkehr: Cafés an der Praia do Odeceixe.
ÖPNV: Mehrmals täglich Busverbindung zwischen Aljezur und Odeceixe (Buslinie Lagos–Odeceixe).
Tipp: In Odeceixe kann man ein originelles Weinkellerei-Museum in einer Adega aus dem frühen 20. Jh. besuchen und erfährt viel über den Herstellungsprozess des Weines in dieser Zeit. Öffnungszeiten: Mo–Fr 9–12 und 14–17 Uhr. Weitere Informationen beim Gemeindeamt von Odeceixe, Tel. +351 282 947 255.

Wir starten am Dorfausgang von **Odeceixe** ❶. Ab hier ist der »Fischerpfad« blau-grün markiert. Wir folgen zunächst der Asphaltstraße in Richtung »Praia de Odeceixe«. Nach rund 150 m zweigt unser Weg nach rechts auf eine Erdstraße ab, die hier in der Flussniederung verläuft. Der Seixe-Fluss (Grenz-

Blick auf die Siedlung Praia de Odeceixe.

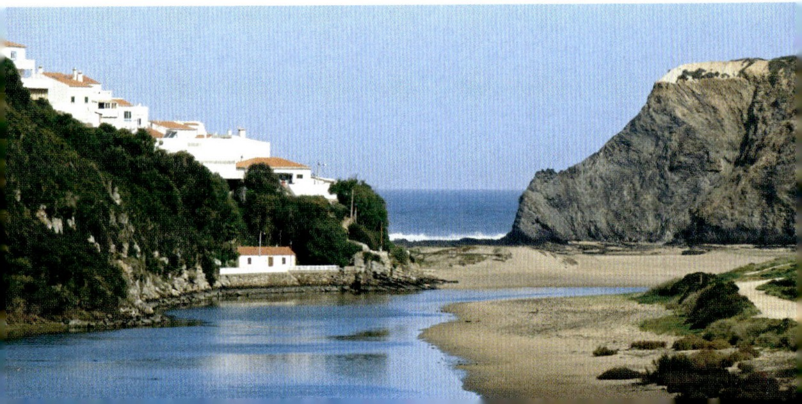

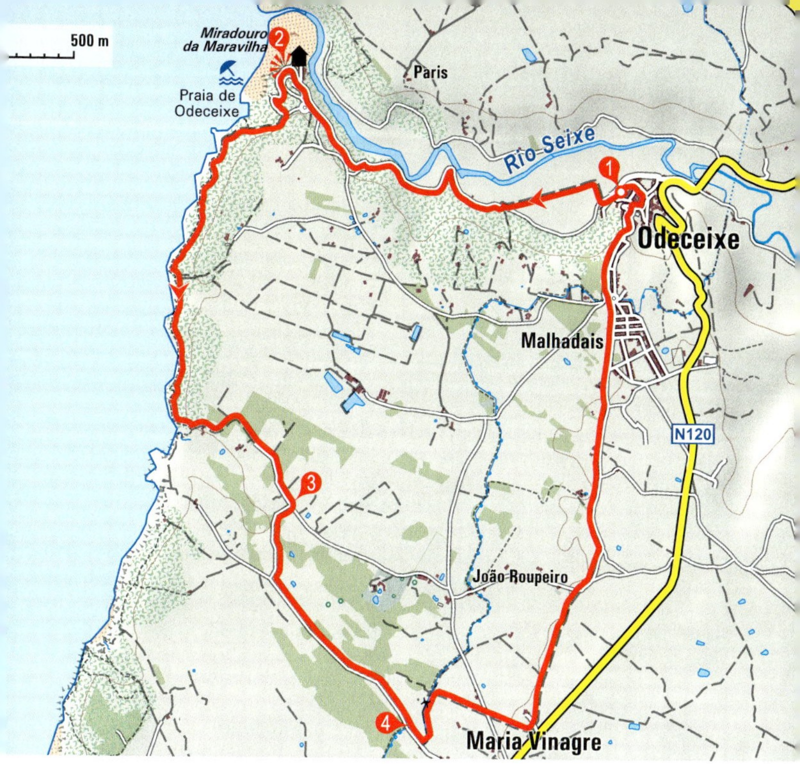

fluss zwischen Alentejo und Algarve) liegt rechts des Weges. Wir wandern zwischen Wiesen und Feldern im breiten Flusstal mit Rückblick auf das Dorf Odeceixe. Nach rund 850 m mündet die Erdstraße wieder in die Asphaltstraße zur Praia de Odeceixe ein. Dieser folgen wir nach rechts. Der Wanderweg führt vorbei am Grillrestaurant Lavrador und verläuft auf der Straße bis in die Strandsiedlung Praia de Odeceixe, deren weiße Häuser wir schon von Weitem sehen. Bei einer Gabelung halten wir uns rechts. Schon bald eröffnet sich uns ein großartiger Blick auf das Flusstal sowie auf den Strand. An der nächsten Gabelung wandern wir rechts auf dem markierten Weg weiter, der bald leicht bergab in Richtung Siedlung führt. Dort erreichen wir den Aussichtspunkt **Miradouro da Maravilha** ❷, der einen Panoramablick in die große Bucht und die Mündung des Seixe-Flusses ermöglicht.
Danach führt der Weg auf der Asphaltstraße aus dem Dorf hinaus und weiter bergan zum Klippenrand. Bei einem Parkplatz für Wohnmobile verlässt der Weg die Asphaltstraße, und wir folgen der markierten Sandstraße, die

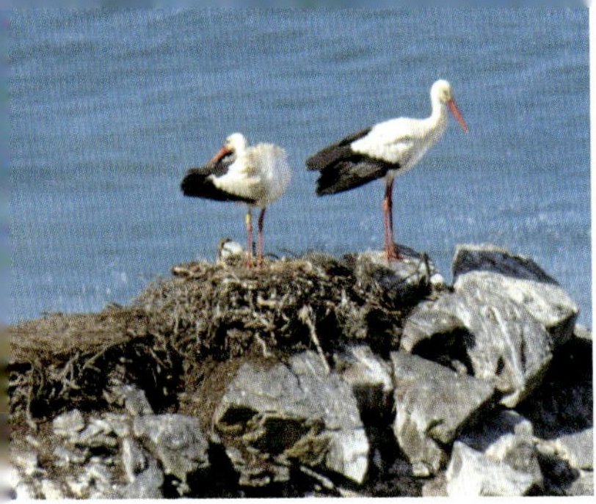

An der Steilküste südlich von Praia de Odeceixe nisten Störche.

bald in einen schmalen Klippenpfad übergeht. Zum Schutz der exponierten Vegetation wird aufgefordert, den markierten Wegverlauf nicht zu verlassen! Der Pfad ist schmal und sandig, gelegentlich müssen wir Nassstellen überqueren. Großartig ist der Blick auf die Steilküste und eindrucksvoll ist die Vegetation (»Felder« von Mittagsblumen). Im Frühjahr sind hier viele nistende Störche anzutreffen. Schließlich eröffnet sich vor uns ein größeres Flusstal, das die Küste hier durchschneidet.

Unser Wanderweg biegt an der Nordseite des Flusstales ins Landesinnere und mündet in eine Erdstraße (nach insg. rund 6,5 km), die zu einer Häusergruppe und einem kleinen Parkplatz führt. Wir folgen der Erdstraße in Richtung Landesinneres. Rund 500 m später geht die Erdstraße in eine Asphaltstraße über. Links und rechts sehen wir Bauernhöfe und auch einen Weingarten. Nach einem Kiefernwald und einer Plantage von Erdbeerbäumen treffen wir auf eine **Abzweigung** ❸. Geradeaus führt die Straße weiter in die Siedlung João Roupeiro. Unser markierter Wanderweg zweigt an dieser Stelle nach rechts ab und verläuft weiter auf Asphalt. Es geht zunächst steil bergab in ein kleines Tal und jenseits des Tales wieder bergan zu einer T-Kreuzung. Wir folgen der Asphaltstraße nach links. Unterwegs sehen wir links eine Gärtnerei und einige Felder, rechts ein Wäldchen. Bevor wir die Streusiedlung Maria Vinagre erreichen, überqueren wir einen **Kanal** ❹. Knapp 200 m später zweigen wir links ab und bleiben fast 400 m auf der rechten Seite des Kanals. Dann folgen wir nach rechts einer Erdstraße in Richtung Nationalstraße (N120). Auf halben Weg queren wir eine Asphaltstraße und gehen geradeaus auf eine Häusergruppe zu. Bei einem Haus biegen wir nach links ab, passieren einige weitere Bauernhöfe und wandern auf einer Schotterstraße in Richtung Norden. Wir passieren neuerlich Wiesen und Felder und durchqueren auch einen Eukalyptuswald. Nach einem kleinen Hügel erreichen wir eine Weggabelung. Ab hier wandern wir auf einer schmalen Asphaltstraße in eine kleine Siedlung. Danach streifen wir wieder durch freies Gelände und Bauernland. In der Ferne sehen wir bereits Odeceixe. Vom südlichen Dorfrand kommend passieren wir einen Kreisverkehr und gehen in Richtung der Windmühle. Von dort geht es bergab, vorbei an der Kirche und über den Dorfplatz zum Ausgangspunkt in **Odeceixe** ❶.

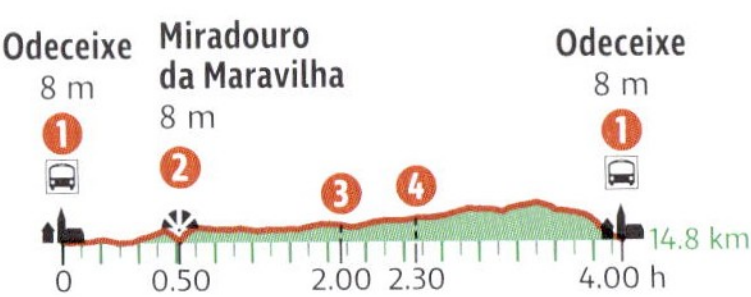

↗ 100 m | ↘ 100 m | 11.6 km

3.15 h

Zum Strand von Amoreira bei Rogil

2

Wanderung zur eindrucksvollen Flussmündung des Aljezur

Entlang der »Rota Vicentina« (Weitwanderweg an der Südwestküste Portugals) bieten sich immer wieder Abstecher an die Küste an. Bei Rogil ist das Küstenhinterland eine weite und im Frühling und Frühsommer blühende Hochebene, die weithin durch einen Gürtel von Seekieferwäldern von der Küste abgetrennt ist. Diese Wanderung verbindet das beschauliche Hinterland mit einer spektakulären Küstenlandschaft, die bei der Praia da Amoreira einen Blick in das weite Mündungsgebiet des Aljezur-Flusses ermöglicht.

Ausgangspunkt: Rogil, 87 m, Touristeninformation im Ortszentrum an der Straße in Richtung Praia de Odeceixe (Variante 19 de Abril). Anfahrt von Aljezur aus auf der N120 in Richtung Sines, 7 km.
Anforderungen: Längere Rundwanderung auf Erdstraßen und sandigen Wegen, leichte An- und Abstiege, etwas Kondition erforderlich.
Markierungen: Hin- und Rückweg weiß-rot (Weitwanderweg »Rota Vicentina«); Rundweg zur Küste grün-blau (Ergänzungsweg »Fischerpfad«) markiert.
Einkehr: Cafés an der Praia do Amoreiro und in Rogil.
ÖPNV: Mehrmals täglich Busverbindung zwischen Aljezur und Rogil (Buslinie Lagos–Odeceixe).
Tipp: Rogil war früher ein Zentrum der Mehlproduktion in der Region. Die Windmühle Moinha da Arregata (etwas südlich des Ortszentrums gelegen) ist noch in Betrieb und kann auf Anfrage (Gemeindeamt von Rogil, Tel. +351 282 995 001) besichtigt werden. Dort wird der Prozess des Getreidemahlens anschaulich erfahrbar.

Blick auf die Praia da Amoreira und auf die Mündung des Aljezur.

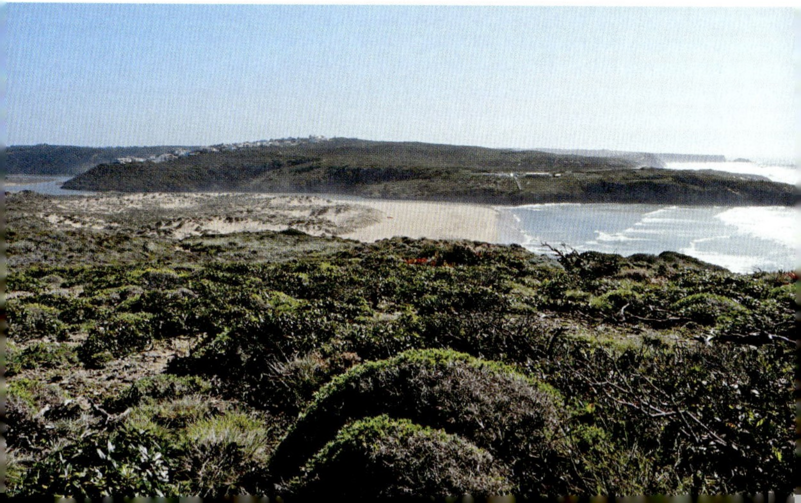

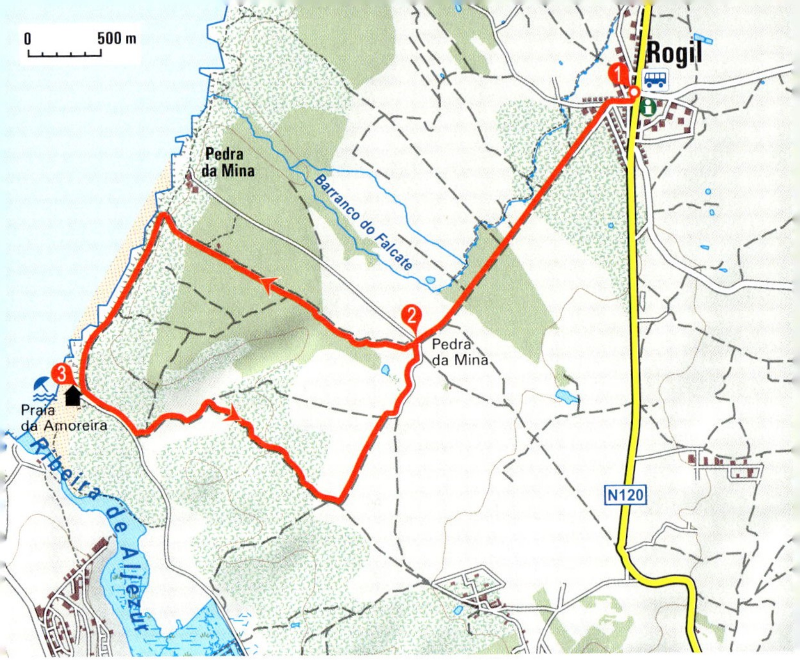

Von der Tourismusinformation im Ortszentrum von **Rogil** ❶ gehen wir knapp 100 m an der Straße N 120 in Richtung Aljezur. Dann biegen wir nach rechts in die Rua das Pedra Pretas ein, die in Richtung des Strandes von Rogil, der Praia do Vale dos Homens, führt. Dieser Dorfstraße folgen wir knapp 200 m weit bis zur dritten Abzweigung nach links (Estrada da Carriagem). Zunächst wandern wir auf einem Betonweg, der allmählich in einen Schotterweg übergeht, der leider auch von Zeit zu Zeit von Autos befahren wird. Dieser Wegabschnitt bleibt für rund 2 Kilometer sehr monoton. Er führt zunächst über Weideland, später durch einen Kiefernwald und danach neuerlich über ein weites Weidegebiet. Nach insgesamt rund 30 Minuten erreichen wir eine große Weggabelung in der Nähe der kleinen Häusergruppe **Pedra da Mina** ❷. Wir zweigen hier nach rechts ab und bei der Weggabelung nach rund 100 m nehmen wir neuerlich den rechten Weg, der nun in einen schmäleren Pfad übergeht.

Wir folgen nun der blau-grünen Markierung auf einem zum Teil sandigen Weg in Richtung Küste. Der Weg führt zunächst noch an einigen Häusern vorbei, dann durch üppige Macchie, wie sie typisch für den südportugiesischen Küstensaum ist. Nachdem wir ein großes rotes Haus passiert haben, hören wir bereits die Brandung des Meeres. Bei einer eindrucksvollen

Schirmpinie knickt der Weg leicht nach rechts und führt auf einem sandigen Pfad durch einen abgeholzten Seekiefernwald. So wandern wir geradewegs auf die Küste zu. Kurz bevor wir diese erreichen, biegt der Weg nach links ab und verläuft nun parallel zur Küste. An manchen Stellen kann man auf Stichstraßen näher ans Meer gehen und einen Blick auf die eindrucksvolle Steilküste erhaschen. Unser Wanderweg verläuft weiter entlang der Küste und allmählich bergab in Richtung **Praia da Amoreira** ❸ im Mündungsgebiet des Aljezur-Flusses. Zu diesem eindrucksvollen Strand kann man auch auf einer Straße zufahren.

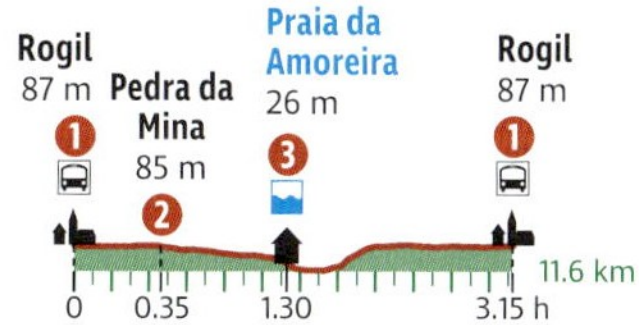

Nach dem Strandbesuch folgen wir dieser Zufahrtsstraße ein kleines Stück in Richtung Landesinneres. Nach einem weiteren Parkplatz zweigen wir nach links auf eine Erdstraße ab und folgen wieder dem markierten Weg, der wenig später nach rechts abzweigt. Linker Hand liegt ein Seekiefernwald, rechter Hand blickt man auf eine hügelige Landschaft, die von Macchie bedeckt ist. Wir steigen in Richtung einiger verfallener Gebäude leicht bergan; kurz bevor wir diese erreichen, führt der Weg jedoch rechts bergab und steigt jenseits des Tales wieder etwas steiler bergan. Zistrosen, wilde Lavendelsträucher und Eukalyptusbäume sind entlang des Weges zu sehen. Sobald wir eine Hochebene erreicht haben, kreuzt unser Weg wieder die »Rota Vicentina« und ist weiß-rot markiert. Wir gehen an der Wegkreuzung nach links und folgen einer Erdstraße, die auf der weitgehend baumlosen Hochebene Richtung Rogil verläuft. Nach rund 600 Metern erreichen wir die Wegkreuzung bei **Pedra da Mina** ❷. Nun folgen wir unserem Hinweg zurück nach **Rogil** ❶.

Blick von der Steilküste auf die weitläufige Praia da Carreagem.

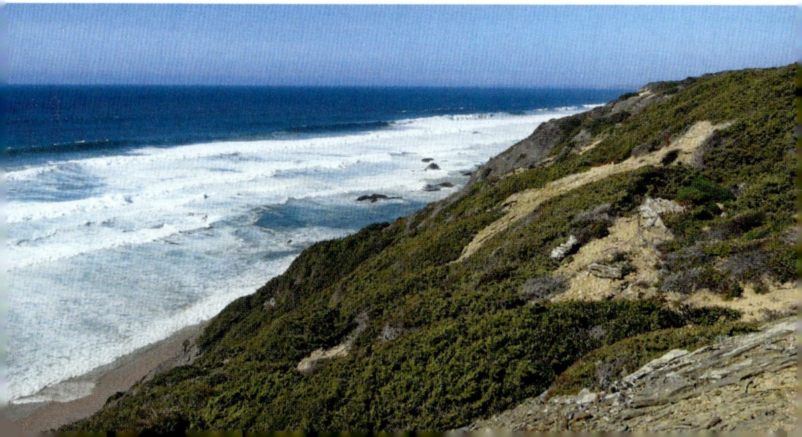

↗ 540 m | ↘ 530 m | 29.9 km

3 Große Rundwanderung zur Ponta da Atalaia

2 Tage

Eine stimmige Kombination von Fischerpfad und Historischem Weg

Zwischen Aljezur und Arrifana besteht die Möglichkeit, die beiden Weitwanderwege an der Westküste der Algarve zu kombinieren. Tatsächlich sind die jeweiligen Wegstücke recht charakteristisch: Zwischen Praia da Amoreira und Praia da Arrifana liegt einerseits eine besonders bizarre Steilküste, die mit der Ponta da Atalaia ein Highlight der gesamten Costa Vicentina aufweist. Der Weg durch die Ribeira de Aljezur und über die Hügellandschaft südlich von Vale da Telha führt dagegen durch eine beschauliche, weitgehend einsame Wald- und Weidelandschaft, die sehr typisch für den Historischen Weg ist. Die Wanderung kann entweder als lange Tagestour oder als Zweitageswanderung mit Übernachtung in Arrifana durchgeführt werden.

Ausgangspunkt: Aljezur, 17 m, Mercado Municipal (Markthalle) am Largo do Mercado.
Anforderungen: Zumeist einfache Tour, im Landesinneren auf breiten Erdstraßen und Asphaltstraßen, entlang der Steilküste Sandpfad. Ein langer Anstieg und einige kürzere An- und Abstiege. Der Wegabschnitt zwischen Aljezur und Espartal verläuft ca. 3 km auf einer Straße. In den Sommermonaten und an Wochenenden kann es hier verstärkt Zufahrtsverkehr zum Strand geben.
Markierungen: Auf dem Teilstück von Aljezur bis zur Straße M1003 sowie auf dem Rückweg von Arrifana nach Aljezur weiß-rot (Historischer Weg). Entlang der M1003 (Richtung Monte Clérigo) und entlang der Küste nach Arrifana durchgehend grünblau (»Fischerpfad«). Zudem um Aljezur abschnittsweise gelb-rote Markierung eines lokalen Rundweges (vgl. Tour 4).

Die Ribeira de Aljezur östlich von Espartal.

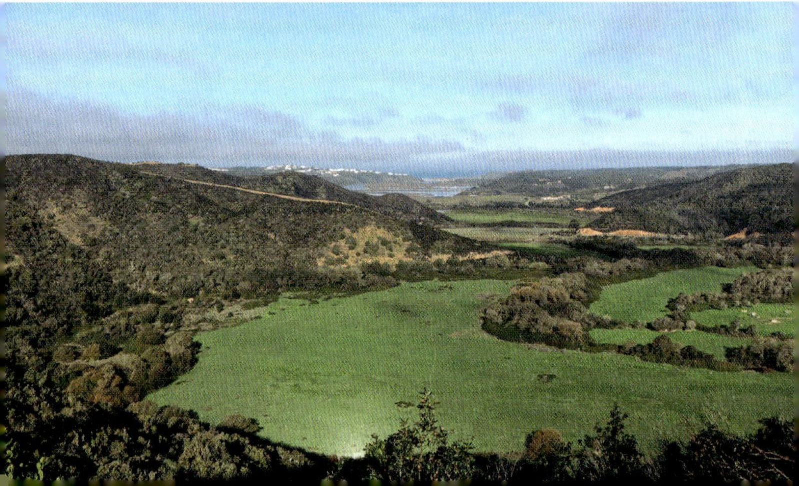

Einkehr: Einkehrmöglichkeiten gibt es in Aljezur (Ausgangsort), in Monte Clérigo sowie in Arrifana.
Unterkunft: In Arrifana gute Auswahl an Ferienhäusern, Herbergen und Ferienwohnungen, u. a. (1) Arrifana Destination Hostel (Herberge mit Restaurant, zentral gelegen, Schlafsaal, Doppel- und Vierbettzimmer), Tel.: +351 282 997 455, destinationhostels.com; (2) Casa Oceano (Herberge, zentral gelegen, Doppelzimmer), Reservierung nur über Buchungsplattformen; (3) Apartment Praia da Arrifana (Ferienwohnungen über dem Strand von Arrifana), Reservierung nur über Buchungsplattformen möglich. Weitere Unterkünfte in und in der Nähe von Arrifana sind auf rotavicentina.com zu finden.
ÖPNV: Die Kreisstadt Aljezur ist an das Busnetz im äußersten Südwesten Portugals gut angeschlossen. Es gibt täglich mehrmals Busverbindungen Richtung Lagos und Vila do Bispo.
Tipp: Das Stadtmuseum im alten Rathaus (nahe der Burg) von Aljezur präsentiert interessante archäologische Funde aus der Region (z. B. aus römischer und maurischer Zeit) und volkskundliche Gegenstände wie etwa eine Sammlung von alten landwirtschaftlichen Geräten (im Sommer Di–Sa 10–13 und 14–18 Uhr, im Winter Di–Sa 9–13 und 14–17 Uhr, Eintritt ca. 2 €, Tel. +351 282 995 019).

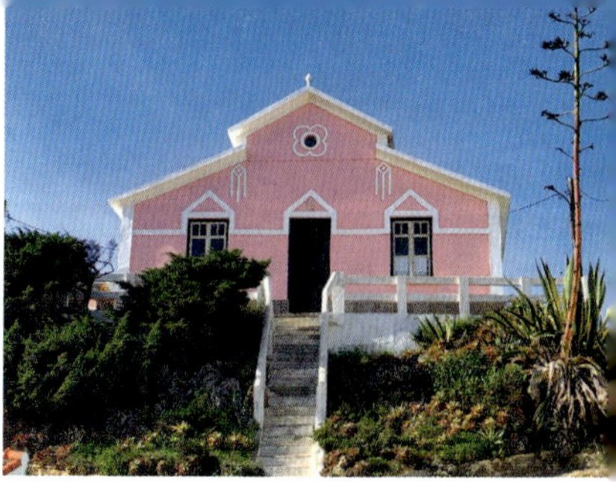

Das Haus mit rosa Fassade in Monte Clérigo.

1. Tag: Aljezur–Arrifana, 5.00 Std./18,1 km, 380 m im Auf- und 330 m im Abstieg

Von der Markthalle von **Aljezur** ❶ am Largo do Mercado gehen wir über die Fußgängerbrücke auf die Altstadtseite, halten uns am Largo da Liberdade rechts und kommen durch die Rua João Dias Mendes zum Largo 5 de Outubro, an dem das Museo Municipal de Aljezur liegt. Nach dem Museum zweigen wir nach links ab und steigen bis zur Igreja da Misericórdia hoch. Bevor wir den Weg in Richtung Arrifana fortsetzen, machen wir nach links oben einen Abstecher zum **Castelo de Aljezur** ❷. Die ehemalige Burg ist heute eine Ruine. Nur die Begrenzungsmauern sind erhalten geblieben, aber der Ausblick ist lohnend.
Nach der Besichtigung kehren wir zur Kirche zurück, zweigen nach dieser nach links ab (Wegmarkierung) und wandern einen betonierten Weg bergab. Nach wenigen Metern mündet der Weg in eine Erdstraße, die am linken Rand des Flusstals verläuft. Bald passieren wir die ummauerte **Fonte das Mentiras** ❸ (»Quelle der Lügen«), die in lokalen Sagen eine Rolle spielt. Bei der folgenden Weggabelung gehen wir geradeaus weiter, links von uns liegt ein verfallenes Haus. Dem Verlauf der Ribeira de Aljezur folgend, wandern wir auf eine Feriensiedlung zu (z. T. Bau- und Renovierungsarbeiten in Gang), die wir auf einem breiten Weg und in einigen Kurven im Anstieg durchqueren. Danach geht es weiterhin leicht bergan, nun jedoch im Schatten von Büschen und einigen Eukalyptusbäumen. Nach

rechts blickt man in das weite Flusstal (ehemals eine Meeresbucht) und in Richtung der Ferien- und Strandsiedlungen Espartal und Monte Clérigo. An der Hügelkante angekommen, verlassen wir – kurz bevor wir die Straße M1031 erreichen – den breiten Wanderweg und biegen nach rechts auf einen schmalen Pfad ab (Markierung). Dieser führt am Rand eines lichten Schirmpinienwäldchens parallel zur Straße leicht bergab (und in Richtung Küste). Wir treffen nach gut 200 m auf die Straße und folgen einem Pfad, der rechts von dieser verläuft. Nach rund 400 m mündet der Pfad in die Straße ein. Der Historische Weg (weiß-rot) überquert an dieser Stelle die Straße. Unser Fischerpfad (grün-blau) folgt ihr noch ca. 2,8 km bis zur Siedlung **Espartal** 4.

Bei der ersten Gelegenheit zweigen wir nach rechts ab und folgen der Wohnstraße leicht bergab. Der Wanderweg umgeht die ständig wachsende Feriensiedlung am Ostrand auf der Asphaltstraße. An deren Ende überque-

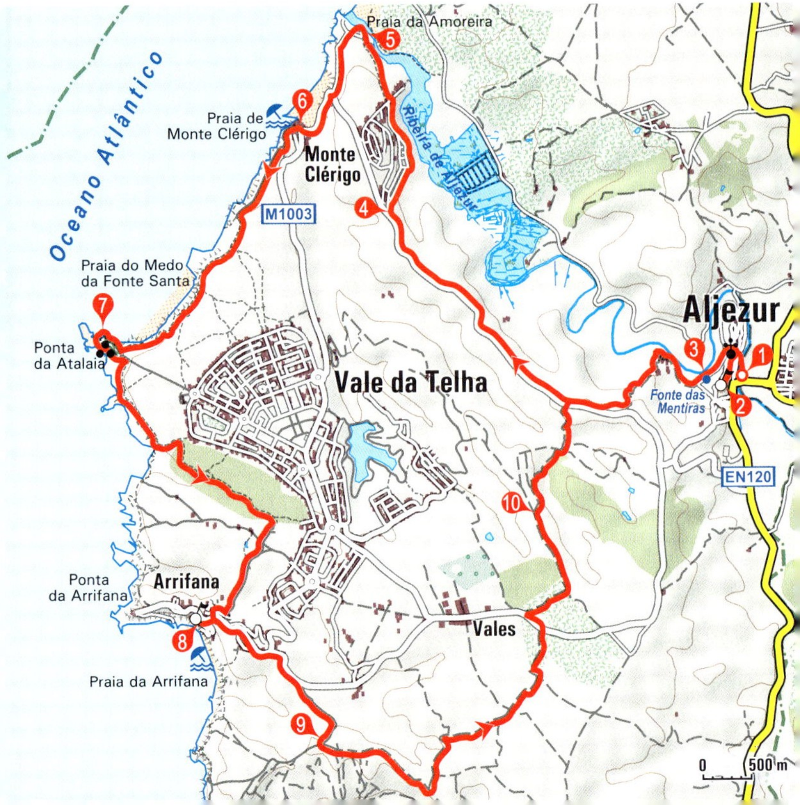

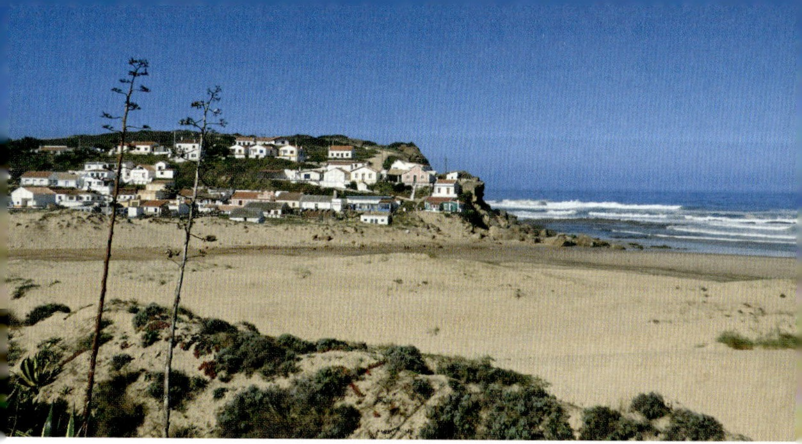

Blick auf die Strandsiedlung Monte Clérigo.

ren wir eine Straße geradeaus und steigen danach in einen schmalen Küstenpfad ein, der nun bergab führt in Richtung Mündungsgebiet der Ribeira de Aljezur in den Atlantik, wo sich die eindrucksvolle **Praia da Amoreira** 5 erstreckt. Oberhalb des Strandes befindet sich das Café/Restaurant Taberna do Gabriel. Ein Holzstegweg führt von dort nach rechts zu einer Plattform mit prächtigem Ausblick über den Sandstrand.

Zurück beim Café/Restaurant wandern wir auf dem Zufahrtsweg weiter an der Steilküste entlang. Stichwege nach rechts führen in der Folge immer wieder zu weiteren Aussichtspunkten. Wir bleiben ca. 500 m leicht rechts dieser schmalen Küstenstraße. Bei der folgenden Straßengabelung halten wir uns nach rechts und folgen der Küstenstraße, die in Richtung Monte Clérigo bergab führt. Zunächst passieren wir eine Aussichtsplattform mit Blick auf die Sandbucht Praia de Monte Clérigo und nach einer Rechtskurve erreichen wir schließlich die Strandsiedlung **Monte Clérigo** 6. Dort verlassen wir die Straße nach rechts und wandern durch das kleine Zentrum, wo mehrere Cafés und Restaurants zu einer Pause einladen.

Auf dem markierten Weg steigen wir Stufen in Richtung Steilküste bzw. eines Hauses mit rosa Fassade bergan. Hinter der Siedlung erreichen wir wieder eine Sandstraße, die an der Küste entlangführt. Hier reiht sich Parkplatz an Parkplatz. Prächtige Ausblicke auf die Steilküste und das Meer locken viele Besucher an. Am Ende dieser Sandstraße (etwas mehr als 1 km nach Monte Clérigo) liegt noch ein letzter Parkplatz. Ab hier ist der Wanderweg ein schmaler Sandpfad, der über eine Dünenlandschaft mit vielfältigem Pflanzenbewuchs verläuft. Eine Informationstafel weist darauf hin, dass man den markierten Weg nicht verlassen soll, um die seltene Vegetationsdecke nicht zu gefährden. Mehrfach queren wir kleine Einschnitte von Bachläufen und Feuchtstellen, alles auf einer Höhe von ca. 30 bis 50 m über dem Meer. Un-

ter uns erstreckt sich die langgezogene Praia do Medo da Fonte Santa, vor uns sehen wir ein imposantes Felskap mit historischer Bebauung.
Die **Ponta da Atalaia** 7 liegt etwa auf halbem Weg zwischen Monte Clérigo und Arrifana. Schon von Weitem sind verfallene Gebäude zu erkennen: Ein Zaun schützt die Ausgrabung des Ribat da Arrifana (ehemalige muslimische Siedlung). Davor stehen die Überreste eines Befestigungsturmes. Noch mehr werden Besucher aber von der grandiosen Aussicht auf die Felsküstenlandschaft fasziniert sein.
Bei einem kleinen Parkplatz an der Ponta da Atalaia zweigt unser grün-blau markierter Pfad nach rechts neuerlich in Richtung Steilküste ab. Hier kann man (zumeist zwischen März und Juni) ein einzigartiges Schauspiel beobachten: auf Felsklippen über dem Meer nistende und brütende Störche. Noch einige Zeit bleibt der Weg an der Steilküste, bevor er über einem Felskap bei einigen Schirmpinien nach links in Richtung Landesinneres und auf die Feriensiedlung Vale da Telha zu führt. Vor der Siedlung knickt der Weg nach rechts und verläuft in der Folge etwas mehr als 1 km auf einem Sandpfad am Rand eines Seekiefernwaldes. Danach knickt der Weg nach rechts in Richtung Küste und mündet in einen breiteren Erd-Steinweg ein. Auf diesem queren wir einen Weg (er führt zu einer Hausruine rechts von uns) geradeaus, wandern einen Hügel leicht bergan und danach in ein Flusstal hinab. Dieses wird von einem dichten Baum- und Buschgürtel gesäumt, durch den wir uns mühsam unseren Weg bahnen. Jenseits des Tals gehen wir nach rechts und steigen nun auf einer Betonstraße steil bergan. Diese mündet in einer Linkskurve in die Zufahrtsstraße nach Arrifana, an der wir nach rechts in die Siedlung **Arrifana** 8 gelangen. Unter der Aussichtsterrasse mit einer Informationstafel zur Rota Vicentina erstreckt sich die Praia da Arrifana.

Gebäudereste der Ribat da Arrifana und eines Befestigungsturms im Hintergrund an der Ponta da Atalaia.

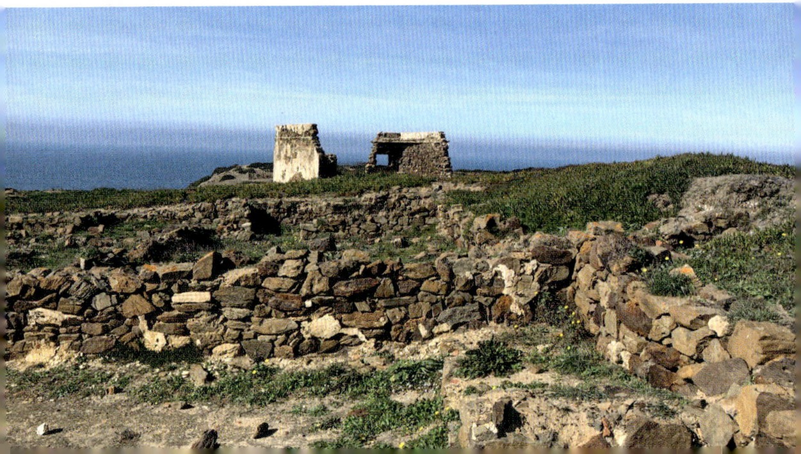

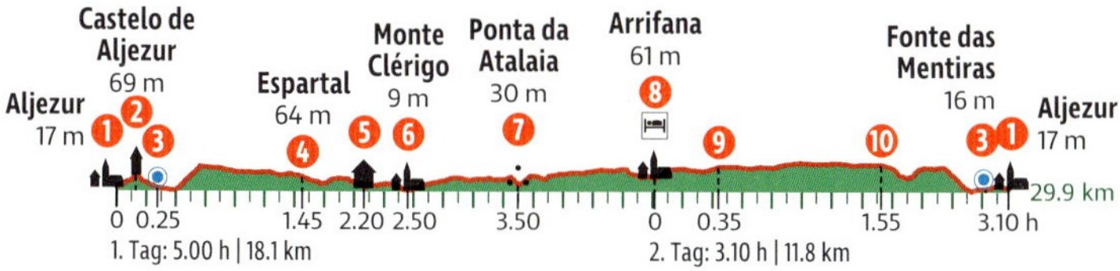

2. Tag: Arrifana– Aljezur, 3.10 Std./11,8 km, 160 m im Auf- und 200 m im Abstieg

Für den Rückweg nach Aljezur wandern wir auf dem Gehsteig neben der Straße (M-1003-1) ca. 1,5 km durch **Arrifana** 8 in Richtung Landesinneres. Links und rechts der Straße reiht sich Haus an Haus (v. a. Ferienhäuser und Herbergen). Nach dem Ortsschild von Arrifana geht es leicht bergab und wir zweigen bei erster Gelegenheit nach rechts in eine breite Erdstraße ab. Diese führt bergan auf ein kleines Wäldchen zu und an diesem entlang. Danach kommen wir zu einer **Weggabelung** 9. Der Fischerpfad setzt sich geradeaus in Richtung Küste fort. Wir aber folgen dem Historischen Weg nach links, erst noch kurz am Rand des Wäldchens entlang, danach über die baumlose Hochebene (Planalto Vicentino). Nach etwas mehr als 1 km zweigen wir scharf nach links ab, queren ein kleines Tal und steigen den nächsten Hügel etwas bergan. Danach geht es in einer weiten Linkskurve neuerlich in ein Tal bergab und wir passieren ein weißes Haus rechts des Weges, das in den letzten Jahren auf einem ehemaligen Bauernhof aufgebaut wurde. Danach wandern wir durch einen kleinen Eukalyptus-Seekiefernwald und erreichen kurze Zeit später den Rand der Streusiedlung Vales.

Die weiß-rote Markierung leitet uns nun auf Erd- und Betonstraßen durch ein Gebiet von kleinen Bauernhöfen mit umliegenden Weiden. So erreichen wir wieder die Straße Arrifana – Aljezur (M 1003-1). Auf dieser gehen wir rund 200 m nach links und zweigen im Anschluss scharf nach rechts auf einen breiten Erdweg ab. Nun geht es etwas bergab und gleich darauf wieder leicht bergan auf ein verlassenes Haus zu. Vor diesem biegen wir nach links ab. Zunächst führt der Weg durch einen Eukalyptuswald, danach am Rand eines Schirmpinienwaldes und etwas später wieder am Eukalyptuswald entlang. Links des Weges sehen wir ein Haus mit einer prächtigen Hauseinfahrt und davor ein **Tiergehege** 10 mit Eseln, Alpakas und Pferden. Dort zweigen wir nach rechts ab und wandern auf einem steinigen und steilen Weg durch einen Eukalyptuswald bergab. Wir queren einen Talgrund mit einem in der warmen Jahreszeit ausgetrockneten Flusslauf und steigen am Gegenhang in einigen Kurven steil bergan zur M1031. Nach rechts kehren wir auf dem schon bekannten Weg nach **Aljezur** 1 zurück.

↗ 90 m | ↘ 90 m | 3.8 km

4 Wanderung zu historischen Plätzen rund um Aljezur

1.15 h

Geschichte, Kultur und Natur in der kleinen Burgstadt Aljezur

Aljezur wurde im 10. Jh. in muslimischer Zeit gegründet und war damals eine Hafenstadt. Die Ribeira de Aljezur, heute ein großes Flusstal, war bis zum Erdbeben von Lissabon (1755) eine Art Meeresbucht, die bis knapp an die Stadt heranreichte. Die alte Festung – heute eine Ruine – schützte den Hafen. 1246 wurde das muslimische Aljezur von den Christen erobert und weiter als Hafenstadt genutzt. Das Erdbeben von 1755 änderte jedoch das Aussehen der Region umfassend. Die Ribeira fiel trocken und aus der Hafenstadt Aljezur wurde eine Binnenstadt. Zudem flüchtete die Bevölkerung aus der zerstörten Altstadt und gründete jenseits des Flusstales eine neue Stadt. Das alte Aljezur blieb jedoch erhalten und auch weiterhin bewohnt. Die kurze Rundwanderung führt um und durch die Altstadt von Aljezur und bietet Einblicke in die Geschichte und Architektur sowie prächtige Ausblicke in die sehenswerte Umgebung der kleinen Burgstadt.

Ausgangspunkt: Aljezur, 17 m, beim Mercado Municipal (Markthalle) auf dem Largo do Mercado.
Anforderungen: Kurze Rundwanderung auf Erdwegen und Asphaltstraßen.
Markierungen: Durchgehend gelb-rot (Pequena Rota: »Circuito Histórico-Cultural e Ambiental«).
Einkehr: In Aljezur.
ÖPNV: Die Kreisstadt Aljezur ist an das Busnetz im äußersten Südwesten Portugals gut angeschlossen. Es gibt täglich mehrmals Busverbindungen Richtung Lagos und Vila do Bispo.
Tipp: Das Stadtmuseum im alten Rathaus (nahe der Burg) von Aljezur präsentiert interessante archäologische Funde aus der Region (z. B. aus römischer und maurischer Zeit) und volkskundliche Gegenstände wie etwa eine Sammlung von alten landwirtschaftlichen Geräten (im Sommer Di–Sa 10–13 und 14–18 Uhr, im Winter Di–Sa 9–13 und 14–17 Uhr, Eintritt ca. 2 €, Tel. +351 282 995 019).

Wir starten die Wanderung beim **Mercado Municipal** ❶ (am Largo do Mercado) in Aljezur. Die Markthalle liegt an der Ribeira de Aljezur, die Altstadt auf der anderen Flussseite. Wir bleiben auf unserer Seite des Flusses und gehen (mit Blickrichtung Altstadt) nach rechts. Zunächst passieren wir einen Parkplatz, danach geht es auf einem einfachen Erdweg ca. 1 km immer am Fluss entlang, links sehen wir den Altstadthügel. Danach knickt der Weg etwas nach rechts, überquert die Ribeira de Aljezur und mündet in eine Straße ein. Wir gehen nach links an einem **Picknickplatz** ❷ vorbei und gleich danach nach links erneut über den Flusslauf. Die Straße führt uns in Richtung Nordseite der Altstadt. Nach etwa 300 m zweigen wir nach rechts auf einen breiten Erdweg ab, der dem

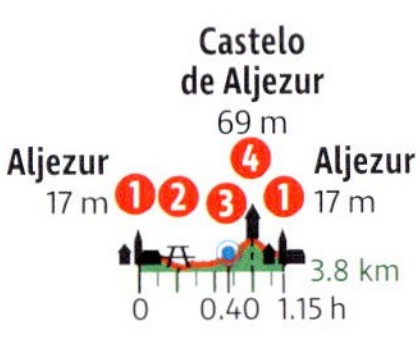

Flusstal folgend den Altstadthügel umrundet. Wir wandern ganz leicht bergan. Nach 10 Minuten mündet von links ein Weg ein, der von der Altstadt herunterkommt. Wir bleiben auf unserem breiten Erdweg in der Ribeira de Aljezur. Nun geht es etwas bergab. Links des Weges passieren wir die **Fonte das Mentiras** ❸ (»Quelle der Lügen«), die in der Sagenwelt von Aljezur eine Rolle spielt. Gleich darauf zweigen wir nach links ab und wandern auf einem steinigen Weg durch Eukalyptusbäume steil bergan. Der Anstieg endet an einer Straße. Auf dieser steigen wir nach links weiterhin durch einen Eukalyptuswald bergan. Schon bald sehen wir den Hügel und die Umfassungsmauern der Festung rechts von uns. Um das historische Bauwerk zu besuchen, gehen wir am Parkplatz nach rechts und durch das Burgtor in

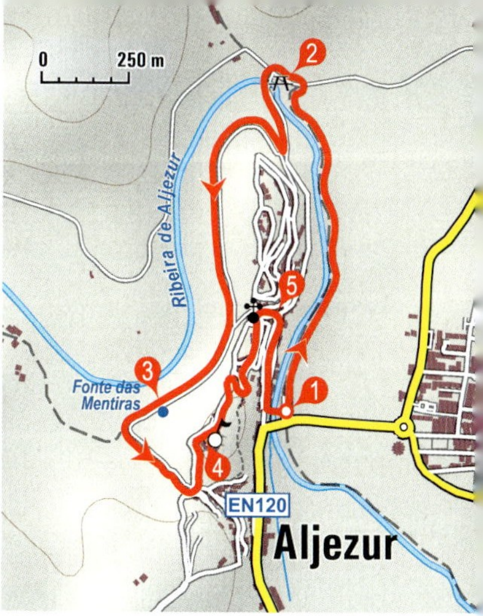

Die Häuser an der Ribeira de Aljezur östlich der Altstadt.

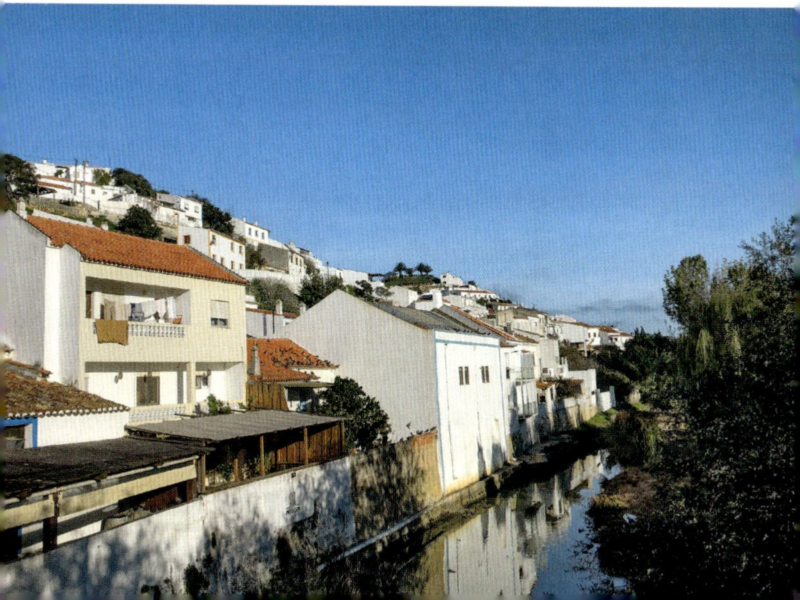

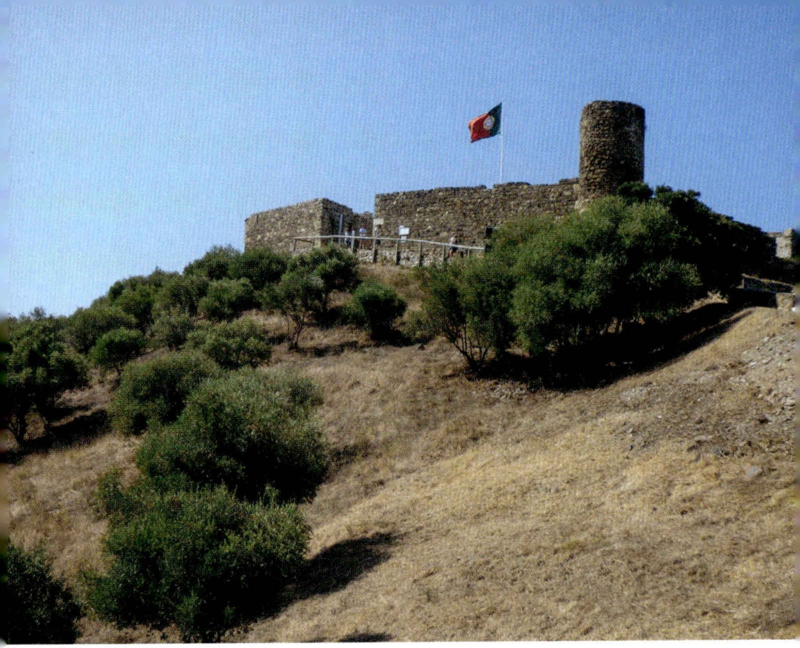

Das Castelo de Aljezur.

das **Castelo de Aljezur** 4. Von der Festung selbst ist wenig erhalten, aber der Panoramablick in die Umgebung ist eindrucksvoll.

Wir verlassen die Burg und gehen auf der Rua D. Paio Pires Correia Richtung Altstadt. Bei erster Gelegenheit zweigen wir nach rechts in die Rua do Castelo und gleich darauf nach links ab. Nun geht es durch die Altstadt steil bergab in Richtung Zentrum. Wir passieren das Haus des bekannten lokalen Landschaftsmalers José Cercas links des Weges und wenig später eine kleine Kapelle (Santo António), heute ein Museum. Wir bleiben in der Rua do Gabão, die vor der Igreja da Misericórdia (Hauptkirche in der Altstadt) in den Largo Rainha D. Leonor einmündet. Nach rechts gelangen wir steil bergab zum Hauptplatz **Largo do Pelourinho** 5. Dort treffen wir auf das repräsentativste Gebäude der Altstadt: Das ehemalige Rathaus beherbergt heute das Museu Municipal.

Wir nehmen die erste Straße links des Museums (Rua da Cadeia Velha), treffen bei der ersten Straßengabelung auf einen alten öffentlichen Brunnen (Antigo Fontanário Público) und folgen der Rua da Ladeira. An ihrem Ende gehen wir nach links über den Largo da Liberdade und auf der Fußgängerbrücke über die Ribeira de Aljezur zu unserem Ausgangspunkt am **Mercado Municipal** 1 von Aljezur.

↗ 210 m | ↘ 210 m | 13.2 km

4.00 h

Von Bordeira zum Meer

5

Genusswanderung in einer der schönsten Landschaften der südwestlichen Algarve

Das Hinterland an der Westküste der Algarve ist ein unberührtes Naturparadies. Hier hat sich eine außergewöhnliche Pflanzenwelt erhalten. Die Rundwanderung durchquert das ehemals intensiv genutzte Flusstal von Bordeira und seine Nebentäler. Der Wegabschnitt an der Küste bietet imposante Ausblicke. Die Wanderung verbindet damit beschauliche dörfliche Kulturlandschaft mit kühlender Meeresbrise.

Ausgangspunkt: Bordeira, 25 m, Parkplätze rechts der Straße an der Ortseinfahrt. Anfahrt von der nächstgelegenen Kreishauptstadt Aljezur auf der N120 in Richtung Lagos, nach 8 km links auf die N268, nach 9 km Parkplatz direkt rechts der Straße, gegenüber der Ortseinfahrt von Bordeira.
Anforderungen: Rundwanderung auf Erdstraßen und Wegen mit einigen steilen An- und Abstiegen; in Küstennähe führt der Weg auf einem Sandpfad.
Markierungen: Durchgehende gelb-rote Markierung. Der Abschnitt in Küstennähe verläuft auf dem »Fischerpfad« und ist damit auch blau-grün markiert.
Einkehr: Unmittelbar am Wegverlauf keine; in Bordeira gibt es ein Café.
ÖPNV: Zwei Mal täglich Busverbindungen zwischen Aljezur/Vila do Bispo und Bordeira (Busroute Aljezur–Bordeira); Sa und So kein Busverkehr.
Variante: Man kann die Runde abkürzen, indem man ab Bordalete die Schleife über die Küste auslässt und auf einem Verbindungsweg direkt zum Rückweg nach Bordeira geht (insg. 5,8 km/1.45 Std.).
Tipp: Die Igreja Matriz von Bordeira enthält einige sehenswerte barocke Holzschnitzaltäre.

Vom Café am Dorfplatz von **Bordeira** ❶ gehen wir (auf das Café schauend nach rechts) auf der Rua Dr. Lobo Miranda zur Kirche, nach links an dieser vorbei und auf der Ortszufahrt zur Nationalstraße (N268). Bei einer Brücke (rechts) überqueren wir die N268 und wandern auf einer Erdstraße etwas bergab bis zu einer **Weggabelung** ❷. Wir gehen rechts und an der Gabelung 100 m weiter links (Markierung). Links von uns blicken wir auf die Flussniederung der Ribeira da Bordeira mit Gärten und Schilfgürtel. Auch ein Wohnwagen

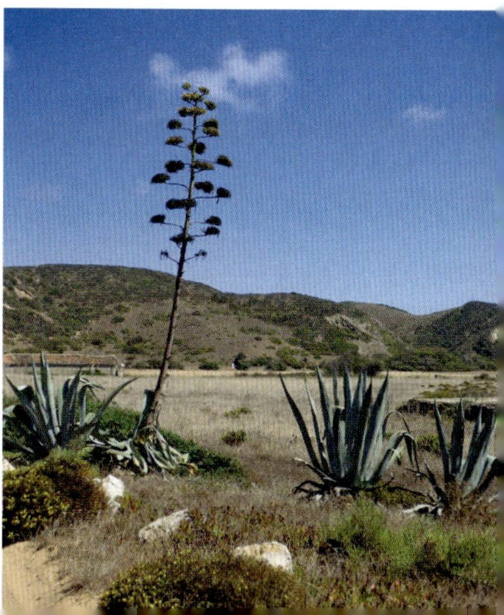

Agaven in der Nähe von Bordeira.

ist zu sehen. Kurz danach erreichen wir wieder eine Wegverzweigung. Wir wandern nach links und nun leicht bergan weiter. Oben angekommen bietet sich ein erster schöner Panoramablick in eine hügelige Landschaft mit Zistrosenbüschen, Eukalyptus- und Seekiefernwäldern.
Wir überqueren eine Hügelkuppe und wandern in einigen weiten Kurven wieder bergab in ein breites Flusstal. Hier müssen wir einige Bachläufe (Zuflüsse zum Bordeira-Fluss) queren, die in den Wintermonaten auch Wasser führen können. Nach rund 2 km (seit Wegstart) queren wir den Tacoual-Fluss (Zufluss zum Bordeira-Fluss) und kommen nach 100 m zu einer **Abzweigung 3**. Hier geht es nach links weiter.
Gleich darauf sehen wir links des Weges eine Steinsäule mit Stufen. Diese erinnert an die Zeit, als im Flusstal Reis und Getreide angebaut und von hier aus Wasserschleusen in Betrieb gesetzt wurden.
Unser Wanderweg folgt der breiten Erdstraße und dem Flusslauf nach Südwesten in Richtung Mündung. Entlang des Weges gibt es noch weitere Steinsäulen. Neuerlich erreichen wir eine Weggabelung nahe dem verlassenen Bauernhof von **Bordalete 4**. Nach links führt die Kurzvariante zurück nach Bordeira (2,5 km). Wir folgen nach rechts dem Wegpfeil in Richtung »Praia da Bordeira« (10 km). Der Weg steigt zunächst durch einen niedrigen Eukalyptuswald auf eine Küstenhochebene empor. Für rund 2 km bleiben wir auf dieser breiten Erdstraße. Dann kommen wir zu einer Weggabelung. Hier geht es nach links in Richtung »Praia da Bordeira« und Richtung Steilküste. Aus der breiten Erdstraße wird alsbald ein schmaler Sandpfad, der

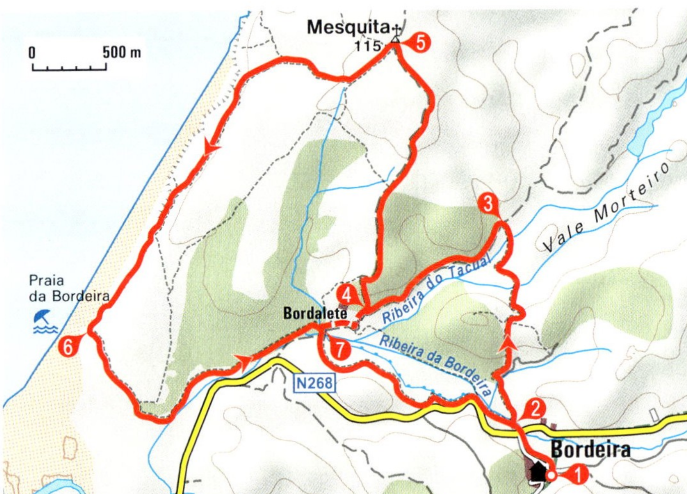

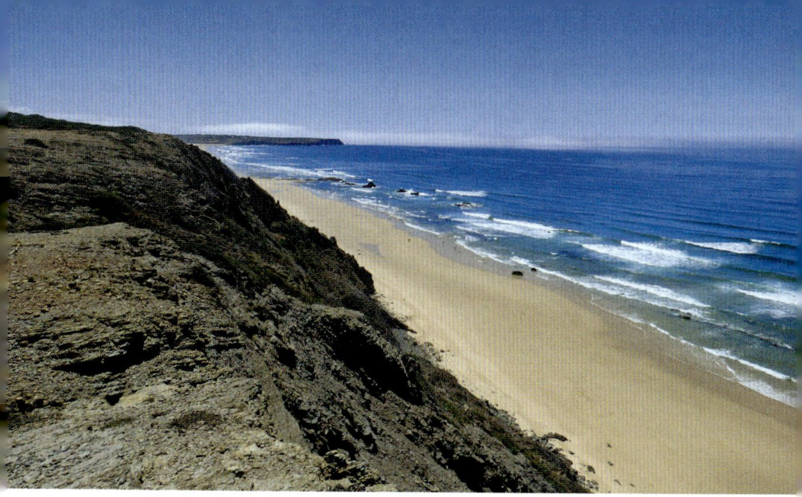

Blick auf die lang gezogene Praia da Bordeira von der Steilküste aus.

schwieriger zu begehen ist. Bevor wir die Steilküste erreichen, steigen wir zum trigonometrischen Vermessungspunkt auf dem **Mesquita** 5, 115 m, auf. Von hier bietet sich ein großartiger Rundblick von Arrifana (Norden) bis nach Carrapateira (Süden).

Im Anschluss steigen wir auf einem anfangs etwas rutschigen Weg bergab in Richtung Steilküste. Für einige Kilometer wandern wir auf einem sandigen Pfad mit felsigen und schottrigen Abschnitten an der Steilküste entlang. Unterwegs gibt es einige Stichpfade zu Aussichtspunkten auf die Klippen und Sandstrände. Nach rund 2 km erreichen wir die **Praia da Bordeira** 6. Rechts von uns erstreckt sich der lange Sandstrand, links befindet sich der Parkplatz (vor allem für Allradfahrzeuge) für Strandbesucher. Der Weg führt über den Parkplatz und dann nach links ins Landesinnere. Wir passieren unterwegs einige verlassene Häuser und wandern am Rand eines Pinienwaldes entlang. Bevor wir auf die N268 treffen, knickt unser Weg nach links und verläuft ein kurzes Stück durch den schattigen Wald bis in die Nähe des vom Hinweg bekannten Bauernhofes von Bordalete. Davor gabelt sich jedoch der Weg 7. Wir gehen nach rechts und am Rand des Flusstales auf einer einfach zu begehenden Erdstraße zurück in Richtung Bordeira. Bis dahin sind es noch 2 km. Ein Schilfgürtel begleitet den Flusslauf (links). Wir erreichen die bereits bekannte **Weggabelung** 2 und kehren auf dem Hinweg nach **Bordeira** 1 zurück.

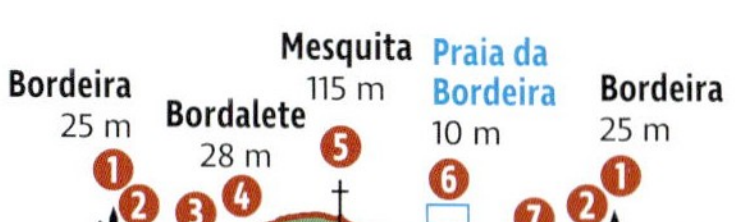

↗ 250 m | ↘ 250 m | 15.6 km

6 Zu den versteckten Seen bei Bordeira

4.30 h

Rundwanderung durch das einsame Hinterland von Bordeira

Während an der Südwestküste Portugals inzwischen der Tourismus etwas eingekehrt ist und insbesondere im Sommer die Strände bevölkert sind, ist das Hinterland von Bordeira nahezu menschenleer. Die Hügellandschaft ist vor allem von Wald- und Buschland bedeckt. Ehemals gab es hier kleine Bauernhöfe, die inzwischen als Ruinen in den Wäldern zu finden sind. Kaum bekannt sind die kleinen Stauseen in der Nähe von Bordeira, die in bezaubernder Umgebung abseits von Hauptrouten zwischen Hügeln verborgen liegen und eine kontrastreiche Oase in der Montado-Landschaft bilden.

Ausgangspunkt: Bordeira, 25 m, Parkplätze rechts der Straße an der Ortseinfahrt. Anfahrt von der nächstgelegenen Kreishauptstadt Aljezur auf der N120 Richtung Lagos, nach 8 km links auf die N268, nach 9 km Parkplatz direkt rechts der Straße, gegenüber der Ortseinfahrt von Bordeira.
Anforderungen: Rundwanderung auf Erdstraßen und Wegen mit einigen steilen An- und Abstiegen; abschnittsweise schmale und zum Teil verwachsene Pfade (südlich des ersten Stausees).
Markierungen: Durchgehende gelb-rote Markierung; abschnittsweise ist zusätzlich eine weiß-rote Markierung angebracht, wenn der Weg parallel zum Historischen Weg der Rota Vicentina verläuft.
Einkehr: Unmittelbar entlang des Wegverlaufes keine; in Bordeira gibt es ein Café.
ÖPNV: Zwei Mal täglich Busverbindungen zwischen Aljezur/Vila do Bispo und Bordeira (Busroute Aljezur–Bordeira); Sa und So kein Busverkehr.
Tipp: Die Igreja Matriz von Bordeira enthält einige sehenswerte barocke Holzschnitzaltäre.

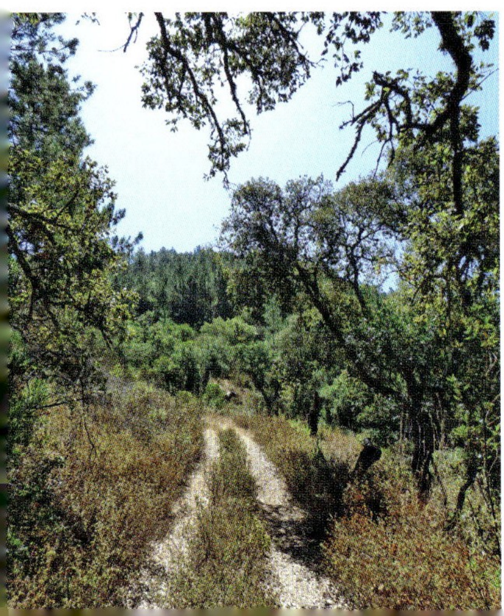

Wir starten beim Café am Dorfplatz von **Bordeira** ❶. Von hier führen uns die Wegmarkierungen (gelb-rot, Pequena Rota und weiß-rot, Historischer Weg) auf der anfangs gepflasterten Rua da Escola in Richtung Osten aus dem Dorf hinaus. Nach rund 300 m gehen wir an der Weggabelung nach rechts und bei der nächsten Wegverzweigung nach links. Danach geht es auf einer breiten Erdstraße durch eine hügelige Landschaft von Korkeichen und

Beschaulicher Wanderabschnitt zwischen den beiden »versteckten Seen« im Hinterland von Bordeira.

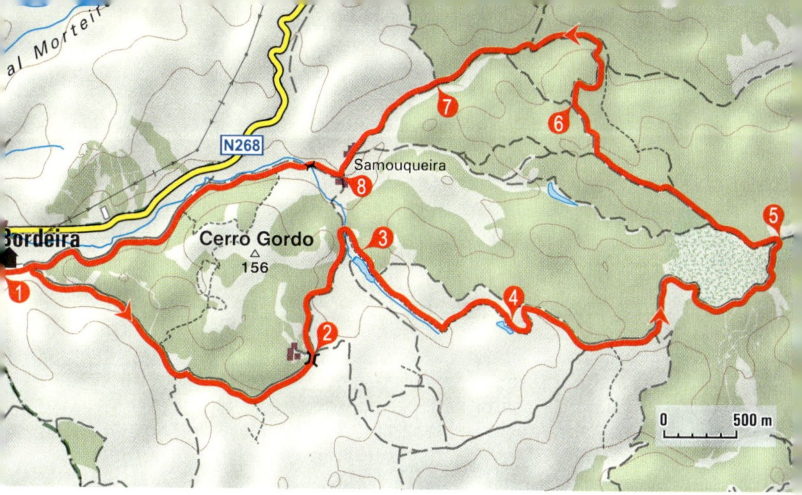

Erdbeerbäumen weiter. Wir wandern konstant bergan und bleiben immer auf dem Hauptweg, Abzweigung nach links oder rechts ignorierend. Bei einer großen Linkskurve passieren wir ein weißes Haus (links). Danach wird der umgebende Wald etwas dichter. Nach insgesamt rund 3 km erreichen wir auf einem **Sattel** ❷ bei einem verfallenen Haus die nächste Weggabelung. Hier geht es nach links, unmittelbar danach nach rechts und von nun an etwas bergab. Nach rund 15 Minuten kommen wir zu einer weiteren Abzweigung nach rechts. Nach links (geradeaus) geht es in Richtung »Bordeira« und »Samouqueira«. Wir halten uns jedoch nach rechts in Richtung »Lagos Escondidos« und durchwandern einen dichten Pflanzengürtel am Flusslauf. Auf Trittsteinen queren wir den Bach und steigen nach rechts steiler bergan. Nach rund 200 m kommen wir zum Nordufer des ersten **Stausees** ❸. Der weitere Wegverlauf führt am linken Ufer des Stausees entlang, mit schönen Ausblicken auf das Gewässer. Am oberen Ende geht es geradewegs weiter (der Wegverlauf nach links ist durch eine gekreuzte Markierung ausgeschlossen) und der Weg ist nun ein schmälerer Pfad, der stellenweise etwas verwachsen ist und durch eine Korkeichenlandschaft führt. Etwa 1 km nach dem ersten See dreht der Weg nach links und führt steiler bergan in einen Seekiefernwald. In einem Rechtsbogen gelangen wir zum zweiten **Stausee** ❹ und wandern danach in einem Linksbogen auf

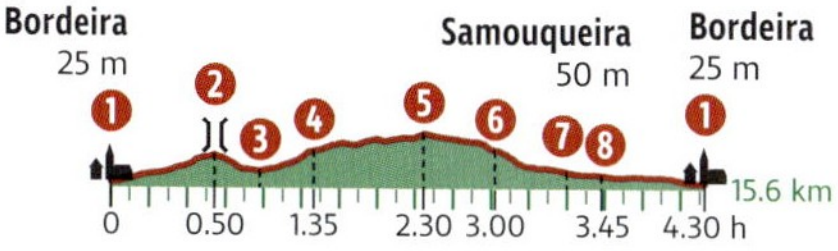

einem schmalen Wiesen- und Waldpfad bergan in Richtung eines verfallenen Bauernhofes (links).
Bei der Weggabelung nach dem Haus biegen wir nach rechts ab und erreichen alsbald eine breitere Erdstraße. Nun wandern wir mit Blick auf niedrige Seekiefern und Zistrosenbüsche auf eine weite Hochebene. Nach weiteren rund 500 m treffen wir auf eine quer verlaufende Erdstraße. Hier halten wir uns nach links (de facto geradeaus) und folgen dieser Straße weitere rund 2 km. Danach zweigen wir bei einem **Wegweiser** 5 in Richtung »Bordeira« von der breiten Schotterstraße ab und wandern am Rand eines Eukalyptuswaldes bergab. Wir bleiben immer auf dem markierten Hauptweg, bis wir eine **Weggabelung** 6 nach rund 2 km erreichen. Hier geht es nach rechts und in Richtung eines Seekiefernwaldes. In der Folge umwandern wir weiterhin leicht absteigend einen kleinen Hügel. Im Abstieg queren wir einen Flusslauf und wandern danach im Schatten von Eukalyptusbäumen auf einer breiten Erdstraße. Nach rund 1 km auf diesem Wanderweg mündet von rechts der **Historische Weg** 7 in unsere Rundwanderung ein; diese ist jetzt zusätzlich weiß-rot markiert. Ab hier sind es noch 4 km bis Bordeira.
Bald verlassen wir den Eukalyptuswald und wandern in einem breiten Tal durch eine Weidelandschaft in Richtung der verlassenen Siedlung von **Samouqueira** 8. Hier führt ein Weg wieder hoch in das Tal mit dem Stausee (nach links). Wir gehen jedoch geradeaus weiter Richtung Bordeira, dessen weiße Häuser man schon von Weitem erkennen kann. Wir passieren die bereits bekannte Weggabelung und gehen auf dem Hinweg nach **Bordeira** 1.

Einer der »versteckten Seen«: Stausee in der Nähe der verlassenen Siedlung Samouqueira.

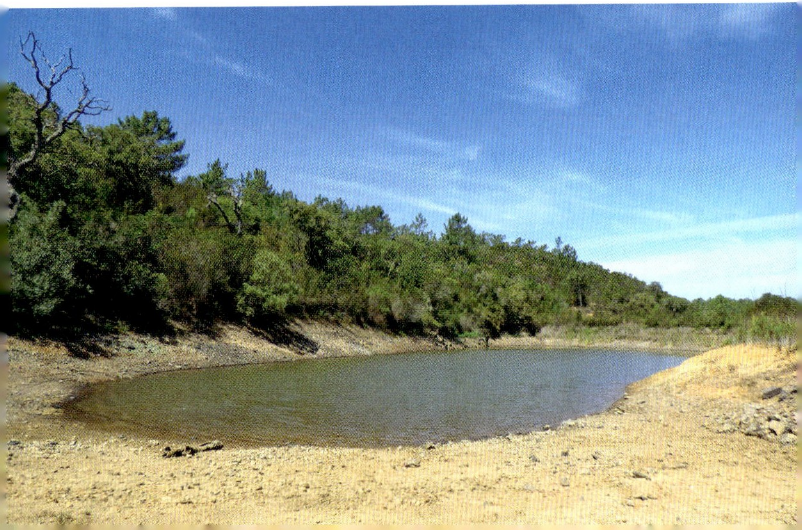

↗ 290 m | ↘ 290 m | 16.1 km

4.15 h

TOP 7

Über der Praia da Cordoama

Zum schönsten Aussichtspunkt an der Westküste der Algarve

Nordwestlich von Vila do Bispo liegt einer der eindrucksvollsten Küstenabschnitte Südportugals. Gleich drei Sandstrände sind hier von hohen Felsmauern umgeben und nur bei Ebbe miteinander verbunden: Praia do Castelejo, Praia da Cordoama und Praia da Barriga. Nirgends bricht der Planalto Vicentino steiler zum Atlantik ab. Der Blick vom Miradouro da Cordoama bietet nicht nur ein unvergessliches Steilküstenpanorama, sondern auch ein herrliches Wellenspiel, von dem man sich nur schwer losreißen kann.

Ausgangspunkt: Vila do Bispo, 90 m, Praça da República (Hauptplatz).
Anforderungen: Von Vila do Bispo bis ins Castelejo-Tal Asphaltstraße; danach breite Erd-Schotterwege auf dem Planalto Vicentino, an der Küste schmale, steinige und steile Pfade; fallweise heftige Winde/Stürme an der Küste.
Markierungen: Durchgehend gelb-rot (Pequena Rota: »Cordoama«); abschnittsweise weiß-rot (Historischer Weg) bzw. grün-blau (Fischerpfad).
Einkehr: In Vila do Bispo und an der Praia da Cordoama.
ÖPNV: Die Kreisstadt Vila do Bispo ist an das Busnetz im äußersten Südwesten Portugals gut angeschlossen. Es gibt täglich mehrmals Busverbindungen Richtung Lagos und Aljezur.
Variante: An der Wegkreuzung 5 beginnt eine Kurzvariante zurück nach Vila do Bispo (ca. 1.15 Std./5 km kürzer als der Hauptweg).
Tipp: Südlich von Vila do Bispo gibt es zwei Menhire (aufrecht stehende Steinblöcke, die in der Jungsteinzeit zu bestimmten Zwecken errichtet wurden). Der Menir de Aspradantes liegt über der Praia das Furnas, der Menir do Padrão etwas südlich von Raposeira. Letzterer steht unter Denkmalschutz, ist etwa 2,2 m hoch und hat einen Umfang von 90 cm. Insgesamt gibt es allein im Bereich der Algarve fast 260 Menhire.

Vom nördlichen Rand des Hauptplatzes (Praça da República) von **Vila do Bispo** 1 gehen wir durch die Rua Commandante Matoso bergab in Richtung Neustadt und nach rechts durch die Rua Ribeira do Poço, die Alt- und Neustadt trennt, bis zu einem Kreisverkehr. Dort geht es nach links weiter und am Mercado Municipal (rechts der Straße) vorbei. Danach wandern wir auf einer schmalen Asphaltstraße leicht bergan aus der Kreisstadt hinaus, vorbei an vielen Häusern (u. a. am Hallenbad, einem großen weißen Gebäude links des Weges). Vor einem gelben Haus treffen wir auf eine Weggabelung. Hier setzen wir den Weg nach links weiterhin auf Asphalt fort. Schön ist der Blick zurück auf Vila do Bispo. Der Weg verläuft in einigen Kurven auf ein Wäldchen zu. Am Waldrand angekommen, halten wir uns nach rechts und gehen gleich darauf nach links durch eine Schranke.
Damit betreten wir das **Vale do Castelejo** 2, eines der eindrucksvollsten Täler der portugiesischen Südwestküste. Es ist als lokales Naturschutz-

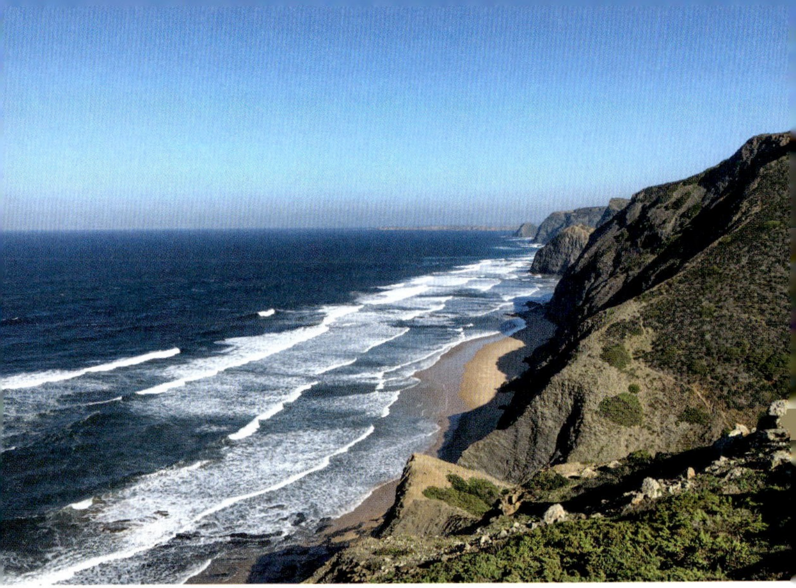

Blick vom Miradouro da Cordoama Richtung Norden.

gebiet ausgewiesen, in dem ein kurzer Rundwanderweg (»Trilho Ambiental do Castelejo«) angelegt wurde, den wir zur Hälfte gehen werden. Rechts von uns liegt ein Teich und dahinter die Casa do Guarda Florestal, ein verlassenes und im Verfall stehendes Haus. Wir folgen dem Wanderweg nach links leicht bergab durch einen Schirmpinienwald. Schautafeln am Wegesrand informieren über Fauna und Flora im Tal, zudem gibt es einige Teiche und Picknickbänke. Bei einem größeren Teich (etwa 1 km nach Beginn des Tals) treffen wir auf eine Weggabelung mit mehreren Wegen. Wir halten uns zuerst rechts und gehen gleich darauf geradeaus weiter. In der Folge zieht sich der Weg in einigen Kurven leicht bergan und mündet etwa 10 Minuten später in die Zufahrtsstraße (M1265) zur Praia do Castelejo ein. Wir queren die Straße nach links und gehen über einen großen Parkplatz. Bei einer Straßengabelung folgen wir dem rechten Fahrweg und nehmen bei

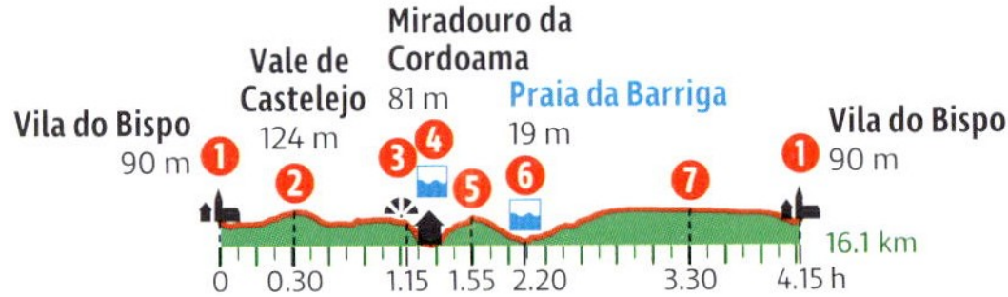

der nach knapp 300 m folgenden Gabelung die linke, breite Schotterpiste. Diese erreicht ca. 1 km später die große Aussichtsterrasse (inkl. Parkplatz) beim **Miradouro da Cordoama** ❸. Der Ausblick von hier ist phänomenal: Unter uns erstreckt sich der langgezogene Sandstrand Praia da Cordoama, Richtung Norden blickt man bis Pontal da Carrapateira. Im Süden erhebt sich der Torre de Aspa (152 m), aber auch den Leuchtturm am Cabo de São Vicente kann man in der Ferne erkennen.

Mit Blick auf das Meer halten wir uns nach rechts und steigen auf einem schmalen und steinigen Klippenpfad ca. 100 Höhenmeter in Richtung Strand ab. Zuletzt gelangen wir nach einer Links-Rechts-Kurve zum Parkplatz an der Zufahrtsstraße und zum Strandcafé Bar da Praia an der **Praia da Cordoama** ❹. Wir folgen der Wegmarkierung vor der Strandbar und steigen auf einem Klippenpfad den nächsten Hang ca. 80 Höhenmeter steil bergan. Danach knickt der Weg ins Landesinnere, verläuft weiterhin leicht bergan und wird zu einem zunehmend breiteren Erd-Steinweg. Links und rechts sind krummwüchsige Schirmpinien (ihre Gestalt ist durch Küstenwinde verursacht) zu sehen und Felder von Zistrosen, die die Landschaft überziehen. Bei der ersten größeren **Wegkreuzung** ❺ nach etwas mehr als 600 m beginnt geradeaus die Kurzvariante, die etwas nördlich von Vila do Bispo wieder auf die Hauptroute stößt.

Wir aber folgen einem breiten Erdweg nach links, der in Richtung eines Flusstals bergab führt und nach ca. 1,5 km zur **Praia da Barriga** ❻ gelangt. Dieser kleine und wenig besuchte Sandstrand wird von eindrucksvollen Schieferfelsen umschlossen und ist nur bei Ebbe mit der Praia da Cordoama verbunden. Der Wanderweg kehrt vom Strand zurück in das Flusstal. Bei der ersten Weggabelung etwa 200 m nach der Praia da Barriga halten wir uns nach links, passieren ein verlassenes Haus (links des Weges) und treffen etwa 400 m danach neuerlich auf eine Weggabelung. Hier biegen wir scharf nach links ab und wandern einen Hangweg bergan. An der Hügelkante bietet sich nochmals ein schöner Ausblick auf die Meeresbucht und die umgebende Steilküste. Der Weg dreht dann Richtung Osten ins Landesinnere und steigt immer leicht bergan. Ein weißes Haus in einiger Entfernung ist ein markanter Orientierungspunkt. Bei diesem Haus mündet unser Wanderweg in eine

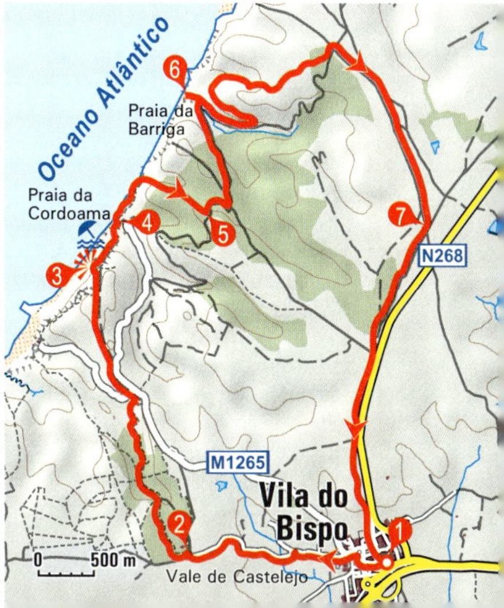

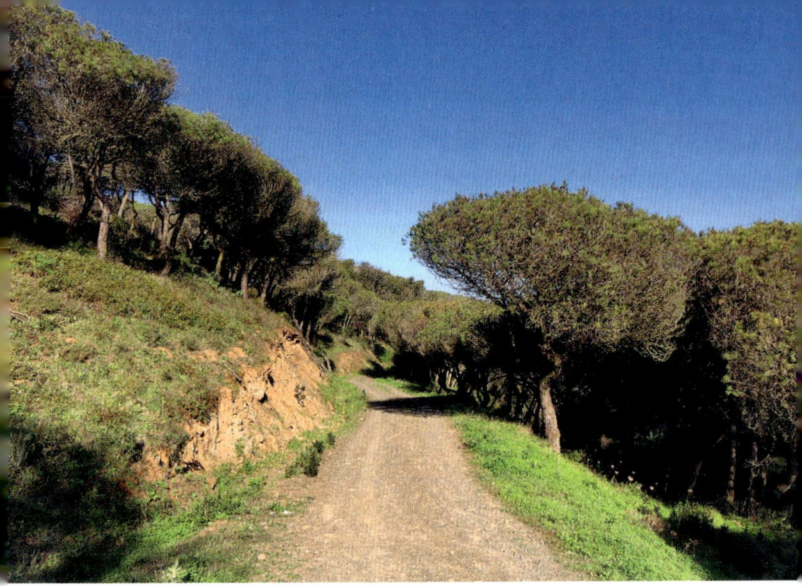

Der Weg durch das Vale do Castelejo.

breitere Schotterstraße ein, die von rechts von der Praia da Barriga heraufkommt.
Wir folgen ihr nach links, durchqueren einen Seekiefernwald und treffen auf eine Wegkreuzung. An dieser Stelle mündet unser Weg in den Fischerpfad ein. Nun wandern wir nach rechts etwa 400 m unmittelbar am Waldrand entlang. Danach knickt der Weg etwas nach rechts. In der Ferne blicken wir auf einen Windpark und sehen Fahrzeuge auf der Straße ER268 fahren. Wir gehen merklich auf die Straße zu, doch bevor wir sie erreichen halten wir uns bei einer **Weggabelung** 7 nach rechts und folgen nun der Markierung des Historischen Wegs (weiß-rot), den wir an dieser Stelle erreicht haben.
Die letzten 3 km verlaufen nun parallel zur ER268, jedoch zumeist auf einem Weg ein Stück rechts davon. Zunächst wandern wir auf ein Eukalyptuswäldchen zu und dann am Waldrand in Sichtweite zur Straße. Ab einem kleinen weißen Haus laufen wir direkt an der ER268. 300 m weiter mündet von rechts kommend die Kurzvariante des Rundweges ein. Wir verlassen die Straße gleich wieder und wandern auf einem markierten Parallelweg rechts der Straße weiter. Schon sehen wir den markanten Wasserturm von Vila do Bispo vor uns und unser Weg mündet in eine Wohnstraße der Vorstadt ein. Wenig später erreichen wir den Fußballplatz (rechts des Weges) und gehen schließlich auf dem gut markierten Weg durch die Altstadt zum Hauptplatz von **Vila do Bispo** 1.

↗ 140 m | ↘ 140 m | 14.4 km

4.30 h

Große Rundwanderung beim Cabo de São Vicente

8

Am eindrucksvollsten Kap der Algarve

Das Cabo de São Vicente ist das berühmteste Kap in Südwestportugal. Dementsprechend groß sind die Touristenströme, die sich auf der einzigen Zufahrtsstraße auf den Weg dorthin machen. Auch die nahe gelegene Fortaleza de Sagres, die Festung und Seefahrerschule von Prinz Heinrich dem Seefahrer, ist ein Besuchermagnet. Umso lohnender ist es, die weitgehend unberührte Küste und das urige Hinterland abseits des Kaps zu Fuß zu erkunden, was auf dieser Rundwanderung möglich ist. Zudem verbindet sie die drei bekanntesten Weitwanderwege Südportugals: Fischerpfad, Historischer Weg und Via Algarviana.

Ausgangspunkt: Cabo de São Vicente, 43 m, Parkplatz vor dem Leuchtturm. Anfahrt von Vila do Bispo auf der N268 Richtung Cabo de São Vicente, 15 km.
Anforderungen: Schmale, steinige Pfade, Asphaltstraße und breite Erdstraßen.
Markierungen: Der Weg kombiniert Wegabschnitte mehrerer Weitwanderwege. Der erste Abschnitt ist Teil der Weitwanderwege »Via Algarviana« sowie der »Rota Vicentina« und ist weiß-rot markiert; der Abschnitt am Strand von Telheiro ist Teil des »Fischerpfades« und blau-grün markiert.
Einkehr: Café und Versorgungsstände beim Cabo de São Vicente.
ÖPNV: Mehrmals täglich Busverbindung von Lagos zum Cabo de São Vicente.
Hinweis: Aufgrund des schmalen Pfades durch die Macchie empfiehlt sich auf diesem Weg eine lange Hose.
Tipp: Die Festung am Cabo de São Vicente wurde im 16. Jh. errichtet, angeblich an jenem Ort, an dem sich im Mittelalter das Kloster befand, in dem der Legende nach die sterblichen Überreste des heiligen Vinzenz aufbewahrt wurden. Im Inneren der Festung befindet sich ein Leuchtturm, der 1904 erbaut wurde und noch heute in Betrieb ist.

Forte do Beliche.

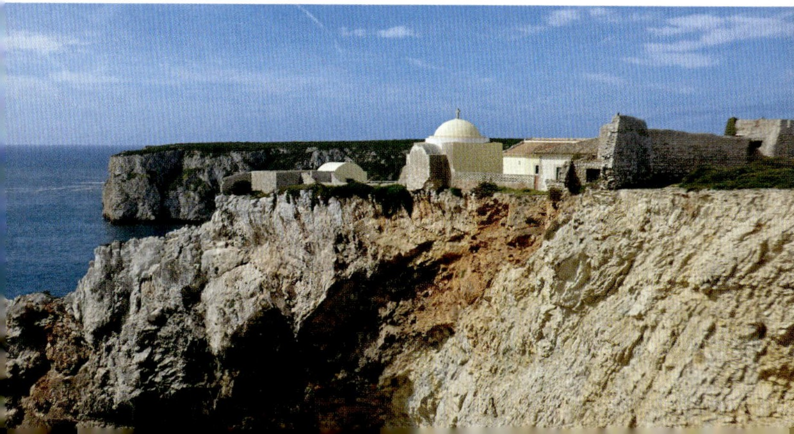

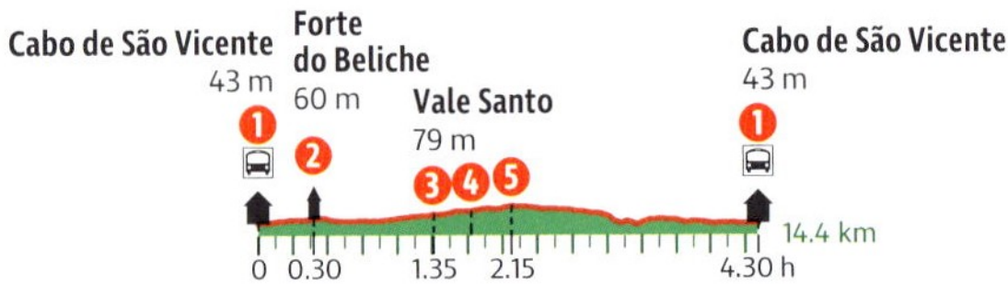

Vom Leuchtturm am **Cabo de São Vicente** ❶ gehen wir auf der Zufahrtsstraße zurück und biegen nach rund 500 m nach links in die weiß-rot markierte Schotterstraße ein. Dieser Weg verläuft mehr oder weniger parallel zur Straße durch die Küstenmacchie. Beim Wandern genießen wir die Blicke zurück auf den Leuchtturm sowie auf die Steilküste und ihre vorgelagerten Inseln. Der Weg knickt nach rechts und führt wieder zurück zur Zufahrtsstraße. Dieser folgen wir nach links in Richtung Sagres. In der Ferne kann man die Halbinsel der Fortaleza de Sagres erkennen und in allernächster Nähe die Überreste der **Forte do Beliche** ❷ besichtigen, die rechts der Straße an der Steilküste liegt. Teile der Festung sind in der Vergangenheit durch Abbrüche der Küste ins Meer gestürzt.

Nach der Fortaleza verläuft der Weg an der Zufahrtsstraße zum Kap über eine kleine Kuppe und zweigt nach rund 1 km nach links ab. Wir folgen nun einem schmalen Asphaltsträßchen, das leicht bergan durch eine Art Hochebene im Küstenhinterland führt. Auf diesem etwas monotonen Weg wandern wir zum kleinen, verlassen wirkenden Weiler **Vale Santo** ❸. Dort gibt es eine Wegverzweigung. Wir gehen auf dem markierten Weg nach rechts auf einer breiten Erdstraße weiter, die am Horizont leicht ansteigt. Nachdem wir einen kleinen Seekiefernwald (links) passiert haben, erreichen wir

Steilküste beim Cabo de São Vicente.

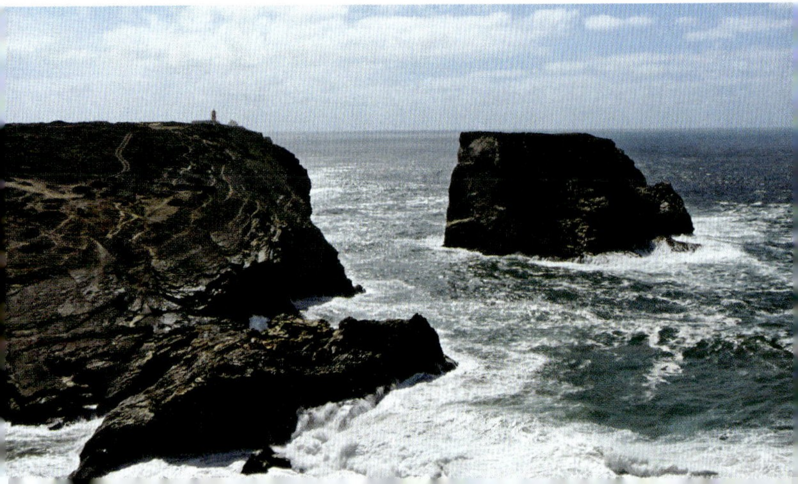

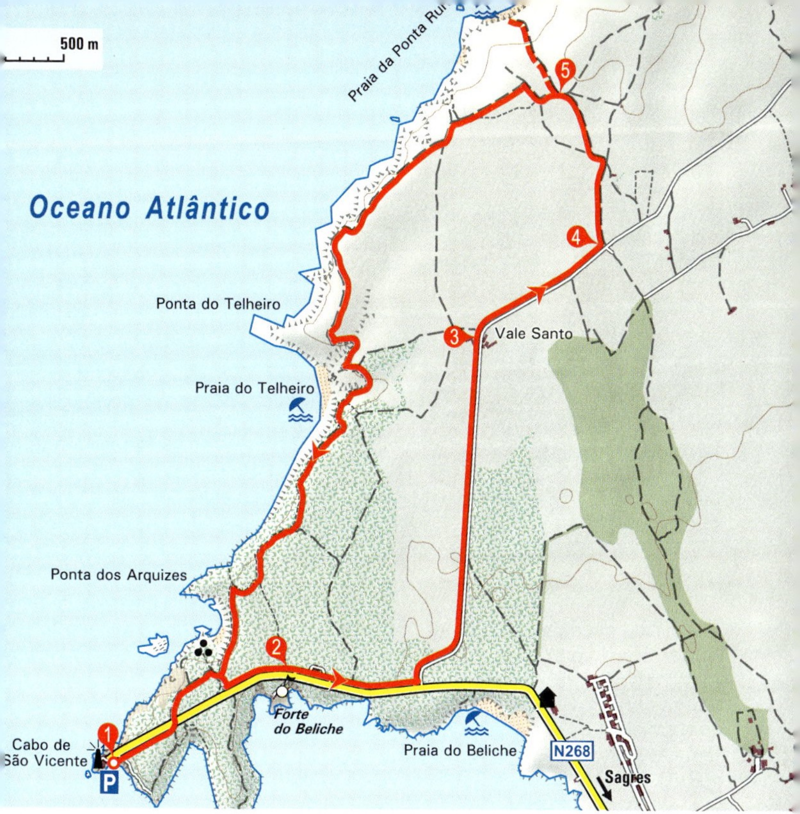

eine **Abzweigung** ❹. Hier folgen wir nun der ebenfalls weiß-rot markierten »Rota Vicentina« auf einem schmaleren Erdpfad nach links durch eine weitgehend menschenleere Landschaft. Vereinzelt erblickt man Häuser, sonst prägen Felder und Weiden das Bild. Kurz nach dem ersten weißen Haus zweigt unser Pfad nach links ab und wir kommen an eindrucksvollen Agaven vorbei. Wenig später biegen wir nach rechts ab und folgen einem schmaleren Erdpfad, der bald in einen sandig-steinigen Weg übergeht, leicht bergan. Schon bald gelangen wir zu einer weiteren **Wegkreuzung** ❺. Nach rechts führt die »Rota Vicentina« in Richtung Vila do Bispo. Wir wandern jedoch nach links weiter auf dem nun blau-grün markierten »Fischerpfad«, der uns entlang der Küste in Richtung Cabo de São Vicente führt, dessen Leuchtturm man in der Ferne bereits erkennen kann. Wenige Schritte nach der Kreuzung kann man rechts zur Praia da Ponta Ruiva absteigen.

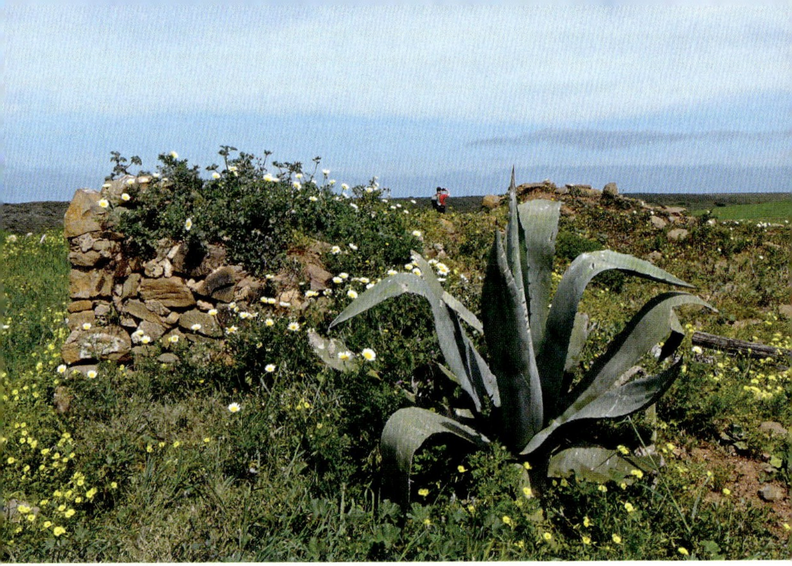

Mächtige Agaven trifft man beim Wandern in der Algarve an vielen Wegrändern.

Unser Weg dagegen verläuft als breiter Erdpfad parallel zur Küste. An markanten Stellen gibt es Stichstraßen zu Aussichtspunkten. Mächtige Klippen greifen in diesem Wegabschnitt in mehreren Zacken in das Meer hinaus (Ponta Ruiva, Cachado, Ninho da Cegonha, Laredo das Corchas). Besonders eindrucksvoll ist das Kap Ponta do Telheiro, das vor der großen Bucht von Telheiro Richtung Nordwesten ragt.
Vor der Praia do Teilheiro führt der Weg etwas ins Landesinnere, um den tiefen Taleinschnitt in einer großen Schleife zu durchqueren. Der Weg wird hier felsiger und etwas schwieriger. Für den Abstieg muss man auch einmal einige Stufen hinuntersteigen, der Anstieg jenseits führt über etwas abschüssiges Gelände. Danach überqueren wir einen Parkplatz (Zufahrt zur Praia do Telheiro) und folgen im Anschluss wieder einem schmalen Pfad bergab und durch ein weiteres Flusstal. Im Folgenden steigen wir auf zur Hochebene vor dem Cabo de São Vicente. Die Landschaft ist übersät von Zistrosen- und Wacholderbüschen. Die Steilküste um die Ponta dos Arquizes mit den ständig heranrollenden Wellen ist nicht weniger spektakulär. Wir wandern kontinuierlich auf einem schmalen Pfad Richtung Leuchtturm. Dabei orientieren wir uns am Wegverlauf, an den blau-grünen Markierungen und an Steinmännchen, die manchmal zusätzlich aufgestellt sind. Bald erreichen wir wieder den Kreuzungspunkt mit den weiß-roten Markierungen der »Rota Vicentina« bzw. der »Via Algarviana« und gehen das letzte Stück auf dem Hinweg zurück zum Leuchtturm am **Cabo de São Vicente** ❶.

↗ 380 m | ↘ 380 m | 14.4 km

5.00 h

Von Raposeira zur Bucht von Barranco **9**

Durch das Küstenhochland südlich von Raposeira

Der Naturpark Sudoeste Alentejano e Costa Vicentina bietet spektakuläre Steilküsten und dahinter eine hochlandartige, mit Macchie bewachsene Landschaft. Westlich von Lagos wird der Pauschaltourismus weniger, die kleinen Buchten sind seltener von Touristen besucht und Hotels im Hinterland gibt es praktisch keine. Die hier beschriebene Praia do Barranco ist eine der letzten Buchten an der Südküste und bei Wellenreitern besonders beliebt. Einrucksvoll ist auch der Weg zurück über das Hochland. Bei Cerro do Homem finden sich Menhire aus dem Neolithikum.

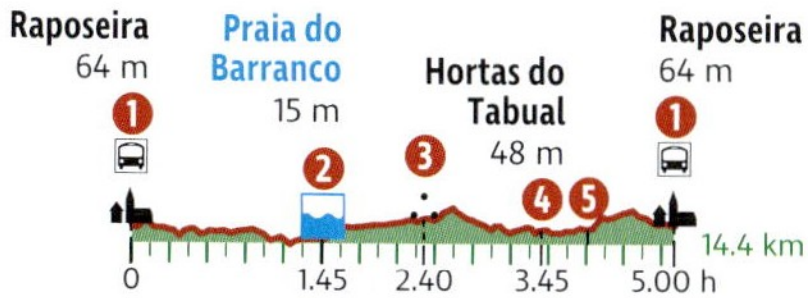

Ausgangspunkt: Raposeira, 64 m, Kirchenvorplatz. Anfahrt von Vila do Bispo auf der N 125 Richtung Lagos, 2 km.
Anforderungen: Relativ lange Wanderung auf Asphaltstraßen, Erdstraßen und Pfaden; teils steile Anstiege.
Markierungen: Durchgehend gelb-rot als »Pequena Rota« markiert (Wegbezeichnung: Percurso Pedestre »Pelas Encostas da Raposeira«, PR 4 von Vila do Bispo).
Einkehr: Café und Restaurants in Raposeira.
ÖPNV: Mehrmals täglich Busverbindung zwischen Lagos und dem Cabo de São Vicente, Haltestelle in Raposeira.
Tipp: Die Kirche von Raposeira aus dem frühen 16. Jh. hat einige sehenswerte manuelinische Stilelemente (Portal, Triumphbogen, Weihwasserbecken).

Vom Kirchplatz von **Raposeira** ❶ mit Informationstafel zum Rundweg gehen wir zur Durchgangsstraße (N125), überqueren diese und folgen zunächst der Markierung der »Via Algarviana« in Richtung Vila do Bispo durch den kleineren Ortsteil von Raposeira mit einer Volksschule und einem Restaurant. Die Asphaltstraße führt leicht bergan. Die »Via Algarviana« zweigt nach rechts ab,

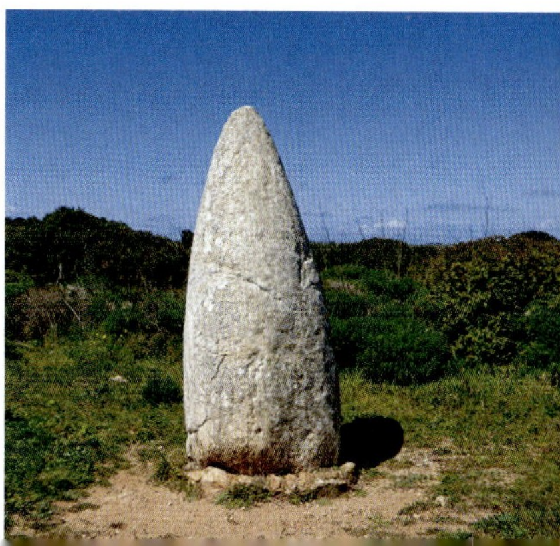

Der Menhir do Padrão.

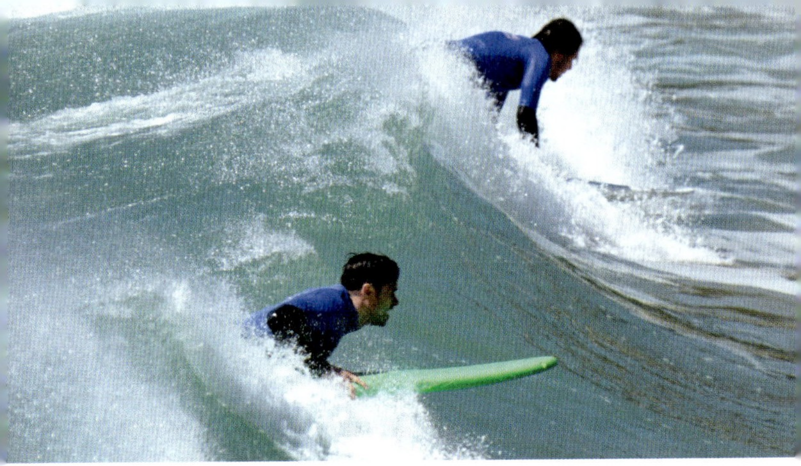

Surfer an der Praia do Barranco.

unser Weg führt geradeaus auf der Asphaltstraße weiter, die bald in eine Erdstraße übergeht. Diese verläuft durch das Flusstal des Benaçoitão in Richtung Praia do Barranco. Links und rechts des Weges erstrecken sich Wiesen und Felder, Richtung Küste verdichtet sich die Macchie. Der Weg zieht sich entlang des Flusslaufes des Benaçoitão, der an einem kleinen Schilfgürtel erkennbar ist. Wir wandern zunächst weitgehend eben dahin. Das Flusstal senkt sich allmählich ab und die Flanken werden höher. Unser Weg führt nun bergan auf einen Höhenrücken. Auf einem Hügel rechts des Flusstales steht eine eindrucksvolle, orangefarbene Villa. Wir wandern auf ein Anwesen, die Villa Barranco, zu. Hier geht der Weg in eine kunstvoll gepflasterte Straße über. Auf dieser wandern wir nun in den Talgrund und zur **Praia do Barranco** ❷, eine kleine eingefasste Sandbucht.
Von hier führt unser Weg wieder ins Landesinnere und wir steigen auf einem schmalen Pfad mit Blick aufs Meer steil bergan auf die Hochebene. Bei einer deutlichen Gabelung nehmen wir den linken Weg, der wieder in Richtung Raposeira zurückführt. Vorsicht, der Wegverlauf in diesem Abschnitt ist nicht immer klar markiert. Nach rechts führt der Klippenpfad in Richtung Praia do Zavial. Wir folgen also dem linken Weg, einem steinigen Erdweg, in Richtung Landesinneres. Bei einem Steinhaus mit originellem Zaun treffen wir auf eine Wegkreuzung, bei der wir nach rechts auf dem markierten Weg weitergehen. Bald erreichen wir auch die eindrucksvolle Villa Casa Estrelas do Mar. Hier trifft der Weg auf eine Asphaltstraße, der wir geradeaus folgen und auf der wir leicht bergan weiterwandern, um die Kuppe des Hügels Milrei zu erreichen. Kurz davor treffen wir links des Wegs auf den bemerkenswerten **Menhir do Padrão** ❸, der etwas mehr als zwei Meter hoch ist. Danach wandern wir weiter in Richtung Hügelkuppe, die durch einen

geodätischen Vermessungspunkt markiert ist. Kurz davor zweigt unser Weg nach rechts auf einen schmalen Erdpfad in Richtung Küste ab und verläuft leicht bergab in Richtung eines Flusstales. Rechts des Weges liegt ein kleiner Seekiefernwald und bald sehen wir ein stark verfallenes Haus mit einem Holzzaun und einer Reihe von eindrucksvollen Feigenbäumen. Wir wandern auf einem Wiesen- und Erdweg um das Anwesen im Talgrund herum und steigen im Anschluss leicht bergan. Bei einem Wegkreuz führt unser Weg in einer Spitzkurve nach links landeinwärts bergab. Dieser Wegabschnitt ist nur dürftig markiert. Bald erreichen wir eine Schotterstraße, der wir geradeaus leicht bergan folgen. Bei einer großen Villa führt der Weg nach links weiter und mündet in einen schönen Erd- und Steinpfad. Kurz vor dem Ort queren wir eine Asphaltstraße und gehen auf einem gepflasterten Weg durch die Siedlung **Hortas do Tabual** ❹.

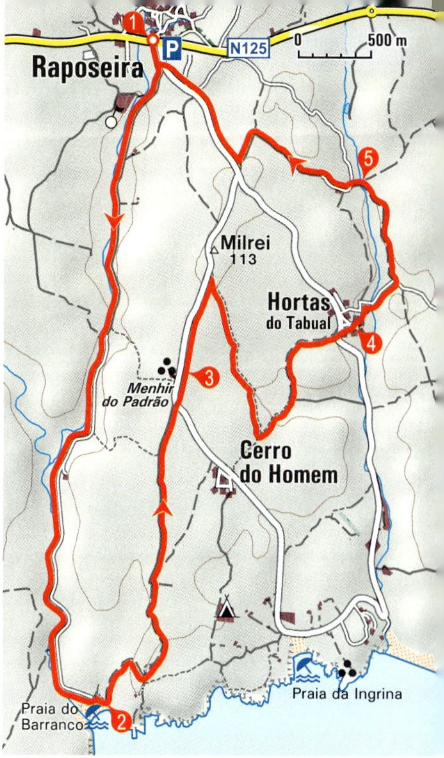

Jenseits des Dorfes geht es auf einer Asphaltstraße bergab und aus dem Ort hinaus. Im Talgrund queren wir auf einer Brücke den Outeiros-Fluss, der von einem Schilfgürtel begleitet wird. Wir gehen noch ein kurzes Stück auf der Asphaltstraße bergan und zweigen, nachdem wir eine kleine Anhöhe überstiegen haben, nach links ab. Nun wandern wir am Fluss entlang talaufwärts. Bei einer Brücke erreichen wir wieder eine **Abzweigung** ❺. Wir folgen nach links der »Via Algarviana« in Richtung Raposeira. Links des Weges liegen einige Villen, Ferienhäuser und ein Agavenfeld. Auf der Hügelkuppe öffnet sich ein Panoramablick in den äußersten Südwesten der Algarve. Weiterhin auf Asphalt gehen wir rechts an einem kleinen Seekiefernwald vorbei. Auf der folgenden Anhöhe zweigen wir nach links auf einen anderen Asphaltpfad ab und gehen weiterhin leicht bergan. Schließlich erreichen wir eine Kreuzung, wo unser Asphaltpfad die Straße von Raposeira zur Praia da Ingrina kreuzt. Hier gehen wir nach rechts und kehren auf der Straße nach **Raposeira** ❶ zurück.

TOP

10 Klippenweg von Lagos zum Cabo de São Vicente

↗ 950 m | ↘ 910 m | 46.3 km

2 Tage

Weitwanderung am schönsten Abschnitt der Algarve-Südküste

Die Küste zwischen Lagos und dem Cabo de São Vicente zählt zu den eindrucksvollsten Steilküsten Europas. Von hier stammen die meisten Postkartenmotive, die den portugiesischen Süden in aller Welt bekannt gemacht haben. Dennoch findet man hier keine endlosen und überfüllten Sandstrände, sondern viele kleine, in die imposante Felsküste eingebettete Sandbuchten. Dieser zweitägige Wanderweg gehört zu den schönsten Touren, die die Algarve zu bieten hat. Der Weg ist aber anstrengend: Viele Anstiege aus und Abstiege in die Meeresbuchten erfordern neben Trittsicherheit auch einiges an Kondition.

Ausgangspunkt: Lagos, 3 m, Bahnhof im Neustadtviertel.
Endpunkt: Cabo de São Vicente, 43 m, Rückfahrt mit dem Linienbus.
Anforderungen: Lange Wanderung auf vielfältigen Wegen; zu Beginn und zum Abschluss der Tour auf zum Teil stark befahrenen Straßen; von Ponta da Piedade bis Praia do Martinhal auf schmalen Küstenpfaden mit zum Teil steilen und anspruchsvollen Ab- und Anstiegen.
Markierungen: Der Weg ist eine Verlängerung des »Fischerpfades« vom Cabo de São Vicente nach Lagos und durchgehend grün-blau markiert. An einigen Stellen sind die Markierungen nicht ganz klar ersichtlich angebracht.
Einkehr: Gute Auswahl an Restaurants und Cafés in den verschiedenen Küstenorten und Buchten (z. B. Luz, Burgau, Sagres, Salema u. a. m.). Manche Strandlokale sind jedoch nur während der Sommermonate geöffnet.
Unterkunft: In Salema gibt es mehrere Übernachtungsmöglichkeiten, u. a. (1) Hotel Residencial Salema (zentral, Drei-Sterne-Hotel mit Einzel- und Doppelzimmern und Apartments), Tel. +351 282 695 328, hotelsalema.com; (2) NAU Salema Beach Village (300 m vom Strand entfernt, Studios und Apartments), Tel. +351 213 007 009, nauhotels.com/en/nau-salema-beach-village; (3) Salema Eco Camp (etwa 1 km nördlich von Salema, Studios, Apartments, Mietzelte und Campingplatz), Tel.: +351 282 695 201, salemaecocamp.com. Weitere Unterkünfte in und in der Nähe von Salema sind auf rotavicentina.com zu finden.
ÖPNV: Lagos ist mit Bus und Bahn erreichbar. Auf der Strecke Lagos–Cabo de São Vicente verkehrt mehrmals täglich ein Linienbus. Es empfiehlt sich, zuvor den Busfahrplan abzufragen.
Hinweise: 1) Der Weg bis zur Forte da Ponta da Bandeira kann alternativ durch das Stadtzentrum von Lagos gegangen werden. 2) Der Wegabschnitt von Lagos bis zur Ponta da Piedade kann auch mittels Touristenlokomotive oder Taxi zurückgelegt werden, um das Wandern auf der Straße zu vermeiden. 3) Man kann die Tour auch an der Praia do Martinhal kurz vor bzw. direkt in Sagres beenden, um die lange letzte Etappe auf der Asphaltstraße zum Cabo de São Vicente zu vermeiden.

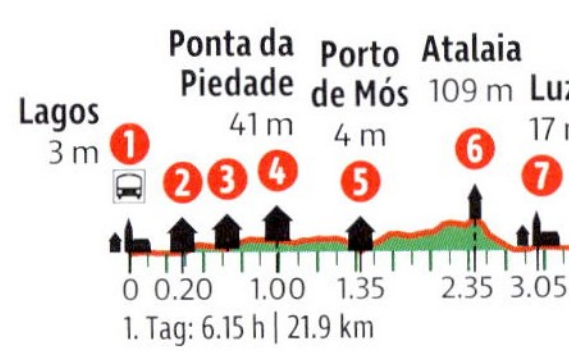

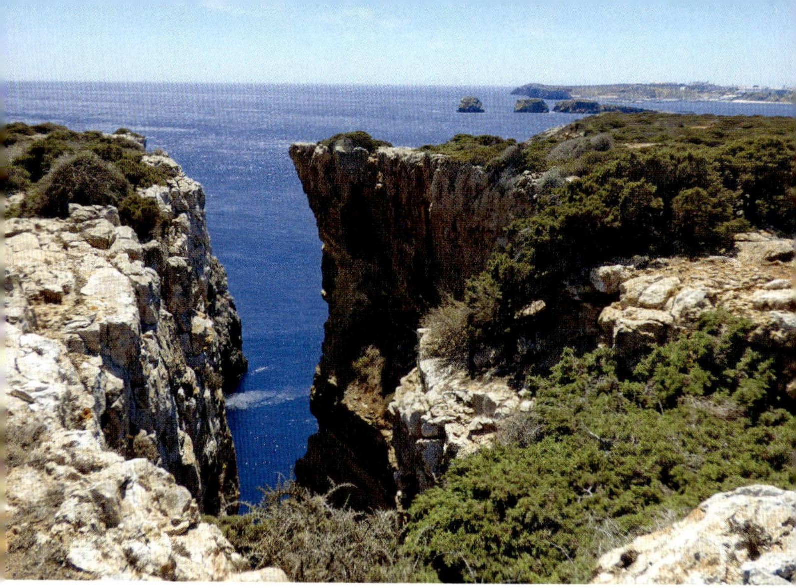

Wandern mit herrlichen Küstenimpressionen – der Klippenweg hält, was er verspricht.

1. Tag: Lagos–Salema, 6.15 Std./21,9 km, 510 m im Auf- und Abstieg

Wir gehen vom Bahnhof von **Lagos** ❶ zunächst in Richtung Jachthafen und Altstadt und queren wenige Minuten später auf der Fußgängerbrücke den Kanal. Danach wenden wir uns nach links und gehen zwischen Kanal (links) und der Altstadt von Lagos (rechts, jenseits der Durchgangsstraße N125) bis zur kleinen Küstenfestung **Forte da Ponta da Bandeira** ❷. Weiter auf dem Gehsteig (auf der Küstenseite) passieren wir kurz nach der Festung die Statue eines portugiesischen Missionars (Gonçalo de Lagos). Gut 300 m danach biegen wir bei einem Apartmenthaus nach links in die Rua José Formosinho ein, die in einer Rechtskurve in Richtung Küste (kleiner Strand: Praia do Pinhão) führt. Auf dem markierten Weg geht es weiter bis zur **Praia Dona Ana** ❸. Auf diesem Abschnitt gibt es einige Hotels und Apartmenthäuser.

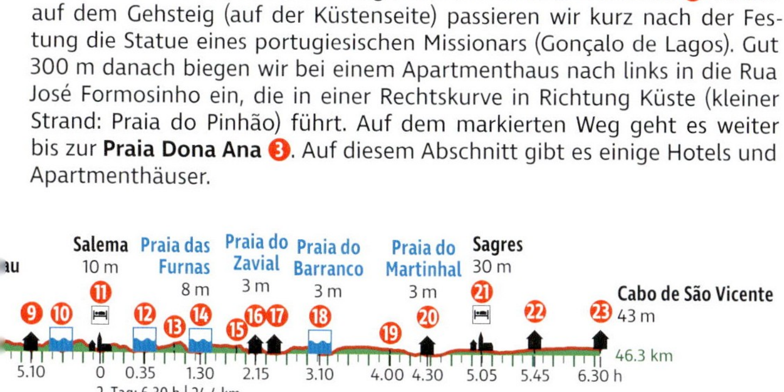

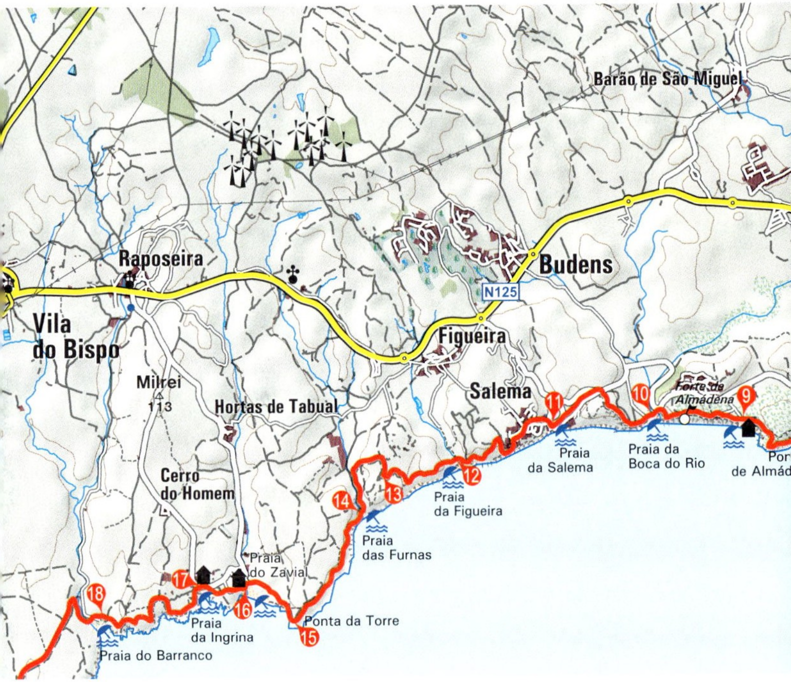
Barão de São Miguel
Raposeira
Budens
N125
Vila do Bispo
Figueira
Milrei
113
Salema
Hortas de Tabual
Forte de Almádena
Praia da Salema
Praia da Boca do Rio
Cerro do Homem
Praia da Figueira
Praia das Furnas
Praia do Zavial
Praia da Ingrina
Ponta da Torre
Praia do Barranco
9
10
11
12
13
14
15
16
17
18

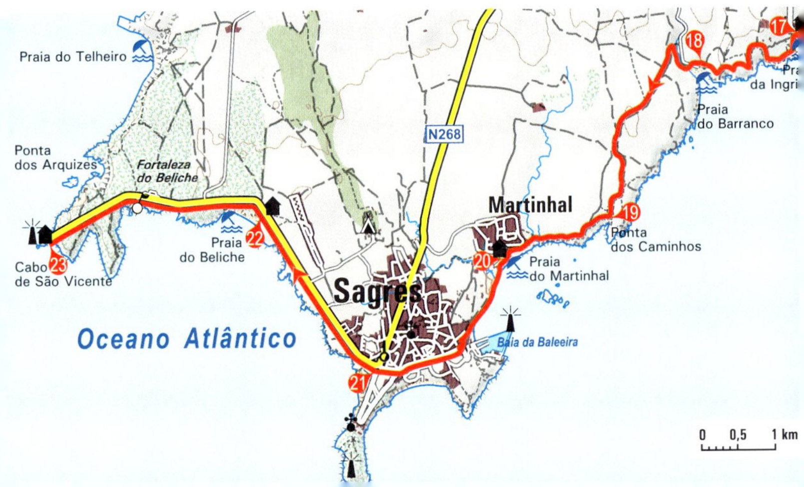
Praia do Telheiro
N268
Praia da Ingrina
Praia do Barranco
Ponta dos Arquizes
Fortaleza do Beliche
Martinhal
Praia do Beliche
Ponta dos Caminhos
Cabo de São Vicente
Praia do Martinhal
Sagres
Oceano Atlântico
Baía da Baleeira
17
18
19
20
21
22
23
0 0,5 1 km

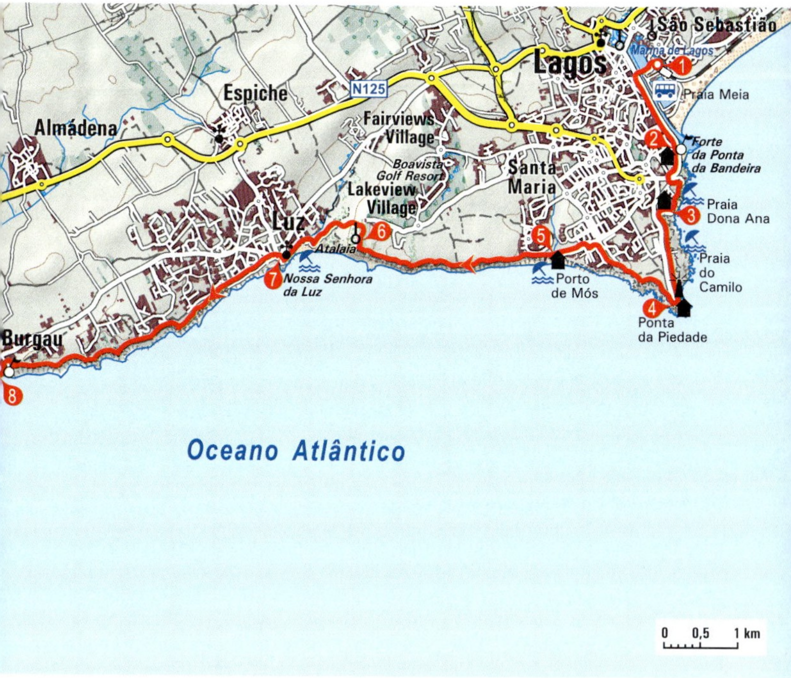

Vorbei am Café Praia Dona Ana führt der Weg nach rechts von der Küste weg. Wir zweigen nach links in die Estrada da Ponta da Piedade (M536) ein und wandern am Rand dieser oft stark befahrenen Zufahrtsstraße gut 1 km weit bis zum Farol (Leuchtturm) auf der **Ponta da Piedade** 4. Vom Miradouro da Ponta da Piedade lohnt zunächst ein ausgiebiger Blick auf die von fantastischen Sandsteinfelsen gebildete Küste.

Vor dem Leuchtturm geht es nach rechts auf einem Holzstegweg weiter, der alsbald entlang der Küste verläuft. Ein Markierungspfeil weist darauf hin, dass bis zum Cabo de São Vicente von hier aus 44 km zu gehen sind. Der Weg verläuft zunächst für rund 1 km auf dem Holzsteg (mit einer kurzen Unterbrechung). Einige Stichwege leiten unterwegs zu Aussichtsterrassen mit lohnendem Blick auf besonders sehenswerte Sandbuchten (Praia do Barranco do Martinho und Praia do Canavial). Nach rund 20 Min. erreichen wir einen Sandweg. Rechts sehen wir eine Hotelanlage und umgehen ein neu gebautes Haus (mit hoher Mauer). Danach erreichen wir einen Parkplatz und in der Folge die Rua do Canavial. Der Weg führt weiter durch

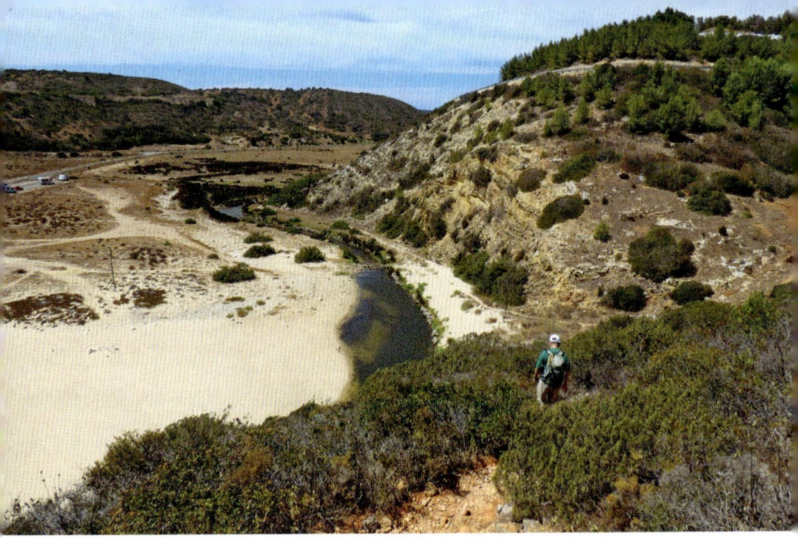

Abstieg zur Praia da Boca do Rio.

die Travessa do Canavial, für Autos eine Sackgasse. Am Ende der Gasse steigen wir über eine kleine Mauer (markierter Weg) und folgen nach links der Rua das Urzes. Von dieser gehen wir nach rechts durch den Caminho Velho zur breiteren Straße (M1263) und an dieser nach links in Richtung Strand bergab. Unten gelangen wir über eine Brücke zum großen Parkplatz am Strand von **Porto de Mós** 5. Vor dem Restaurant António gehen wir halb rechts steil bergan, erreichen bald die Oberkante der Steilküste und lassen das verbaute Gebiet hinter uns.

Die Aussicht auf den folgenden rund 3 km ist besonders prächtig. Wir passieren den Felsen Rocha Negra und wandern wenig später auf den Turm von **Atalaia** 6 zu, der eine markante Landmarke ist und den wir nach insgesamt rund 10 km erreichen. Für den Abstieg folgen wir den Pfad in Richtung Landesinneres und wandern im Anschluss in einigen Kurven steil bergab zu einer kleinen Ebene und danach weiter abwärts in Richtung der Siedlung Luz. Unser Schotterweg geht in einen gepflasterten Weg über, der zur Praia da Luz führt. Wir folgen der Strandpromenade und zweigen vor der Fortaleza nach rechts ab zur Kirche von **Luz** 7 (rechts des Wegs). Gleich danach biegen wir nach links in die Rua da Calheta ein.

Nun wandern wir für rund 1 km auf der asphaltierten Wohnstraße immer parallel zur Küste. Der Weg geht in der Folge in eine Erdstraße über und verläuft nun unmittelbar entlang der Steilküste (links) bzw. an einer Neubausiedlung (rechts) vorbei. Danach mündet der Weg in einen Klippenpfad ein. Zwar sind die Sandsteinklippen hier nur 15 m hoch, dennoch beeindru-

cken die gelb-roten Felsformationen. Der Weg knickt etwas landeinwärts, führt aber wenig später wieder in Richtung Steilküste. Auf diesem Abschnitt befinden sich einige von Pflanzen verdeckte Einbrüche, weswegen Vorsicht beim Gehen geboten ist. Gut auf den Weg achten! Wir umgehen nach rechts eine kleine Bucht, danach steigt unser Weg merklich an und wir erreichen eine aussichtsreiche Anhöhe.
Es folgt nun der schönste Abschnitt des Klippenweges zwischen Luz und Burgau. Wir steigen von der Anhöhe wieder ab und folgen dem Weg an einem Zaun entlang, der ein zu nahes Herangehen an den Küstenabbruch verhindern soll. Wir wandern einige Buchten aus und erblicken alsbald die ersten Häuser von Burgau in der Ferne. Rechts kann man eine verfallene Windmühle sehen und an der Stelle, wo unser Weg die Einfahrtsstraße erreicht. liegen die stark verfallenen Ruinen einer kleinen Küstenfestung. Auf der Rua da Fortaleza gelangen wir in die Bucht von **Burgau** 8.
Der gut markierte Weg leitet uns durch das Ortszentrum und durch einige Nebenstraßen und über Treppen zurück in Richtung Steilküste. Vorbei an einer bizarren Küstenlandschaft (Erosionsabbrüche links) und einer Apartmentsiedlung (rechts) verlassen wir Burgau und erreichen eine wenig verbaute Steilküste oberhalb der grau gefärbten Praia dos Rebolos. Vor uns liegt ein kleiner Höhenrücken mit den Ruinen einer Festung (Forte de Almádena). Danach sehen wir unter uns einen verlassenen Pier und Überreste von Häusern. An einer Hausruine vorbei steigen wir steil ab in Richtung Praia das Cabanas Velhas. Bevor wir die Bucht erreichen, geht es zunächst noch ein kleines Stück an der Steilküste entlang. Beim **Café Cabanas** 9 erreichen wir die Bucht. Gleich nach dem Café steigen wir durch

Klippenweg über der Praia da Figueira kurz nach Salema.

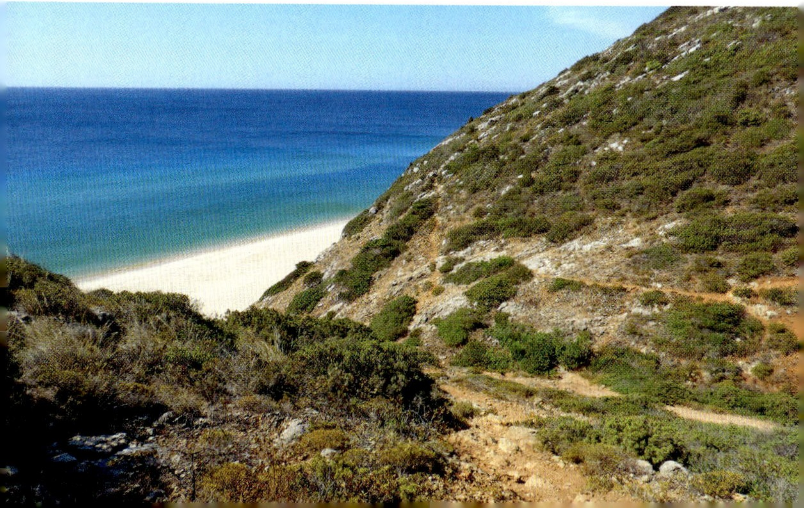

einen Seekiefernwald wieder steil bergan. Schon bald eröffnet sich ein schöner Panoramablick zurück auf die Bucht. Der Weg verläuft erneut an der Steilküste und hält auf ein weißes Haus zu, das wir auf dem klar markierten Pfad nach rechts umgehen. Zurück an der Steilküste wandern wir weiter in Richtung unseres nächsten Etappenziels, das schon klar vor uns erkennbar ist: die Ruinen der Forte de Almádena. Wir gehen rechts an der Befestigungsanlage vorbei und folgen dem markierten Weg, der nun steil bergab in Richtung der Bucht Boca do Rio führt. Einen Flusslauf müssen wir auf Trittsteinen überqueren. Danach gehen wir ein kurzes Stück über Sand in Richtung einer Hausruine, die vor dem Parkplatz für Besucher der **Praia da Boca do Rio** ⑩ liegt.

Auf dem markierten Weg wandern wir die nächste Anhöhe hoch und blicken schon bald in Richtung Salema. Zuvor folgen wir einem Erdweg, der in Richtung Landesinneres abbiegt und eine Macchienlandschaft quert. Der Weg mündet oberhalb der Siedlung in die Wohnstraße Rua dos Pescadores. Auf dieser Straße wandern wir geradeaus bergab zur Brücke (schmaler Flusszulauf in die Bucht) am Strand von **Salema** ⑪.

2. Tag: Salema–Cabo de São Vicente, 6.30 Std./24,4 km, 440 m im Auf- und 400 m im Abstieg

Ab der Brücke von **Salema** ⑪ gehen wir zunächst auf der gepflasterten Straße knapp 100 m ins Landesinnere und zweigen dann mit dem markierten Weg nach links ab (Rua 28 de Janeiro). Die Straße führt steil bergan durch ein Wohngebiet. Auf rund 400 m Strecke müssen wir etwa 100 Höhenmeter überwinden. Der Weg zweigt nach links (Markierung) auf einen Fußweg ab und verläuft weiterhin durch eine Wohnsiedlung. Neuerlich erreichen wir eine Straße, die Richtung Ortsrand von Salema führt. Vor einem Seekiefernwäldchen zweigen wir von der Straße nach links ab und wandern zwischen Wald und Apartmentsiedlung auf einem schmalen Pfad in Richtung Küste.

Ab dort sind wir wieder auf einem prächtigen Küstenpfad unterwegs. Aber schon nach rund 100 m führt der Weg etwas ins Landesinnere und umgeht ein Flusstal. Bei einer Weggabelung halten wir uns nach links (Achtung, hier ist der Weg schlecht markiert) und wechseln auf einen

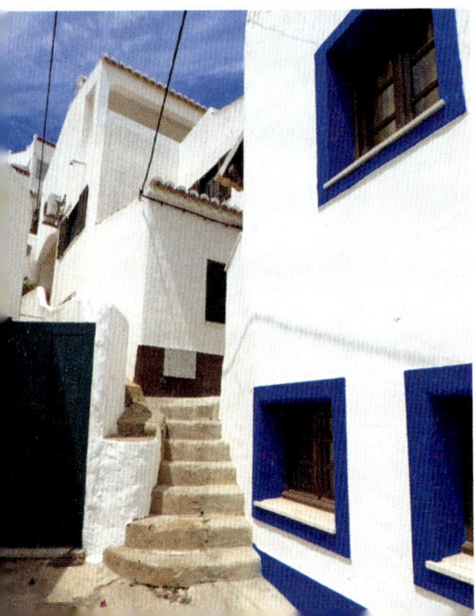

Durch die engen Gassen von Salema.

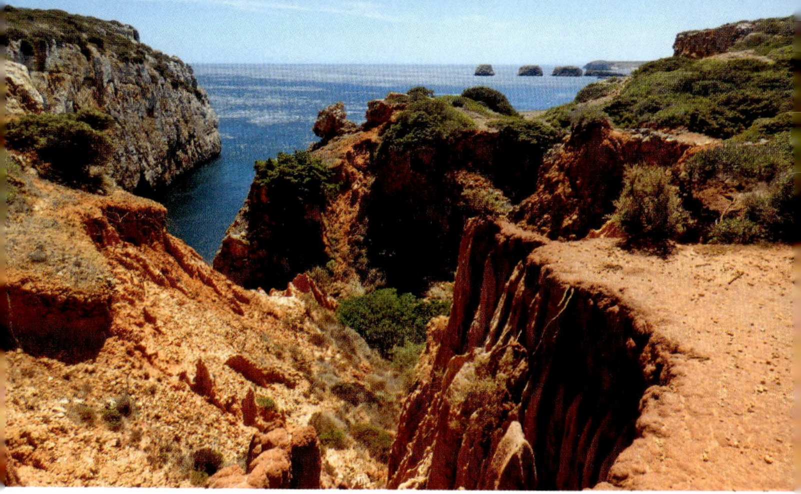

Blick über die Ponta dos Caminhos auf die Felsinseln Enseada da Baleeira, in der Bucht von Martinhal.

schmaleren Pfad, der später in einen Hangweg übergeht und in Richtung Küste verläuft. Wir wandern auf eine schmale Badebucht (Praia Santa) zu, die nur zu Fuß erreichbar ist. Nachdem wir diese umgangen haben, steigen wir durch eine Macchienlandschaft bergan und passieren Überreste der Forte de Vera Cruz/Figueira. Wir treffen auf die nächste Bucht, gehen nach rechts und durchqueren dichtes Buschwerk und auf Trittsteinen einen kleinen Flusslauf an der **Praia da Figueira** ⑫. Auch dieser Strand ist nur über einen Fußweg zu erreichen.

Jenseits der Bucht folgt ein anstrengender Anstieg durch Macchie und Seekiefernwald. Oben angelangt werden wir mit unvergesslichen Ausblicken belohnt. Der Weg führt alsbald wieder bergab in Richtung der nächsten Bucht. Diesmal ist es ein langer, schmaler und einsamer Sandstrand. Wir steigen aber nicht bis zum Strand ab, sondern queren den Zugang auf halber Höhe. Auf den nächsten Anstieg folgt wieder ein Abstieg. Nun knickt unser Wanderweg von der Küste weg. Bei einer **Wegekreuzung** ⑬ gehen wir nach rechts und folgen dem rotfarbenen Erdweg in Richtung Landesinneres. In der Ferne kann man einige Häuser erkennen, die zur Siedlung Figueira gehören. Nach weiteren 250 m biegt der Weg wieder Richtung Küste ab, und in der Ferne ist ein Haus mit einer Kuppel zu sehen.

Wir wandern auf einem schottrigen Weg bergab, passieren eine Hausruine und erreichen über einen steilen Pfad (keine Markierung) die Zufahrtsstraße (Erdstraße) zur Bucht von Furnas. Auf dieser wandern wir bis zur **Praia das Furnas** ⑭. An der rechten Flanke der Bucht steigt der Weg steil bergan.

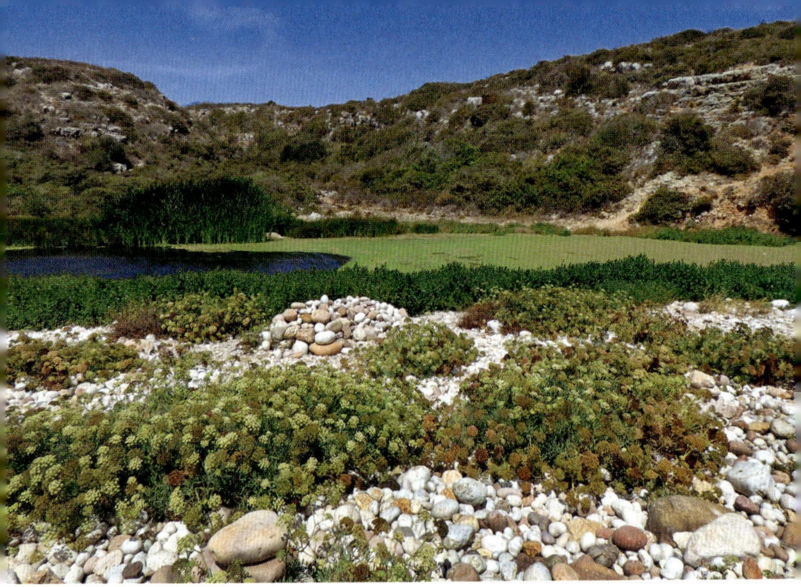

Das Flussstaubecken bei Praia dos Rebolinhos.

Auf einem Holzpfeil ist zu lesen, dass noch rund 13 km bis nach Sagres zu gehen sind. Der Aufstieg zur Steilküste ist beschwerlich, der Ausblick lohnt jedoch sehr. Der folgende Wegabschnitt verläuft für rund 1,5 km auf einem schmalen und steinigen Pfad – ohne nennenswerte An- und Abstiege, was damit zusammenhängt, dass hier bis zur Praia do Zavial keine Buchten und Strände existieren.
Die Einsamkeit wird durch die Überreste eines alten Befestigungsturms auf der Landspitze **Ponta da Torre** ⓯ unterbrochen. Von hier sieht man nach rechts auf die Bucht von Zavial (und in größerer Entfernung auch bis Sagres). Die Bucht wird von einigen Häusern gesäumt und verfügt auch über eine Zufahrtsstraße. Entlang der Steilküste wandern wir nun kontinuierlich bergab und durchqueren die Sandbucht der **Praia do Zavial** ⓰. Der Gegenanstieg ist schwieriger. Dabei passieren wir zunächst ein weißes Haus und blicken wenig später auf eine eindrucksvolle Fels- und Strandlandschaft vor uns. Der Weg führt in der Folge bergab, quert eine breitere Erdstraße und passiert eine kleine Feigenbaumplantage. Beim Café/Restaurant Sebastião erreichen wir die **Praia da Ingrina** ⓱, die wir auf der Straße queren. Jenseits der Bucht gibt ein Wegpfeil die Information, dass noch 10 km bis Sagres zu wandern sind, tatsächlich sind es nur noch rund 9 km. Der Weg verläuft zunächst durch eine steinige Landschaft. Zahlreiche Wegverläufe scheinen möglich, weswegen man hier besonders genau auf die Markie-

rung achten sollte. Wir wandern die nächste Hügelkuppe bergan und blicken auf eine eindrucksvolle Felslandschaft (Praia do João Vaz). Es kommt hier zusätzlich eine gelb-rote Markierung hinzu, weil der Küstenabschnitt bei Praia da Ingrina auch durch eine Rundwanderung von Figueira aus erreicht werden kann. Wir halten uns an die grün-blaue Markierung und folgen bei einem Wegkreuz dem schmalen Pfad, der links einen Hügel bergan und Richtung Steilküste führt. Vor uns liegt eine großartige Felsenlandschaft, die teilweise auch unterhöhlt ist. Eindrucksvoll ist der Blick in eine felsige Bucht, die nur vom Meer her erreicht werden kann und gerne von Privatjachten aufgesucht wird.
Wir überqueren noch einen weiteren Höhenrücken und blicken in der Folge in eine breite Bucht, die bei Surfern sehr beliebt ist. Über einen Hangweg steigen wir in die Bucht der **Praia do Barranco** 18 ab.
Ab dort folgen wir dem markierten Weg, der parallel zur Zufahrtsstraße und im Flusstal in Richtung Hinterland führt. Nach rund 450 m kreuzt unser Weg eine breitere Erdstraße. Hier gehen wir nach links weiter und steigen aus dem Flusstal durch einen von Macchie bewaldeten Talhang hoch. Auf der Hochebene (und am Waldrand) angelangt, erreichen wir eine Weggabelung. Unser markierter Weg (linke Weggabel) führt mehr oder weniger geradeaus auf die Hochebene. Vor einer Häusergruppe erreichen wir neuerlich eine Weggabelung. Unser Weg hält auf die Häusergruppe zu und schwenkt nach der kleinen Ansiedelung links in Richtung Küste. Wir bleiben auf dem markierten Hauptweg und erreichen in Küstennähe wieder eine etwas dichtere Macchienlandschaft. Unser Weg läuft auf die Klippe **Ponta dos Caminhos** 19 zu, knickt vor der Klippe nach rechts und verläuft wieder entlang der Küste. Hier treffen wir auf einen sehr rot gefärbten Sandstein. Wir blicken bereits auf markante Felsinseln, die der Küste bei Martinhal vorgelagert sind. Wenig später erreichen wir die Praia dos Rebolinhos, einem Kieselstrand mit Flussstaubecken.
Danach steigen wir noch einmal einen Hang hoch und sehen vor uns bereits die langgezogene **Praia do Martinhal** 20. Wir wandern am Sandstrand entlang auf eine große abgeschlossene Hotelanlage zu und an dieser nach links auf einer Schotterstraße vorbei. Kurz darauf mündet die Schotterstraße in eine Asphaltstraße. Links des Weges liegt das Hotel Memmo Baleeira. Auf dem markierten Weg erreichen wir die Durchgangsstraße Rua Comandante Matoso, auf der wir geradeaus das Ortszentrum durchwandern. Danach queren wir geradeaus zwei Kreisverkehre; der zweite Kreisverkehr liegt auf der Zufahrtsstraße zur Fortaleza de Sagres am Südwestrand von **Sagres** 21. Nun wandern wir auf der Küstenstraße (N268) rund 6 km in Richtung Cabo de São Vicente. Unterwegs gibt es einige Stichstraßen zu Aussichtspunkten bzw. für kurze Abschnitte auf Ausweichrouten von der Asphaltstraße. Bei der **Praia do Beliche** 22 schwenkt der Weg nach Westen. Das **Cabo de São Vicente** 23 ist bereits von Weiten zu erkennen und ein lohnender Abschluss einer langen und abwechslungsreichen Wanderung.

↗ 280 m | ↘ 280 m | 12.9 km

11 Durch den Wald von Barão de São João

3.30 h

Waldwanderung am Südabhang der Serra do Espinhaço de Cão

Auch an heißen Sommertagen bieten die schattigen Pinienwälder der Mata Nacional de Barão de São João eine willkommene Erfrischung. Einst waren weite Teile der Serra do Espinhaço de Cão von Wäldern bedeckt. Der spärliche Rest ist heute Staatsforst. Auf den exponierten Hügeln wurden in den vergangenen Jahren Windräder errichtet.

Ausgangspunkt: Barão de São João, 90 m, Kulturzentrum. Anfahrt von Lagos auf der N120 Richtung Bensafrim, nach 4 km auf die M535-1 und auf dieser 15 km nach Barão de São João; Parkplätze vor dem Kulturzentrum.
Anforderungen: Leichte Wanderung auf meist schattigen Waldwegen.
Markierungen: Gelb-rot bis zum Menhir Pedra do Galo; danach fallweise Markierung mittels rot gestrichener Holzpfähle. Wegbezeichnung »Percurso Pedestre Pedra do Galo« (»PR 1« von Lagos).
Einkehr: In Barão de São João.
ÖPNV: Keine Möglichkeit.
Tipp: Der zoologische Garten von Lagos, gut 1 km nordöstlich von Barão de São João (zoolagos.com).

Vom Kulturzentrum von **Barão de São João** ❶ aus nehmen wir den gelbrot markierten Weg, der uns in Richtung »Menhir Pedra do Galo« führt und anfangs identisch ist mit dem Weitwanderweg »Via Algarviana« (weiß-rot markiert). Anfangs wandern wir ein kurzes Stück auf einer Asphaltstraße, die schon bald in eine Erdstraße übergeht. Wir passieren ein Forsthaus (linker Hand) und erreichen nach rund 1,5 km den **Menhir Pedra do Galo** ❷ aus der Jungsteinzeit.

Der Menhir Pedra do Galo.

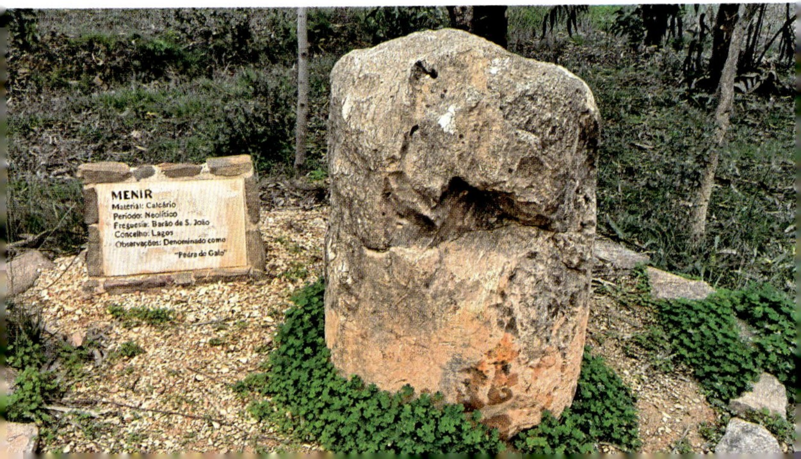

Von hier aus gehen wir wieder ein Stück des Weges zurück und zweigen dann nach rechts in Richtung »Vinha Velha« ab. Bei der nächsten Abzweigung nehmen wir den rechten Weg und wandern durch lichten Pinienwald. Schon bald verlassen wir den Wald und gehen weiterhin leicht bergab am Rand eines hügeligen Agrarlands in Richtung eines Flusstales. In der Folge durchwandern wir den kleinen Weiler **Vinha Velha** 3 mit einer Rudolf-Steiner-Schule.

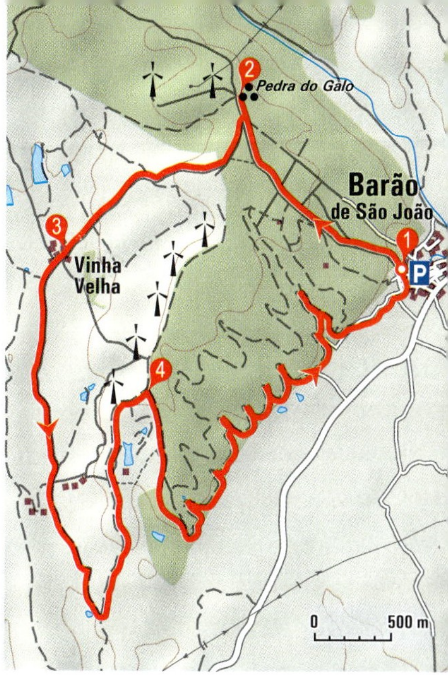

Danach überqueren wir mehrmals einen Flusslauf und kommen auch an Glashäusern (rechts des Weges) vorbei. Sobald wir rechts des Weges einen Wasserteich und linker Hand auf einem Hügel ein kleines schwarzes Haus sehen, zweigen wir in einer Haarnadelkurve nach links ab und gehen auf einer schmalen Erdstraße steil bergan. Ansteigend erreichen wir einen lichten Eukalyptus- und Tamariskenwald. Unser Weg hält nun auf Windräder auf der Hügelkante zu. Schließlich erreichen wir einen geodätischen **Vermessungspunkt** 4.

Hier zweigt der Weg nach rechts ab und führt steil bergab. Wir bleiben auf dem Hauptweg, der mithilfe rot gestrichener Holzstangen markiert ist. Abzweigungen nach rechts und links ignorieren wir. Bei einer Wegkreuzung nehmen wir den linken Weg und wandern auf einem schönen Terrassenweg fast eben in vielen Windungen am südöstlichen Waldrand entlang. Gegen Ende der Wanderung müssen wir eine tiefere Bucht ausgehen, bevor wir auf einer Schotterstraße leicht bergab eine Asphaltstraße erreichen. Dieser folgen wir nach links, vorbei an Häusern und Gärten westlich des Dorfes. Die erste Asphaltstraße (Estrada da Mata), die wir kreuzen, gehen wir links hinauf zum Kulturzentrum von **Barão de São João** 1.

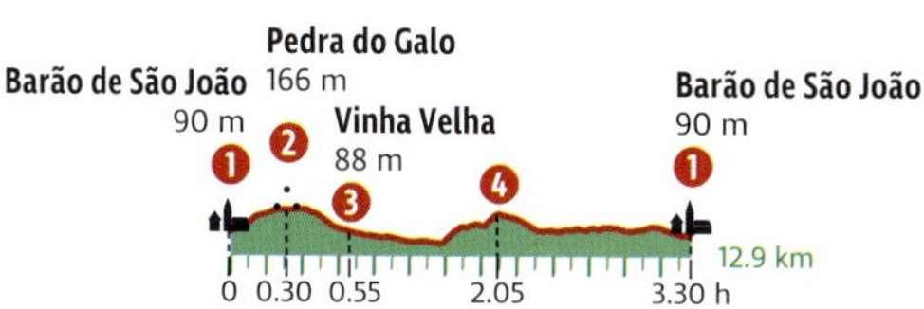

↗ 310 m | ↘ 310 m | 8.6 km

12 Aufstieg zum Miradouro dos Picos

3.00 h

Wanderung um Marmelete am Westabhang der Serra de Monchique

Das hübsche Dorf Marmelete liegt etwas abseits von touristischen Routen. Die kurze Rundwanderung führt hoch zum lohnenden Aussichtspunkt von Picos und durch schattige Wälder über die Ermida de Santo António zurück nach Marmelete.

Ausgangspunkt: Marmelete, 403 m, Parkplatz beim Restaurant Esplanada O Tita an der Durchgangsstraße N267 (Monchique–Aljezur). Anfahrt von Monchique über die N267, 17 km.
Anforderungen: Kurze und einfache Wanderung.
Markierungen: Zumeist gelb-rote Markierung. Wegbezeichnung »Percurso Pedestre de Marmelete« (»Pequena Rota 6« der Serra de Monchique).
Einkehr: In Marmelete.
ÖPNV: Von Monchique zumindest zweimal täglich Anfahrt mit dem Linienbus möglich. Es empfiehlt sich, zuvor den Busfahrplan abzufragen.
Tipp: Der nahe gelegene und ausgedehnte Barragem (Stausee) da Bravura lohnt einen Besuch. Entlang des Stausees gibt es auch Spazierwege. Man erreicht den See, indem man von Monchique auf der Straße N267 in Richtung Aljezur fährt; rund 5 km nach Marmelete nach links auf der N125-9 der Beschilderung in Richtung Barragem da Bravura folgen (rund 26 km ab Marmelete).

Die Dorfkirche von Marmelete.

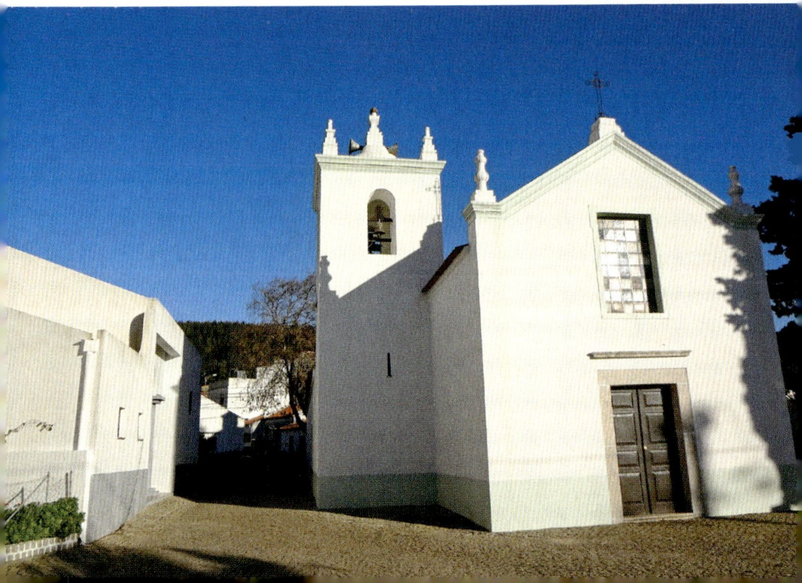

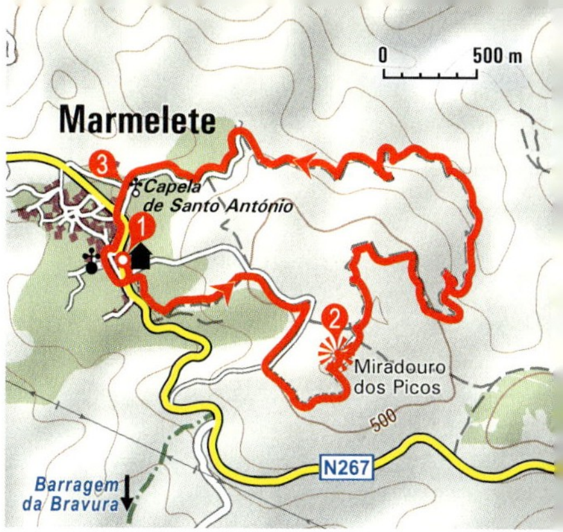

In **Marmelete** ❶ gehen wir vom Parkplatz beim Restaurant Esplanada O Tita an der N267 in Richtung Monchique auf der Straße knapp 100 m zurück. Bei einer Art Lagerhaus zweigt der markierte Weg nach links ab und führt unter einem Dach durch. Danach zweigt der Weg nach rechts ab und mündet bald in eine Erdstraße. Diese führt uns durch ein kleines Korkeichenwäldchen oberhalb des Dorfes, danach asphaltiert wieder in Richtung Durchgangsstraße. Kurz darauf nehmen wir nach links oben einen schmaleren Weg, der in einen jungen Eukalyptuswald hochführt. Bald schon erreichen wir einen breiteren Erdweg, der parallel zum Weitwanderweg »Via Algarviana« verläuft. Diesem folgen wir links bergan und wandern nun erneut durch einen jungen Eukalyptuswald. Nach rund 20 Minuten treffen wir auf eine Asphaltstraße, auf der wir – weiterhin leicht bergauf – nach rechts gehen. Bald zweigt der Weitwanderweg ab, während wir geradeaus, noch immer auf der Asphaltstraße, leicht bergab gehen. Nach rund 800 m auf Asphalt zweigen wir nach links ab und wandern auf einem schmaleren Erdweg leicht bergan. Von diesem Weg zweigen wir abermals nach links ab in Richtung Gipfel. Bevor wir den Aussichtsberg erreichen, knickt der Weg in eine Rechtskurve und verläuft zuletzt über felsiges Gelände auf den **Miradouro dos Picos** ❷. Vom Gipfel aus hat man einen wunderbaren Blick auf die südwestliche Algarve.

Danach steigen wir auf dem Gipfelweg bis zur Mauer einer Funkanlage ab und gehen an dieser geradeaus entlang recht steil bergab (auf Trittsicherheit achten). Danach folgen wir einer Asphaltstraße weiter bergab und treffen nochmals für kurze Zeit auf den Weitwanderweg »Via Algarviana«. Wenig später zweigen wir auf einen markierten Weg nach rechts ab. Neuerlich wandern wir durch einen Eukalyptuswald leicht bergan. Der Wegverlauf wird gelegentlich von schönen Granitfelsen gesäumt und rechter Hand hat man einen freien Blick auf die Fóia.

Der Verlauf des meist ebenen Weges ist hier gut markiert (Steinsäulen mit gelb-roter Markierung) und wenig anspruchsvoll. Von einem schmalen Pfad kommen wir auf einen breiteren Weg, dem wir nach rechts folgen. Hier wird die Markierung etwas nachlässig. Wir passieren eine verwachsene Engstelle

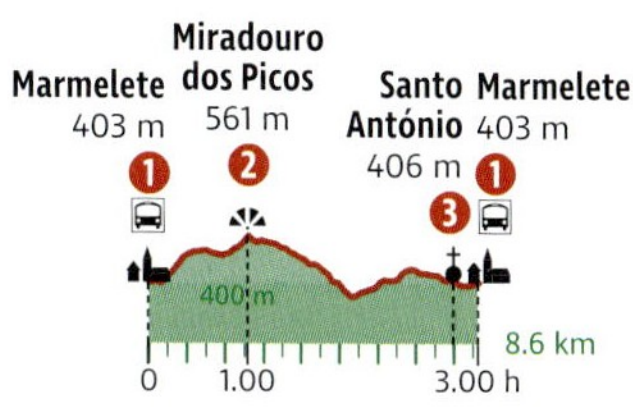

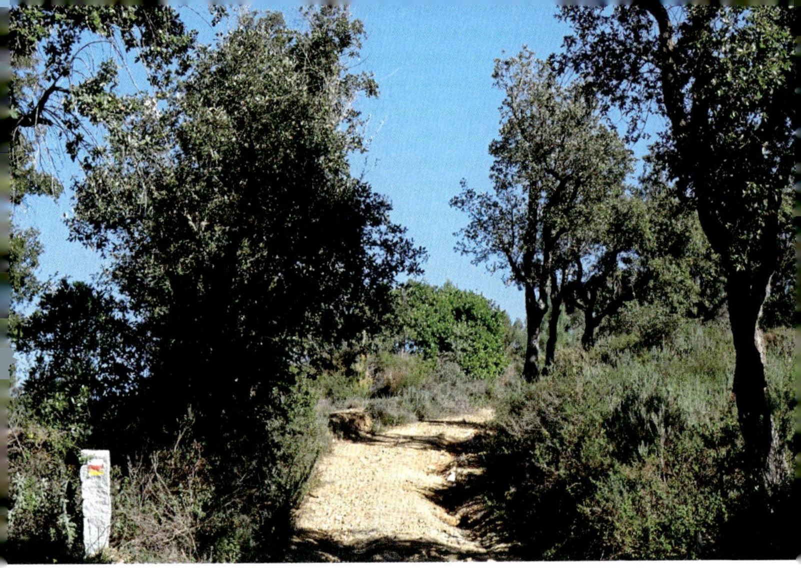

Wanderweg durch lichte Korkeichenwälder im Westen der Serra de Monchique.

und steigen etwas bergab. In einer Kurve treffen wir wieder auf eine Markierung, die uns nach rechts weiterlenkt. Unser Weg führt nun konstant leicht bergab und wir bleiben immer auf dem Hauptweg. Bei einer Wegkreuzung zweigen wir scharf links ab. Bald treffen wir auf eine Haarnadelkurve, in der wir im Kurvenverlauf nach rechts etwas steiler bergab gehen. Links des Weges dient eine eindrucksvolle Korkeiche als Orientierungspunkt. Wenig später passieren wir ein verfallenes Haus. Hier gehen wir nach rechts etwas steiler bergab. Danach verläuft unser schmaler Pfad entlang eines kleinen Bachlaufes (rechts des Weges) an Bienenstöcken vorbei. Wenig später folgt der Weg wieder einem breiteren Waldweg durch Korkeichenwälder. Nach einem leichten Anstieg erreichen wir Häuser der kleinen Ansiedelung Covão, in der die meisten Häuser verlassen oder nur zeitweise bewohnt sind. Kettenhunde bewachen aber die Stallungen. Nach dem Weiler führt der Weg auf einer Schotterstraße etwas steiler bergan und überquert einen Höhenriegel. Dort treffen wir auf den nächsten Weiler. Nach einem kurzen Waldstück treffen wir auf die **Capela de Santo António** ❸ (links des Weges). Hier geht der Schotterweg in eine Asphaltstraße über, der wir steil bergab in Richtung Durchgangsstraße (N267) folgen. Diese queren wir geradeaus und gehen weiter in Richtung Dorfplatz (Largo Coronel Artur Moreia) und Dorfkirche von Marmelete. Nun leitet uns die Wegmarkierung auf der Wohnstraße durch die Siedlung und wir kommen wenig später zum Ausgangspunkt unserer Rundwanderung in **Marmelete** ❶.

↗ 340 m | ↘ 340 m | 7.0 km

2.30 h

Aussichtsreiche Tour zwischen Fóia und Monchique

13

Rundwanderung im Herzen der Serra de Monchique

Die Fóia ist mit 902 m der höchste Berg der Serra de Monchique und damit auch der höchste Berg der Algarve. Sobald man die Hänge des Gebirges hochfährt, hat man den Eindruck, eine andere Welt zu betreten: frische Luft, angenehme Temperaturen und viele Wälder haben schon immer Besucher angelockt. Diese Rundwanderung erschließt das Herz der Serra und bietet viele Panoramablicke in Richtung Südküste.

Ausgangspunkt: Parkplatz in der Nähe des Gipfels der Fóia, 902 m. Anfahrt von Monchique über die N266-3, 8 km.
Anforderungen: Kurze und einfache Wanderung; leichte An- und Abstiege.
Markierungen: Meist gelb-rot. Wegbezeichnung »Trilho da Fóia« (»Pequena Rota 3« der Serra de Monchique).
Einkehr: Am Gipfel der Fóia (dort gibt es auch ein Souvenirgeschäft) und in Belém.
ÖPNV: Keine Möglichkeit.

Wir starten beim großen Parkplatz hinter dem Restaurant, in der Nähe des Gipfels der **Fóia** ❶. Die gesamte Gipfelregion ist von Sendemasten übersät. Wir gehen vom Restaurant in Richtung Süden (Küstenverlauf) und

Aufstieg zur Fóia östlich von Belém.

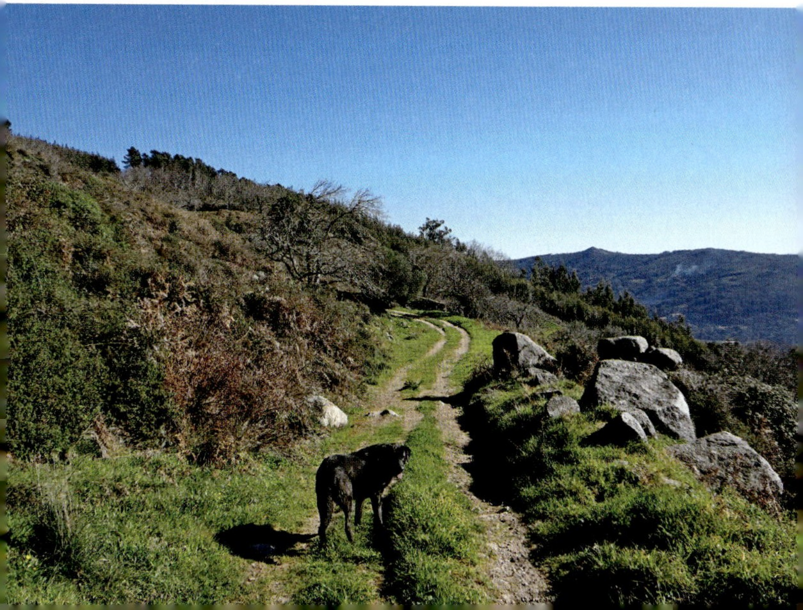

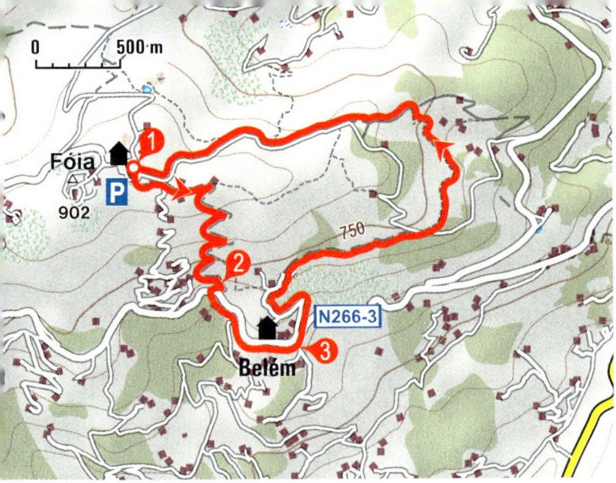

treffen nach wenigen Schritten auf den ersten Holzpfeil mit der gelb-roten Markierung, der uns den Einstieg in die Rundwanderung anzeigt. Der Weg folgt ein kleines Stück einem steingepflasterten Fußweg, der in eine Asphaltstraße mündet. Rund 80 m weiter erreichen wir eine Weggabelung. Hier folgen wir dem rechten Erdweg (»Trilho da Fóia«) leicht bergan durch einen »Wald an Sendemasten«. Danach knickt der Weg in Richtung Süden und führt auf einem schönen Erdweg in großen Kurven steil bergab. Die Aussicht in Richtung Küste und Richtung Lagos ist phantastisch.

Alsbald geht der Weg in eine gepflasterte Straße über und wir können die ersten Häuser der Siedlung Belém erkennen. Der Weg trifft zwischen zwei gemauerten Steinsäulen auf die **N266-3** ❷, der wir für rund 600 m nach links in Richtung Monchique folgen. Wir wandern durch die Streusiedlung **Belém** ❸ und kommen an einigen Restaurants vorbei. Nach einem Haus mit blauer Fliesenfassade wandern wir auf dem nächsten gepflasterten Weg nach links bergan.

Der Weg geht kurze Zeit später in eine Erdstraße über. Nach einer scharfen Linkskurve wandern wir auf dem gut markierten Weg zunächst steiler, später gemächlicher durch Seekiefern- und Eukalyptuswälder bergan. Auch Weideland liegt rechts des Weges. Nachdem wir eine Asphaltstraße überquert haben, folgen wir weiterhin einem Wiesen- und Erdpfad. Von hier aus kann man das Städtchen Monchique ebenso sehen wie die Picota, den höchsten Berg am Ostabhang der Serra de Monchique. Vor einem Steinhaus zweigt der Weg nach links oben ab. Wir gehen die Hügelflanke hoch und erreichen einen etwas breiteren Weg, dem wir nach rechts folgen.

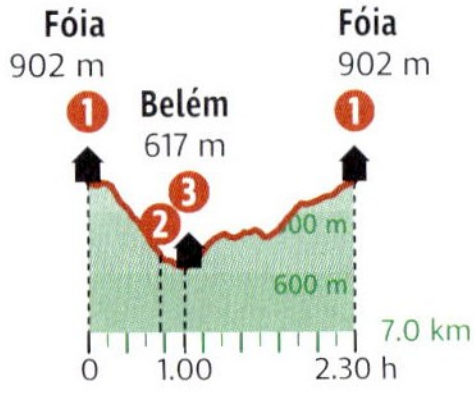

Nach weiteren 200 m kreuzen wir erneut einen breiteren Weg.

Hier treffen wir auf den Weitwanderweg »Via Algarviana«, dem wir nun nach links hinauf auf die Fóia folgen. Unser Weg ist zunächst ein breiter, steiniger Weg, der auf der Anhöhe die Asphaltstraße erreicht. Dieser Straße folgen wir nun bis zum Ausgangspunkt unserer Rundwanderung beim Parkplatz auf der **Fóia** ❶.

↗ 700 m | ↘ 700 m | 17.9 km

6.00 h

Die Route der Wasserfälle in der Serra de Monchique

TOP 14

Wanderung am unberührten Nordabhang der Serra de Monchique

Diese ausgedehnte Tour verbindet zwei kürzere Routen um die Nebengipfel der Fóia (Cimalhadas und Madrinha). Die Wanderung wird auch die Route der Wasserfälle genannt, weil sie gleich an mehreren kleineren Wasserfällen vorbeiführt, die jedoch nur in der feuchten Jahreszeit kleinere Kaskaden bilden. Dennoch ist es eine der schönsten Wanderungen, die man in der Serra de Monchique unternehmen kann.

Ausgangspunkt: Parkplatz in der Nähe des Gipfels der Fóia, 902 m. Anfahrt von Monchique über die N266-3, 8 km.
Anforderungen: Lange Wanderung mit steilen An- und Abstiegen.
Markierungen: Meist gelb-rote Markierung. Wegbezeichnung »Rota das Cascatas« (»Pequena Rota 5« der Serra de Monchique).
Einkehr: Am Gipfel der Fóia gibt es ein Restaurant sowie ein Souvenirgeschäft. Unterwegs keine Einkehrmöglichkeit.
ÖPNV: Keine Möglichkeit.
Tipp: Die Serra de Monchique ist eines der Zentren der Medronho-Produktion in Portugal. Medronho ist ein Schnaps, der aus den Früchten des Erdbeerbaumes (bot. *Arbutus unedo*) hergestellt wird. In der Umgebung von Monchique gibt es viele Medronho-Produzenten. Diese haben auch eine Art Bruderschaft (»confraria«) gegründet. In Monchique unterhält diese Bruderschaft ein kleines Geschäft, das Medronho und Honig anbietet. Auch der Besuch einer Medronho-Brennerei ist lohnenswert. Auf der Facebook-Seite der Bruderschaft (Confraria do Medronho Monchique) findet man weitere Informationen. In jedem Fall werden Sie auf Ihren Wanderungen durch die Serra de Monchique viele Erdbeerbäume sehen, die das Ausgangsprodukt für den Mendronho liefern.

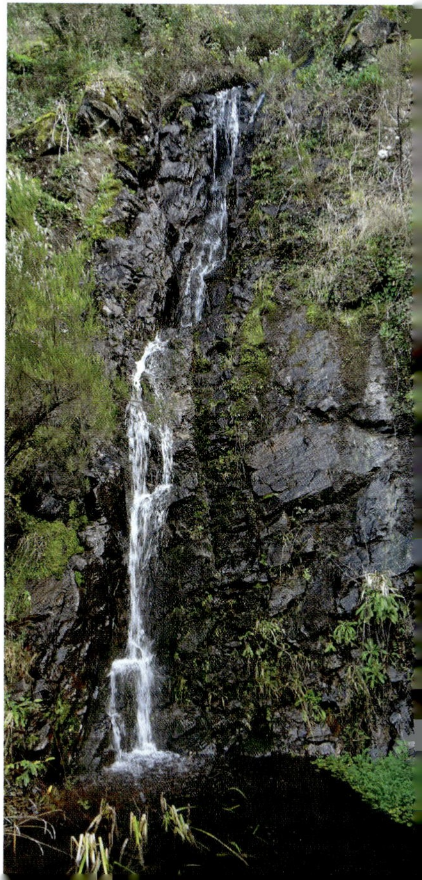

Die Cascata do Chilrão ist die eindrucksvollste Kaskade auf der Route der Wasserfälle.

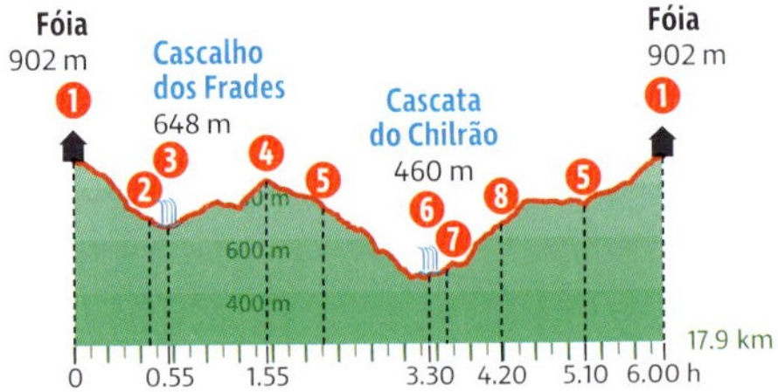

Wir starten beim großen Parkplatz hinter dem Restaurant, in der Nähe des Gipfels der **Fóia** ❶. Wir gehen vom Restaurant in Richtung Süden (Küste) und treffen nach wenigen Schritten auf den ersten Holzpfeil mit der gelb-roten Markierung, der uns den Einstieg in die Rundwanderung anzeigt. Der Weg verläuft ein kleines Stück auf einem steingepflasterten Fußweg, der bald in eine Asphaltstraße mündet. Rund 80 m weiter erreichen wir eine Weggabelung. Wir wandern auf der nach links führenden, wenig befahrenen Asphaltstraße leicht bergab. Der Panoramablick von hier in die nördliche Algarve ist phantastisch. Nach rund 700 m zweigt unser markierter Weg (PR 5, »Rota das Cascatas«) nach links auf einen Fahrweg ab. Dieser führt nun sehr steil bergab und schon kurze Zeit später kommen wir neuerlich zu einer Weggabelung, bei der wir den linken Wegverlauf nehmen. Auf einem schmalen Pfad geht es in großen Kurven weiterhin über eine

Blick auf die Terrassensiedlungen bei Barbelote.

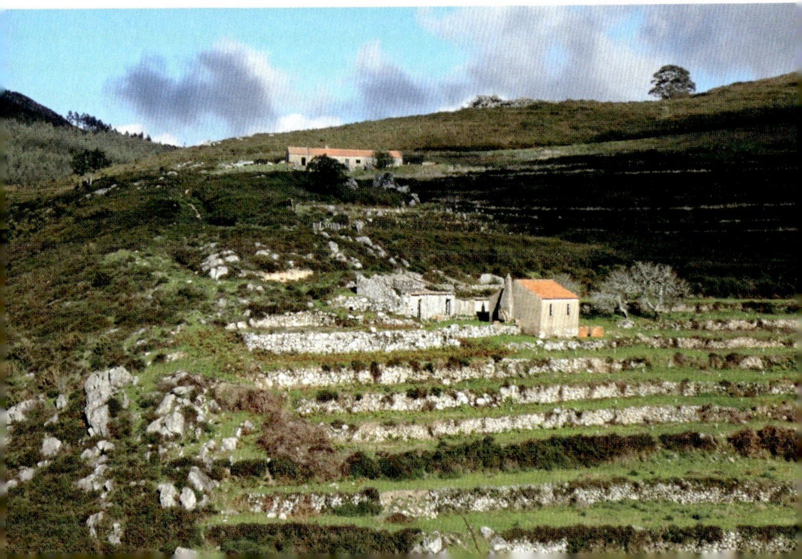

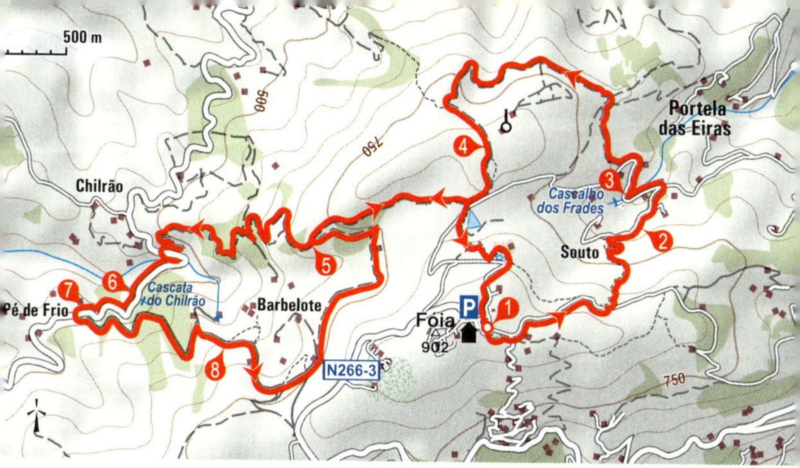

Almwiese bergab. Unser Weg mündet schließlich in eine Erdstraße. Auf diesem Abschnitt muss man gut auf die Markierungen achten, denn in den letzten Jahren haben hier Waldarbeiten stattgefunden, denen so manche Markierung zum Opfer gefallen ist. Im weiteren Abstieg müssen wir einige Terrassen überwinden, mit ebenen Wegstücken und steileren Abstiegen. Der Weg führt nun in einigen Serpentinen steil bergab und bald tauchen auch die ersten Häuser einer Streusiedlung auf. Eine Straßenbarrikade umgehen wir rechts. Wenig später biegt der Weg neuerlich nach rechts ab und trifft auf eine Asphaltstraße, der wir nach rechts durch die Streusiedlung **Souto** ❷ folgen.

Die Straße trifft alsbald auf eine weitere Asphaltstraße, der wir nach links folgen. Hier haben wir nun einen guten Blick auf die Fóia. Wenig später erreichen wir den ersten Wasserfall, die **Cascalho dos Frades** ❸. Nachdem wir diese Kaskade passiert haben, verläuft die Asphaltstraße in einer großen Linkskurve leicht bergan. Kurz nach der Kehre zweigt unser Weg nach rechts auf eine schottrige Piste ab. Wir wandern weiterhin bergan. Rechts des Weges steht ein Stall. Danach steigt der Weg nur noch gemächlich bergan. Bei einem verlassenen Almhaus treffen wir auf einen quer verlaufenden Fahrweg. Wir folgen ihm rund 60 m nach rechts, zweigen dann auf den markierten Weg nach links ab und wandern durch einen lichten Wald (zumeist Eukalyptus).

Dieser Wegabschnitt verläuft wunderschön leicht bergan durch Wälder, die von Lichtungen unterbrochen sind. Bei der folgenden Weggabelung wählen wir den markierten Weg geradeaus, der leicht bergab durch einen dichten Eukalyptuswald führt. Nachdem wir den Wald verlassen haben, sehen wir den Höhenrücken des Cimalhadas (792 m) vor uns. In einem großen Bogen gehen wir am Hang dieses Berges entlang, anfangs leicht bergab,

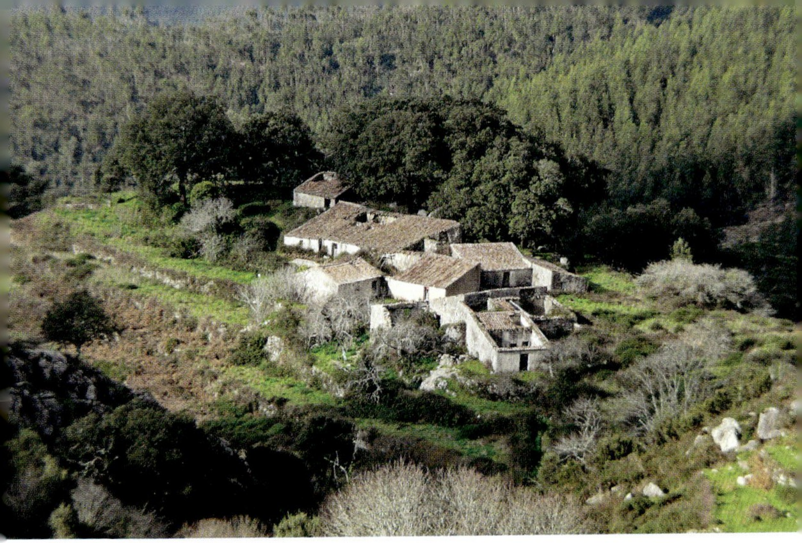

Die verlassene Almsiedlung Barbelote.

später stärker bergan. Am Weg liegen verlassene Häuser (ehemalige Hirtenunterstände) und auch angelegte Terrassen sind zu erkennen. Kurz vor dem Gipfel des Cimalhadas knickt der Weg nach links und führt in Richtung einer Sendeanstalt bergan. Wir steigen eine Kuppe hoch und passieren links des Weges die Sendestation (Antenne) und rechts des Weges den Abenteuerpark **Parque Aventura da Fóia** ❹. Wir gehen geradeaus weiter und kommen bald zu einer breiten Asphaltstraße, der wir knapp 150 m nach rechts bis auf Höhe eines Wasserreservoirs (links des Wegs) folgen. Nach links kann man Richtung Fóia hochgehen und die Runde abschließen (unser späterer Rückweg). Wir jedoch verlassen die Asphaltstraße auf dem markierten Weg nach rechts in Richtung der Kaskaden von Chilrão und Barbelote und wandern auf einer breiten Erdstraße leicht bergab. Eine Zeit lang begleitet uns ein kleiner Bachlauf rechts des Weges. Danach steigen wir in einem Eukalyptuswald weiter bergab. Schließlich kommen wir bei einem Haus zu einer **Wegekreuzung** ❺, an der die zweite Rundwanderung, die »Rota das Cascatas«, beginnt.

Wir folgen nun nach rechts einem sehr schönen Hohlweg, der von Felsen und Bäumen flankiert ist und die nächsten 45 Minuten mehr oder weniger steil in Serpentinen bergab führt. Wir wandern hier meist durch Eukalyptus- und Korkeichenwälder. Dieser Wegabschnitt ist auch eine Mountainbikestrecke. Nach dem langen Abstieg erreichen wir die Asphaltstraße (M1067) in der Nähe der kleinen Ansiedlung Chilrão. Wir folgen der Straße nach links und überqueren wenig später auf einer Brücke die Ribeira do Chilrão.

Die Asphaltstraße verläuft noch ein kleines Stück bergab und wenig später erreichen wir den niedrigsten Punkt unserer Rundwanderung. Danach steigt die Straße leicht bergan zum Zugang zur **Cascata do Chilrão** 6. Ein kleiner Weg führt nach links zur Kaskade; der Picknickplatz daneben ist leider stark »verwildert«. Nach dem Wasserfall folgen wir weiter der Asphaltstraße in Richtung der Ansiedelung **Pé de Frio** 7. Bevor wir diese richtig erreichen, verlassen wir die Straße und wandern auf dem markierten Weg nach links einen Höhenrücken hoch. Nach einem steilen Anstieg mündet der Weg in eine breite Erdstraße ein, der wir nach links etwas gemäßigter bergan folgen. Schon bald gehen wir auf einem breiten Terrassenweg, mehr oder weniger dem Verlauf der Asphaltstraße in der Gegenrichtung folgend. Der Weg steigt nun konsequent steiler bergan. Bei einer Waldlichtung erreichen wir eine Wegkreuzung. Wir gehen auf dem markierten Weg geradeaus weiter, bald entlang eines kleinen Baches links des Wegs. Wir erreichen eine etwas breitere Erd- und Steinstraße, in die wir links einbiegen. Wir treffen auf die Zufahrt zu einem Haus (Wasseradministration). Nach links ginge es zur Cascata de Barbelote; wir gehen nach rechts weiter. Links oben sehen wir auf einem Hügel die Almsiedlung **Barbelote**. Der **Zugang** 8 dorthin ist geschlossen (Privatland). Wir bleiben auf dem Hauptweg und wandern stetig bergan. Verlassene Häuser (Weidesiedlungen) liegen am Weg, manche werden noch als Ställe genutzt.
Ein gutes Stück oberhalb des Weges erhebt sich der Gipfel der Fóia, den wir in einer großen Rechtskurve umgehen. Bei einer Wegkreuzung treffen wir auf die »Via Algarviana«, auf der wir nun ein Stück weiterwandern. Unser breiter Weg verläuft nun zwischen oft verlassenen Almhäusern mit Blick auf den von Terrassen übersäten Westabhang der Fóia. Kurz nachdem wir eine Alm passiert haben, müssen wir einen kleinen Bachlauf auf Trittsteinen überqueren. Danach kommen wir durch einen Eukalyptuswald wieder zur **Wegekreuzung** 5. Hier biegen wir nach rechts in unseren Hinweg ein und wandern durch den Eukalyptuswald bis zur Asphaltstraße. Diese überqueren wir, gehen durch das Drehtor und passieren den kleinen Stausee links des Wegs. Auf einem schmalen Pfad steigen wir bis zu einem Felsen hoch – hier liegt auch ein kleiner Wasserteich rechts des Weges. Bei einem Klappeisentor treffen wir auf die Asphaltstraße, die uns bis zum Parkplatz hinter dem Restaurant auf der **Fóia** 1 führt.

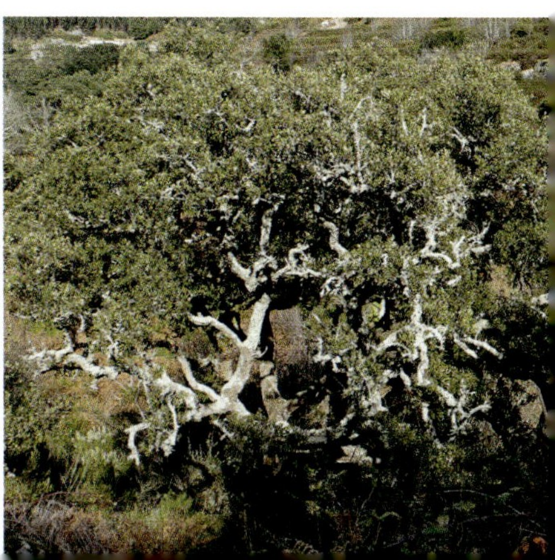

Korkeiche in der Serra de Monchique.

↗ 360 m | ↘ 360 m | 9.4 km

15 Der Mühlenweg von Monchique

3.45 h

Rundwanderung durch die Wälder der nördlichen Monchique

Diese Wanderung führt zwischen Peso, 678 m, und Fóia, 902 m, durch den ausgedehnten Wald von Mata Porcas. Benannt ist der Weg nach der Wassermühle von Poucochinho, die von eindrucksvollen alten Platanen gesäumt wird. Ein weiteres Highlight sind die Ruinen des Konvents Nossa Senhora do Desterro. Das Kloster liegt unweit des Stadtzentrums von Monchique und wurde 1755 durch das Erdbeben von Lissabon zerstört.

Ausgangspunkt: Monchique, 461 m, beim Brunnen am Hauptplatz im Ortszentrum.
Anforderungen: Einfache Rundwanderung auf Asphalt- und Erdstraßen sowie auf Pfaden.
Markierungen: Meist gelb-rote Markierungen. Wegbezeichnung »Trilho dos Moinhos« (»Pequena Rota 4« der Serra de Monchique).
Einkehr: In Monchique.

ÖPNV: Monchique ist eine Kreishauptstadt mit guter Anbindung an das öffentliche Verkehrsnetz (Busse).
Tipp: Es lohnt sich, diese Tour mit einer Besichtigung des Städtchens Monchique zu verbinden. Besonders interessant ist die Kirche (Igreja Matriz) von Monchique, die manuelinische Stilelemente aufweist. Auch die am Wanderweg liegenden Klosterruinen von Nossa Senhora do Desterro sind sehenswert.

Der verlassene und zerstörte Convento de Nossa Senhora do Desterro.

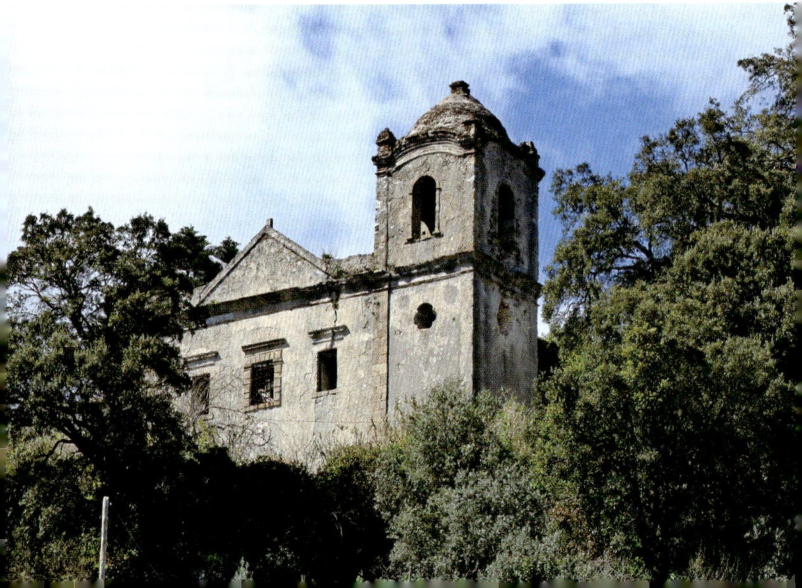

Wir starten im Ortszentrum von **Monchique** ① beim Brunnen am Hauptplatz. Hier ist auch eine Informationstafel zur Rundwanderung angebracht. Wir gehen zunächst auf der Straße Dom Francisco Gomes do Avelar durch den Ort. Bald säumt links eine Steinmauer die Straße, während wir nach rechts einen schönen Blick auf die Picota, 774 m, haben. Bei der Markthalle zweigen wir nach links ab und gehen etwas bergan. Danach kommen wir beim Postamt vorbei und gehen eine gepflasterte Straße geradeaus bergan. Bei der Galerie Santo António zweigt der Weg nach rechts ab und wir steigen Steintreppen hoch. Bei einem roten Haus biegen wir links in eine Straße ein und gehen die Travessa da Portela weiter bergan. Neuerlich steigen wir Steintreppen hoch und zweigen von diesen nach links auf einen Pflasterweg ab. Vor einer kleinen Kirche folgen wir nach links der Rua do Viadôr und wandern auf der Asphaltstraße gemächlich bergan.

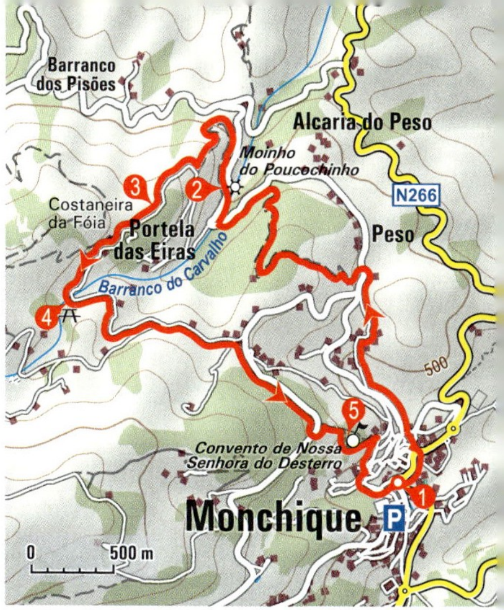

Bei einem großen mehrstöckigen Haus zweigen wir nach rechts ab und gehen auf einer Nebenstraße durch die Vorortsiedlung konstant bergan, begleitet von Gärten rechts des Weges. Wir gelangen allmählich in bewaldetes Gebiet und treffen auf eine Asphaltstraße. Dieser folgen wir nach rechts. In einer Linkskurve zweigt unser Weg scharf nach links ab und führt als schmalere Straße weiter bergauf. Unser Weg geht allmählich in eine Erdstraße über. Wir passieren eine Maschinenhalle und eine Art Wassertank und wandern durch einen Mischwald von Eukalyptus und Korkeichen. Bei einer Gabelung auf einer Kuppe folgen wir dem markierten Weg bergab durch einen lichten Eukalyptuswald. Nach einer weiteren Wegkreuzung wird der Abstieg steiler. Wenig später führt der markierte Weg vom breiten Waldweg auf einen schmalen Pfad weiterhin konstant bergab nach rechts weg. Wir zweigen an der nächsten Gabelung nach links ab und erreichen eine Lichtung, die uns einen Blick auf die Kreisstadt Monchique freigibt. Danach wandern wir

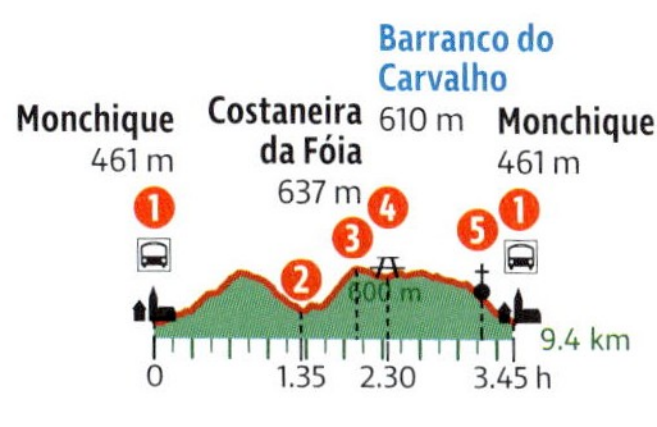

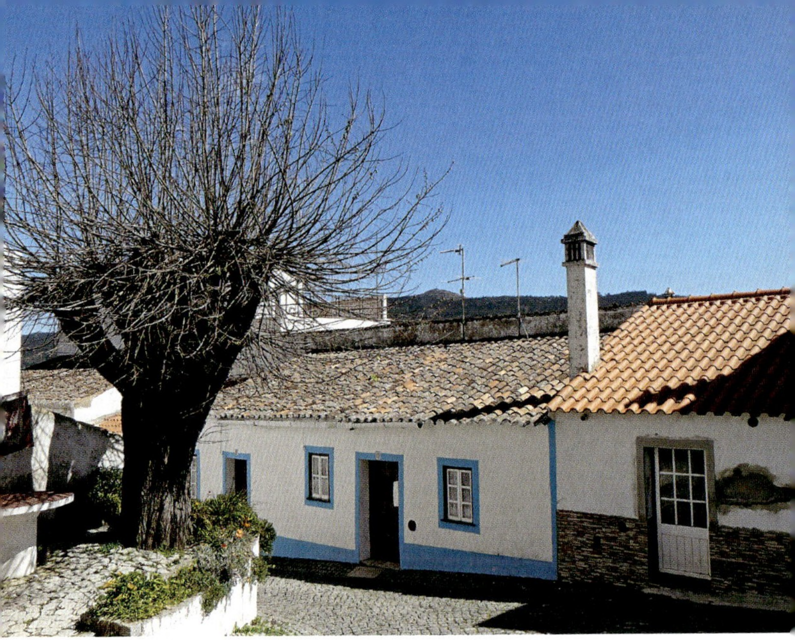

Ortsbild von Monchique.

in einigen Schleifen etwas steiler bergab und treffen auf ein schmales Asphaltsträßchen, das uns nach rechts bergab zu einer weiteren Asphaltstraße bringt. Dieser folgen wir nach links, gehen eine große Rechtskurve aus und queren in der Kurve auf einer Brücke einen Flusslauf. Danach erreichen wir einen Picknickplatz (rechts des Weges). Hier steht eine alte Platane, die bereits 1947 als Baum von besonderem Interesse ausgezeichnet wurde. Wir steigen knapp 40 m zur **Moinho do Poucochinho** ❷ ab, einer interessanten Wassermühle am eben überquerten Flusslauf.
Zurück am Picknickplatz folgen wir dem Weg gegenüber in den Wald. Der Weg gewinnt zunächst leicht an Höhe, später wird der Anstieg in einer großen Linkskurve etwas steiler. Linker Hand eröffnen sich schöne Blicke auf eine Terrassenlandschaft auf der anderen Seite des Flusstals. Danach gelangen wir zu einer schmalen Asphaltstraße, in die wir nach rechts einbiegen. Weiterhin ansteigend erreichen wir bei **Costaneira da Fóia** ❸ den höchsten Punkt der Rundwanderung.
Die Straße führt in der Folge leicht bergab. Bei einer Lichtung sehen wir einige Häuser und wandern weiter auf der Asphaltstraße in einer Linkskurve bergab. Wir passieren weitere Häuser (wie z. B. die Quinta da Serra) und haben bald einen schönen Blick auf die Fóia. Im weiteren Abstieg kom-

men wir in einer großen Kurve zu einem Picknickplatz neben dem Wasserspeicher **Barranco do Carvalho** 4. Danach wandern wir weiter auf Asphalt leicht bergan und überqueren eine Kuppe. Nach links öffnet sich ein schöner Blick auf eine Terrassenlandschaft. Nach einem leichten Anstieg mündet unsere Straße in eine etwas breitere Asphaltstraße ein. Dieser folgen wir nach links. Bei einem weißen Haus zweigen wir auf einen schmaleren Pfad ab, der ein Verbindungsweg zur nächsten Asphaltstraße ist. Wir gehen auf dieser nach rechts leicht bergab in Richtung Monchique und mit schönem Ausblick Richtung Picota.
In einer großen Kurve verlassen wir die Asphaltstraße nach scharf links und steigen auf einem Pfad steil ab zum **Convento de Nossa Senhora do Desterro** 5. Das Kloster wurde durch das Erdbeben von Lissabon 1755 weitgehend zerstört. Gegen etwas Trinkgeld kann man einen lohnenden Blick ins Innere der Ruine werfen. Danach gehen wir einen Schotterpfad, der später in einen gepflasterten Fußweg (Caminho do Convento) übergeht, bergab und sehen rechter Hand das Ortszentrum von Monchique. Auf einer Asphaltstraße wandern wir eine Linkskurve aus und überqueren auf einer Brücke einen kleinen Flusslauf. Danach gehen wir in Richtung Stadtzentrum weiter. Der Fußweg führt zur Calçada de São Sebastião; auf dieser gelangen wir über einen Treppenweg zum Brunnen am Hauptplatz in **Monchique** 1.

Wanderweg in der Serra de Monchique.

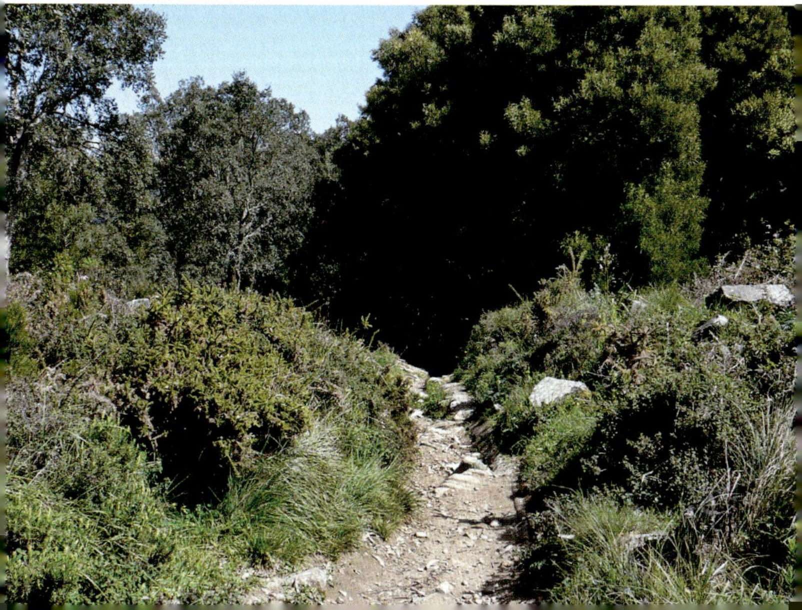

↗ 880 m | ↘ 880 m | 19.7 km

7.00 h

16 Auf die Picota, 774 m

Lange Tour in der südöstlichen Serra de Monchique

Die markante Picota ist der höchste Gipfel der östlichen Serra de Monchique. Die Rundwanderung führt uns südöstlich der Kreisstadt Monchique über den bewaldeten Cerro do Navete in den Kurort Caldas de Monchique und danach weiter auf die aussichtsreiche Picota.

Ausgangspunkt: Monchique, 436 m, Informationstafel beim großen Kreisverkehr an der N266 an der südlichen Ortseinfahrt.
Anforderungen: Lange Wanderung auf Asphalt- und Erdstraßen sowie auf Pfaden; die Rundwanderung erfordert Durchhaltevermögen.
Markierungen: Meist gelb-rot. Wegbezeichnung »Percurso Caldas–Picota« (»PR 2« der Serra de Monchique).
Einkehr: In Monchique und in Caldas de Monchique.
ÖPNV: Monchique ist eine Kreishauptstadt mit guter Anbindung an das öffentliche Verkehrsnetz (Busse).
Tipp: Im nahe gelegenen Alferce lohnt der Besuch des Castro de Alferce, Überreste einer kelto-iberischen Hügelfestung.

Am Kreisverkehr an der südlichen Ortseinfahrt von **Monchique** ❶ befindet sich gegenüber dem Supermarkt (Intermarché) ein Café mit Informationstafel, unser Startpunkt. Wir folgen der Straße links des Cafés. Anfangs säumen Häuser und Gärten die Straße, dann verläuft sie zunächst weitgehend im Schatten von Bäumen. Nach rund 1 km zweigt unser Weg nach rechts auf eine Waldstraße ab. Wenig später wählen wir an einer Gabelung den linken Weg und durchwandern einen schattigen Tamarisken- und Eukalyptuswald. Nach einem leichten Anstieg kommen wir an einem Wassertank rechts des Weges vorbei. Unser Weg kreuzt eine Straße und führt bergab, das erste Stück entlang einer Mauer. Nach ca. 600 m zweigen wir nach links auf einen schmaleren Pfad ab, der in Serpentinen steiler bergab

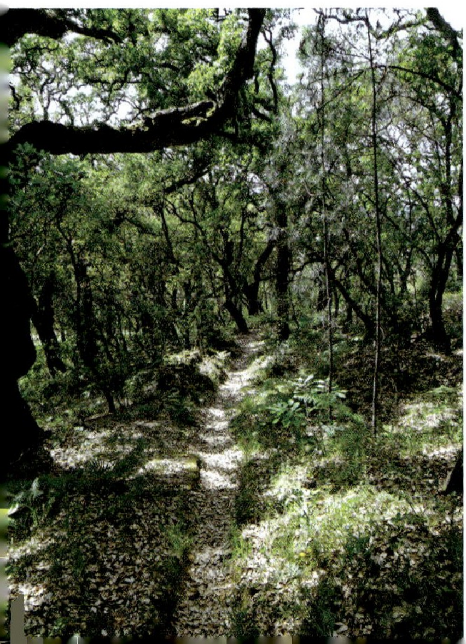

Zwischen der Picota und der Kreisstadt Monchique liegen Schatten spendende Korkeichenwälder in der Serra de Monchique.

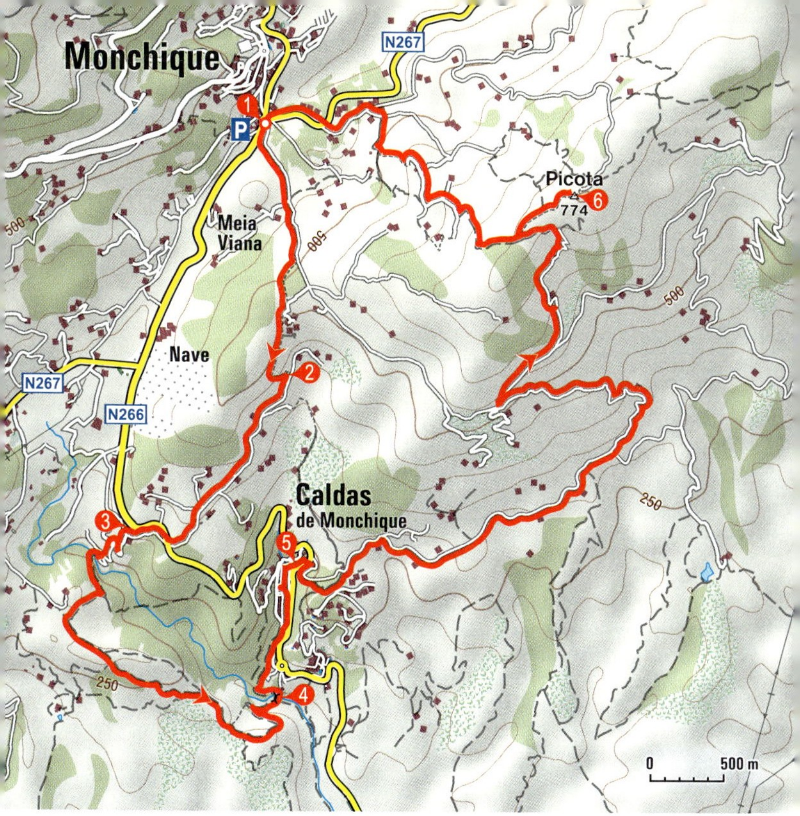

führt. Wir lassen den Wald hinter uns und genießen den schönen Blick auf eine eindrucksvolle **Terrassenlandschaft ❷**.

Schon bald trifft der Weg auf eine Asphaltstraße, der wir nach rechts folgen. Diese Straße verbindet verschiedene Hauszufahrten mit der N266. Wir wandern etwa 1,5 km bergab und sehen schöne Villen, Häuser und Gärten, bevor wir die N266, die Verbindungsstraße zwischen Caldas de Monchique und Monchique, queren. Danach verläuft unsere Wanderung weiterhin auf einer schmalen Asphaltstraße in Richtung des Weilers Cortes. Rechter Hand öffnet sich der **Ausblick ❸** auf den Gipfel der Fóia, der durch eine große kugelförmige Radaranlage markiert ist.

Nach einem weißen Haus zweigen wir nach links ab und wandern in großen Serpentinen steil bergab. Kurz vor dem Talgrund geht der Weg in eine Erdstraße über und wir überqueren auf einer Steinbrücke einen Bachlauf.

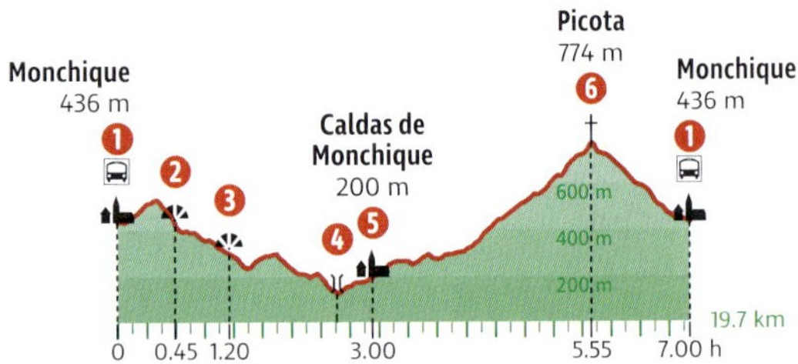

Danach gehen wir einen Hügel bergan und erreichen eine etwas breitere Erdstraße. Unser markierter Weg folgt ihr nach links und quert einen Höhenrücken. In der Folge bleiben wir immer auf dem Hauptweg und umwandern auf der breiten Erdstraße einen Hügel. Links sieht man bereits den Kurort Caldas de Monchique und im Hintergrund den Gipfel der Picota. Wenig später knickt der Weg nach links. Bei der folgenden Gabelung nehmen wir den linken Weg, gehen kurz bergan, wenig später aber in großen Kurven steiler bergab. Kurz vor Caldas de Monchique passieren wir einen Swimmingpool links des Weges. Dann überqueren wir auf einer **Brücke** ❹ einen Fluss und steigen in Richtung Kurort bergan.

Unser Weg verläuft zunächst im Schatten von Tamarisken und Seekiefern auf einem gepflasterten Weg parallel zur Durchgangsstraße. Nach einem Fabrikgelände kommen wir zum Kurhotel. Auf der Hinterseite des Hotels gehen wir über eine rote Treppe hinauf in das Ortszentrum von **Caldas de Monchique** ❺. Danach halten wir uns rechts und folgen der Straße Richtung Kirche. Dahinter führt ein gepflasterter Fußweg bergan und bei einem weiß-rot gestrichenen Haus treffen wir auf unseren markierten Weg. Beim Restaurant Rouxinol queren wir die Durchgangsstraße und gehen auf einem gepflasterten Weg bergauf. Der Weg geht in eine Asphaltstraße über. Nach rund 200 m zweigen wir nach rechts auf einen Pfad ab und steigen ein Stück im Wald bergan, bis wir eine etwas breitere Erdstraße erreichen. Dieser folgen wir nach links. Bald mündet unser Weg in eine wenig befahrene Asphaltstraße ein. Wir passieren Villen und Gärten, auch imposante Granitformationen und alte Brunnen liegen am Weg. Nach rund 3 km zweigen wir nach

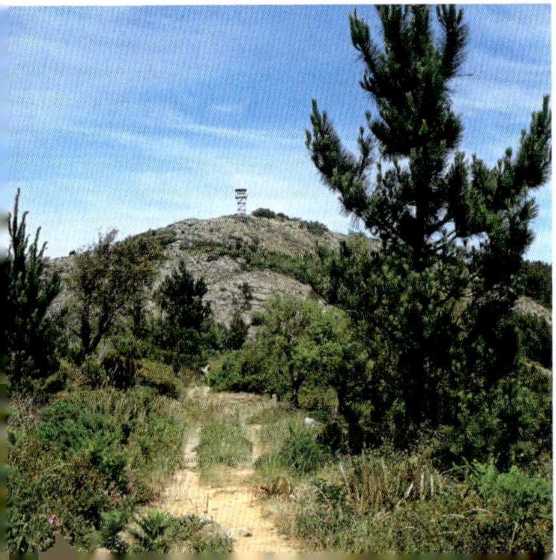

Aufstieg zum Gipfel der Picota.

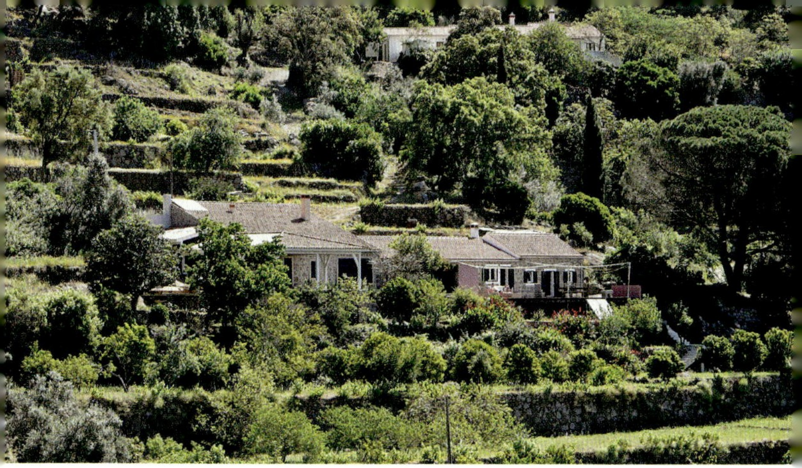

Terrassen am Südabhang der Serra de Monchique.

links auf eine Erdstraße ab und wandern durch einen Eukalyptus-Seekiefernwald bergan. In großen Serpentinen steigen wir – an einem verlassenen Haus vorbei – den Berghang hinauf. Bald nach einem Bauernhaus (Covão de Sinceiro) mit Garten und Orangenhain mündet unser Weg wieder in eine Asphaltstraße ein. Dieser folgen wir nach rechts und nach weiteren 600 m zweigen wir nach links auf eine kleinere Asphaltstraße ab. Wir wandern durch einen Eukalyptuswald und sehen bereits die Aussichtswarte auf der Picota. Wir steigen bis zu einem orangefarbenen Haus bergan. Dann verläuft der Weg auf einem schmalen und verwachsenen Pfad um das Haus herum, danach geht es entlang von terrassierten Weiden und verlassenen Ställen und Häusern weiter bergauf. Bei einer Wegkreuzung führt ein Pfad nach rechts auf den Gipfel. Auf der **Picota 6** mit ihrer baufälligen Aussichtswarte genießen wir einen großartigen 360°-Blick.
Danach steigen wir wieder bis zur Wegkreuzung ab und wandern dort nach rechts weiter auf einem steinigen Pfad in Richtung eines Waldes. Wir durchqueren zunächst einen Eukalyptuswald, dann einen Korkeichenwald. Nach rund 15 Minuten tauchen die ersten Bauernhöfe auf. Hier erreichen wir auch wieder eine Zufahrtsstraße, der wir nach rechts bergab folgen. Es gibt hier mehrere Wegverläufe. Wir bleiben auf dem markierten Hauptweg der »Via Algarviana«, die uns seit der Picota begleitet. Bei einem Bauernhof biegen wir noch einmal in einen Waldpfad ein und durchwandern einen eindrucksvollen Korkeichenwald. Wenig später kommen wir zu einer Wegekreuzung. Hier folgen wir der »Via Algarviana« nach rechts und steigen auf einer Asphaltstraße steil Richtung Monchique bergab. Wir bleiben immer auf dem markierten Weg. Bei einem roten Haus zweigen wir nach links ab und gehen auf einer Asphaltstraße zum Ausgangspunkt in **Monchique 1**.

↗ 120 m | ↘ 120 m | 9.9 km

17 Die Flussschleife von Lagoão bei São Marcos da Serra

3.00 h

Bezaubernde Wanderung durch das Flusstal der Odelouca und auf den Cerro da Alcaria

Die Odelouca prägt die Landschaft östlich der Serra de Monchique und mündet vor Portimão in den Aradefluss. Bei São Marcos da Serra bildet sie eine sehr schöne Flussschleife. Die Niederung in der Schleife wurde schon immer von Menschen für die Landwirtschaft genutzt. Diese Wanderung führt entlang des Flusstales und damit durch eine alte Kulturlandschaft, in der in mancherlei Hinsicht die Zeit stehen geblieben scheint.

Ausgangspunkt: Fußballplatz an der IC1, 128 m, östlich von São Marcos da Serra. Anfahrt von Silves über die IC1, 28 km.
Anforderungen: Einfache mittellange Wanderung auf Erdstraßen; eine Querung des Flusses Odelouca kann bei (seltenem) Hochwasser beschwerlich sein.
Markierungen: Meist gelb-rote Markierung. Wegbezeichnung »Percurso do Lagoão« (»Pequena Rota 2« von Silves).
Einkehr: In São Marcos da Serra.

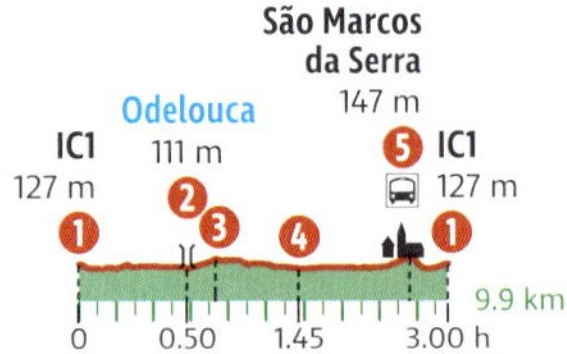

ÖPNV: São Marcos da Serra ist von Silves aus mit dem Bus erreichbar.

Verfallenes Haus und Brotofen bei São Marcos da Serra.

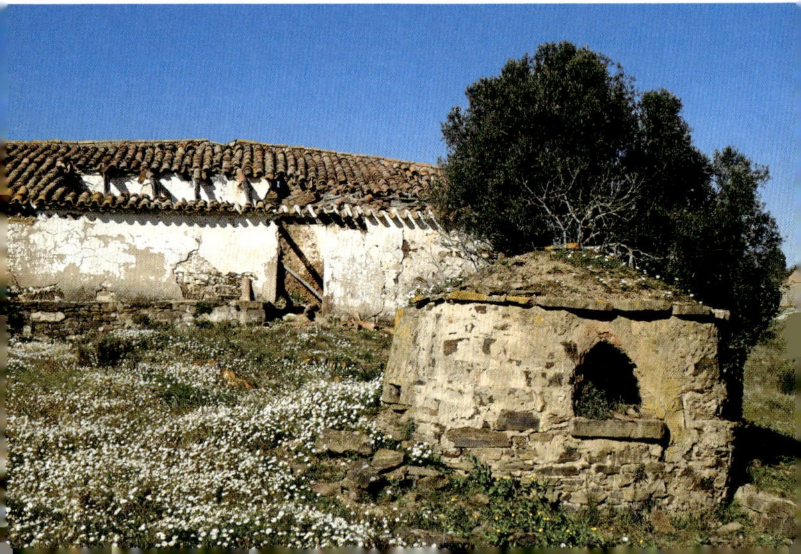

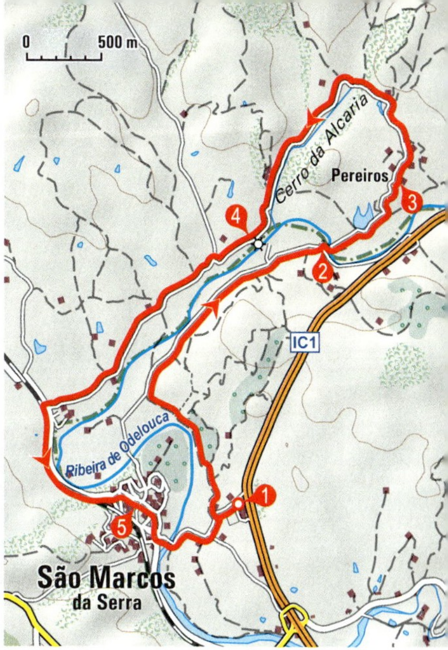

Wir starten die Rundwanderung östlich von São Marcos da Serra beim Fußballplatz an der **IC1** ❶. Wir gehen die Asphaltstraße am Fußballplatz vorbei leicht bergab und zweigen bei einem weißblauen Haus nach rechts (Wegmarkierung) auf eine Erdstraße ab. Der Weg verläuft in der Niederung in Richtung Flussschleife. Linker Hand liegt das Dorf São Marcos da Serra. Die Odelouca fließt links des Weges in einem tiefen Flussbett. Leicht bergan wandernd erhalten wir bald einen lohnenden Blick in das Flusstal. Danach entfernt sich der Weg vom Fluss, der hier eine große Schleife nach links ausformt. Die Landschaft wird offener, man sieht Oliven- und Mandelbäume ebenso wie Korkeichen. Nach einem leichten Anstieg führt der Weg weitgehend eben etwa auf Flussniveau dahin. Die Erdstraße mündet in eine Asphaltstraße ein, der wir nach rechts folgen. Entlang der Route passieren wir mehrere Bauernhöfe, die Straße wird auch von einer Stromleitung begleitet. Bei der Quinta da Tor (Bauernhof) zweigt der Weg nach links zum Flusslauf ab. Hier steigen wir auf einer Schotterstraße ab und queren die **Odelouca** ❷.
Danach wandern wir auf einer Erdstraße leicht bergan. Wir passieren ein Stallgebäude (links) und ein kleineres Haus (rechts). Alsbald treffen wir auf eine Querstraße (Erdstraße), der wir nach rechts folgen. Links sehen wir einen größeren Fischteich. Danach gehen wir in einer Links-rechts-Kurve einen Hügel bergan. Bei einer folgenden Kreuzung gehen wir nach links und weiterhin bergauf. Rechter Hand passieren wir einige Gebäudereste und erreichen wenig später den Weiler **Pereiros** ❸. Nach dieser Häusergruppe geht es bergab an weiteren Häusern vorbei. Bei der nächsten Gabelung gehen wir geradeaus weiter und erreichen den nächsten Bauernhof (rechts des Weges). Kurz danach wählen wir an der Gabelung den linken Weg und erreichen bald wieder einen Fischteich (links). Danach wandern wir nach links um einen kleinen Hügel herum. Bei der nächsten Gabelung halten wir uns erneut links und wandern weitgehend eben dahin. Bald nähern wir uns wieder dem Flusstal, gehen leicht bergab und wenig später wieder etwas bergan.

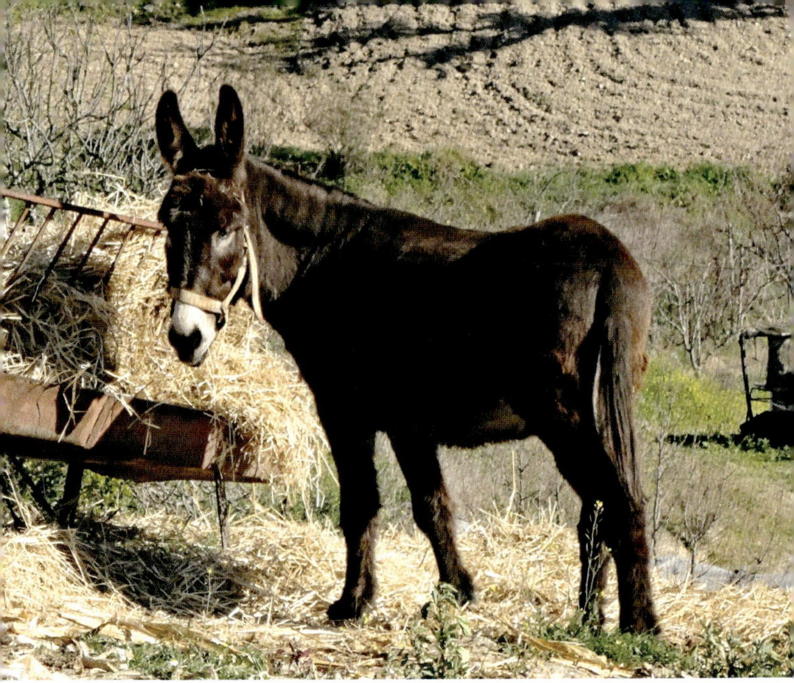

Esel sind im Hinterland der Algarve sehr häufig anzutreffen.

Kurz nach einer Hofzufahrt passieren wir ein schönes altes **Wasserrad** 4 am Flusslauf, das aber schon sehr verwachsen ist. Danach wandern wir auf der breiten Erdstraße weiter, die auf der rechten Uferseite der Odelouca verläuft. Bei einer T-Kreuzung bleiben wir links haltend im Flusstal. Am Weg liegen mehrere Bauernhöfe, die ein Hinweis auf die fruchtbaren Böden in der Flussniederung sind. Wir gehen nun geradewegs auf eine Eisenbahntrasse zu. Bevor wir diese erreichen, geht unser Weg in eine breitere Asphaltstraße über. Dann folgen wir nach links der Straße, die parallel zur Eisenbahn in Richtung São Marcos da Serra verläuft. Sobald wir das Dorf erreichen, zweigen wir auf einen schmalen gepflasterten Weg nach links ab (Markierung) und gehen durch das Dorfzentrum, vorbei an der Volksschule und auf der Rua da Oficina leicht bergan. Wir passieren eine Apotheke, das Café Central und die Dorfkirche von **São Marcos da Serra** 5. Danach gehen wir geradeaus am Restaurant Os Duartes vorbei und die Straße leicht bergab aus dem Dorf hinaus. Wir überqueren eine kleine Brücke und gehen danach links. Auf dieser Straße gelangen wir in wenigen Minuten zurück zum Fußballplatz an der **IC1** 1.

↗ 220 m | ↘ 220 m | 7.5 km

2.15 h

TOP

Megalithenweg von Vale Fuzeiros 18

Rundwanderung auf den Höhenrücken Cerro da Vilarinha

Wie keine andere Wanderung in der Algarve ist diese mit außergewöhnlichen Überresten aus der Jungsteinzeit gespickt. Am Höhenrücken des Cerro da Vilarinha ist ein regelrechtes Band von Menhiren angelegt und in der Nähe des Dorfes Vale Fuzeiros sind an mehreren Stellen Grabkammern in das Gestein geschnitten. Diese kurze Runde wird vor allem Menschen begeistern, die Interesse an jungsteinzeitlichen Zeugnissen haben.

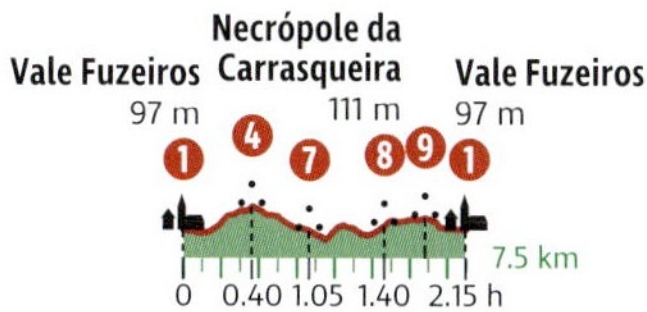

Ausgangspunkt: Vale Fuzeiros, 97 m, Parkplatz am Straßenrand der M1080, beim Restaurant Casa da Vinha. Anfahrt von Silves auf der N124, nach 11,5 km auf die M124-3 und auf die M1080, 14,5 km.
Anforderungen: Kurze, weitgehend einfache Wanderung mit jedoch teils steinigen und steilen An- und Abstiegen und einer Querung eines Bachlaufes (keine Brücke).
Markierungen: Meist gelb-rote Markierung. Wegbezeichnung »Circuito Arqueológico da Vilarinha e Vale Fuzeiros« (»Pequena Rota 4« von Silves).
Einkehr: In Vale Fuzeiros.
ÖPNV: Keine Möglichkeit.
Tipp: Die Stadt Silves, in muslimischer Zeit das »Bagdad des Westens« genannt, lohnt einen ausführlichen Besuch. Sehenswert sind die ehemalige Festung Castelo de Silves, die mittelalterliche Kathedrale mit dem Grabdenkmal von König João II. sowie das Korkmuseum der Stadt.

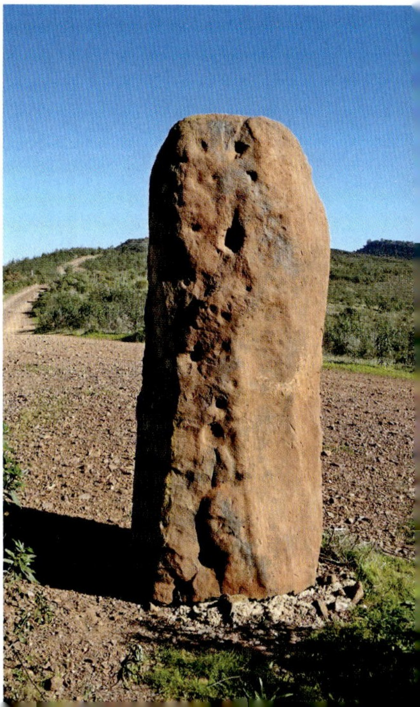

Menhir auf dem Höhenrücken Cerro da Vilarinha.

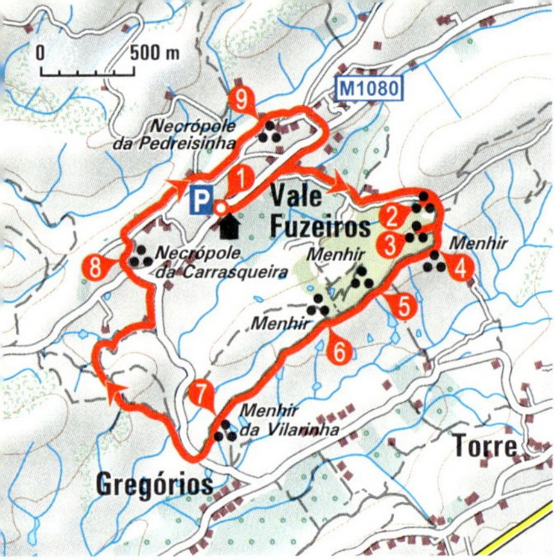

Das Restaurant Casa da Vinha in **Vale Fuzeiros** ❶ ist unser Startpunkt. Eine Holztafel zeigt den Wegverlauf. Wir gehen rund 300 m auf der Straße und biegen rechts in die Straße hinunter ins Flusstal des Fuzeiros ein. Diese geht bald in eine Erdstraße über, führt an einem Bauernhof vorbei und danach etwas bergan. Bei einer Kreuzung gehen wir geradeaus und erklimmen einen Höhenrücken. Auf halber Höhe folgen wir einer schmaleren Erdstraße nach rechts. Etwa 50 m später biegen wir nach rechts ab zur **Necrópole da Pedreirinha** ❷, die etwas abseits des Weges liegt und sehr verwachsen ist. Danach kehren wir zum Weg zurück und steigen nun steil bergan. Eine weitere Stichstraße führt zu einer **Sepultura** ❸, einem Felsgrab. Danach kehren wir neuerlich zum Hauptweg zurück und wandern hoch zum Kamm. Dort treffen wir auf den **ersten Menhir** ❹, der etwa 1,7 m hoch ist und Ritzungen aufweist.
Danach führt ein breiter Weg am Kamm des Cerro da Vilarinha weiter. Zunächst wandern wir etwas bergab, wenig später geht es wieder bergan.

Typische Landschaft im Barrocal bei Vale Fuzeiros.

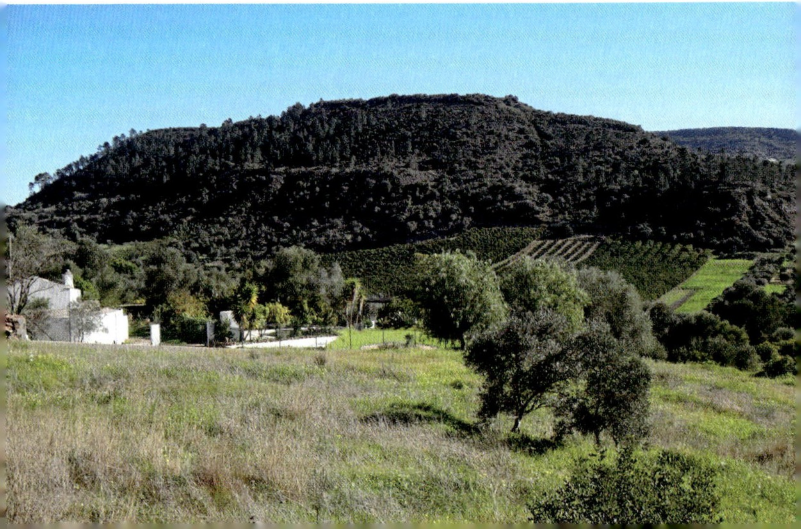

Beim nächsten Abstieg passieren wir den **zweiten Menhir** 5, der abseits des Weges auf der rechten Seite steht und etwas niedriger ist. Links sieht man auf einen Teich hinunter. Wir setzen den Weg fort und treffen auf der nächsten Hügelkuppe auf den **dritten Menhir** 6, der von Korkeichen umgeben auf der rechten Wegseite steht. Danach folgt ein steiler und steiniger Abstieg. Links des Weges sieht man viele Teiche, einige auch an der Nordseite des Cerro da Vilarinha.

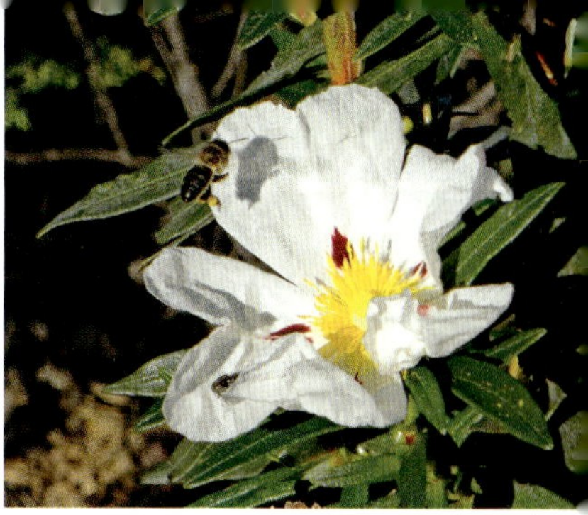

Biene an einer Zistrosenblüte.

Schon bald kommen wir zum **vierten Menhir** 7, der mit rund 1,90 m der höchste ist. Danach steigen wir ab zu einer Asphaltstraße, der wir ein kurzes Stück nach rechts folgen, um sie gleich wieder nach links zu verlassen. An der direkt folgenden Gabelung zweigen wir mit dem markierten Weg nach rechts ab und müssen einen Bachlauf (ohne Hilfsmittel) queren. Jenseits des Baches steigt der Weg leicht an und wir umwandern einen Hügel in einer großen Rechtskurve. Nach einer leichten Anhöhe kommen wir zu einer Kreuzung, wo wir unserem Weg halb rechts bergab folgen. Eindrucksvoll ist der Blick auf eine prachtvolle Villa hinter einem kleinen See. Wenig später erreichen wir wieder die Asphaltstraße, der wir für knapp 400 m bis zur Kreuzung mit der M1080 nach links folgen. Auf dieser gehen wir kurz nach links und zweigen gleich wieder auf einen alten Weg nach rechts ab. Nun wandern wir leicht bergan auf die **Necrópole da Carrasqueira** 8 zu. Als Nekropolen bezeichnet man frühgeschichtliche Begräbnisstätten; hier sind die Grabkammern in den roten Sandstein gehauen.
Danach gehen wir ein kleines Stück bergan und erreichen bei der Casa de Guy wieder eine Asphaltstraße. Ihr folgen wir nach rechts, an einfachen Häusern, aber auch eindrucksvollen Villen vorbei. Diese Straße mündet nach rund 450 m in eine breitere Asphaltstraße. Wir bleiben auf dem markierten Weg und folgen der Straße für rund 250 m nach rechts. Danach zweigt unser markierter Weg nach links ab und leitet uns zu einer weiteren **Nekropole** 9 hinter der Casa Forneca. Der Weg dorthin führt an einer Häusergruppe vorbei (links der Casa Forneca). Die Nekropole liegt rechts des Weges.
Im Anschluss folgen wir einem schmalen Pfad, der hinter den Häusern verläuft. Nach einer Rechtskurve erreichen wir den markierten Weg, der am Siedlungsrand entlangführt. Der Weg trifft auf eine Asphaltstraße, der wir nach rechts bergab folgen. Bei der T-Kreuzung gehen wir erneut nach rechts und kommen nach rund 650 m zum Restaurant Casa da Vinha in **Vale Fuzeiros** 1.

↗ 320 m | ↘ 320 m | 13.1 km

19 Zum Stausee des Arade-Flusses

4.15 h

... und auf den Penedo Grande bei São Bartolomeu de Messines

Diese Rundwanderung kombiniert zwei Ziele, die vom Ausgangspunkt aus in entgegensetzte Richtungen liegen. So wandern wir quasi eine Acht. Der Penedo Grande, östlich von São Bartolomeu de Messines, besteht aus dem roten Sandstein, der für viele Gebäude der Region (z. B. Burg von Silves) als Baustoff diente. Hier wandern wir durch eindrucksvolle Korkeichenwälder. Danach geht es in den Nordwesten zum großen Stausee des Arade. Von der Kapelle Santa Ana hat man einen großartigen Blick auf die weite Landschaft des Arade-Beckens.

Ausgangspunkt: São Bartolomeu de Messines, 146 m, Volksschule/Grundschule João de Deus (Rua Teófilo Fontainhas Neto). Anfahrt von Silves auf der N124, 18 km.
Anforderungen: Mittellange Wanderung, die aus zwei Abschnitten besteht; der Wanderweg verläuft größtenteils auf Erdstraßen; eine Flussquerung ist bei Hochwasser nicht machbar.
Markierungen: Meist gelb-rot. Wegbezeichnung »São Bartolomeu de Messines« (»Pequena Rota 1« von Silves); der Weg führt abschnittsweise auf der Via Algarviana.
Einkehr: In São Bartolomeu de Messines.
ÖPNV: Von Silves aus mit dem öffentlichen Bus erreichbar.
Tipp: In São Bartolomeu de Messines verdient die Kirche (Igreja Matriz) mit ihren manuelinischen Architekturteilen einen Besuch.

Vom Eingang der Volksschule von **São Bartolomeu de Messines** ❶ führt uns eine Erdstraße durch einen Korkeichenwald. Wir steigen in einigen Kehren konstant bergan, bis wir eine Hochebene erreichen, und folgen dem markierten Weg zum Torre de Vigia, dem Wachturm auf dem **Penedo Grande** ❷. Wir kehren zum Abzweig zurück und wandern im Korkeichenwald in östliche Richtung bergab bis zu einem großen Sandsteinfelsen. Hier

Korkeichenwald am Torre de Vigia auf dem Penedo Grande.

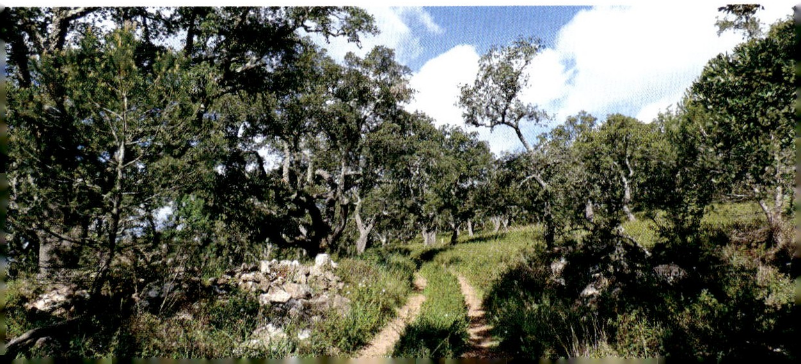

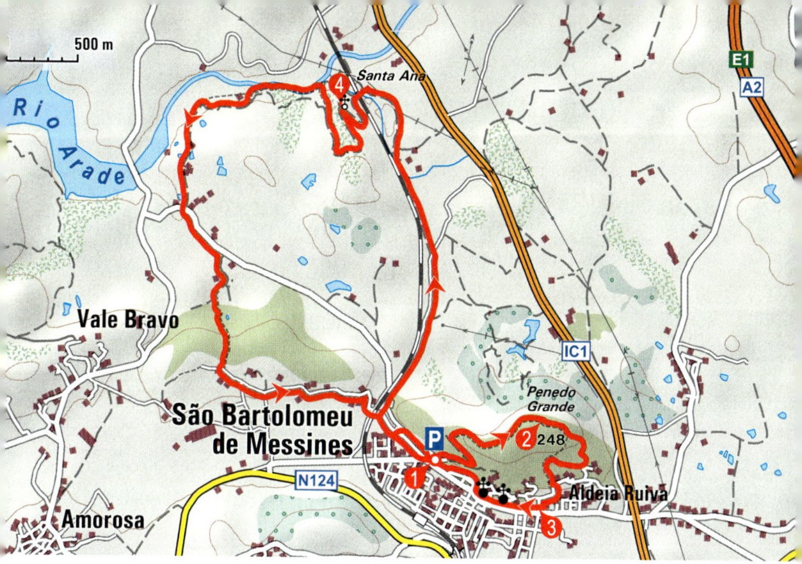

geht es hinunter zu einer Asphaltstraße, der wir nach rechts folgen. Nach eindrucksvollen Kakteen (rechts des Weges) gehen wir in einer großen Rechtskurve leicht bergab und nach einem Haus zweigen wir nach rechts auf die Durchgangsstraße durch den Ortsteil **Aldeia Ruiva** ❸ ab. Markierungen leiten uns durch das Zentrum von São Bartolomeu de Messines, vorbei an der Igreja Matriz, und auf der Rua da Mina Richtung Westen. Dieses Teilstück ist identisch mit dem Weitwanderweg »Via Algarviana«. Wir kommen an einer Johannisbrot-Mühle vorbei und gehen auf einen Bahnübergang zu. Dort zweigt unser Weg nach rechts ab und wir verlassen die »Via Algarviana«. Unser Weg führt an der Bahntrasse entlang. Bald ist die Straße nur noch geschottert. Rechts der Gleise gibt es einige Häuser und Gärten sowie Olivenhaine in der Flussniederung des Gavião und seiner Zuflüsse. Diesen queren wir bald auf Trittsteinen das erste Mal. Danach kommen wir bei einem alten Ziehbrunnen (links des Weges) vorbei und wandern in einem großen Bogen durch die Flussniederung und wieder auf den Flusslauf zu. Bei einer Bahnüberführung müssen wir den Flusslauf erneut queren, was hier zumeist nur barfuß möglich ist. Danach führt der Weg nach links leicht bergan

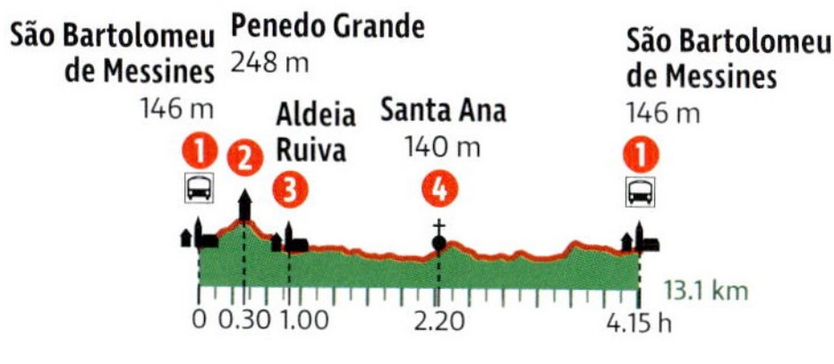

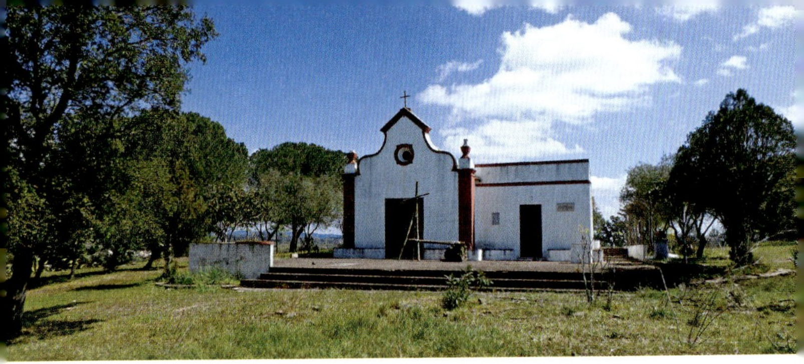

Die Kapelle Santa Ana.

und wir steigen in einigen Kurven zur **Kapelle Santa Ana** ❹ hoch. Eine Gedenktafel vor der Kirche erinnert an eine Schlacht während des portugiesischen Bürgerkrieges 1834 in dieser Gegend. Vom Picknickplatz daneben genießt man einen großartigen Blick in die weite Flusstallandschaft des Arade.
Der Weiterweg verläuft noch ein kleines Stück bergan und danach zum Teil steil bergab bis zum Ufer des Aradestausees. Wir gehen eine Weile am Südufer entlang. Danach knickt der Weg leicht nach links und wir verlassen das Flussufer. Bei einem verfallenen gelben Haus steigt der Weg etwas an und wir wandern auf einer Hangterrasse mit Blick auf den Stausee dahin. Bald steigen wir wieder Richtung Flussniederung ab und durchwandern eine Kulturlandschaft von Gärten, Olivenhainen und Weinbergen. Danach steigt der Weg etwas bergan und wir überqueren eine Kuppe. Kurz davor befindet sich ein alter Drehbrunnen. Wenig später passieren wir einen Wasserteich und blicken nach rechts auf den Stausee und eine Brücke darüber. Wir wandern auf einer Erdstraße an ein paar Häusern vorbei leicht bergab und erreichen eine Asphaltstraße, der wir nach links durch eine Streusiedlung folgen. Nach rund 400 m zweigen wir auf dem markierten Weg nach rechts ab und wandern auf einer Erdstraße an einigen Bauernhöfen vorbei. Bei einem kleinen Bauernhof biegt der Weg erneut nach rechts ab und führt leicht bergan. Wenig später zweigen wir nach links auf einen schmalen Pfad ab und steigen bergan in Richtung einer Hügelkuppe. Wieder passieren wir einen Wasserteich (rechts des Weges) und kommen oben am Hügel an einem verlassenen Bauernhof vorbei. Nach einem kurzen und einfachen Abstieg erreichen wir eine Asphaltstraße, der wir nach links folgen. Dieser Abschnitt ist wieder Teil der »Via Algarviana«. Auf dem weiß-rot-gelb markierten Weg wandern wir nun in Richtung São Bartolomeu de Messines zurück. Bei Bairro do Furadouro queren wir die Gleise über einen Fußgängerübergang. Wenig später zweigen wir nach links auf eine Nebenstraße ab und wandern geradewegs zur Volksschule von **São Bartolomeu de Messines** ❶.

↗ 250 m | ↘ 250 m | 11.0 km

3.00 h

Auf den Cerro Grande und durch das Algibre-Flusstal

20

Rund um das berühmte Dorf Paderne

Diese Rundwanderung führt durch eine typische Kulturlandschaft des Barrocal, geprägt von Gärten und bäuerlicher Landwirtschaft: Anfangs durchqueren wir die Streusiedlung um Paderne mit vielen Gärten, danach besteigen wir den Cerro Grande mit seinem Ausblick in Richtung Südküste. Schließlich durchstreifen wir das fruchtbare Tal des Algibre, ein sehr altes Bauernland.

Ausgangspunkt: Paderne, 86 m, Dorfkirche im Zentrum. Anfahrt von Albufeira auf der N395 und weiter auf der N270 nach Paderne, 14 km. Parken am Straßenrand möglich.
Anforderungen: Mittelschwere Rundwanderung auf Asphalt- und Erdstraßen sowie auf Pfaden.
Markierungen: Durchgehend gelb-rot. Wegbezeichnung »Percurso Cerro Grande« (»Pequena Rota 3« von Albufeira).
Einkehr: In Paderne und Cerca Velha.
ÖPNV: Paderne ist von Albufeira aus mit dem Linienbus erreichbar; von der Bushaltestelle an der N270 gelangt man rasch zur Kirche im Dorfzentrum.
Tipp: Die Dorfkirche von Paderne stammt aus dem 16. Jh. und enthält einige manuelinische Stilelemente.
Variante: Anstatt hinter Parral nach rechts auf die Asphaltstraße abzubiegen, geradeaus weiter, den Fluss Ribeira de Algibre auf Trittsteinen überqueren und dem Weg bis zur Erdstraße und damit dem Hauptweg folgen. So kürzt man die Wegschleife ab.

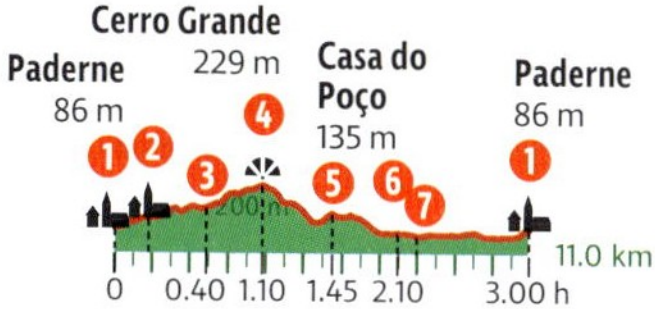

Blick auf das Dorf Paderne.

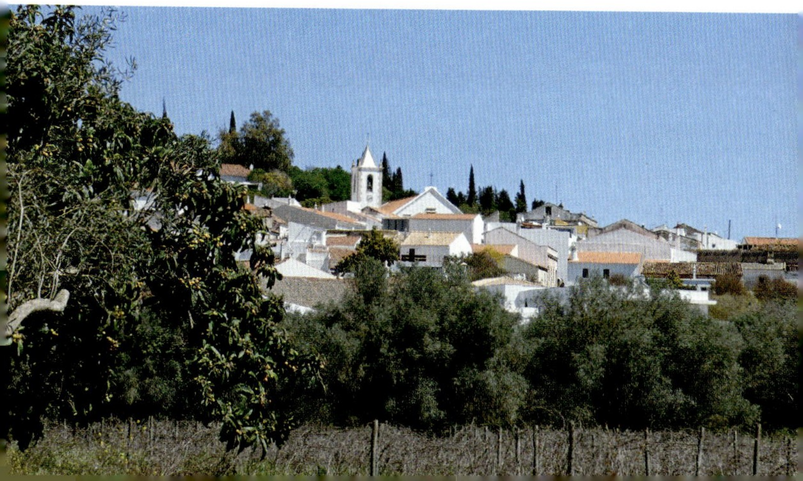

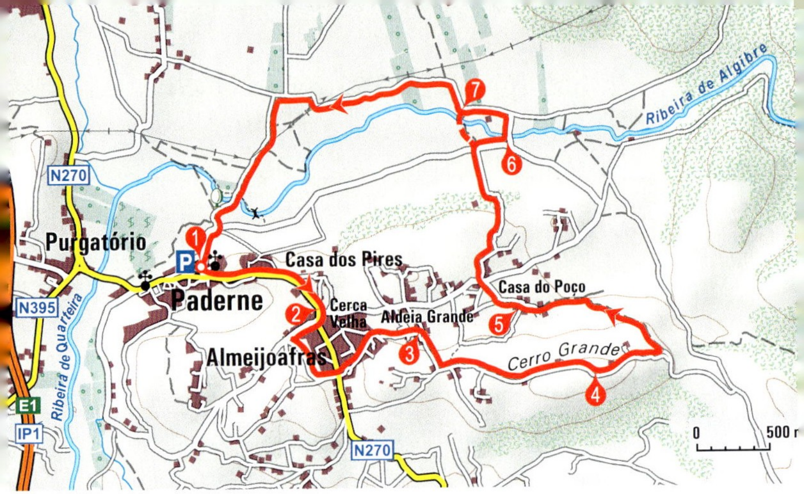

Wir starten am Portal der Ortskirche von **Paderne** ❶. Mit Blick auf das Portal gehen wir nach rechts bis zur Durchgangsstraße. Dieser folgen wir nach links und wandern bergan aus dem Siedlungskern hinaus. Unterwegs passieren wir die Casa Agricola Boavista de Madalena mit ihren schönen Fliesenbildern. Wenig später erreichen wir das Centro Paroquial de Paderne (rechts des Weges) und kommen allmählich nach **Cerca Velha** ❷, einem Ortsteil von Almeijoafras. Nach einer leichten Kurve zweigen wir nach rechts auf den markierten Weg in Richtung Fonte de Paderne ab. Nach einer kurzen Strecke durch die Siedlung folgen wir einem schmalen Fahrweg, der nach links wegführt und zwischen zwei Mauern verläuft. Bei einem weißen Haus erreichen wir einen Schotterweg, auf dem wir nach links bergab gehen. Wir queren eine Asphaltstraße geradeaus und folgen einer schmalen Fahrstraße leicht bergan durch die Streusiedlung Aldeia Grande mit Gärten. An einer Kreuzung zweigt unser markierter Weg nach rechts ab. Bergab werden wir rechts von einer Steinmauer begleitet, nach links haben wir einen schönen Blick in die Landschaft. Am Dorfplatz von **Aldeia Grande** ❸ gehen wir nach rechts bergan weiter. Bei einem weißen Haus zweigt der Weg nach links ab und wir steigen auf einer schmäleren Fahrstraße konstant bergan. Links des Wegs liegen weitere Bauernhöfe und Häuser und allmählich geht der Weg in eine Erdstraße über. Eindrucksvoll ist der Blick in die typische Landschaft des Barrocal bis zum Rocha da Pena. Mandel-, Feigen-, Johannisbrot- und Olivenbäume säumen den Weg, der uns auf die verkarstete Hochfläche des **Cerro Grande** ❹, 229 m, bringt. Hier eröffnet sich nach rechts ein schöner Blick auf die entfernt liegende Südküste. Schon bald verläuft der Weg erst leicht, dann steiler bergab. Wir treffen auf einen Weg, dem wir scharf nach links abzweigend in Richtung

Paderne folgen. Er wird schmaler und etwas verwachsen. Bei einer Wegkreuzung mit mehreren Varianten folgen wir dem markierten Verlauf nach links an einer Steinmauer entlang. Wir durchwandern die kleine Streusiedlung **Casa do Poço** 5, danach führt ein Asphaltsträßchen etwas bergab zur Durchgangsstraße. Diese überqueren wir und gehen auf einem schmalen Pfad bergan und durch eine weitere Streusiedlung. Am Ausgang der Siedlung passieren wir eindrucksvolle alte Olivenbäume. Danach zweigt der Weg nach links auf eine Schotter-/Erdstraße ab und wir wandern zwischen zwei Steinmauern leicht bergab. Bei einer Wegkreuzung gehen wir nach rechts und weiterhin etwas bergab Richtung Flusstal, begleitet von Mispelbäumen. Rechts sieht man große Glashäuser. Wir erreichen ein Asphaltsträßchen und wandern auf diesem nach rechts bis zur nächsten Straße (oder kürzen geradeaus auf der Variante ab). Hier gehen wir links und überqueren auf einer Brücke den Fluss **Ribeira de Algibre** 6.
Kurz darauf folgen wir einer Erdstraße nach links und wandern im fruchtbaren Flusstal des Algibre weiter. Hier gibt es Plantagen von Zitrusfrüchten, von Oliven- und Johannisbrotbäumen. Entlang des Wegs sieht man auch mächtige Agarven-Blütenstände. Bald mündet die abkürzende **Variante** 7 ein. Später passieren wir einen Teich, der rechts des Weges liegt. Wenig später knickt der Weg erst nach rechts und fast sofort wieder nach links. Leicht bergan erreichen wir eine Asphaltstraße, der wir für gut 80 m geradeaus folgen. Danach zweigt unser Weg nach links auf eine weitere Asphaltstraße ab, die leicht bergab in Richtung Flusslauf führt. In einiger Entfernung sieht man bereits die weißen Häuser von Paderne. Wir überqueren den Algibre auf einer Brücke und folgen der Straße hoch ins Dorf. Der Turm der Kirche ist bereits von Weitem zu sehen. Durch die Rua do Norte erreichen wir das hübsche Dorfzentrum und schließen die Rundwanderung vor der Kirche von **Paderne** 1 ab.

Blühende Landschaft im Barrocal bei Paderne.

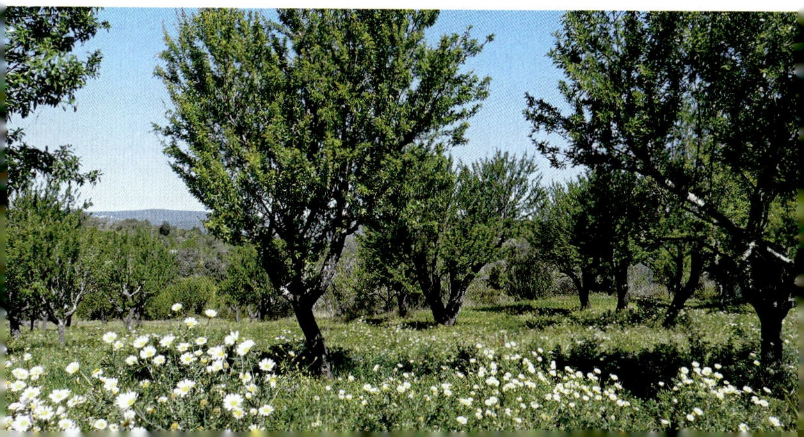

↗ 170 m | ↘ 170 m | 16.6 km

21 Von Boliqueime zum Castelo de Paderne

4.30 h

An der Ribeira de Quarteira zur berühmten Burgruine von Paderne

Die Burg von Paderne ist eine der sieben Burgen, die auf dem roten Band abgebildet sind, welches das Wappen der portugiesischen Nationalflagge umgibt. Allein für den Besuch dieser berühmten Festung lohnt sich die Wanderung. Doch abgesehen davon bietet diese Rundwanderung weitere Höhepunkte: Das Flusstal der Quarteira mit dem dichten Schilfband ist ebenso eindrucksvoll wie die Gartenlandschaft nördlich von Boliqueime.

Ausgangspunkt: Boliqueime, 66 m, neben dem Hotel São Sebastião de Boliqueime am südlichen Ortseingang, wo sich die Rua do Cabo mit der Durchgangsstraße N270 kreuzt. Anfahrt von Loulé auf der N270, 14 km. Parken ist am Straßenrand möglich.
Anforderungen: Lange Wanderung auf Erd- und Schotterstraßen und wenig befahrenen Asphaltstraßen; ein guter Teil des Weges verläuft neben oder im Flussbett des Quarteira. Unterwegs muss der Quarteira-Fluss drei Mal gequert werden. Bei Hochwasser (besonders im Winter) kann dies beschwerlich sein. Es empfiehlt sich, vorab im Hotel Erkundigungen einzuholen.
Markierungen: Keine durchgehende Markierung, einige Wegabschnitte sind markiert.
Einkehr: In Boliqueime gibt es Cafés, Restaurants und Supermärkte.
ÖPNV: Boliqueime ist von Loulé aus auch mit dem Linienbus erreichbar. Haltestelle in der Nähe des Hotels.
Tipp: Das Castelo von Paderne zählt zu den bekanntesten Sehenswürdigkeiten der Algarve. Die Burg stammt aus muslimischer Zeit und wurde wahrscheinlich im 12. Jh. erbaut. 1248 wurde die Festung unter dem Kommando von Dom Paio Peres Correia von den Mauren zurückerobert. Bis 1858 erfüllte die Burg eine militärische Funktion. Leider sind die Öffnungszeiten sehr unregelmäßig. Auskunft erhält man unter: geral@cultalg.pt oder Tel. +351 289 896 070.

Am südlichen Ortseingang von **Boliqueime** ❶ folgen wir an der Kreuzung beim Hotel São Sebastião de Boliqueime ortsauswärts der leicht ansteigenden Straße Rua do Cabo links der Durchgangsstraße (N270). Eine Abzweigung zum Friedhof (Rua da Misericórdia) lassen wir unbeachtet. Wenig später kommen wir zu einer Gabelung, wo wir den linken Wegverlauf wählen. Dann biegt die Asphaltstraße nach links ab. Hier wandern wir geradeaus weiter auf einer Erdstraße hinunter in Richtung Ri-

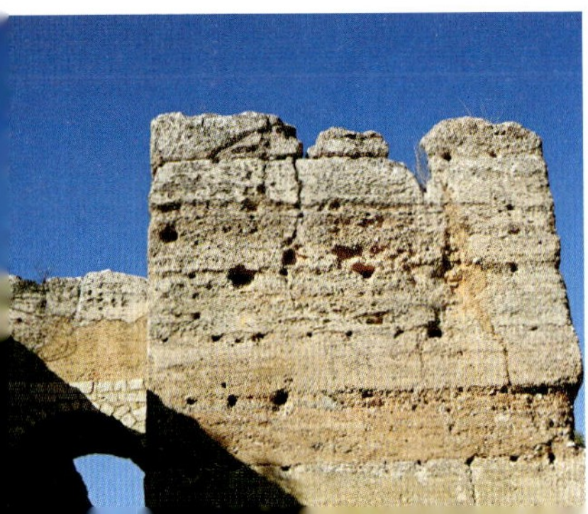

Detailaufnahme vom Castelo de Paderne.

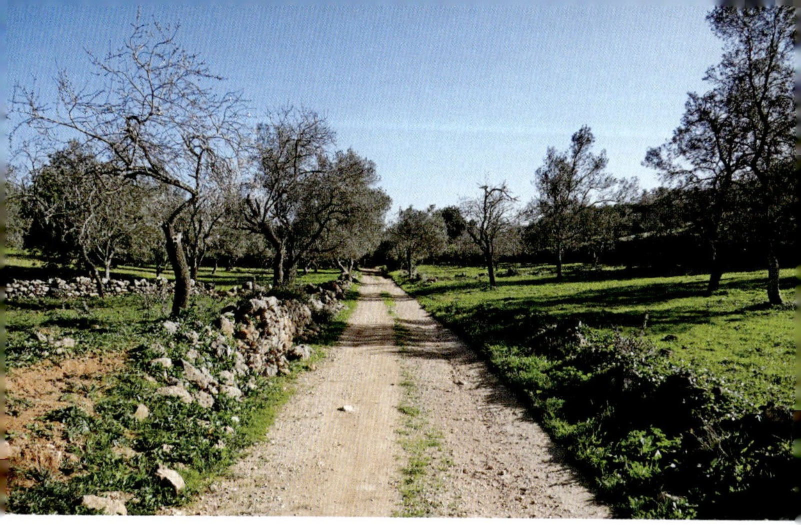

Wanderweg zwischen Boliqueime und der Ribeira de Quarteira.

beira de Quarteira. Links des Weges liegen zwei Bauernhöfe. Bevor wir den zweiten Bauernhof erreichen, gehen wir auf einer Erdstraße nach rechts, leicht bergan. Bei nächster Gelegenheit zweigen wir nach links ab, bei der folgenden Kreuzung wieder nach rechts, dann nach links auf einem Pfad zur **Ribeira de Quarteira** ❷, die wir auf Trittsteinen überqueren.
Auf dem anderen Flussufer treffen wir auf einen Pfad, dem wir nach rechts flussaufwärts folgen. Dieser Weg ist fallweise durch rote Punkte (Mountainbike-Strecke) markiert. In der Folge ignorieren wir alle links aufwärtsführenden Abzweigungen und bleiben auf dem schönen Weg im Flusstal. Nach insgesamt knapp 4 km weitet sich das Tal und wir treffen auf Reste von Wassermühlen. Wenig später wechselt unser Weg zuerst auf die andere Seite des nun meist trockenen Flussbetts, bald wieder zurück, um nach weiteren 250 m für eine kurze Strecke das Flussbett selbst als steinigen Weg zu nutzen. Danach kehren wir ans linke Flussufer zurück und wandern auf diesem Weg bis zur **Ponte Romana** ❸, einer Brücke aus römischer Zeit, die in ihrer heutigen Form wahrscheinlich aus dem Mittelalter stammt. Die Brücke war Teil einer alten Verbindungsstraße zwischen Silves und Andalusien. Hinter der Brücke kann man auf dem Hügel bereits das Castelo de Paderne erkennen.
Wir queren auf der Brücke den Fluss und wandern am rechten Flussufer (bezogen auf die Wanderrichtung) weiter. Nachdem wir einen Flussmäander ausgegangen sind, kann man auf der linken Flussseite eine restaurierte Wassermühle sehen und wenig später eine Furt erkennen, auf der man bei niedrigem Wasserstand auch den Fluss queren könnte. Wir bleiben aber

auf dem rechten Flussufer und folgen einer unbefestigten Fahrstraße, auf der wir bis zur Festung hochwandern. Falls geöffnet, lohnt das **Castelo de Paderne** 4 mit einer kleinen Kirche aus dem 15. Jh. definitiv eine Besichtigung. Aber auch die Außenmauern der Festung sind eindrucksvoll.
Danach kehren wir rund 400 m auf dem Fahrweg bis zur scharfen Linkskurve zurück (unser Hinweg) und gehen jetzt geradeaus weiter, um etwa 100 m später auf einen nach rechts ansteigenden Fahrweg abzuzweigen. Auf diesem wandern wir leicht bergan, immer auf ein weißes Haus zu, das auf einem Hügel vor uns liegt. Nach rund 1,5 km leichten Anstiegs treffen wir auf eine Kreuzung. Hier nehmen wir den geradeaus weiterführenden Weg. Steinmauern begleiten uns und nach rund 600 m treffen wir auf die Verbindungsstraße Paderne–Boliqueime (N270). Dieser folgen wir nach rechts.
Nach 500 m passieren wir das Ortsschild »Aroal« und biegen danach nach links in eine schmale Straße ein, nach 100 m halten wir uns nach rechts, um nach wenigen Schritten auf eine Asphaltstraße nach links abzuzweigen. Nach weiteren 200 m biegen wir nach rechts in eine Erdstraße ein, die uns durch eine Landschaft voller Obstbäume leicht bergab führt. Wir queren einige Straßen, bevor wir allmählich den Ortsrand von Boliqueime erreichen. Viele Villen und prachtvolle Häuser säumen hier den Weg. Nach

Die Ponte Romana in der Nähe des Castelo de Paderne.

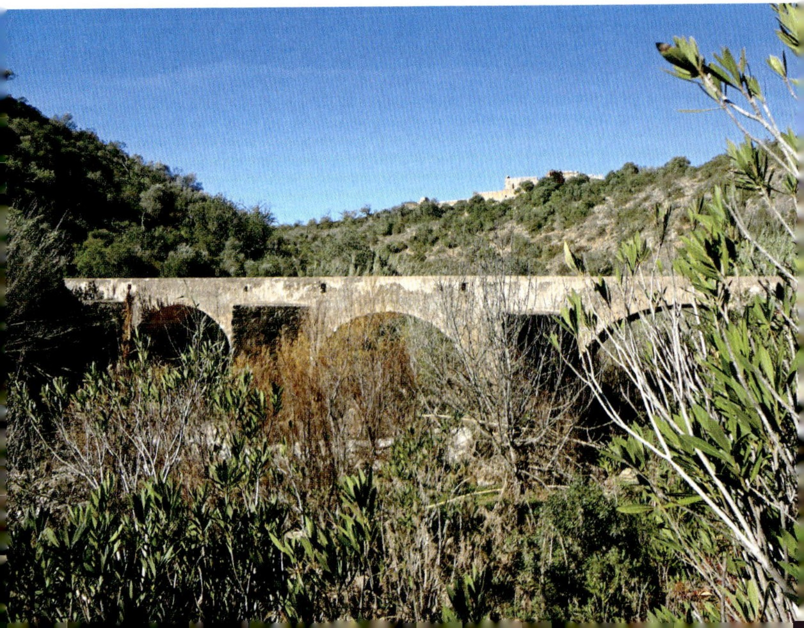

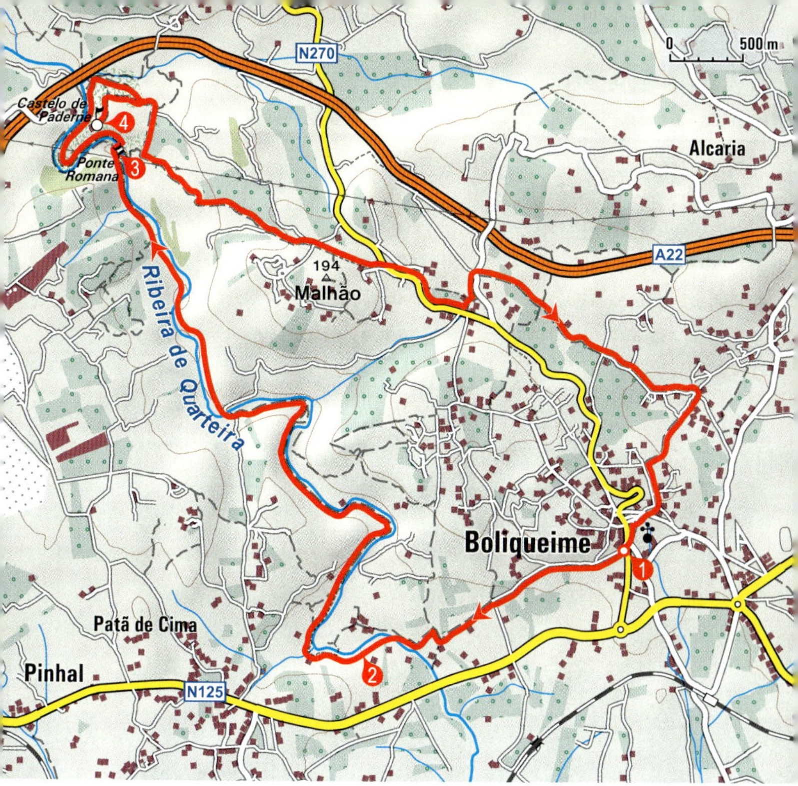

rund 1 km erreichen wir eine Kreuzung (bei zwei schönen Villen, links des Weges). Hier folgen wir der Straße nach links, bis wir die Straße Calçada da Torinha erreichen. Hier gehen wir nach rechts und wenig später geradeaus über eine weitere Straße in die Rua Prof. José Jorge Rodrigues. Auf dieser gelangen wir ins Ortszentrum. Bei der Igreja Matriz São Sebastião (links des Weges) biegen wir links in die Durchgangsstraße N270 ein und gelangen nach 100 m zu unserem Ausgangspunkt in **Boliqueime** ❶.

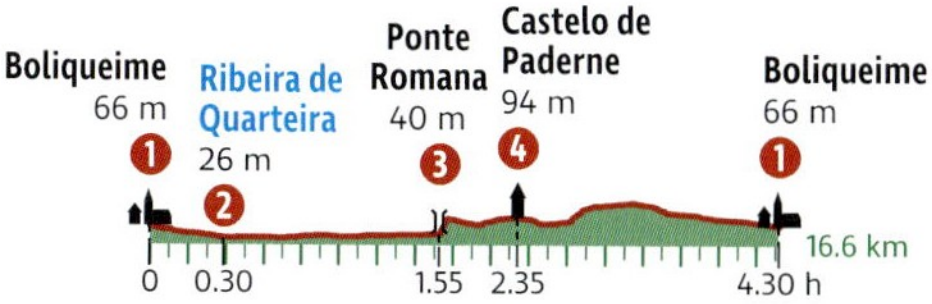

TOP

22

↗ 230 m | ↘ 230 m | 6.5 km

Auf den Aussichtsberg Rocha da Pena, 480 m

2.30 h

Ein Kalksteinplateau mit bemerkenswerter Geschichte

Die Rocha da Pena ist der »Felsen der Strafe«. Der Überlieferung nach sollen sich Muslime nach der Eroberung der Burg von Salir auf die schwer zugängliche Hochebene geflüchtet haben. Die Höhle Algar dos Mouros sowie Verteidigungsmauern, die aber aus kelto-iberischer Zeit stammen, erinnern heute noch daran. Die Rocha da Pena ist heute ein Naturschutzgebiet. Das Kalksteinplateau ist rund 2 km lang (Ost-West-Ausdehnung) und überragt die Umgebung um etwa 150 m. Die höchste Erhebung auf 480 m, der Gipfel Talefe, bietet einen phantastischen Rundblick.

Ausgangspunkt: Rocha da Pena, 321 m, am auffälligen Dorfbrunnen. Anfahrt von Loulé auf der M525 in Richtung Salir, weiter auf der N124, dann auf der Rua de Rocha da Pena in die kleine Siedlung Rocha da Pena, 22 km. Ausreichend Parkplätze in der Nähe des Dorfbrunnens.
Anforderungen: Kurze Wanderung, zumeist auf Schotterwegen und gut markierten Pfaden.
Markierungen: Gelb-rote Markierung. Wegbezeichnung »Rocha da Pena« (»Pequena Rota 18« von Loulé).
Einkehr: Cafés in den Dörfern Rocha da Pena und Penina.
ÖPNV: Keine Möglichkeit.
Tipp: Dem nahe gelegenen Dorf Alte sollte man unbedingt einen Besuch abstatten. Besonders sehenswert ist die Dorfkirche. Der Altarraum ist völlig mit Kacheln (Azulejos) aus dem 18. Jh. gefliest.

Straße durch das Dorf Penina.

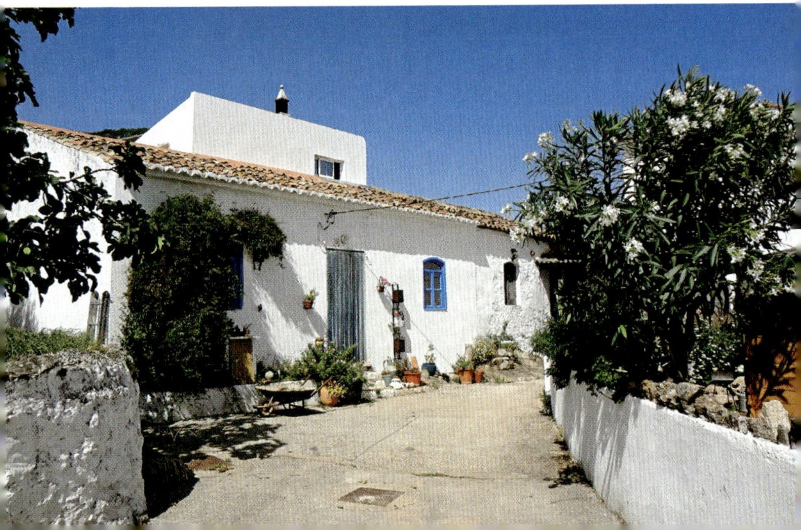

Die Rundwanderung startet am Dorfbrunnen von **Rocha da Pena** 1, der Fonte dos Amados, einer auffälligen kreisrunden Anlage, die um einen Johannisbrotbaum errichtet wurde. Dem Brunnen gegenüber führt der Weg auf einer betonierten Straße in Richtung Aussichtsberg bergan. Der Weg geht bald in eine Erdstraße über und wird von Oliven-, Feigen- und Erdbeerbäumen gesäumt. Bei einer Informationstafel, die über die Geologie der Region informiert, knickt der Weg in einer großen Rechtskurve in Richtung Osten und verläuft weiter konstant bergan, in Richtung der eindrucksvollen Plateauhochfläche. Nach rund 700 m erreichen wir eine gut markierte Wegkreuzung. Von hier gehen wir zunächst zum **Miradouro Norte** 2, einem nahe gelegenen Aussichtspunkt, in Richtung Norden. Ein Großteil des Naturschutzgebietes sowie die Ausläufer der Serra do Caldeirão können von hier überblickt werden.

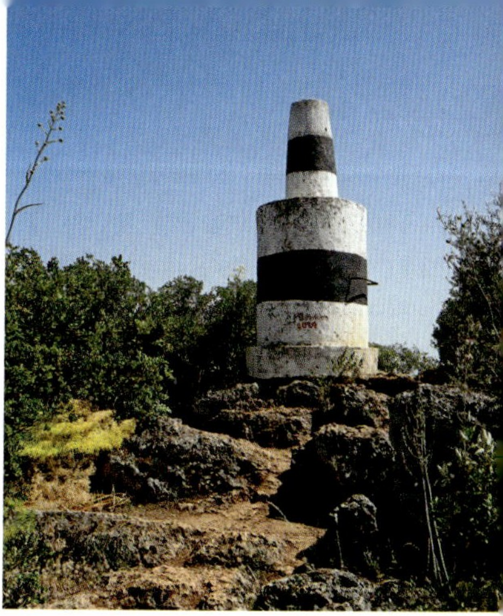

Am Gipfel des Talefe.

Anschließend gehen wir zurück zur Kreuzung und nach rechts weiter in Richtung »Planalto« (Hochebene). Es folgt ein sehr schöner Wegabschnitt. Wir wandern auf einem schmalen Pfad durch dichte Macchienlandschaft. Auffällig sind im Frühjahr die hohen wilden Fenchelbüsche. Schautafeln entlang des Weges informieren über Fauna, Flora, Geologie und Geschichte der Region und des Naturparks. Schon bald erreichen wir eine interessante Sehenswürdigkeit: Rechter Hand erstrecken sich die Überreste einer langen **Steinmauer** 3. Diese stammt angeblich aus der Eisenzeit, wurde aber auch von den Muslimen im Mittelalter als Verteidigungsanlage verwendet. Nach dem Steinwall führt der Weg ein Stück an der südlichen Felskante entlang. Danach überqueren wir eine blumenübersäte Ebene und blicken von hier noch einmal zurück auf die Steinmauer. Nun wandern wir in leichtem Anstieg auf einem breiten Erd-/Schotterweg über die Hochebene. Richtung Westen kann man die Ausläufer der Serra de Monchique erkennen.

Von unserem Weg abzweigend führt ein schmaler Pfad auf den Gipfel **Talefe** 4, 480 m. Bereits nach 5 Minuten Aufstieg genießen wir den großartigen Ausblick nach Süden, v. a. auf das Dorf Penina, unser nächstes Ziel. Vom

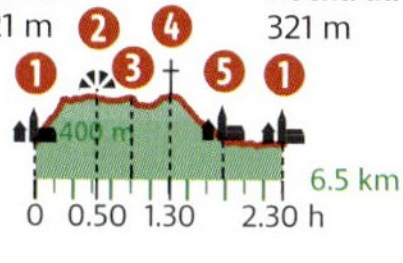

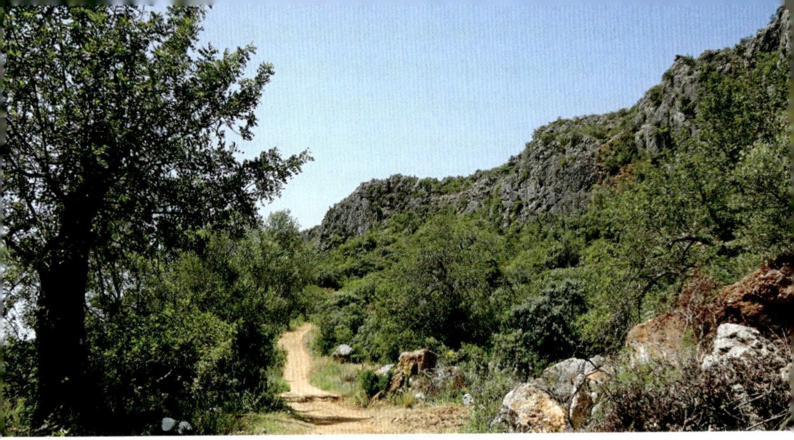

An der Karstklippe des Rocha da Pena.

Gipfel steigen wir wieder zum Hauptweg ab und folgen diesem nach links. Wir steigen nun stellenweise recht steil bergab. Sobald die ersten Häuser auftauchen, geht der Erdweg in eine schmale Asphaltstraße über. Linker Hand passieren wir einen Wasserspeicher und durchwandern auf dem gelb-rot markierten Weg das hübsche Dorfzentrum von **Penina** ❺. Die Fassaden der Häuser sind ganz in Weiß gehalten, nur gelegentlich sieht man blau umrahmte Fenster und Türen. Am Ende des Dorfes zweigt der Weg halblinks ab und folgt einer Erdstraße. Diese geht wenig später in einen schmalen Pfad über, der entlang einer Steinmauer verläuft. Bald stoßen wir auf einen breiteren geschotterten Fahrweg, dem wir geradeaus folgen. Linker Hand hat man noch einmal einen schönen Blick auf das Gebirgsmassiv. Der letzte Abschnitt der Wanderung führt nun auf diesem breiten Weg mit leichten An- und Abstiegen nach **Rocha da Pena** ❶, wo wir am **Dorfbrunnen** die Wanderung beschließen.

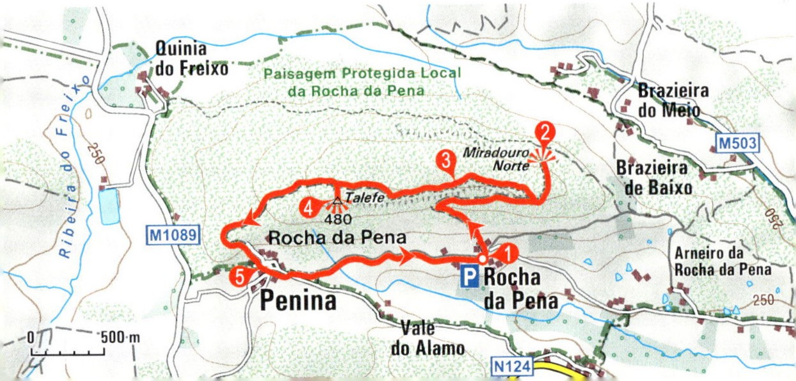

↗ 190 m | ↘ 190 m | 6.4 km

2.00 h

In die Karstwildnis südlich von Salir

23

Landschaftliche Gegensätze im Barrocal: fruchtbares Flusstal und karges Karstplateau

Salir gilt als eines der schönsten Dörfer im Barrocal. Es liegt auf einer Terrasse zwischen den Naturschutzgebieten der kargen Rocha da Pena (Nordwesten) und der grünen Fonte Benémola (im Südosten). Diese kurze Rundwanderung führt durch die von vielen alten Brunnen geprägte Ribeira Moinhos und hoch auf die Ausläufer des Cabeço de Areia in die Siedlung Covões mit großartigem Panoramablick auf Salir.

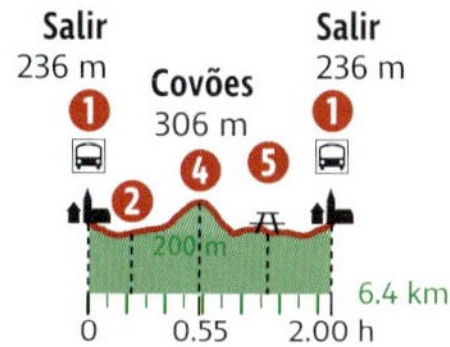

Ausgangspunkt: Salir, 236 m, am südlichen Ortsrand in der Rua Manuel Dom Eusébio, gegenüber einem Café. Anfahrt von Loulé auf der M525 nach Salir, 15 km. Parkplätze entlang der Rua Manuel Dom Eusébio.
Anforderungen: Kurze Wanderung auf Asphalt- und Erdstraßen sowie auf schmalen Pfaden; meist gut markiert. Aufgrund des Stechginsters an Teilen des Weges sind lange Hosen zu empfehlen.
Markierungen: Gelb-rot. Bezeichnung »Percurso Pedestre de Salir«.
Einkehr: Cafés und Restaurants in Salir.
ÖPNV: Salir ist von Loulé aus mit dem Linienbus erreichbar, die Haltestelle ist in der Nähe des Cafés.
Tipp: Nördlich des Ortszentrums von Salir sind noch wenige Reste einer alten almohadischen Festung aus dem 12. Jh. zu sehen.

Überwachsene Karstlandschaft bei Salir.

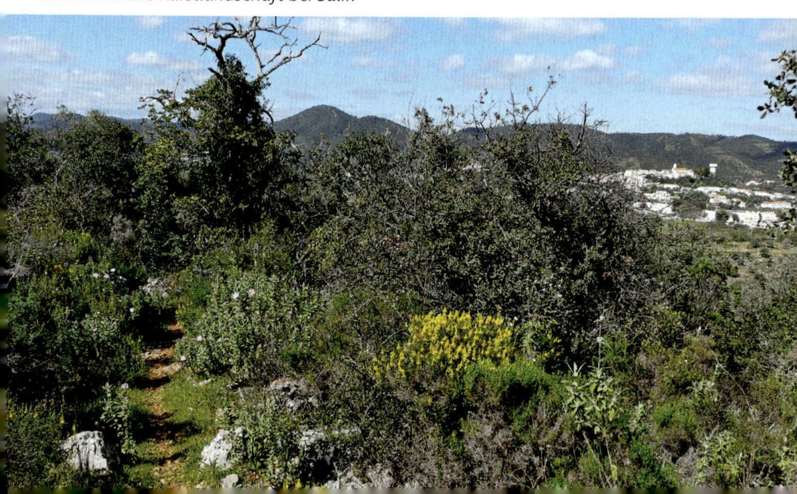

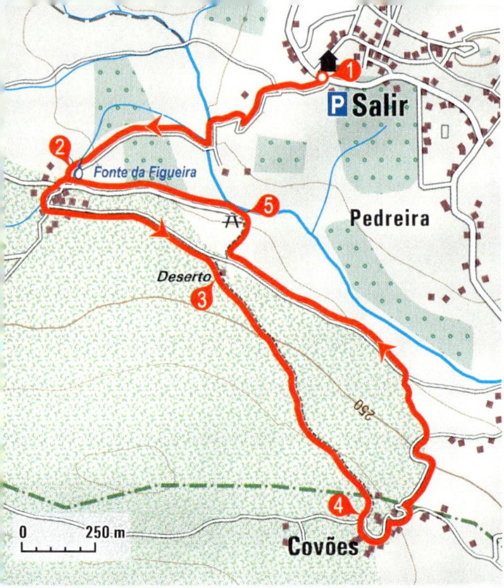

Am Startpunkt im Dorf **Salir** ❶ in der Rua Manuel Dom Eusébio steht gegenüber dem Café eine Informationstafel aus Holz. Wir folgen zunächst der weiß-rot-gelben Wegmarkierung der »Via Algarviana« und wandern auf einem schmalen Sträßchen, das rechts von einer Steinmauer flankiert wird, leicht bergab. Links hat man einen Blick in das Flusstal. Mandelbäume und Johannisbrotbäume prägen die Kulturlandschaft. Der Weg führt in einigen Kehren konstant bergab. Wir passieren den sehr schönen Bauernhof Quinta do Olho und überqueren auf einer Brücke den Fluss. Entlang der schmalen Asphaltstraße durch die Flussniederung sehen wir viele alte Ziehbrunnen (mit Rädern), die meisten von ihnen sind aber nicht mehr funktionstüchtig.
Schließlich erreichen wir den kleinen Weiler **Fonte da Figueira** ❷. Am Ortseingang steht gegenüber der Casa da Fonte ein weiterer Ziehbrunnen. Bei der folgenden Kreuzung biegt die »Via Algarviana« nach rechts ab, während wir geradeaus in Richtung Portela da Nave und Nave do Barão weitergehen. Schon nach wenigen Metern zweigen wir jedoch von der Asphaltstraße auf einem markierten Weg nach links ab und wandern zwischen Häusern wieder auf einer schmalen Asphaltstraße aus dem Dorf hinaus. Nach rund 10 Minuten erreichen wir das Bauernhaus **Deserto** ❸, das rechts des Weges liegt. Nach links hat man einen schönen Blick auf Salir. Unmittelbar vor dem Bauernhaus führt der Weg halbrechts auf einem schmalen Pfad von der Asphaltstraße weg. Hier sind kaum Markierungen angebracht, man benötigt etwas Orientierungssinn. Der Pfad steigt hinter dem Haus den Hang empor und entlang einer niedrigen Steinmauer. Unterwegs gibt es bei einem schönen Aussichtspunkt auch eine Bank. Wir wandern weiterhin konstant bergan durch eine vermeintlich karge Karstlandschaft. Eindrucksvoll sind hier die Blütenpflanzen am Wegesrand: lila blühende Zistrosen, blühende Zwerglilien und verschiedene Orchideenarten. Johannisbrotbäume, Steineichen und im weiteren Anstieg Seekiefern prägen ebenso das Landschaftsbild. Schon bald erreichen wir die ersten Gebäude einer Siedlung, zunächst einen Stall und wenig später auch Wohnhäuser.

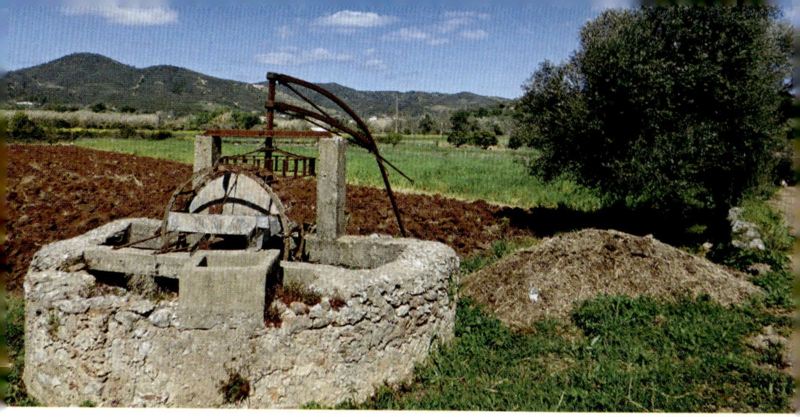

Ziehbrunnen zwischen Salir und Fonte da Figueira.

Wir treffen schließlich wieder auf eine Asphaltstraße und damit auf das Zentrum des Dorfes **Covões** 4. Die Häuser der Siedlung haben zum Teil sehr eindrucksvolle Schornsteine, die so typisch für die Algarve sind.

Auf dem markierten Weg durchqueren wir das Dorf, gehen zunächst links und etwas bergan, dann einige Straßenbögen aus. Im Anschluss führt die Straße wieder bergab. Vor einem Strommast zweigt der Weg nach links auf eine steinige Erdstraße ab. Auf dieser wandern wir zunächst leicht und etwas später sehr steil bergab. Wir kommen erneut an einem Ziehbrunnen vorbei und wandern auf einer schmalen Asphaltstraße weiterhin steil bergab. Bald zweigt unser Weg von der Asphaltstraße nach links ab und verläuft auf einem schmalen Erd- und Steinpfad durch die von Macchie bewachsene Karstlandschaft. Wir erreichen eine breite Erdstraße, der wir nach links folgen. Sie steigt entlang des Flusstales leicht an und führt von der anderen Seite nahe an das Bauernhaus Deserto heran. Hier verlassen wir die Erdstraße nach rechts auf einem schmalen Pfad. Wenig später kommen wir zu einem **Picknickplatz** 5 mit mächtigen Johannisbrotbäumen und Informationstafeln zur Flora in dieser Region. Unser Pfad geht in der Folge in eine Erdstraße über, die zur Siedlung **Fonte da Figueira** 2 führt. Ab hier gehen wir auf unserem Hinweg zurück nach **Salir** 1.

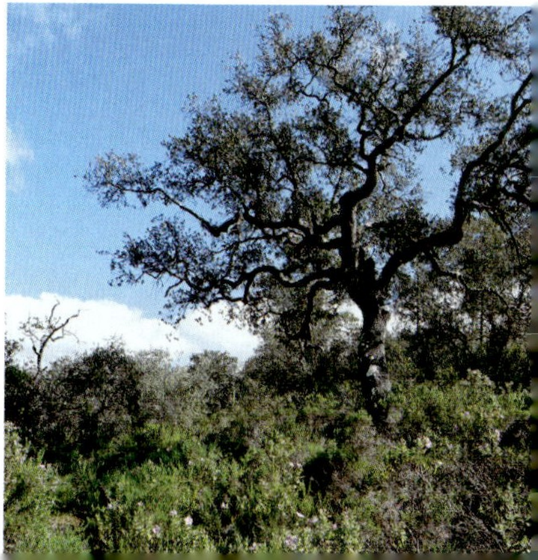

Blühende Landschaft des Barrocal.

↗ 230 m | ↘ 230 m | 8.8 km

24 Rundwanderung zu den sieben Quellen bei Corcitos

3.00 h

Zur berühmten Quelle von Benémola und zu sechs weiteren Quellen

Quellen spielen in einem Land mit geringen und jahreszeitlich stark begrenzten Niederschlägen eine sehr große Rolle. Besonders in der Algarve findet man daher viele Wanderungen zu Brunnen oder Quellen. Die Fonte da Benémola ist eine der berühmtesten Quellen der Algarve. Sie speist den Benémola-Fluss das ganze Jahr über mit Wasser und sorgt dafür, dass in der Ribeira da Benémola eine üppige Flusstalvegetation existieren kann.

Ausgangspunkt: Corcitos, 258 m, Informationstafel an der Straße M510 in einer Kurve vor dem Dorf. Anfahrt von Loulé auf der N396 bis Querença, dann weiter auf der M524 und auf der M510 bis Corcitos, 13 km. Parken an einigen Stellen am Straßenrand möglich.
Anforderungen: Einfache Wanderung auf Schotterwegen, wenig befahrenen Asphaltstraßen und gut markierten Pfaden.
Markierungen: Gelb-rot. Wegbezeichnung »Percurso pedestre das 7 fontes« (»Pequena Rota 12« von Loulé).
Einkehr: Keine Möglichkeit.
ÖPNV: Keine Möglichkeit.
Tipp: Die Kirche im nahe gelegenen Querença besitzt ein sehenswertes manuelinisches Eingangsportal und interessante barocke Altaraufsätze.

Der Benémola-Fluss in der Nähe der Benémolaquelle.

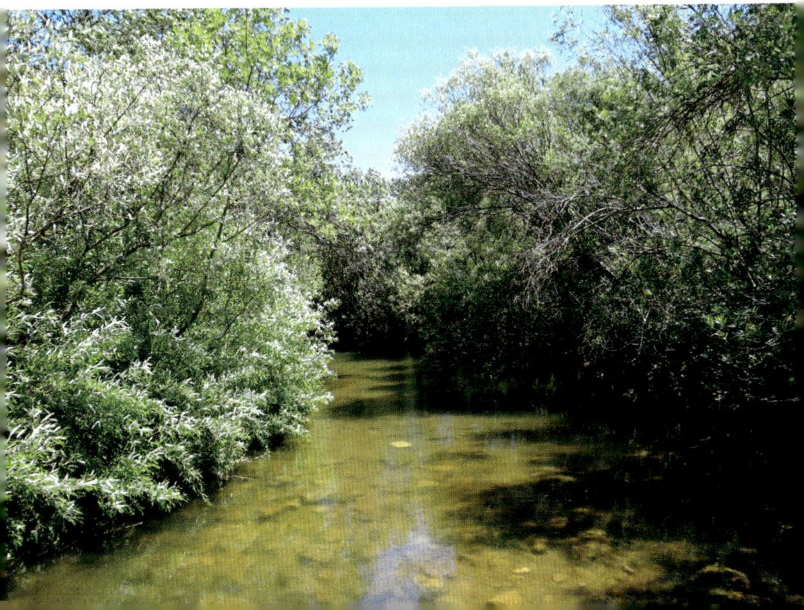

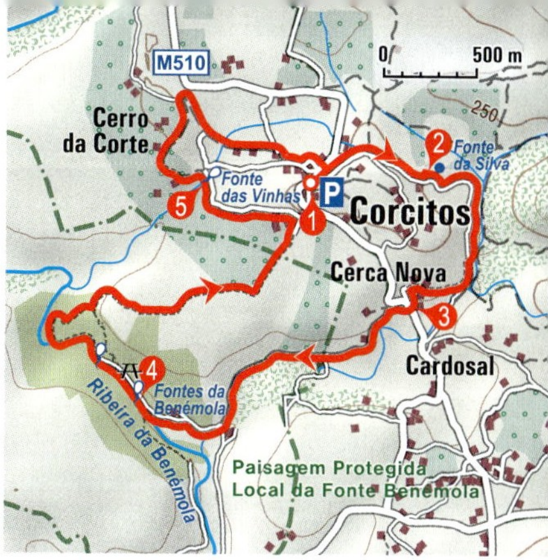

Wir starten die Rundwanderung am Dorfeingang von **Corcitos** ❶ bei einer großen Holztafel mit Information zur Tour. Von hier gehen wir wenige Meter bergan und zweigen nach links auf ein asphaltiertes Sträßchen ab. Ein Holzpfeil weist uns die Richtung. Rechts des Weges liegen einige Bauernhöfe. Vor einem größeren Haus wählen wir an der Gabelung die Erdstraße, die leicht nach links führt. Der spärlich markierte Weg steigt zunächst leicht bergan, dann bergab. Wir erreichen eine Asphaltstraße und folgen dem Wegpfeil nach rechts zum **Fonte da Silva** ❷. Dieser erste Brunnen liegt ein kleines Stück links des Weges.

Zurück an der kaum befahrenen Asphaltstraße, gehen wir leicht bergab in Richtung Talgrund. Dort wandern wir weitgehend eben dahin. Kurz nach einer imposanten Agave zweigt unser Weg nach rechts auf eine Erdstraße ab. Diese verläuft leicht bergan mit lohnenswerten Ausblicken in die Umgebung. Schon bald tauchen die ersten Häuser der Siedlung **Cerca Nova** ❸ auf. Auf einer Hauszufahrt wandern wir Richtung Durchgangsstraße (M510). Dieser folgen wir gut 100 m nach rechts bergan. In einer großen Rechtskurve zweigt unser Weg auf eine betonierte Straße nach links ab. Diese führt nun leicht bergab und geht nach rund 200 m in eine Erdstraße über. Leicht bergab erreichen wir schon bald einen Zufluss zum Benémola-Fluss. An einer Kreuzung verbindet sich unser Weg mit dem Wanderweg zur Fonte da Benémola. Entlang des Weges gibt es einige Informationstafeln zu dieser berühmten Quelle und dem umgebenden Naturschutzgebiet. Wenig später treffen wir auf den Benémola-Fluss. Einige Steinstufen führen zu der Stelle, wo die **Fontes da Benémola** ❹ beginnen, mehrere Quellen, die sich am Flussufer über eine kleine Strecke verteilen (Picknickplatz). Wenig später verzweigt sich der Weg. Die Route der »Fontes da Benémola« überquert auf Steinstufen den Fluss, während unser Weg geradeaus weiterführt. Kurz nach dieser Wegverzweigung liegt auf der Flussseite ein weiterer Picknickplatz. Wir wandern entlang des Flusses auf dem markierten Weg weiter.

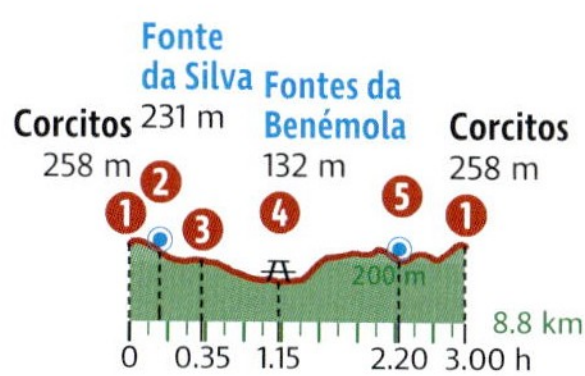

Vor einer Flussschleife verlässt unser Weg in einer großen Rechtskurve steil bergan die Flussniederung. Nun wandern wir für

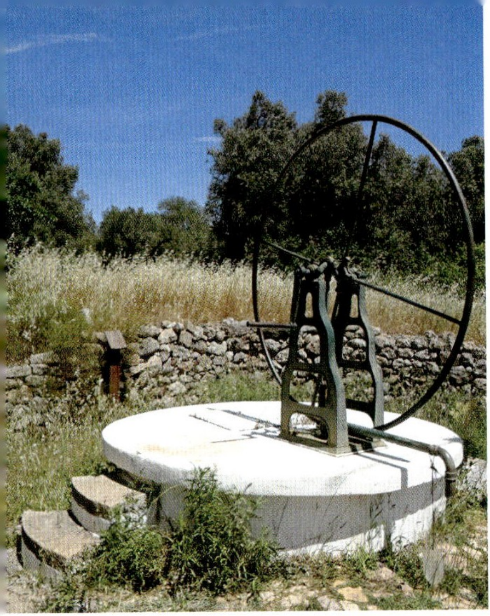

Der Ziehbrunnen bei der Fonte da Silva.

ein kurzes Stück auf einem Zubringerweg zur »Via Algarviana«. Wir steigen konstant bergauf und erreichen eine Hochebene, die uns großartige Ausblicke auf die Ausläufer der Serra do Caldeirão ermöglicht. Abschnittsweise wird der Weg hier von Steinmauern gesäumt. Dann geht es spürbar bergab und der Wegverlauf knickt nach links.

Kurz bevor wir die ersten Häuser von Corcitos erreichen, geht der Weg von der Erdstraße in eine Asphaltstraße über. Hier liegen Villen und Bauernhöfe nebeneinander. Auf dem markierten Weg umgehen wir einen Bauernhof und folgen einer schmalen Asphaltstraße zu einer Häusergruppe. Nach dieser Siedlung führt der Weg zunächst leicht und danach in einer engen Rechtskurve etwas steiler bergab. Im Talgrund, kurz vor einem Bachübergang, kommen wir erneut zu einem Brunnen mit großem Drehrad, die **Fonte das Vinhas** 5.

Den Bach überqueren wir auf einer Brücke und erreichen gleich danach eine Wegkreuzung. Hier folgen wir dem Asphaltsträßchen nach links, vorbei an einem großen Wasserbecken. Das Sträßchen geht in eine Erdstraße über und wir wandern auf dieser einen Hang empor. Bald danach erreichen wir wieder eine breitere Erdstraße, der wir nach rechts folgen. Schon bald mündet auch dieser Weg in eine weitere Erdstraße, der wir wieder nach rechts folgen. Nach rechts sieht man in Richtung einer Talniederung und auf die Siedlung Corcitos. Bei der nächsten Kreuzung, die wir auf einer Asphaltstraße erreichen, verlässt die »Via Algarviana« unseren Wegverlauf. Wir wandern rechts bergab auf einer breiten Erdstraße. Das Ziel ist bereits zu erkennen. Wir erreichen den Talgrund und kommen kurz nach der Flussquerung noch einmal an einem Brunnen vorbei, der aber nicht mehr funktionstüchtig ist. Danach führt der Weg bergan und geht bei einem weißen Haus in eine schmale Asphaltstraße über. Bei der nächsten Wegverzweigung gehen wir nach links durch verbautes Gebiet. Danach zweigen wir noch einmal auf den markierten Pfad nach links ab und wandern ein kleines Stück auf einer Erdstraße. Nach kurzer Zeit kommen wir wieder auf eine schmale Asphaltstraße, auf der wir steil bergan zur Durchgangsstraße hochsteigen und wenig später zurück nach **Corcitos** 1 kommen.

↗ 190 m | ↘ 190 m | 7.8 km

2.15 h

Über den Cerro da Zorra bei Amendoeira

25

Rundwanderung um die beschauliche Streusiedlung Amendoeira

Die Landschaft zwischen Loulé und Barranco Velho, wo Barrocal und Serra do Caldeirão aufeinandertreffen, ist äußerst abwechslungsreich: Hügelzüge und fruchtbare Flusstäler prägen das Bild. Besonders im Frühjahr trifft man hier auf ein blühendes und farbenfrohes Land.

Ausgangspunkt: Streusiedlung Amendoeira, 236 m, an der M523, 250 m nach der Kreuzung mit der Rua de Carvalhal. Anfahrt von Loulé auf der N396 in Richtung Querença, kurz vor Charneca nach rechts auf die M573 in Richtung Amendoeira einbiegen, 9 km. Parken an einigen Stellen am Straßenrand möglich.
Anforderungen: Einfache Wanderung auf Schotterwegen, wenig befahrenen Asphaltstraßen und gut markierten Pfaden.
Markierungen: Gelb-rote Markierung. Wegbezeichnung »Percurso de Amendoeira« (»Pequena Rota 11« von Loulé).
Einkehr: Café Mateus in Amendoeira.
ÖPNV: Keine Möglichkeit.

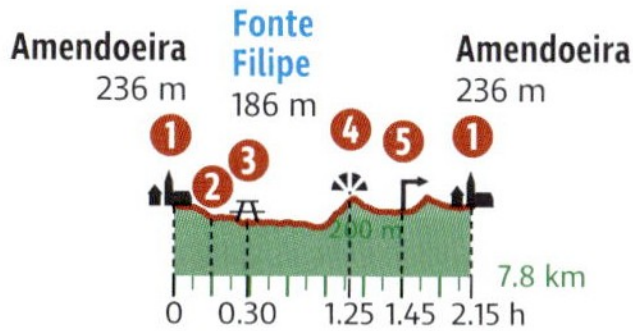

Wanderweg über den Cerro da Zorra.

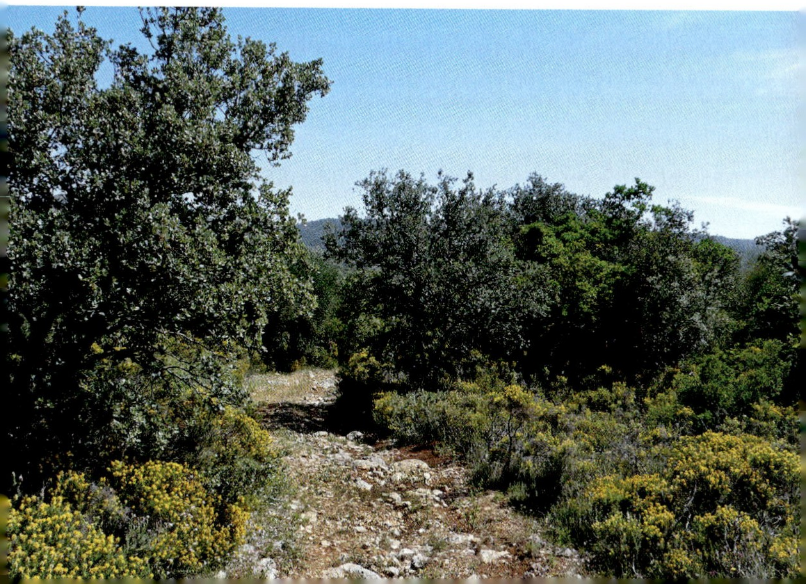

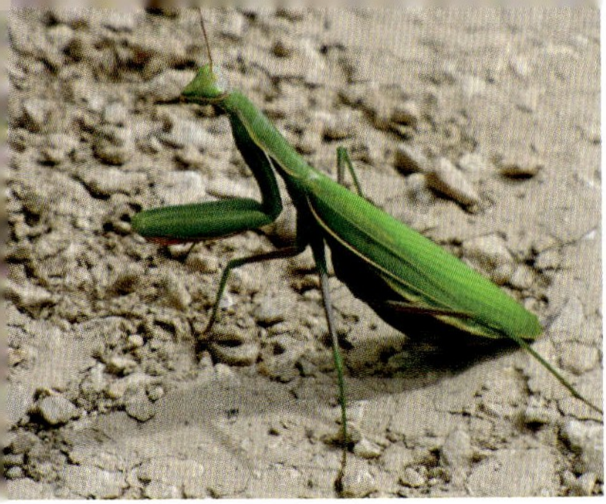

Eine Gottesanbeterin.

Wir starten in der Streusiedlung **Amendoeira** 1 an einer Informationstafel zur Rundwanderung. Die erste gelb-rote Markierung sehen wir am weißen Haus links daneben. Die schmale Asphaltstraße in Richtung Nordosten geht bald in eine Erdstraße über. Von Johannisbrot- und Olivenbäumen begleitet, wandern wir an kleinen Bauernhöfen vorbei, die rechts des Weges liegen. Wir erreichen eine Asphaltstraße, der wir nur ein kurzes Stück nach rechts folgen, um bei nächster Gelegenheit nach links in eine asphaltierte Hauszufahrt einzuschwenken. Nach einem schönen weiß-gelben Haus geht der Weg wieder in einen schmalen Pfad über, schwenkt nach Osten und führt leicht bergab. Dieser besonders schöne Wegabschnitt bietet prächtige Ausblicke in die Hügellandschaft um Amendoeira. Bald steigen wir zu einem Flusstal ab. Hier wird der Weg kurzzeitig etwas steiler und steiniger, bevor wir die **Ribeira das Mercês** 2 überqueren. Sie führt nur in der Regenzeit im Winter Wasser; in diesem Fall helfen Trittsteine über den Flusslauf. Auf der anderen Flussseite geht es leicht bergan, dann folgen wir einem Weg nach links und später an einigen kleineren Bauernhäusern vorbei. Dieser Weg geht in eine schmale Asphaltstraße über und trifft schließlich auf eine wenig befahrene Straße, der wir nach links folgen. Gleich nachdem wir den Mercês-Fluss neuerlich, diesmal auf einer Brücke, gequert haben, befindet sich links des Weges ein Picknickplatz bei der **Fonte Filipe** 3. Danach gehen wir auf der Straße weiter. Nach rund 250 m zweigen wir nach

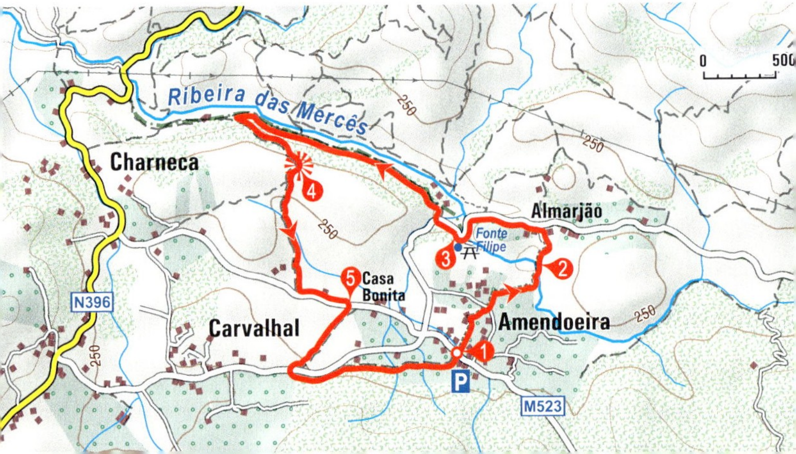

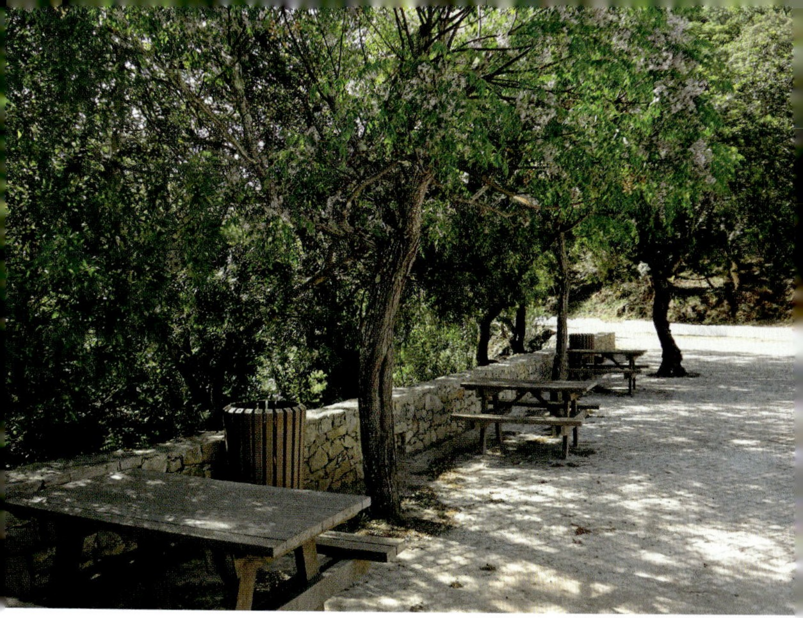

Picknickplatz bei der Fonte Filipe.

rechts auf eine schmalere Asphaltstraße ab. Schon wenige Meter später biegen wir nach links wieder in eine Asphaltstraße ein, die links der Ribeira das Mercês verläuft. Wir folgen ihr gut 2 km weit. Danach zweigen wir scharf links auf eine Erd-Steinstraße ab, die auf den Hügel Cerro da Zorra führt. Wir gewinnen bald an Höhe und erreichen am Ende der Steigung in einer Rechtskurve einen **Aussichtspunkt** 4. Der Blick in das Flusstal und in die Ausläufer des Cerro da Zorra ist ein Genuss.
Auf dem Weiterweg passieren wir ein weißes Haus (Alcaria do Gato), das links des Weges liegt. Im Anschluss führt unser Weg auf einem erdigen Schotterpfad den Südhang des Cerro da Zorra hinab. Wir kommen an einem kleinen Bauernhof vorbei und wandern auf der Zufahrtsstraße zu dem Hof in Richtung Asphaltstraße (M523). An dieser gehen wir nach links in Richtung Amendoeira. Nach rund 450 m zweigen wir bei der **Casa Bonita** 5 nach rechts ab und folgen nun einem besonders schönen Pfad, der für ein kurzes Stück entlang einer Steinmauer und bald etwas bergan verläuft. Bei der Ortstafel »Carvalhal« erreichen wir wieder eine Asphaltstraße. Wir gehen an ihr rund 300 m nach links, dann leitet uns der markierte Weg nach rechts wieder auf einen schmalen Erd- und Steinpfad. Dieser geht in eine breite Erd- und Schotterstraße über. Links sieht man bereits die ersten Häuser von **Amendoeira** 1, das wir wenig später erreichen.

↗ 260 m | ↘ 260 m | 8.9 km

26 Der Brunnenweg um Mesquita Alta

3.00 h

Abwechslungsreiche Rundwanderung durch die fruchtbare Landschaft östlich von São Brás de Alportel

Nördlich der Kreishauptstadt São Brás de Alportel gibt es besonders viele Korkeichen, weswegen São Brás gerne als Korkhauptstadt der Algarve bezeichnet wird. Ein anderes Bild zeigt sich etwas weiter östlich. Hier erstreckt sich um Mesquita Alta und im Flusstal des Bengado ein fruchtbares Gebiet. Ausgedehnte Obst- und Gemüsegärten, Olivenhaine und viele Johannisbrotbäume prägen diese typische Barrocal-Landschaft, durch die diese Wanderung führt.

Ausgangspunkt: Fonte da Mesquita (Brunnen) von Mesquita, 238 m, gegenüber dem Restaurant Lagar da Mesquita, direkt am Kreuzungspunkt der M517 mit der Dorfstraße von Mesquita Alta. Anfahrt von São Brás de Alportel auf der N270 bis Tavira, danach auf der M517 in Richtung »Fonte da Mesquita«, 4 km. Parken ist an einigen Stellen am Straßenrand in der Nähe des Brunnens möglich.

Anforderungen: Einfache Wanderung auf Feld- und Schotterwegen, auf wenig befahrenen Asphaltstraßen und auf gut markierten Pfaden.

Markierungen: Gelb-rote Markierung. Wegbezeichnung »Caminhas e Encruzilhadas de ir a Fonte« (»Pequena Rota 1« von São Brás de Alportel).

Einkehr: Am Ausgangspunkt.

ÖPNV: Keine Möglichkeit.

Tipp: In der nahe gelegenen Kreishauptstadt São Brás de Alportel befindet sich in einem Herrenhaus aus dem 19 Jh. das Museum der Trachten der Algarve. Neben traditionellen Kleidungsstücken sind auch landwirtschaftliche Geräte und volkstümliche Kunst zu sehen. Das Haus gehörte früher einem reichen Korkhändler der Stadt.

Gegenüber vom alten Brunnen **Fonte da Mesquita** ❶ leitet uns ein Markierungspfeil in die kleine Asphaltstraße rechts des Lagar da Mesquita. Direkt nach dem Restaurant zweigen wir halblinks in die Sackgasse ein. Sie wird bald zum schmalen Pfad, der zwischen Steinmauern, Olivenbäumen und Johannisbrotbäumen leicht ansteigt. Schon bald erreichen wir den bemerkenswerten Brunnen von Monte Negro. Danach folgen wir dem markierten Weg geradeaus weiter, biegen bei einer Häusergruppe nach rechts in die Straße ein und folgen nach wenigen

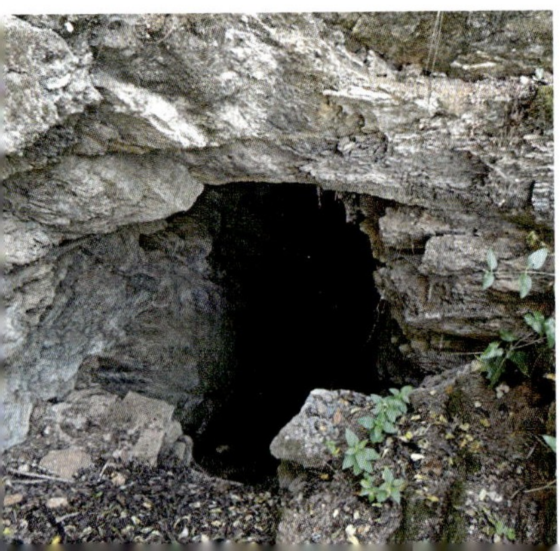

Eingang zu den Minas das Aguas.

Metern einem Holzpfeil nach links. Rund 10 Minuten später überqueren wir die Durchgangsstraße N270. Jenseits folgen wir geradeaus einer schmalen Asphaltstraße. Einige einfache Häuser und Villen säumen den Weg. Die schmale Asphaltstraße geht in einen Schotterweg über, der leicht, später steiler in Richtung der Ribeira do Bengado bergab führt. Ein **Aussichtspunkt** ❷ ermöglicht uns einen schönen Panoramablick in das Vale do Bengado.

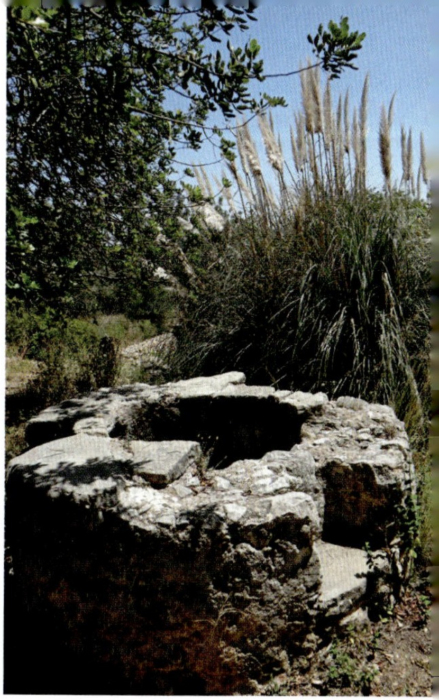

Der Brunnen von Monte Negro.

Wir wandern auf dem Weg in die Talniederung. Die Ribeira do Bengado muss bei höherem Wasserstand auf Trittsteinen überquert werden, ist jedoch die meiste Zeit des Jahres ausgetrocknet. Danach steigen wir wenige Schritte bergan und gehen nach rechts auf einer breiten Erdstraße weiter. Nachdem wir einen Höhenrücken erklommen haben, folgen wir einer Asphaltstraße erneut bergab in Richtung Flusstal. Wieder überqueren wir den Fluss, diesmal auf einer Brücke. Im Anschluss wandern wir auf der Straße weiter in Richtung N270, bis bei einem Hinweisschild ein Erdpfad nach links abzweigt und uns leicht bergab zu den **Minas das Águas** ❸ bringt. Dies ist eine kleine mit Wasser gefüllte Höhle, die durch eine Quelle gespeist wird. Wir kehren zur Asphaltstraße zurück und folgen ihr nach links weiterhin leicht bergan. In einer großen Kehre nach rechts, kurz vor der N270, zweigen wir nach links auf eine schöne Erdstraße ab. Diese verläuft parallel zur Straße bergab in Richtung Flussniederung. Stein- und Korkeichen spenden entlang des Weges Schatten. Der Weg mündet in eine Asphaltstraße, der wir durch das Flusstal folgen. Wir kommen an einem Glashaus links des Weges vorbei und wenig später an einem schönen Brunnen. Gemächlich wandern wir auf der Asphaltstraße zu einer kleinen Streusiedlung. Hier knickt unser Weg an einer Kreuzung nach rechts und steigt leicht bergan zur N270. Kurz bevor wir diese überqueren, sehen wir rechter Hand eine Ziegelbrennerei.

Nachdem wir die Straße gequert haben, wandern wir auf der Asphaltstraße weiter in Richtung Desbarato. Nach einer großen Rechtskurve der leicht ansteigenden Straße zweigt ein Pfad ab, der in die gleiche Richtung wei-

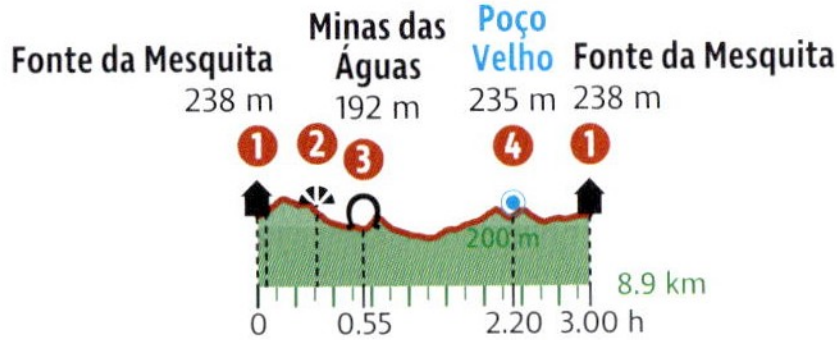

terführt. Auf einem Holzpfeil steht »Caminho da Pilheta«. Auf diesem Weg kommen wir bald an einem Steinkreuz vorbei, das links des Weges liegt. Danach steigt der markierte Weg in einigen Kehren bergan. Bei der Villa »Casa Menhir« erreichen wir den höchsten Punkt der Rundwanderung. Links vor dem Haus gehen wir auf einer schmalen Asphaltstraße leicht bergab. In diesem Abschnitt sind kaum Markierungen angebracht. Wir durchwandern eine kleinere Siedlung (Desbarato). Danach zweigen wir nach rechts in einen schottrigen Weg ein, der weiter leicht bergab führt. Wenig später zweigen wir nach links ab und wandern in einer starken Linkskurve in die nächste Siedlung. Kurz dahinter erreichen wir den Ziehbrunnen **Poço Velho** 4. Daneben liegen ein Picknickplatz sowie eine große öffentliche Waschstelle. Zwischen Waschplatz und Brunnen führt unser Weg auf einem sehr schmalen Pfad bergan. Nachdem wir die »Casa da Saudade« passiert haben, verläuft unser Weg weitgehend eben weiter. Bevor wir das nächste Haus erreichen, zweigen wir nach links ab und wandern auf einem schmalen Pfad steiler bergab. Der Weg verflacht allmählich und verläuft dann zwischen Steinmauern. Wir kommen neuerlich an einem Anwesen vorbei, das rechts des Weges liegt und »Monte Barros« heißt. Nach einem weiteren Bauernhaus zweigen wir nach rechts auf einen schottrigen Weg ab. Linker Hand hat man einen Blick auf den Steinbruch von Geoponte Mesquita.

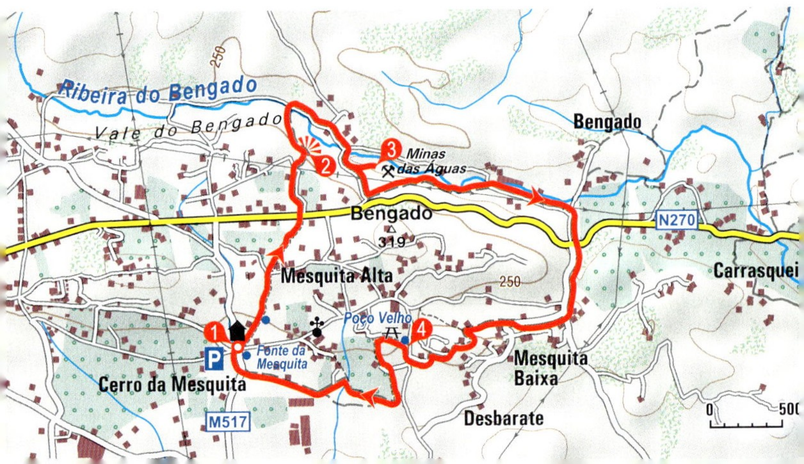

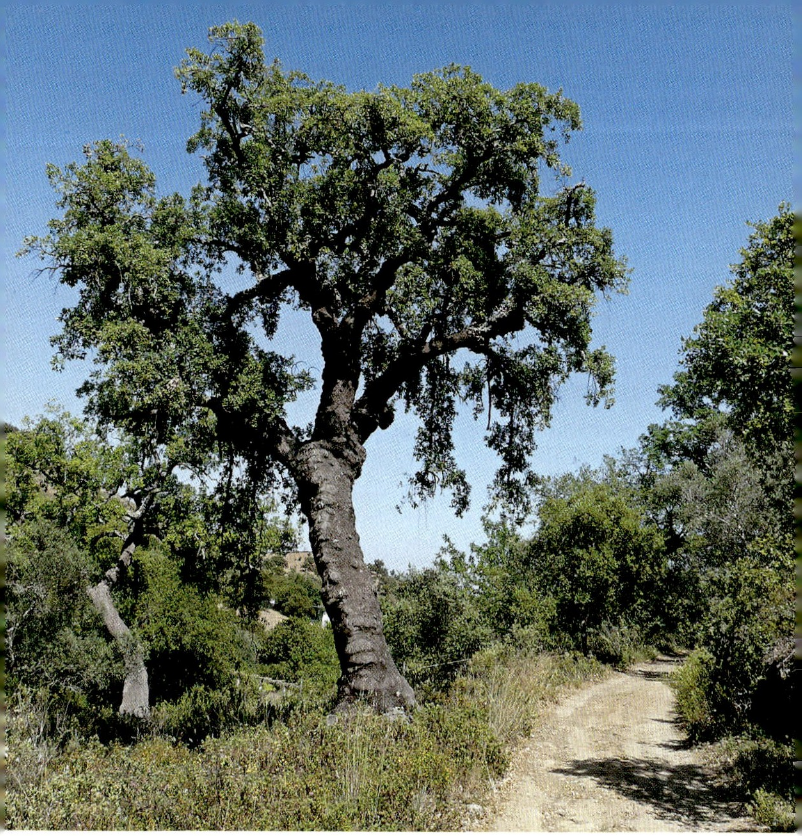

Eindrucksvolle Korkeiche am Wegrand in der Ribeira do Bengado.

Wir wandern nun auf einer etwas breiteren Erdstraße leicht bergan. Wenig später zweigt unser markierter Weg nach rechts auf einen schmalen Pfad ab und verläuft nun zwischen zwei Mauern. Bald erreichen wir einen etwas breiteren Weg, dem wir ein kurzes Stück nach rechts folgen, um dann alsbald nach links abzuzweigen. Hier sind an einigen Stellen Markierungen in Form von roten Pfeilen angebracht. Unser letzter Wegabschnitt führt durch eine Landschaft von Olivenhainen und Zitrusfrucht-Plantagen. In den großen Hallen, die vom Weg aus zu sehen sind, sind Ölpressen untergebracht. Am Ende des Schotterwegs erreichen wir wieder einige Häuser und treffen kurze Zeit später auf die M517, der wir ein kurzes Stück nach rechts zur **Fonte da Mesquita** 1 folgen.

↗ 180 m | ↘ 180 m | 4.4 km

27 Auf den Cerro da Cabeça, 250 m, bei Moncarapacho — 1.30 h

Aufstieg zu einem Gipfel mit phantastischem Rundblick

Der Cerro da Cabeça ist ein verkarsteter Hügel, der nordöstlich von Moncarapacho aus der Ebene emporragt. Von ihm bietet sich ein schöner Blick in die Küstenebene und auf die Ausdehnung der Lagunenlandschaft des Naturparks von Ria Formosa.

Ausgangspunkt: Toreinfahrt an der M1332, 71 m, etwas nördlich von Cabeça, bzw. rund 2,5 km nördlich von Moncarapacho. Anfahrt von Olhão auf der N125 in Richtung Tavira, nach 3 km auf die N398 und weiter auf der M516 in Richtung Moncarapacho. Von dort rund 2,5 km auf der M1332 zum Einstieg auf den Cerro da Cabeça, 12 km. Parken am Straßenrand möglich.
Anforderungen: Kurze Wanderung auf steinigen Pfaden mit knapp 200 Hm Anstieg; stark verwachsene Pfade am Karstplateau.
Markierungen: Keine durchgängige Markierung, aber teilweise gelbe Striche und verschiedenfarbige Punkte von ehemals thematischen Rundwegen.
Einkehr: Unterwegs keine; Cafés und Restaurants im nahe gelegenen Moncarapacho.
ÖPNV: Keine Möglichkeit.
Tipp: Die Kirche (Igreja Matriz) von Moncarapacho stammt größtenteils aus dem späten 15. Jh. und hat ein sehenswertes Renaissanceportal sowie einen interessanten Triumphbogen im Renaissancestil im Altarbereich.

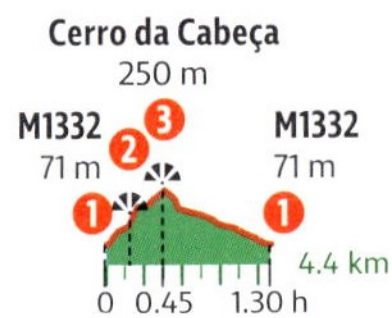

Von der **M1332** ❶ gehen wir durch die Toreinfahrt zwischen zwei weißen Betonpfosten und wandern auf dem Erdweg (Achtung: nicht markiert) an der Casa da Misericórdia vorbei. Bei der kommenden Weggabelung halten wir uns rechts und bleiben auf dem geschotterten, von Leitungsmasten begleiteten Weg. Nach weiteren 250 m passieren wir links des Weges eine kleine Fabrikruine. Hier enden auch die Leitungsmasten. An der Gabelung

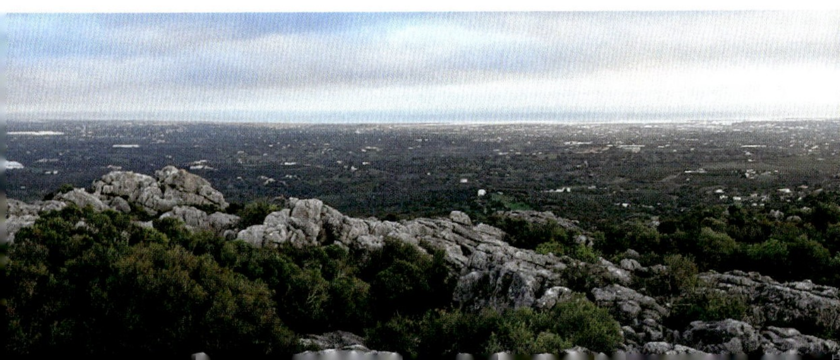

folgen wir dem linken Weg und wandern auf Steinstufen und einem stellenweise schmalen Pfad zum Aussichtsturm **Miradouro da Cabeça** ❷ hoch. Dieses Gebäude ist nur noch eine Ruine. Hinter dem Aussichtsturm folgen wir einem schmalen Pfad, der nach rund 200 m in einen breiteren Pfad einmündet. Hier gehen wir nach links weiter. Der Weg ist ansprechend, aber zunehmend von Buschwerk verwachsen. Auf dem Weg zum Gipfel machen wir für einen schönen Ausblick zum Cabeça-Riff einen kurzen Abstecher nach links. Die markanten Felsformationen erinnern mit einiger Phantasie an Köpfe. Danach kehren wir wieder auf den Hauptweg zurück und suchen nach links einen Weg durch das dichte und dornenreiche Buschland auf der Karsthochfläche zur Gipfelsäule des **Cerro da Cabeça** ❸. Das letzte Stück ist auch mit etwas Kletterei verbunden. Vom Gipfel hat man jedoch einen phantastischen Blick in die Landschaft.

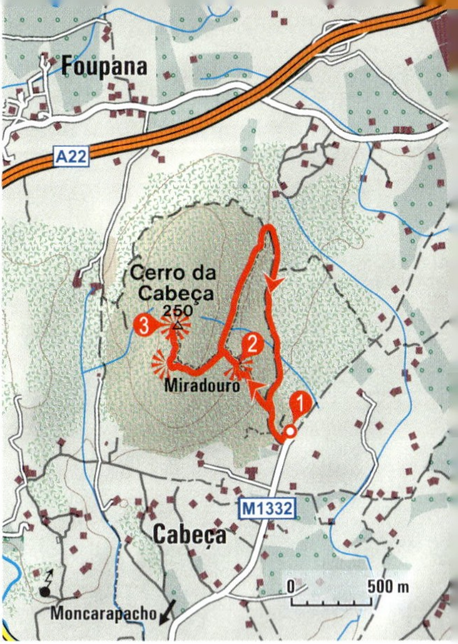

Danach wandern wir den gleichen Weg zurück. Bei der Einmündung unseres vom Miradouro da Cabeça kommenden Aufstiegswegs halten wir uns geradeaus bergab und folgen einem breiten Schotterweg. Schon bald können wir links des Weges Überreste von alten Kalkbrennöfen erkennen. Stellenweise ist der Weg gepflastert. Wir treffen auf einen Weg und biegen in diesen scharf nach rechts ein. Er verläuft bergab und gelangt nach nach rund 1 km zur alten Fabrikruine. Ab hier auf dem Hinweg zum **Ausgangspunkt** ❶.

Panoramablick vom Cerro da Cabeça Richtung Küste.

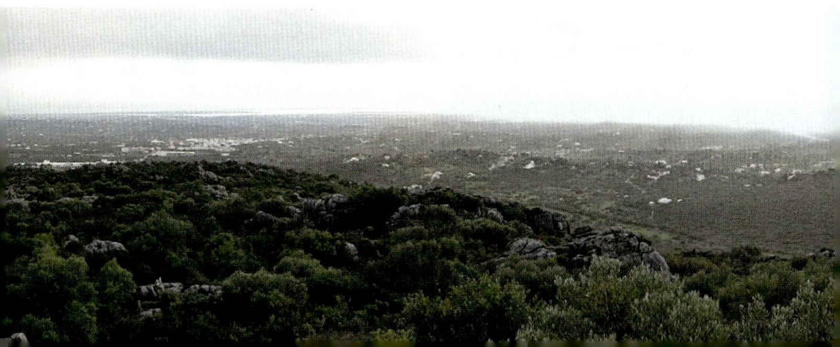

↗ 50 m | ↘ 50 m | 7.8 km

28 Zur Rocha Delicada bei Mexilhoeira Grande

2.15 h

Von Mexilhoeira Grande zur Wattlandschaft von Espargueira

Wie eine flache Halbinsel schiebt sich die Rocha Delicada, der »sanfte Felsen« in die Ria de Alvor. Das Gebiet ist landwirtschaftlich intensiv genutzt (Felder, Weiden, Obst). Fischfarmen und Salzsümpfe prägen den westlichen Teil der Halbinsel. Der eigentliche Felsen (Rocha) liegt ganz im Süden der Landzunge und erreicht nur knapp 30 m Höhe.

Ausgangspunkt: Mexilhoeira Grande, 23 m, Bahnhof. Anfahrt von Portimão auf der N125, 11 km. Parkplätze um den Bahnhof ausreichend vorhanden.
Anforderungen: Einfache Wanderung auf einem meist gut markierten Weg.
Markierungen: Meist gelb-rote Markierung. Wegbezeichnung »Percurso Pedestre Rocha Delicada« (»Pequena Rota 1« von Portimão).
Einkehr: Keine entlang des Weges, aber im nahe gelegenen Mexilhoeira Grande.
ÖPNV: Eine Anfahrt mit dem Zug (West-Ost-Querung der Algarve) ist möglich.

Tipp: In der Nähe von Portimão liegt eine der bedeutendsten archäologischen Stätten Südportugals: die Megalithkulturstätte von Alcalar. Es gibt dort auch ein Informationszentrum mit Museum: Tel. +351 282 471 410.

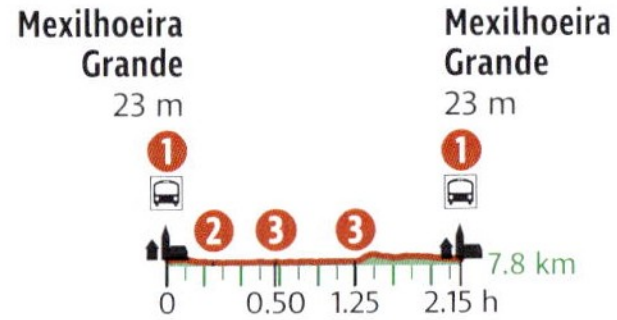

Dammweg bei Rocha Delicada.

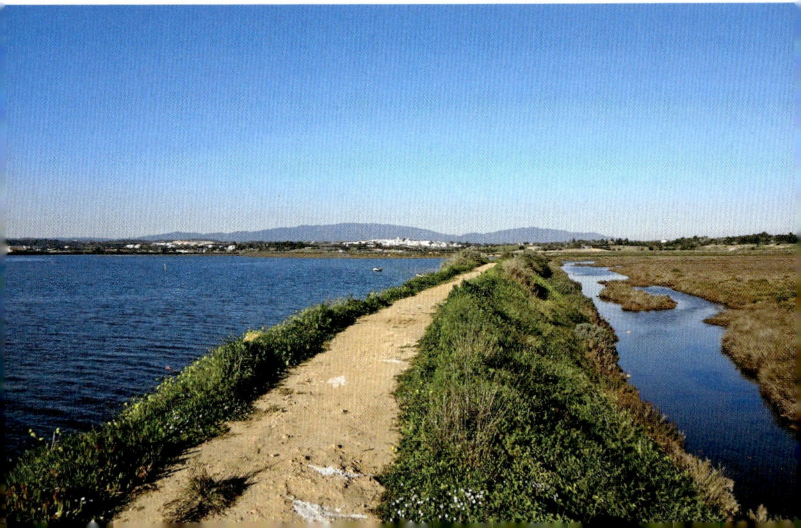

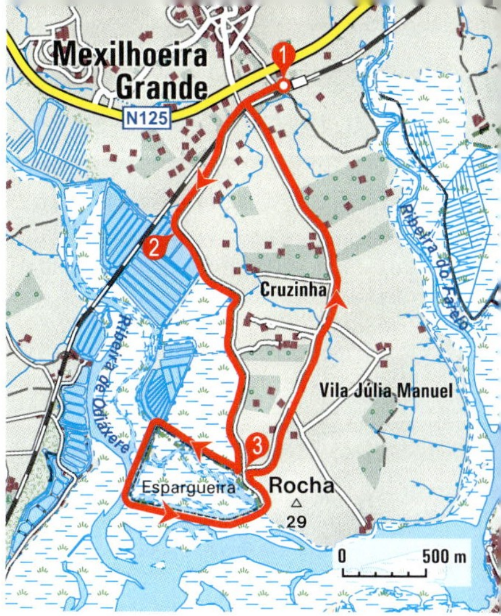

Wir starten die Rundwanderung am Bahnhof von **Mexilhoeira Grande** ❶. Auf der Südseite der Gleise ist gleich die erste Wegmarkierung angebracht. Unser Weg führt zunächst ein kurzes Stück auf einer parallel zu den Gleisen verlaufenden Erdstraße in Richtung Westen (in Richtung Lagos). An einer Wegkreuzung gehen wir geradeaus weiter, der linke Weg ist unser Rückweg. Rechts des Weges verläuft weiterhin die Bahntrasse, links liegen Obst- und Gemüsegärten. Bei einer kleinen Häusergruppe knickt der Weg direkt vor den **Fischzuchtbecken** ❷ nach links und führt nahe am Gewässer (Lagune/ Ria de Alvor) aus dem bebauten Gebiet hinaus. Nach wenigen Minuten schwenkt unser Weg in Richtung Süden. Rechter Hand erstreckt sich eine Wattlandschaft mit reicher Vogelpopulation (Watt- und Sperlingsvögel), links Felder, Weiden und Bauernhäuser. Vor uns erhebt sich ein leichter Höhenrücken – die Rocha.

Wir nähern uns dem Südende der Halbinsel. Bei einer **Wegkreuzung** ❸ mit Parkplatz zweigen wir nach rechts ab und starten eine kleine Rundwanderung auf einem Dammweg über der Wattlandschaft. Der Weg auf dem Damm führt an einem Zaun entlang zum Gewässerrand. Danach zweigen wir nach Süden ab. In der Ferne sieht man die Mündung der Ria in das Meer, flankiert von zwei kleinen Leuchttürmen. Der Weg biegt dann nach links ab und führt auf den Sandsteinfelsen, die Rocha Delicada, zu. In der Ferne erkennt man die Hochhäuser von Alvor. Schön ist auch der Blick auf die bewachsenen Dünen jenseits der Bucht. Wir erreichen wieder die **Wegkreuzung** ❸ und gehen wenige Schritte auf dem Hinweg bis zur Gabelung. Hier wählen wir den rechten Weg. Die breite Erdstraße bringt uns in rund 3 km zum Bahnhof zurück. Zunächst gehen wir leicht bergan. Schließlich erreichen wir die auf dem Hinweg passierte Kreuzung. Hier zweigen wir rechts ab und kommen in wenigen Minuten zum Bahnhof von **Mexilhoeira Grande** ❶.

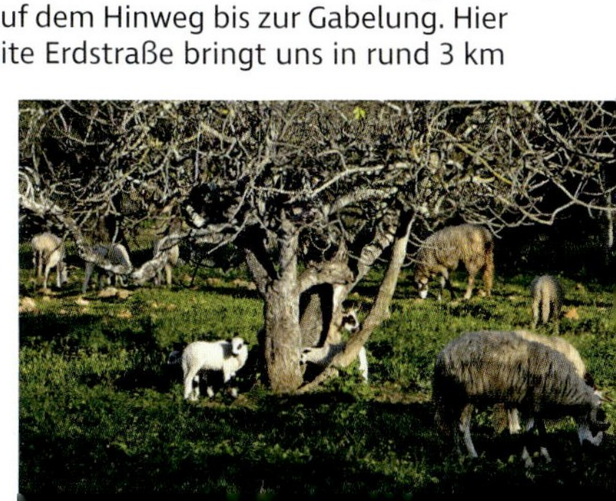

Schafherde bei Cruzinha.

↗ 20 m | ↘ 20 m | 5.9 km

1.45 h

29 Der »Geschmack des Meeres« bei Alvor

Wanderung auf der bewachsenen Düne von Alvor

Die Lagune von Alvor mit der Halbinsel der »Rocha Delicada« und der sie umgebenden Wattlandschaft ist ein Vogelparadies. Südlich der Lagune (Ria) erstrecken sich zwei lang gezogene Dünen, die nur durch eine schmale Flussmündung unterbrochen sind. Die kurze Rundwanderung ist ein angelegter Naturkundeweg auf der östlichen Düne, der die Beobachtung der Vögel im Watt sowie der spezifischen Flora ermöglichen soll.

Ausgangspunkt: Alvor, 10 m, Jachthafen südlich des Stadtzentrums. Anfahrt von Portimão auf der M531-1 bis Alvor, dort durch die Rua da Ribeira bis zum Kreisverkehr; hier gibt es einen großen Parkplatz auf der Buchtseite; 6,5 km.
Anforderungen: Einfache Wanderung auf einem meist gut markierten Weg.
Markierungen: Meist gelb-rote Markierung. Wegbezeichnung »Percurso Pedestre Ao Sabor da Maré« (»Pequena Rota 2« von Portimão).

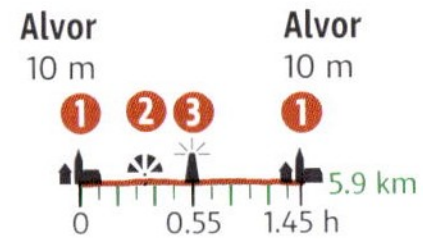

Einkehr: In Alvor und an der Praia do Alvor.
ÖPNV: Anfahrt mit Bus bis Alvor möglich, aber keine Haltestelle direkt am Jachthafen.

Lagune von Alvor.

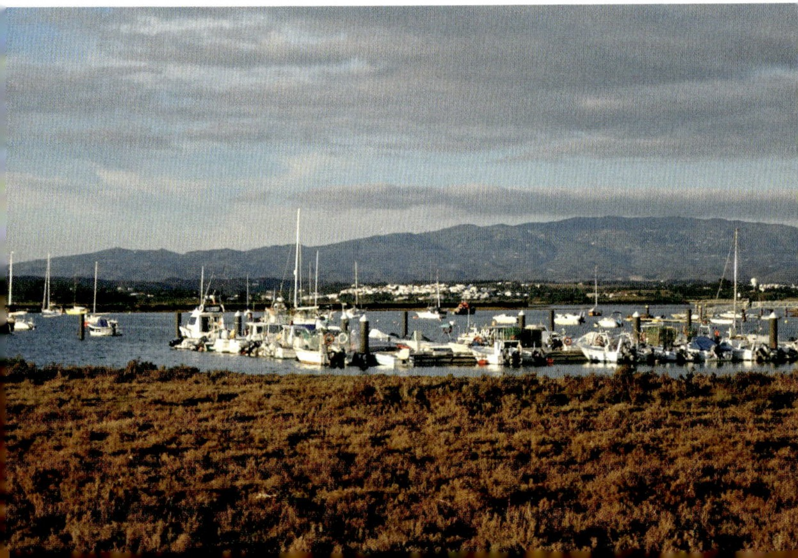

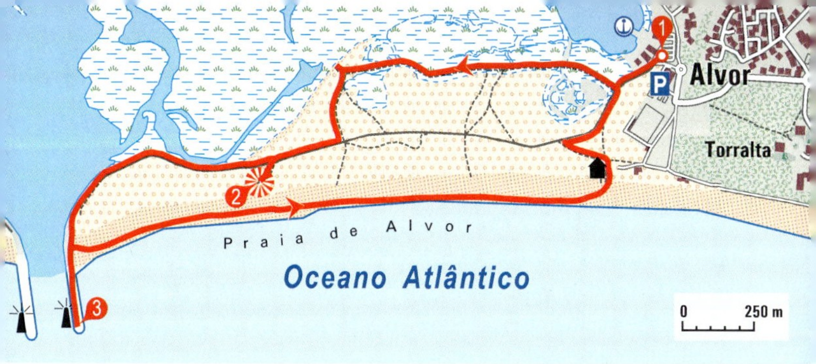

Bei der Einfahrt in den Jachthafen von **Alvor** ❶ sieht man Holzhäuser, die in Block A und Block B unterteilt sind. Die Wanderung startet bei Block A. Zum Schutz der Vegetation wurde der Weg erhöht auf einem Holzsteg angelegt. Wir folgen dem Steg und gehen bei erster Gelegenheit nach rechts. Wenig später überqueren wir einen Zulauf zu einer Seitenbucht der Lagune von Alvor. Linker Hand blicken wir auf die Serra de Monchique und in die Bucht. Nach rund 500 m führt ein Steg nach links direkt zur Praia de Alvor. Wir bleiben aber geradeaus auf unserem Holzsteg. Unterwegs gibt es einige Möglichkeiten, Abstecher zu Aussichtspunkten in die Bucht zu machen, die wir aber ignorieren. Der Holzsteg trifft auf eine Sandpiste. Wir gehen nach rechts auf der Sandpiste weiter. Wenig später zweigen wir nach links ab und steigen auf eine **Aussichtsterrasse** ❷ hinauf. Danach kehren wir wieder auf den Hauptweg zurück und wandern weiter am Nordufer der Düne entlang. Kurz vor dem westlichsten Punkt des Weges kommen wir zu einer Stelle, wo rechts des Weges sehr viele Steinmännchen aufgeschichtet sind. Der Weg wendet sich in Richtung Süden und wir steigen eine Steinbarriere hoch, die die Buchtausfahrt im Osten begrenzt. Dieser können wir bis zu einem kleinen **Leuchtturm** ❸ folgen. Von hier haben wir einen schönen Ausblick auf die Küstenlandschaft zwischen Portimão und Lagos. Dann gehen wir auf der Steinbarriere wieder zurück und wandern knapp 2 km an der Praia de Alvor entlang, bis wir beim Restaurant Restinga wieder den Holzsteg erreichen. Hinter dem Restaurant zweigen wir – auf dem Holzsteg gehend – nach links ab, bis wir eine Sandpiste erreichen. Auf dieser wandern wir nach rechts bis zum Jachthafen von **Alvor** ❶.

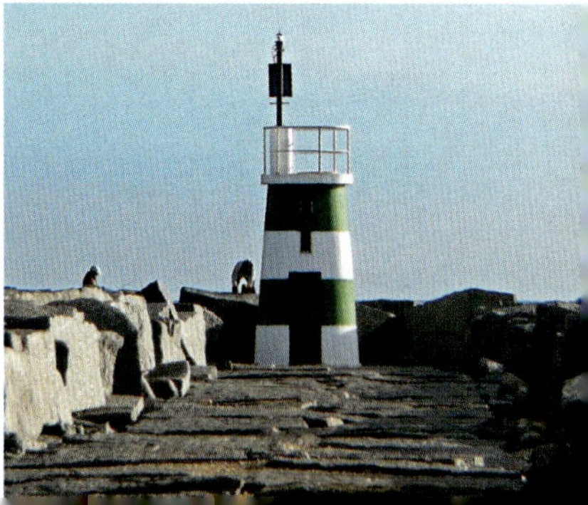

Leuchtturm am Lagunenausgang.

TOP 30

↗ 140 m | ↘ 140 m | 5.6 km

Der Weg der »sieben hängenden Täler« bei Carvoeiro

2.00 h

Wanderung entlang der schönsten Steilküste Südportugals

Die Felsküste der Algarve zählt zu den eindrucksvollsten Küstenformationen Europas. Die ockerfarbenen und rotbraunen Felsen weisen spektakuläre und bizarre Erosionsformen auf, wodurch eine besonders reizvolle Landschaft entsteht. Zwischen Portimão und Albufeira prägen zudem Flusstäler, die in Richtung Steilküste entwässern und Buchten geschaffen haben, das Bild. Diese Wanderung führt von der Praia Vale de Centianes zur Praia da Marinha.

Ausgangspunkt: Praia Vale de Centianes, 28 m, im Ortsgebiet von Carvoeiro. Anfahrt von Lagoa auf der M1273 und danach auf der M530 zur Praia Vale de Centianes, 7 km; Parkplätze sind (mit Blick auf das Meer) auf der Anhöhe rechts des Strandes zu finden.
Endpunkt: Praia da Marinha, 22 m. Rückfahrt mit der Buslinie 52 (Busroute Alvor–Armação da Pêra), Ausstiegsstelle Carvoeiro Centre, drei Mal täglich. Alternativ kann man für die Rückfahrt auch ein Taxi bestellen (bei den Obst- und Getränkeständen am Parkplatz, Wartezeit ca. 15 Minuten; Fahrpreis rund 15 Euro).
Anforderungen: Mittelschwere Wanderung auf einem zumeist gut markierten Weg; zum Teil steile An- und Abstiege auf schmalen und rutschigen Pfaden.
Markierungen: Meist gelb-rot. Wegbezeichnung »Percurso dos Sete Vales Suspensos« (»Pequena Rota 1« von Lagoa).
Einkehr: Am Ausgangspunkt, der Praia de Benagil und an der Praia da Marinha.
ÖPNV: Keine Möglichkeit.
Tipp: Die Ermida de Nossa Senhora da Rocha zählt zu den schönsten Küstenkapellen an der Algarve. Sie war früher Teil einer Küstenfestung und befindet sich heute auf dem Ortsgebiet von Porches. Erbaut wurde sie wahrscheinlich Ende 15./Anfang 16. Jh., besitzt aber auch ältere Bauelemente (z. B. Säulen mit westgotischen Kapitellen). Im Inneren ist eine Muttergottes mit Jesuskind bemerkenswert (Nossa Senhora com o Menino). Die Kapelle ist meist geschlossen, man kann aber in den Innenraum blicken.

Der Leuchtturm von Alfanzina.

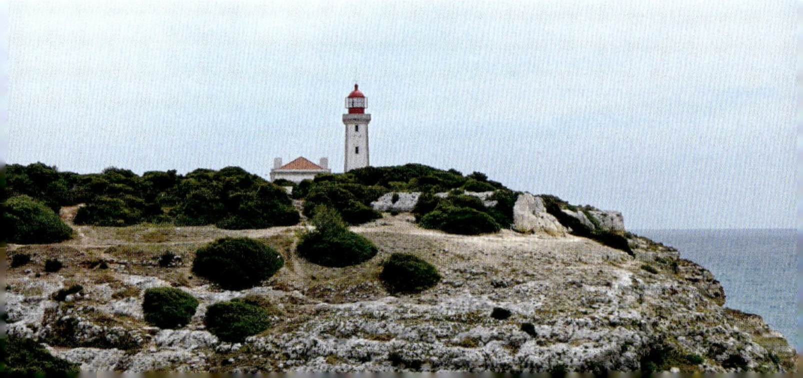

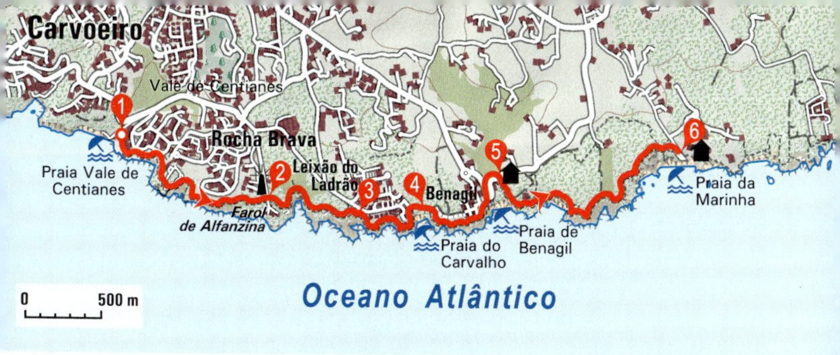

Wir starten die Küstenwanderung an der **Praia Vale de Centianes** ❶ im Ortsgebiet von Carvoeiro. Mit Blick auf das Meer befindet sich am linken (östlichen) Ende des Strandes das gelb gestrichene Aparthotel Colina Sol, bei der Informationstafel an der Zufahrtsstraße zum Strand beginnt unser Weg. Auf Stufen wandern wir die Küstenkante hoch und folgen einem Pfad, der immer an der Steilküste entlangführt und rechter Hand oft von einem Holzgeländer begleitet wird. Links des Weges sehen wir bald eine große, eingestürzte Doline. Danach folgen links eine größere Apartmentsiedlung und rechts des Weges eingezäunte verstürzte Küstenhöhlen. Abbrüche entstehen an dieser Küste permanent neu und unvorhersehbar, deshalb sollte man unbedingt dem markierten Wegverlauf folgen und die Absperrungen nicht übersteigen. Schon bald erreichen wir die tief eingeschnittene Bucht Colina do Sol, die aus einem Sandsteinplateau besteht. Danach wandern wir einen etwas anspruchsvolleren Anstieg hoch und folgen der Steilküste mit fantastischen Aussichtspunkten und Raststellen (Bänke), vorbei an einer weiteren eingestürzten Küstenhöhle.
Den **Farol de Alfanzina** ❷ umgehen wir im Landesinneren auf dem markierten Weg. Dann kommen wir an einem besonders großen und eindrucksvollen Loch vorbei, das weiträumig eingezäunt ist. Kurz danach führt der Weg steil bergab und wir durchwandern das Vale Espinhaço. Eindrucksvoll ist hier der Blick auf eine Felszunge mit Vogelnistplätzen. Neuerlich passieren wir eingestürzte Küstenhöhlen. Aufsteigend kommen wir zu einem der eindrucksvollsten Plätze an dieser Küste, der **Leixão do Ladrão** ❸, einer weit vorragenden Felshalbinsel mit Küstenhöhlen und sehr schmalen Übergängen. Wir steigen weiter hinauf zur Steilküste mit eindrucksvollen Küstenhöhlensystemen. Links liegt eine Apartmentsiedlung. An dieser entlang steigen wir auf Steinstufen ab zur **Praia do Carvalho** ❹. Der kleine Strand ist besonders eindrucksvoll. Etwas vorgelagert ragt ein einzelner Felszacken aus dem Meer. Im Anschluss steigen wir wieder hoch zur

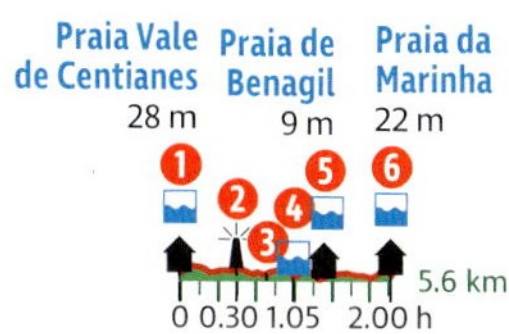

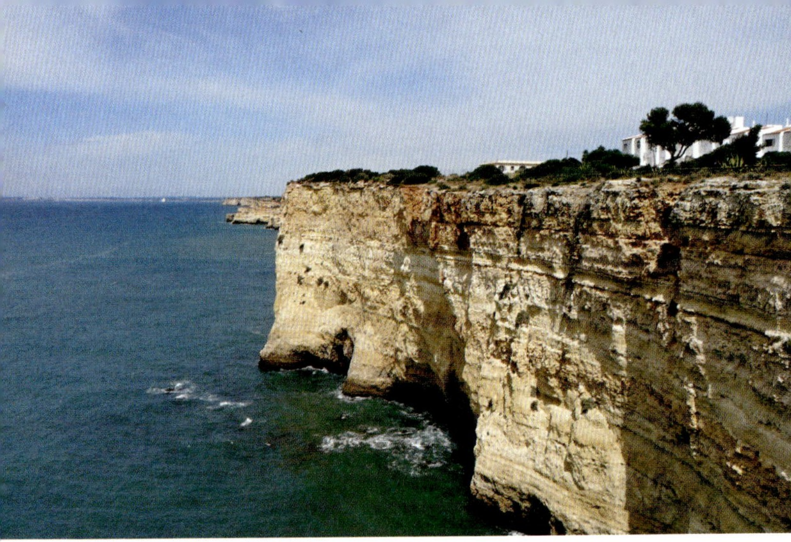

Steilküste bei Praia Vale de Centianes.

Felskante und setzen unseren Weg entlang der Steilküste fort. Schon bald erreichen wir nun die Siedlung Benagil und steigen über Stufen zur **Praia de Benagil** 5 ab, einem relativ großen Strand mit gestaffelt vorgelagerten Felskanten. Hier gibt es einige Restaurants und Kaffeehäuser.

Von der Bucht gehen wir auf der Asphaltstraße in Richtung Landesinneres und steigen beim rechts des Weges liegenden Restaurant O Algar wieder in den markierten Weg ein, der hinter dem Restaurant auf Steinstufen zur Küstenkante hochführt. Wir wandern zur nächsten Bucht und genießen unterwegs großartige Blicke in die unterhöhlte Steilküste. Wir müssen ein kleines Stück bergab und im Anschluss wieder bergan steigen, bevor wir in die nächste Sandbucht, die Praia de Corredoura, blicken. Diese ist vom Land her nur sehr schwer zugänglich. Wir umgehen sie deshalb im Landesinneren und passieren einen Seekiefernwald. Die nächste Bucht, Praia do Cão Raivoso, ist sehr klein und von Abbrüchen geprägt. Dieser Abschnitt ist gänzlich von Holzgeländer abgesichert. Neuerlich passieren wir eine Reihe von eingestürzten Küstenhöhlen und steigen auf zum letzten Abschnitt der Küstenwanderung, vorbei an der Praia da Mesquita, die ebenfalls zahlreiche Abbrüche und starke Erosionen aufweist. Dazwischen gibt es einige kleine Sandbuchten. Wir wandern weiter auf dem markierten Weg bis zum Picknick- und Parkplatz hinter der **Praia da Marinha** 6.

Hier endet die Wanderung. Man kann entweder auf dem gleichen Weg (mit anderer Perspektive) zum Ausgangspunkt zurückwandern oder die Rückfahrt mit dem Taxi antreten.

↗ 40 m | ↘ 40 m | 7.1 km

2.00 h

Naturlehrpfad von Praia Grande bei Armação de Pêra

31

Am großen Strand im Mündungsgebiet des Alcantarilha-Flusses

Östlich von Armação da Pêra erstreckt sich ein für diesen Küstenabschnitt ungewöhnlicher langer Sandstrand zwischen der Ribeira de Espice und der Lagoa dos Salgados. Dahinter liegt eine bewachsene Düne und die angrenzenden Gewässer sind ein Paradies für Wattvögel.

Ausgangspunkt: Praia Grande, 5 m, östlich von Armação da Pêra, Parkplatz. Anfahrt von Silves auf der N124-1 bis zur Autobahn; auf der A22 bis zur Ausfahrt Alcantarilha; danach auf der N125 und auf der M526 durch Pêra (nicht zu verwechseln mit Armação da Pêra); beim großen Kreisverkehr nach dem Ortszentrum von Pêra auf die Rua de Relvas in Richtung Praia Grande abzweigen und bis zum Parkplatz fahren; 25 km; ausreichend Parkplätze vorhanden.
Anforderungen: Einfache Wanderung auf einem zumeist gut markierten Weg; zeitweise auch auf einem Holzsteg.

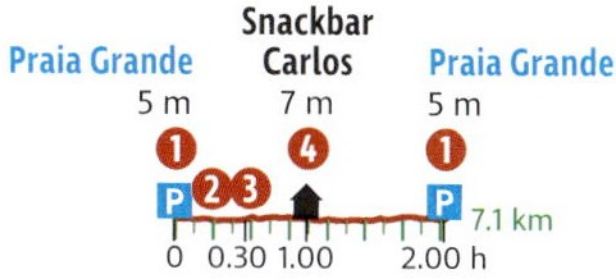

Markierungen: Gelegentlich gelb-rote Markierung. Wegbezeichnung »Percurso de Interpretação da Praia Grande« (»Pequena Rota 1« von Silves).
Einkehr: Strandbar Os Salgados (rund 200 m links des Wegs) und am Weg Snackbar Carlos am Strand.
ÖPNV: Keine Möglichkeit.

Entlang der Ribeira de Alcantarilha.

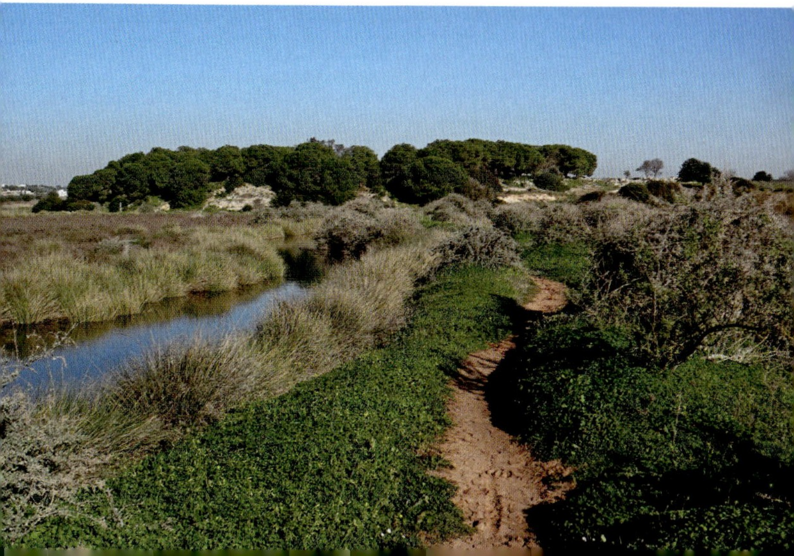

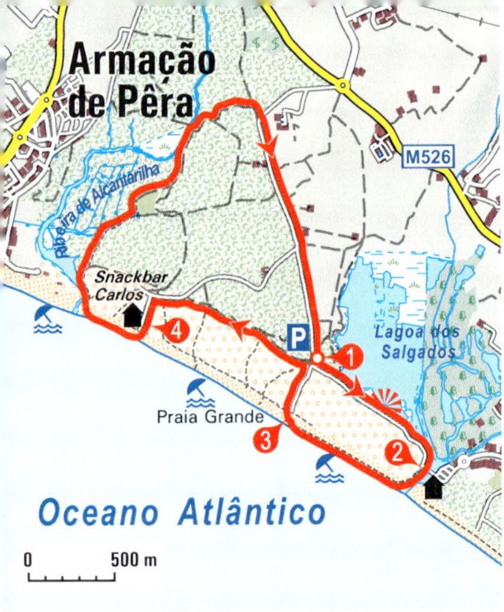

Am Parkplatz der **Praia Grande** ❶ informiert eine Tafel über den Wegverlauf. Wir folgen zunächst dem Holzstegweg, der nach links in eine Wattlandschaft führt. Schon bald erreichen wir eine Aussichtsplattform, die etwas abseits des Weges liegt und geeignet ist für Vogelbeobachtungen. Danach kehren wir wieder auf den Holzstegweg zurück und folgen diesem bis zu einer **Brücke** ❷ über einen kleinen Flusslauf (nach links über die Brücke 200-m-Abstecher zur Strandbar Os Salgados möglich). Wir gehen geradeaus in Richtung Meer. Vor uns liegt die sogenannte Praia Grande, ein sehr langer Sandstrand, mit der Siedlung Armação da Pêra im Hintergrund. Bei einem kleinen **Holzhaus** ❸ am Strand stoßen wir wieder auf den Holzstegweg, der hier die Düne zum Strand überquert hat. Auf ihm wandern wir zum **Ausgangspunkt** ❶ unserer Wanderung.

Dort wenden wir uns nach links und folgen einer Sandpiste, die parallel zur Küste verläuft. Der Weg ist hier nicht markiert, führt aber entlang eines ge-

Der wunderbare Sandstrand der Praia Grande.

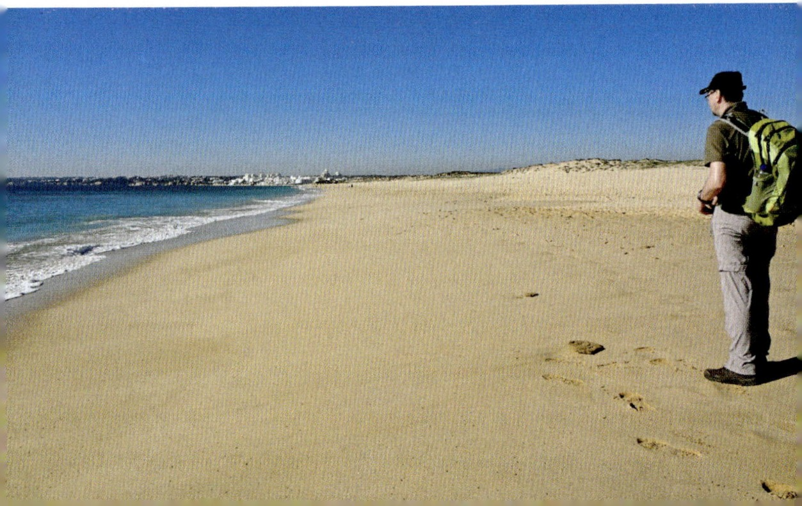

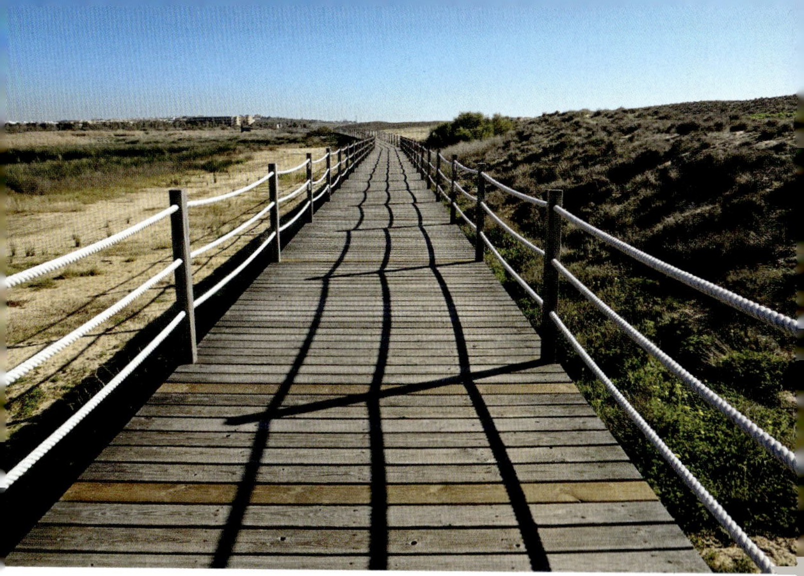

Holzstegweg an der Lagoa dos Salgados.

spannten Seils, das als Absperrung für die geschützte bewachsene Dünenlandschaft dient, und ist damit nicht zu verfehlen. Der Pfad geht in eine breitere Sandpiste über und erreicht nach rund 1 km erneut einen Holzstegweg, der wieder die Düne quert und dem wir nach links zum Strand folgen. Am Ende des Steges liegt die **Snackbar Carlos** ❹.

Von dort folgen wir dem Strand nach rechts bis in die Nähe der Flussmündung des Espice. Davor zweigen wir nach rechts ab und wandern eine leichte Anhöhe empor. Hier ist der Wegverlauf nicht sehr klar. Auf der Anhöhe ist aber wieder ein Pfad zu sehen, der uns entlang eines Marschlandes führt. Eine stark verwitterte Informationstafel informiert über Flora und Fauna in der Wattlandschaft. Dann wandern wir auf einem schmalen Pfad entlang einer Steinmauer rechts des Weges auf einen von Kiefern bedeckten Hügelzug zu. Wir überqueren auf einer kleinen Brücke einen Flusslauf und erreichen eine etwas breitere Erdstraße, der wir nun nach links folgen. Vor uns liegen Häuser von Pêra und Alcantarila. Rechts des Weges stehen auch Überreste von Windmühlen. Wir steigen eine kleine Anhöhe empor und passieren neuerlich die Ruine einer Windmühle. Danach folgen wir einem Erdpfad, der leicht bergab führt und uns auf die Verbindungsstraße in Richtung Parkplatz Praia Grande in der Rua de Relvas leitet. Dieser Straße folgen wir nach rechts. Das letzte Stück des Weges gehen wir nun zunächst auf der Asphaltstraße. Wo diese nach rechts wegführt, gehen wir geradeaus weiter zum Parkplatz von **Praia Grande** ❶.

↗ 20 m | ↘ 20 m | 15.3 km

32 Strandwanderung auf der Ilha de Tavira

4.00 h

Grenzenloses Wandervergnügen auf Meereshöhe

Die Ilha de Tavira ist eine fast 11 km lange Insel, die der Flachküste von Tavira vorgelagert ist. Die Insel ist bekannt für besonders feinen Sand, für starke Windböen und endlose Weite. Die Praia da Ilha de Tavira (ganz im Osten gelegen und mittels Fähre erreichbar) wie auch die Praia do Barril bieten eine gute Infrastruktur für ausgedehnte Wanderungen oder für einen Nachmittag am Strand.

Ausgangspunkt: Pedras d'El Rei, 5 m. Anfahrt von Tavira auf der M515 sowie auf der M1347, 6 km; ausreichend Parkplätze am Ufer.
Anforderungen: Sehr einfache, gemütliche Strandwanderung.
Markierungen: Keine.
Einkehr: An der Praia do Barril, an der Praia da Ilha de Tavira und am Jachthafen von Tavira.
ÖPNV: Regelmäßige Busverbindung von Tavira nach Pedras d'El Rei; regelmäßige Bootsverbindung von der Praia da Ilha de Tavira zum Jachthafen Quatro Águas von Tavira, nahe dem Wende- bzw. Endpunkt der Wanderung.

Tipp: 1) Von Pedras d'El Rei bis zur Praia do Barril kann man auch mit der Schmalspurbahn fahren, sie verkehrt besonders in der Hochsaison regelmäßig. 2) Wer nicht zu Fuß zurückgehen möchte, kann mit dem Taxi nach Pedras d'El Rei fahren (ca. 7 €). 3) Die Stadt Tavira besitzt ein schönes geschlossenes historisches Stadtzentrum. Tavira wurde wahrscheinlich von den Phöniziern gegründet, hat aber auch bedeutende Hinterlassenschaften aus römischer und muslimischer Zeit. Sehenswert sind unter anderem die Festung von Tavira, die Kirche Santa Maria do Castelo sowie die alte Römerbrücke.

Schmalspurbahn von Pedras d'El Rei nach Praia do Barril.

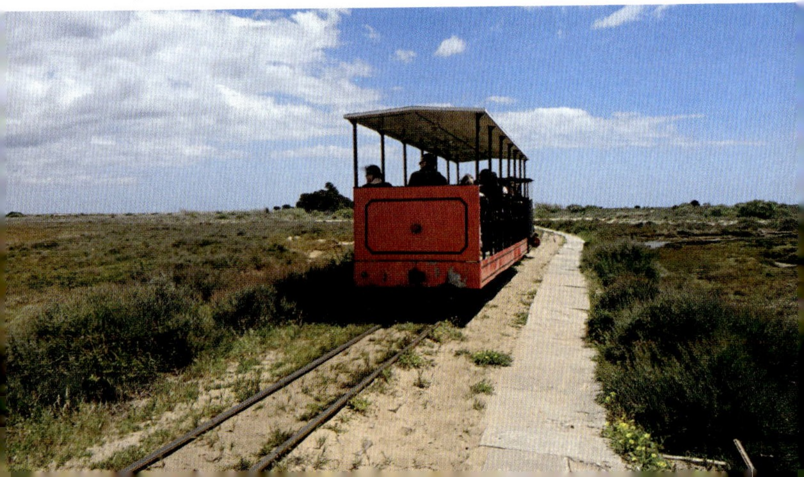

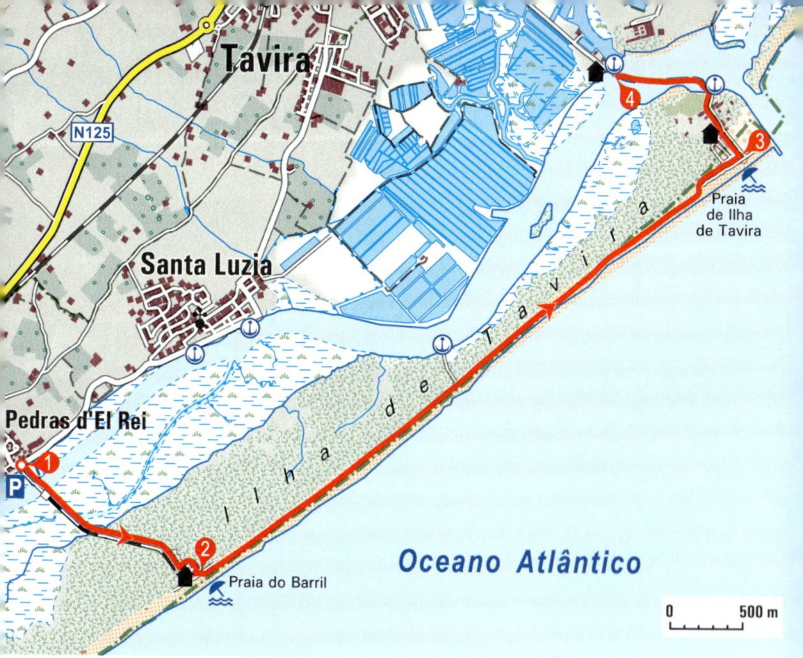

Wir starten die Wanderung am Wattufer bei **Pedras d'El Rei** ❶. Von hier gehen wir über die Fußgänger-Ponton-Brücke auf die Ilha de Tavira. Dort wandern wir auf einem Plattenweg neben dem Gleis der Schmalspurbahn quer über die Insel in Richtung Praia do Barril. Der Fußweg verläuft zum Teil im Schatten von Bäumen und Sträuchern. An der **Praia do Barril** ❷ erwartet uns jenseits der Dünen ein schier endlos weiter Sandstrand. In den Gebäuden der ehemaligen Küstenwache sind inzwischen Restaurants und Geschäfte eingezogen. Ein Bummel durch die geschmackvoll eingerichteten Gebäude ist lohnend. Danach gehen wir weiter zum Strand und blicken auf den schier endlosen Sandstrand der 11 km langen Insel. Links der Gebäude befindet sich ein Kuriosum: ein »Ankerfriedhof«. Wir wandern am Strand nach links, also Richtung Nordosten.

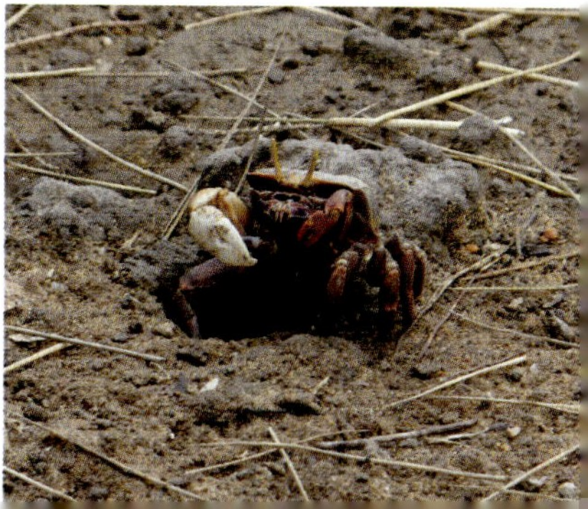

Eine Krabbe auf der Ilha de Tavira.

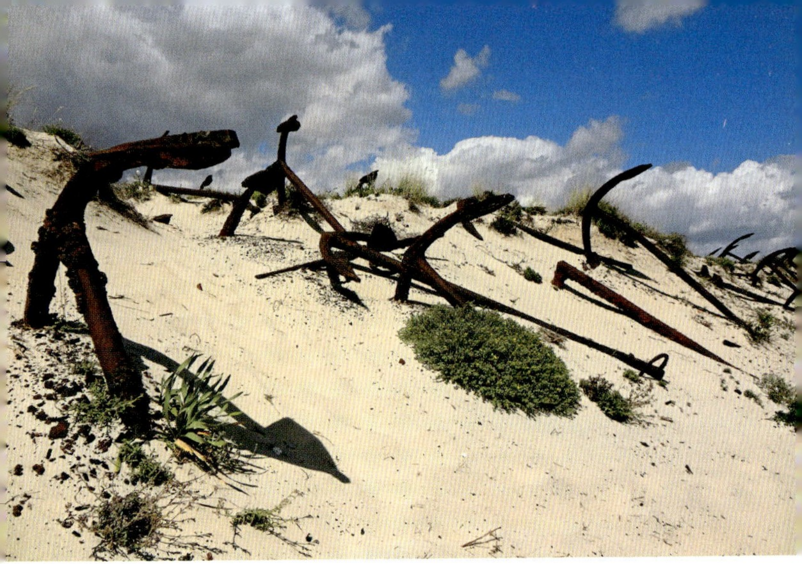

Nahe der Strandsiedlung an der Praia do Barril gibt es einen »Ankerfriedhof«, wo viele alte Anker ausgestellt sind.

Die Wanderung bietet wenig Spektakuläres, die eindrucksvolle Weite der Sandküste, der erfrischende Wind am weiten Strand und das Rauschen des Meeres sind jedoch genug Zutaten für einen genussreichen Spaziergang. Interessant zu beobachten sind auch – je nach Tageszeit – Muschel- und Schneckensammler, die in großen, engmaschigen Netzen die Tiere aus dem flachen Sand mit Hilfe der Wellen »abernten«. Nach rund 4,5 km tauchen die ersten Häuser der Strandsiedlung an der **Praia da Ilha de Tavira** 3 auf. Auf einem Holzbohlenweg gehen wir nach links und durchqueren die Insel bis zur Bootsanlegestelle. Links und rechts gibt es zahlreiche Geschäfte und Restaurants. Die Überfahrt zum Jachthafen Quatro Águas von **Tavira** 4 dauert nur wenige Minuten. In der Hochsaison verkehren die Boote in kurzen Intervallen.
Wir kehren auf demselben Weg zurück oder nehmen uns ein Taxi.

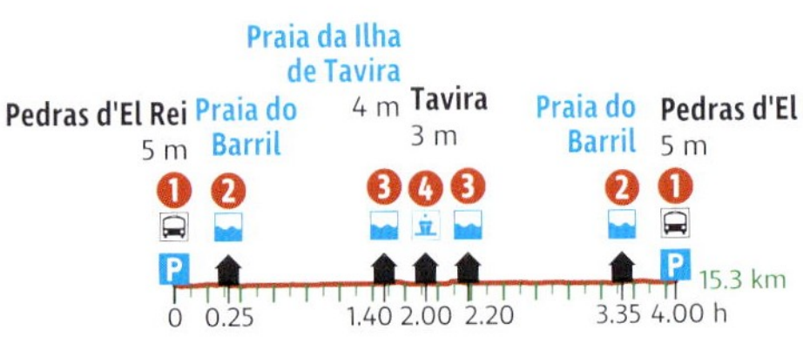

↗ 60 m | ↘ 60 m | 10.7 km

3.00 h

Im Reserva Natural do Sapal

33

Durch die Lagunenlandschaft südlich von Castro Marim

Der Naturpark von Sapal ist eine ausgedehnte Lagunenlandschaft zwischen Castro Marim, Vila Real de Santo António und Monte Gordo. Verschiedene Watvögel (z. B. auch Flamingos) kann man hier beobachten. Auch die großen Salzberge westlich von Castro Marim sind eindrucksvoll. Leider beinhaltet die Rundwanderung auch einige stark befahrene Straßen.

Ausgangspunkt: Castro Marim, 26 m, großer Parkplatz am Ortseingang, von Norden kommend rechts neben der Festung.
Anforderungen: Einfache Rundwanderung ohne nennenswerte Steigungen, jedoch zum Teil an stark befahrenen Asphaltstraßen (Castro Marim–Vila Real de Santo António).
Markierungen: Der erste Wegabschnitt verläuft zum Teil auf dem Guadiana-Weitwanderweg (GR 15); der Weg durch die Lagune ist kaum markiert, aber einfach zu finden.
Einkehr: In Castro Marim.
ÖPNV: Die Kreishauptstadt Castro Marim ist gut an das öffentliche Busnetz angebunden.
Tipp: In Castro Marim sollte man einen Besuch der alten Festung nicht versäumen. Die Burg wurde im 13. Jh. in der Zeit König Alfons III. erbaut. Die Festungsgebäude wie auch die Burgkapelle sind sehenswert. Auf dem Gelände befindet sich auch ein völkerkundliches Museum. Auch der Ausblick auf die Ortschaft und das Mündungsgebiet des Guadiana-Flusses ist bemerkenswert.

Flamingos in der Lagune von Castro Marim.

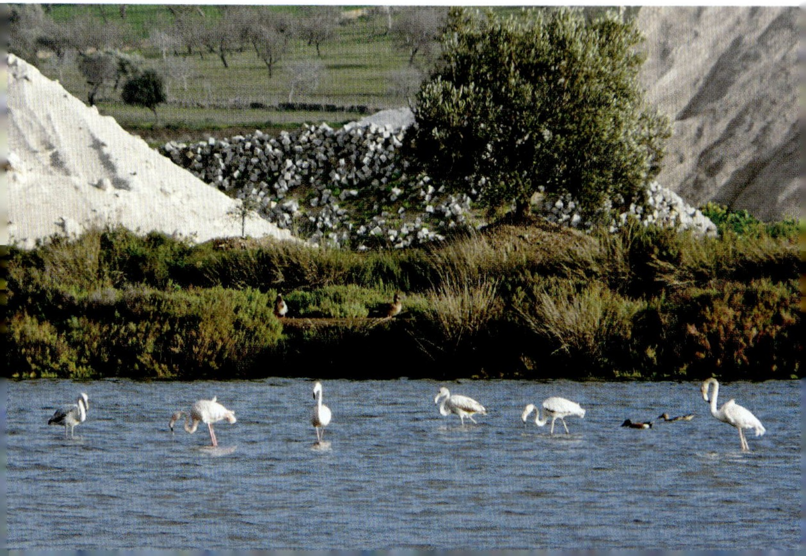

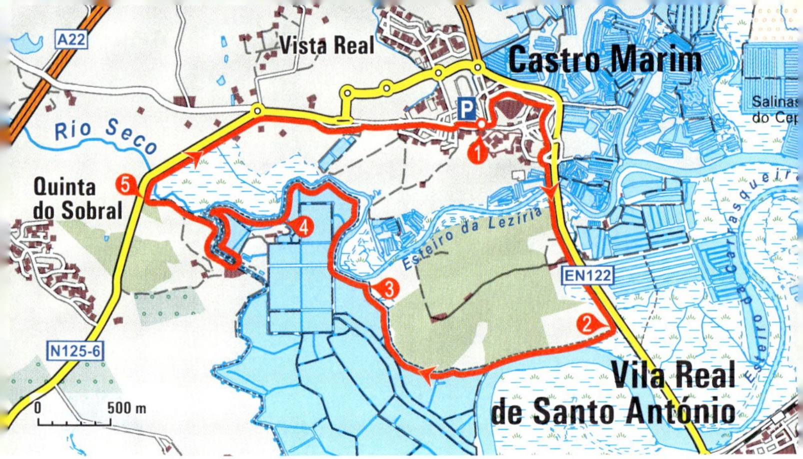

Von Parkplatz in **Castro Marim** ❶ gehen wir auf die eindrucksvolle Festung zu und folgen der Rua 25 de Abril im Uhrzeigersinn um den Festungshügel herum. Sie mündet in die Rua 26 de Janeiro, die in die Straße João da Guarda Cabreira übergeht. Dann erreichen wir bereits die stark befahrene Parallelstraße zur N122/IC 27. Hier treffen wir auf die weiß-roten Markierungen des Guadiana-Weitwanderweges. Wir folgen dem Straßenverlauf in Richtung Vila Real de Santo António und verlassen Castro Marim allmählich. Auf einer Straßenbrücke überqueren wir einen Zufluss und blicken in ein weites Marschenland. Unser Weg führt auf der rechten Seite der Straße in Richtung Süden; stellenweise kann man auf einen parallel verlaufenden Wiesenpfad oder Radweg ausweichen. Nach etwas mehr als 1 km entlang dieser Straße nähern wir uns erneut einem großen Flusslauf, dem Esteiro

Dammweg in der Lagune von Castro Marim.

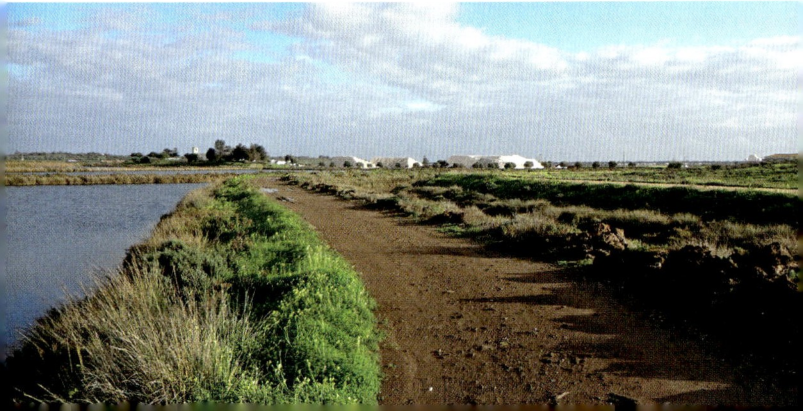

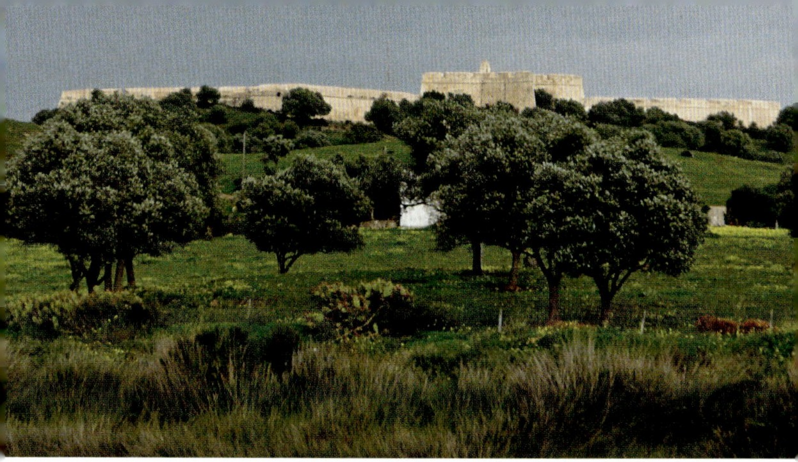

Blick auf die Festung von Castro Marim.

da Carrasqueira. Noch bevor wir diesen erreichen, zweigen wir nach rechts auf einen **Dammweg** ❷ in die Lagune ab. Die breite Erdstraße verläuft durch Marschenland. Rechts des Weges liegt Bauernland (Weiden und Olivenbäume), links des Weges die weite Lagunenlandschaft mit reicher Vogelpopulation: Möwen, Störche und Flamingos sind hier regelmäßig zu sehen. Wir folgen dem gut erkennbaren Dammweg. An der Gabelung beim Flussknie wählen wir den rechten Wegverlauf, der vom Fluss wegführt. Bald stoßen wir auf einen anderen Flusslauf und wandern am rechten Flussufer entlang. Salinen mit mächtigen Salzhügeln sind links zu erkennen, nach rechts bietet sich ein eindrucksvoller Blick auf die Festungen von Castro Marim. Bei der Einmündung des **Esteiro da Lezíria** ❸ gehen wir einen Bogen aus, der uns sehr nahe an die **Salzfabrik** ❹ heranführt.

Wir überqueren einen Kanal und wandern ein Stück parallel zu unserem gerade gegangenen Weg auf einer breiten Erdstraße aus dem Naturschutzgebiet hinaus bis zur Straße **N 125-6** ❺. Dieser folgen wir im Anschluss nach rechts in Richtung Castro Marim. Die Straße führt zunächst durch eine Art Allee, stellenweise können wir auf einen Radweg ausweichen. Nach einem Kreisverkehr gehen wir nach rechts und sehen bald die ersten Häuser der Ortschaft. Wir folgen dieser Straße bis zum Parkplatz von **Castro Marim** ❶.

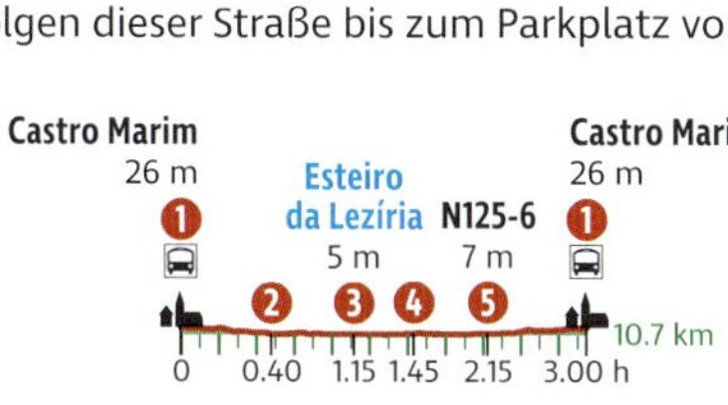

TOP

34

Rund um Azinhal dos Mouros

↗ 400 m | ↘ 400 m | 16.2 km

5.30 h

In den Flusstälern von Vascanito und Vascão

Von der touristischen Algarve ist in Azinhal dos Mouros, ganz an der Grenze zum Alentejo, nichts zu spüren. Die Gemeinde Ameixial, zu welcher Azinhal dos Mouros gehört, zählt zu den am dünnsten besiedelten Gebieten Portugals überhaupt. Schieferberge, Flusstäler, verlassene Bauernhöfe und ursprüngliches Leben abseits der Zivilisation prägen das Landschaftsbild und vermitteln den Reiz eines Ausflugs in die Vergangenheit.

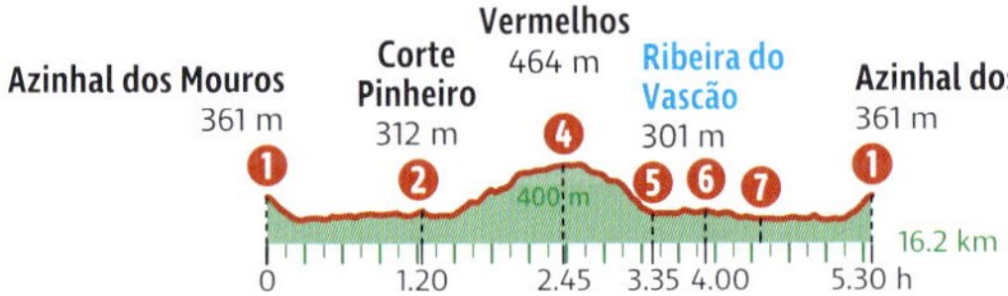

Ausgangspunkt: Azinhal dos Mouros, 361 m, Ortseingang, Parken an der Zufahrtsstraße. Anfahrt von Loulé auf der N396 in Richtung Barranco Velho, dann auf der N2 in Richtung Ameixial, nach der Ausfahrt in Richtung Beja, die erste Abzweigung nach links (rund 500 m ab Ortsrand von Ameixial); weiter zum Ortseingang von Azinhal dos Mouros, 42 km.
Anforderungen: Lange Wanderung auf meist gut markierten Wegen; einige steile Anstiege.
Markierungen: Meist gelb-rot. Wegbezeichnung »Azinhal dos Mouros« (»Percurso Pedestre 19« von Loulé).
Einkehr: Keine.
ÖPNV: Keine Möglichkeit.
Variante: Vom Ortseingang von Azinhal dos Mouros der Straße in Kehren bis zur Brücke folgen.

Das abgelegene Dorf Azinhal dos Mouros.

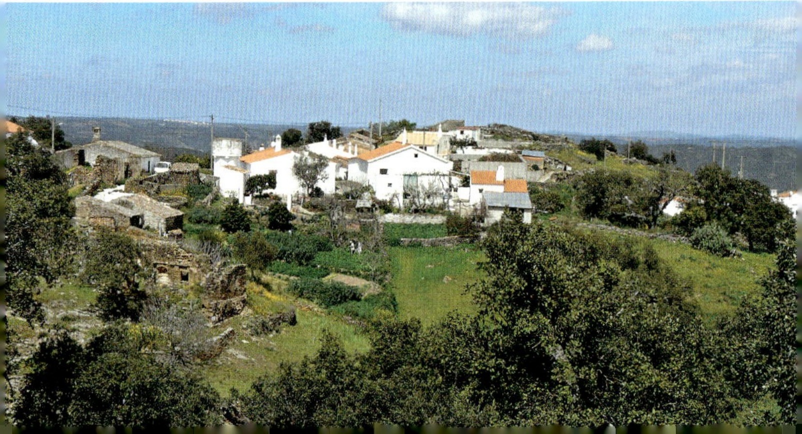

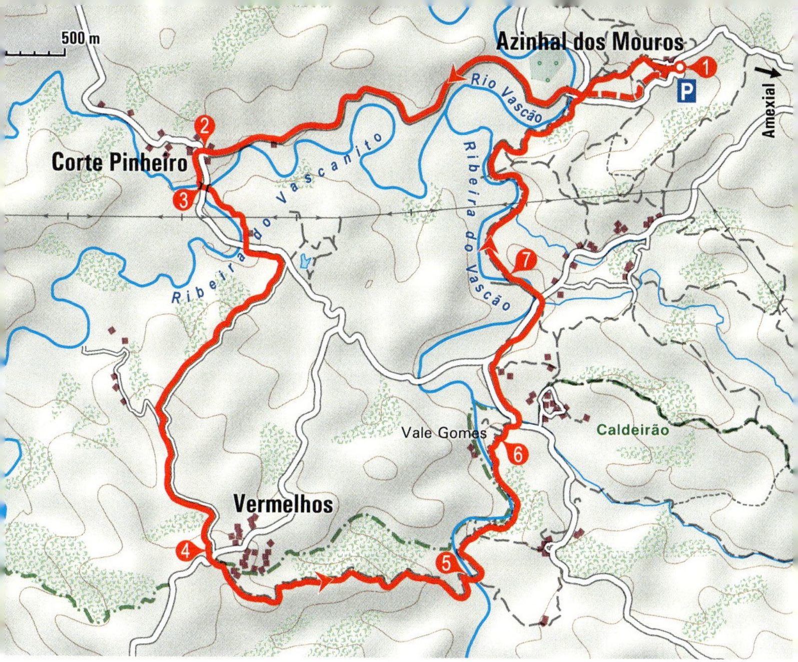

Wir starten die Rundwanderung am Ortseingang von **Azinhal dos Mouros** ❶. Über Steinstufen steigen wir am Dorfrand ab und folgen einem kaum erkennbaren Pfad bergab in Richtung Flusstal. An einer Gabelung wählen wir den linken Schotterweg. Diesem folgen wir bis zur Straße (hier treffen wir auf die Variante), biegen rechts in diese ein und überqueren auf einer Steinbrücke den Rio Vascão. Danach wandern wir auf einer breiten Erdstraße nach links leicht bergan. Rechts des Weges liegt ein kreisrundes Gehege für Ziegen und Schafe. Der Weg verläuft nun einige Zeit entlang der Ribeira do Vascanito. Wir übersteigen einen flachen Höhenriegel, bleiben aber in der Ribeira und auf der breiten Erdstraße mit Blick in das Flusstal. Allmählich tauchen die ersten Häuser der kleinen Siedlung **Corte Pinheiro** ❷ auf. Noch bevor wir in das Zentrum der Siedlung kommen, zweigen wir nach links auf eine Asphaltstraße ab und wandern in Richtung Vascanito.
Bei der **Brücke** ❸ treffen wir auf eine schwierige Passage. An dieser Stelle mündet ein kleiner Bach in den Fluss ein. Wir überqueren einen einmündenden Bachlauf und folgen dann dem Vascanito. Danach wandern wir auf einem Wiesen- und Steinpfad entlang des Bachlaufes in südöstliche Richtung weiter. Als Orientierungspunkt dient eine Hochspannungsleitung, die wir unterwegs unterqueren. Bald erreichen wir bei einer Brücke wieder die

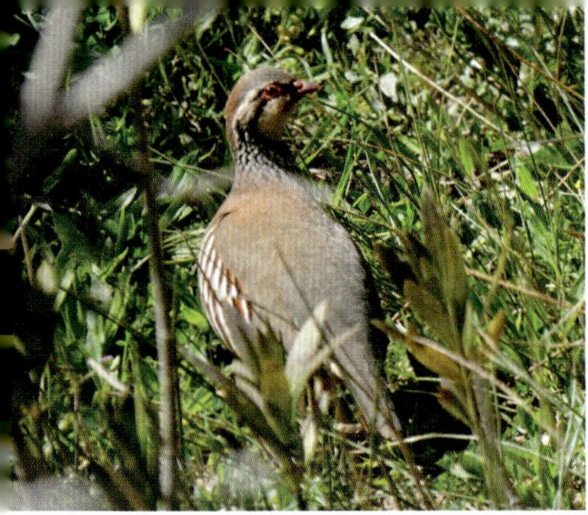

Ein Steinhuhn.

an der vorherigen Brücke verlassene Asphaltstraße. Dieser folgen wir etwa 400 m nach links. Nach einer leichten Rechtskurve zweigt unser Wanderweg nach rechts ab auf eine Erdstraße. Auf dieser wandern wir rund 30 Minuten durch eine eindrucksvolle Schieferhügellandschaft konstant bergan. Im April und Mai sind die Hänge von Zistrosen übersät. Auf einer Anhöhe stoßen wir auf einen Weg, dem wir nach links folgen. Nach einem kurzen Abstieg folgt wieder ein Anstieg. Rechts des Weges können wir die Überreste einer alten Windmühle erkennen. Links des Weges passieren wir wenig später die ersten Häuser der Siedlung Vermelhos. Erneut treffen wir auf Überreste einer Windmühle (rechts) und wenig später queren wir nahe **Vermelhos** ❹ eine Asphaltstraße. Der markierte Weg führt nicht durch das Dorf, sondern am Dorf vorbei. Wir zweigen von der Straße nach links auf eine schmale Asphaltstraße ab und gehen wenig später nach rechts weiter und an einem Bauernhof mit vielen Hunden vorbei. Der Erdweg wird bald zum Pfad, der durch schöne Korkeichenwälder führt. Nach links hat man einen großartigen Blick auf das am Hügel gelegene Dorf. Der Weg führt konstant bergab in Richtung Flusstal. Rechts sieht man weitere Überreste (Grundrisse) von Windmühlen. Wir queren die **Ribeira do Vascão** ❺ auf Trittsteinen, danach steigt der Weg nach links bergan und folgt dem Flusslauf durch eine äußerst reizvolle Landschaft. Bei einer Wegverzweigung nehmen wir den linken, markierten Weg bergab in Richtung Flusstal. Wenig später dreht der Weg vom Flusslauf weg und führt durch ein Zistrostenfeld bergan zum Weiler **Vale Gomes** ❻.
Dort zweigt der Weg nach rechts ab und gelangt in einem Bogen hinunter zur Asphaltstraße. Dieser folgen wir nach links. Bei der nächsten Kreuzung gehen wir nach rechts weiter in Richtung »Azinhal dos Mouros« und »Porto Largo«. Wo diese Straße dem Fluss ganz nahe kommt, zweigen wir steil nach links auf den markierten Weg in Richtung Flusstal ab. Nochmals überqueren wir den Vascão auf Trittsteinen und folgen dem Pfad am jenseitigen Flussufer. Bald queren wir die **Ribeira do Vascão** ❼ erneut. Danach führt der Weg am rechten Flussufer als schmaler Graspfad weiter. Wir steigen etwas an und wandern auf einem Terrassenweg. Links von uns taucht ein kleiner Bauernhof auf. Danach geht es wieder in Richtung Flusstal bergab. Kurz vor dem Fluss zweigen wir rechts ab, gehen durch eine Wiese und danach auf einem Hangweg wieder am Flusslauf entlang, bis wir die Brücke erreichen. Ab hier kehren wir auf dem Hinweg zurück nach **Azinhal dos Mouros** ❶.

↗ 410 m | ↘ 410 m | 11.4 km

3.30 h

Im kargen Hochland um Corte de Ouro

35

Rundwanderung um das Dorf mit den strohgedeckten Rundhäusern

Nirgends kann man das ursprüngliche Landleben der nördlichen Algarve unmittelbarer erleben als in der Gegend von Ameixial, wenige Kilometer vor der Grenze zum Alentejo. Hier scheint die Zeit stehen geblieben zu sein. Winzige, kaum zugängliche Dörfer liegen auf der Hochebene der Serra do Malhã und werden nur noch von wenigen Bauernfamilien bewohnt. So haben sich hier wie auch im nahe gelegenen Mealha alte Traditionen erhalten, wie z. B. einige strohgedeckte Rundhäuser. Die Rundwanderung führt über das Hochland, durch das Flusstal des Corte und vorbei am Dolmen von Beringal.

Ausgangspunkt: Corte de Ouro, 460 m, westlicher Ortseingang. Anfahrt von Loulé auf der N396 in Richtung Barranco Velho, dann auf der N2 in Richtung Ameixial weiter; von dort auf der M504 bis nach Corte de Ouro, 45 km; Parkplatz bei den Ruinen einer Windmühle.

Anforderungen: Einige Anstiege auf einem zumeist markierten Weg.
Markierungen: Meist gelb-rote Markierung. Wegbezeichnung »Corte de Ouro« (»Percurso pedestre« von Loulé).
Einkehr: Keine.
ÖPNV: Keine Möglichkeit.

Der Dolmen von Beringel.

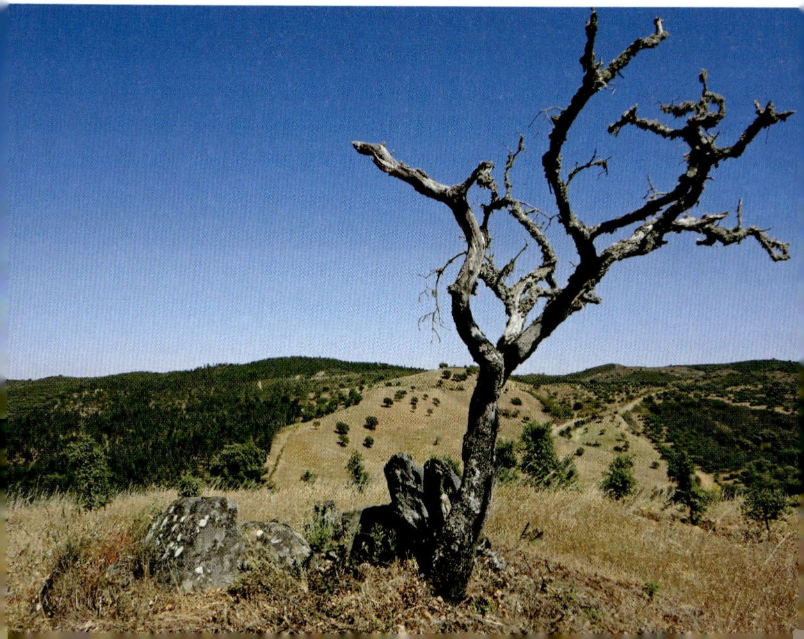

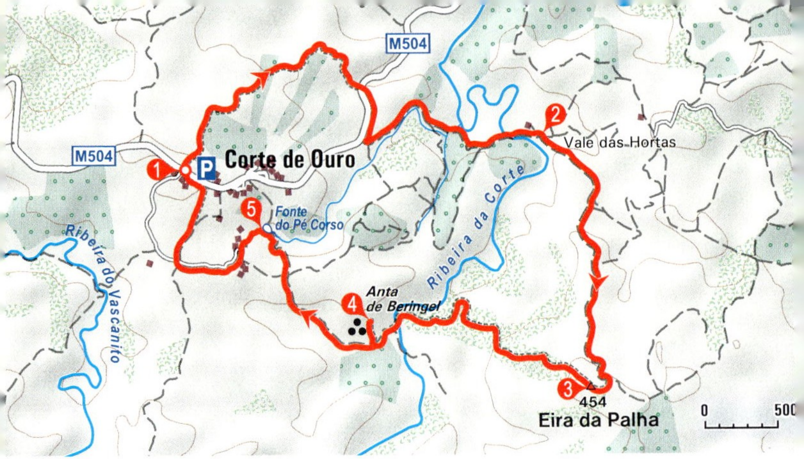

Von den Ruinen der Windmühle kurz vor **Corte de Ouro** ❶ gehen wir auf der Straße M504 in Richtung Dorf. Nach wenigen Metern biegen wir links ab auf eine Schotterstraße (markiert), auf der wir leicht bergab gehen. Anfangs begleitet eine Steinmauer auf der rechten Seite den Wegverlauf. Wir durchwandern eine Landschaft aus Weiden und mit kleinen Bauernhöfen. Wälder gibt es hier kaum. Bei einer Wegkreuzung gehen wir geradeaus weiter und kommen auf einen Hügelrücken mit Blick auf Corte de Ouro. Im Anschluss führt der Weg erst leicht bergab durch einen lichten Eichenwald, dann wieder etwas bergan. Nach rund 1,5 km zweigen wir scharf rechts ab. An der Gabelung gleich darauf wählen wir erneut den rechten Wegverlauf (hier fehlt die Markierung) und wandern auf einer breiten Erdstraße bergab auf eine Asphaltstraße (M504) zu. Bevor wir diese erreichen, queren wir eine Talsenke. Dann folgen wir der M504 nach rechts leicht bergan. Nach rund 300 m zweigt unser Weg scharf links auf eine Erdstraße in Richtung »Vale das Hortas« ab. An der Gabelung nehmen wir den linken Weg, der geradeaus bergab (und nicht parallel zur Asphaltstraße) in das Flusstal des Corte führt. Vor dem Talgrund macht der Weg eine große Rechtskurve. Rechts des Weges sind Oliven- und Eichenbäume zu sehen, links Schirmpinien.
Auf Trittsteinen überqueren wir die Ribeira da Corte und steigen zu dem weitgehend verlassenen Weiler **Vale das Hortas** ❷ auf. Dort halten wir uns rechts und wandern auf einer breiten Erdstraße durch eine schöne Hügellandschaft. Links des Weges blicken wir auf einen Teich. Bei der nächsten Wegverzweigung nehmen wir den linken Wegverlauf (markiert) und steigen etwas bergan. Neuerlich liegt ein Teich links des Weges und wir durchwandern einen jungen Seekiefernwald, dann ein kleines Eukalyptuswäldchen. Nach einem verlassenen Haus rechts des Weges steigen wir nach rechts hoch zum Gipfel **Eira da Palha** ❸, 454 m.

Danach verläuft unser Weg durch einen Eukalyptuswald bergab. Bei einer Wegverzweigung wählen wir den steil bergab führenden Weg und folgen der Markierung bis ins Tal. Danach müssen wir einen leichten Gegenanstieg bewältigen, bevor sich der Weg gemächlich im Eukalyptuswald fortsetzt. Rechts des Höhenrückens, auf dem unser Weg verläuft, liegt das Flusstal des Corte. Wir steigen zum Fluss ab und queren diesen auf einem einfachen Übergang. Auf der anderen Flussseite folgen wir noch ein Stück einem Zufluss. Hier verläuft unser Weg ein Stück auf dem Weitwanderweg »Percurso Descoberta« (GR 23).

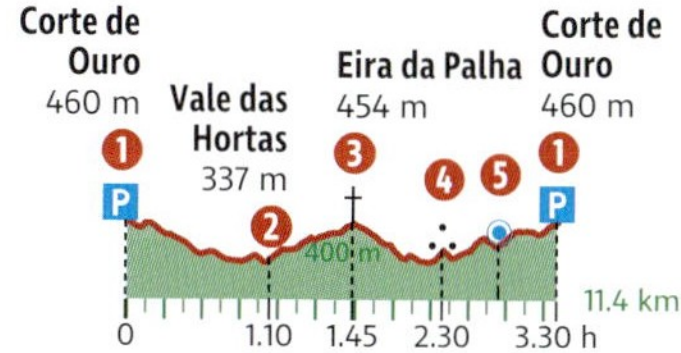

Eine Stichstraße bringt uns nach rechts hinauf zum 200 m entfernten **Anta de Beringel** 4, einem Dolmen aus der Megalithzeit. Danach gehen wir die 200 m zurück zum Hauptweg und auf diesem nach rechts entlang eines Baches leicht bergan. Bei der nächsten Wegverzweigung nehmen wir den rechten Weg, der uns auf eine Höhenkuppe mit Blick auf das Dorf Corte de Ouro führt. Jenseits des Höhenzuges steigen wir wieder ab zu einem Flusstal. Sehenswert ist hier die schön gemauerte **Fonte do Pé Corso** 5, ein alter Brunnen. Hier biegt unser Weg nach links oben ab und gelangt in den Weiler Aldeia Nova. Am Ende der Siedlung wandern wir nach rechts auf einem Asphaltsträßchen bergab. Nach rund 300 m zweigen wir noch einmal rechts ab und wandern leicht bergab. Kurz vor Corte de Ouro verlässt der Erdweg noch einmal den Hauptweg und führt nach links einen Hügel hoch. Wir passieren ein schönes Steinhaus und erreichen schließlich die M504, der wir ein kurzes Stück nach links bis zu den verfallenen Windmühlen westlich von **Corte de Ouro** 1 folgen.

Esel werden im Hinterland der Algarve bis heute als Arbeitstiere verwendet.

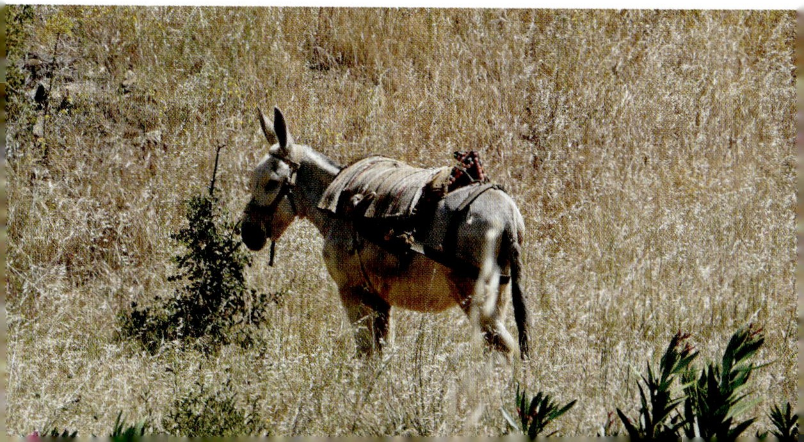

↗ 250 m | ↘ 250 m | 9.4 km

36 Zum großen Dolmen von Pedras Altas bei Mealha

3.15 h

Rundwanderung zwischen den Dörfern Mealha und Redonda

Mealha kann mit Fug und Recht als das Wanderdorf der Algarve bezeichnet werden. Von hier starten allein drei Halbtages- und Tageswanderungen, und auch die Dreitagestour um Cachopo (GR 23) verläuft durch den weitab der Küste gelegenen Ort. Diese Rundwanderung führt zunächst auf einen Höhenrücken nahe Mealha, zu dem großen Dolmen von Pedras Altas. Danach passiert man einen verlassenen Weiler in der Nähe von Valeira, um anschließend durch Eukalyptuswälder in das Flusstal des Foupana nach Redonda abzusteigen. Der Rückweg führt wieder durch ausgedehnte Eukalyptuswälder.

Ausgangspunkt: Mealha, 322 m, bei der großen Wandertafel am Ortseingang. Auf dieser sind alle in Mealha beginnenden Wanderwege beschrieben. Anfahrt von Loulé auf der N 396 Richtung Barranco Velho, dann auf der N2 Richtung Ameixial, von dort auf der M504 nach Mealha, 50 km. Parkmöglichkeit bei der Wandertafel am Ortseingang.
Anforderungen: Einfache Wanderung auf einem meist markierten Weg. Auf einigen Abschnitten im Wald ist eine lange Wanderhose zu empfehlen, weil der Weg stellenweise stark verwachsen ist.
Markierungen: Meist gelb-rote Markierung. Wegbezeichnung »Percurso Antas das Pedras Altas« (»Pequena Rota 9« von Loulé).
Einkehr: Keine Möglichkeit.
ÖPNV: Keine Möglichkeit.

Der verlassene Weiler Currais da Valeira.

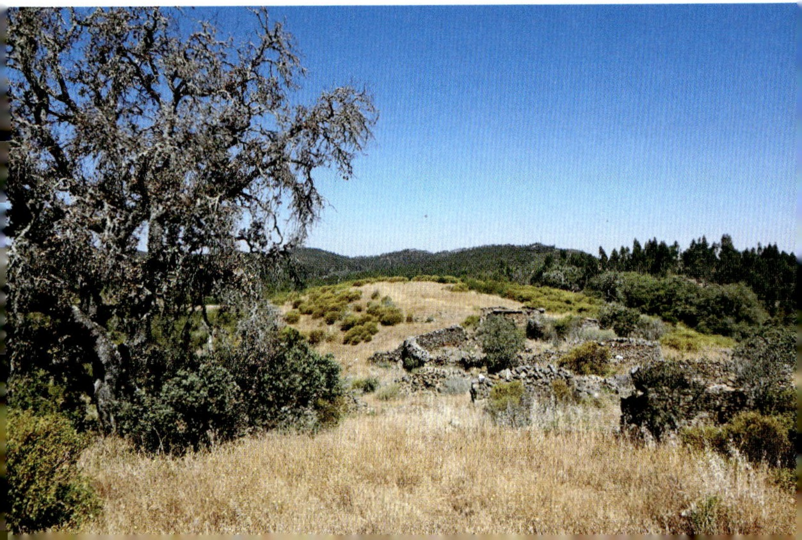

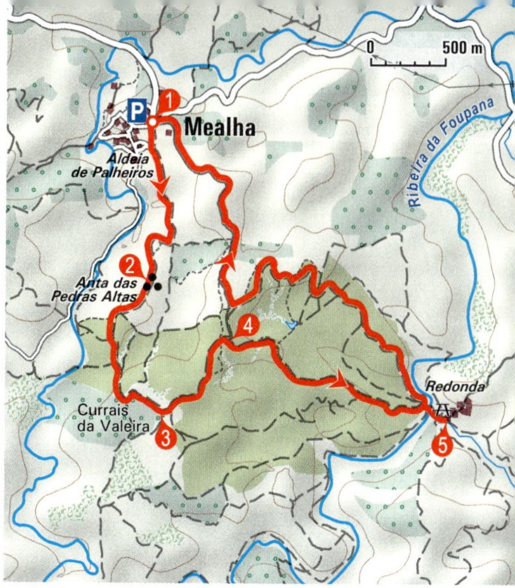

Von der Informationstafel, die Ausgangspunkt aller Wanderwege bei **Mealha** ❶ ist, gehen wir ein kleines Stück auf der M504 dorfauswärts und biegen bei der Wegkreuzung, die Markierung unseres Weges (PR 9) beachtend, nach rechts ab. Unser Weg folgt zunächst einer Erdstraße mit Blick auf das Dorf. Schon nach wenigen Metern kommen wir zu einer ersten Sehenswürdigkeit, dem sogenannten »Strohdorf« Aldeia de Palheiros, das rechts des Weges liegt. Es handelt sich dabei um einige aus Stein errichtete Rundhäuser mit Strohdächern. Früher wurden um Mealha viele Häuser in dieser Form gebaut. Es sind jedoch nur noch wenige Überreste vorhanden. Im Anschluss wandern wir auf der Erdstraße weiter, zunächst ein Stück bergab und bei der nächsten Wegverzweigung steigen wir geradeaus einen Höhenrücken bergan, der noch einmal einen Blick zurück auf das Dorf Mealha ermöglicht. Anschließend übersteigen wir eine Kuppe, gehen etwas bergab und erreichen ein Bachbett, das wir überqueren müssen. Danach verläuft der Weg entlang des Flusslaufes. Bei dem Schild »Antas das Pedras Altas« zweigen wir nach rechts ab und steigen zunächst leicht, später steiler bergan. Schon bald erreichen wir eine Anhöhe. Vor einer Hochspannungsleitung biegen wir nach links ab und gehen noch einmal ein Stück bergan. Dann geht es etwas bergab und im Gegenhang wieder bergan. Bald ist bereits der Dolmen **Anta das Pedras Altas** ❷ zu sehen. Dieser liegt auf einem Hügel und ist beeindruckend groß.

Nun wandern wir auf dem markierten Weg weiter auf dem Höhenrücken in Richtung eines lichten Eukalyptuswäldchens. Der Weg führt in leichtem Auf und Ab durch diesen Wald hindurch. Nach einem etwas steileren Abstieg kommen wir zu einer Wegekreuzung, bei der wir dem linken Wegverlauf folgen. Rechter Hand wird unser Weg in der Folge von einem Flusstal begleitet. Schon bald steigen wir

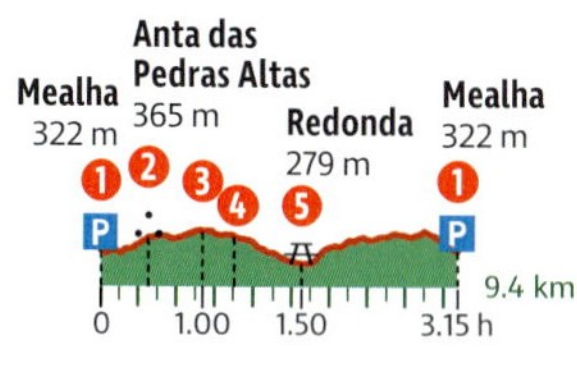

von dieser Flussniederung wieder auf einem breiten Erdweg den nächsten Hang bergan. Von hier sehen wir nach rechts auf den Weiler **Currais da Valeira** 3, eine verlassene Almsiedlung. An der folgenden Kreuzung halten wir uns links und wandern wieder in Richtung des Eukalyptuswaldes. Der Weg verläuft auf einer breiten Erdstraße durch den Wald. An einer weiteren großen **Kreuzung** 4 halten wir uns rechts in Richtung »Redonda«. Wir wandern durch einen Eukalyptuswald und später durch einen jungen Seekiefernwald bergab in das Flusstal der Foupana bzw. in das Dorf **Redonda** 5, das man schon aus einiger Entfernung sehen kann. Das Dorfzentrum liegt jenseits des Flusses. Am Dorfeingang gibt es einen großen Picknickplatz.

Vom Dorf wandern wir ein kleines Stück zurück zur Kreuzung knapp nach dem Fluss. Dort wählen wir den rechten Weg hangaufwärts. Wieder führt der Weg durch lichten Seekiefernwald und den Eukalyptuswald. Der Weg geht in einen Pfad über, führt weiterhin bergan und ist stellenweise verwachsen. Auf diesem Abschnitt muss man sehr aufmerksam auf die Markierung achten. Schon bald steigen wir aber zu einer breiteren Waldpiste hoch und folgen dieser weiterhin leicht bergan. Entlang des Weges findet man hier immer wieder Bienenstöcke. Im Anstieg queren wir einen Bach, was etwas Kraxelei erfordert. Bei der nächsten Weggabelung halten wir uns nach rechts und wandern Richtung Mealha weiter. Wenig später verlassen wir den Wald und genießen die Aussicht in die Umgebung. Der letzte Abschnitt des Weges führt auf einer breiten Erdstraße über einen Höhenrücken, der südöstlich von Mealha liegt. Nach einem kurzen Abstieg erreichen wir die Informationstafel bei **Mealha** 1.

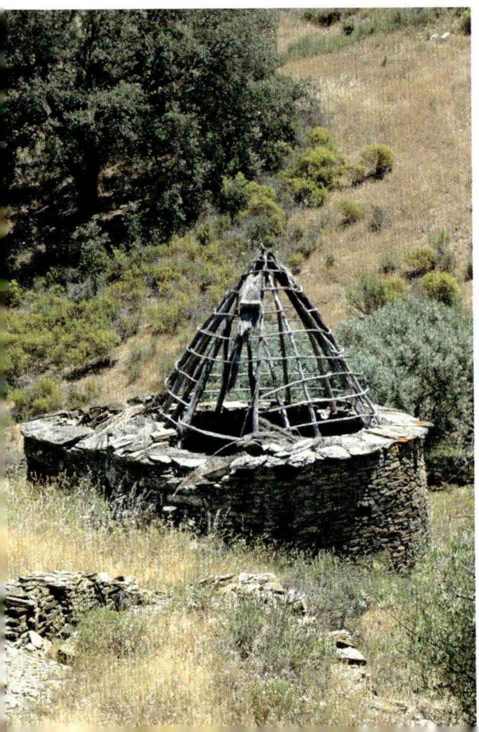

Früher gab es diese traditionellen Rundhäuser in vielen Dörfern der nördlichen Serra do Caldeirão. Heute sind nur noch wenige davon erhalten und die meisten von ihnen liegen in und um das Dorf Mealha.

↗ 140 m | ↘ 140 m | 5.5 km

2.00 h

Aufstieg zum Cerro da Masmorra bei Mealha

37

Kurze Rundwanderung zum Dolmen von Masmorra und zu den alten Rundhäusern von Mealha

Auf diesem Rundweg kann man viele Besonderheiten der Region in kurzer Zeit entdecken: die Überreste eines eindrucksvollen Hügelgrabes, die fruchtbaren Flusstallandschaften, wie auch ausgedehnte Mandelbaumpflanzungen und alte dörfliche Kultur.

Ausgangspunkt: Mealha, 322 m, bei der großen Wandertafel am Ortseingang. Auf dieser sind alle in Mealha beginnenden Wanderwege beschrieben. Anfahrt von Loulé auf der N 396 Richtung Barranco Velho, dann auf der N2 Richtung Ameixial, von dort auf der M504 nach Mealha, 50 km. Parkmöglichkeit bei der Wandertafel am Ortseingang.
Anforderungen: Einfache Wanderung auf einem meist markierten Weg.
Markierungen: Meist gelb-rot. Wegbezeichnung »Percurso da Masmorra« (»Pequena Rota 8« von Loulé).
Einkehr: Keine Möglichkeit.
ÖPNV: Keine Möglichkeit.

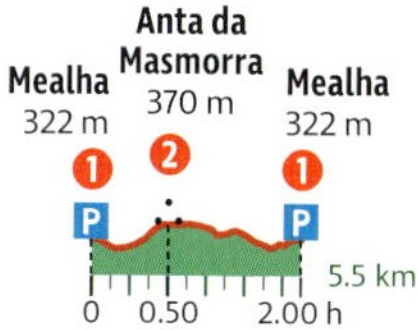

Der Dolmen von Masmorra.

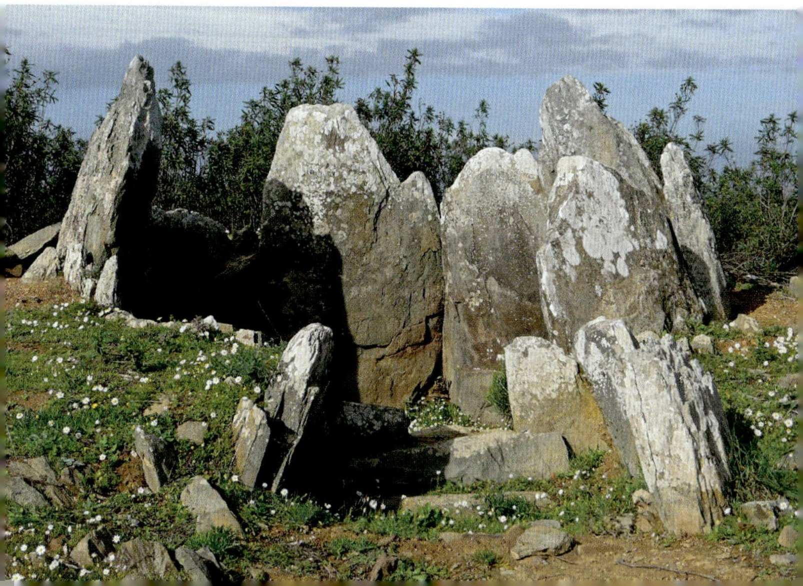

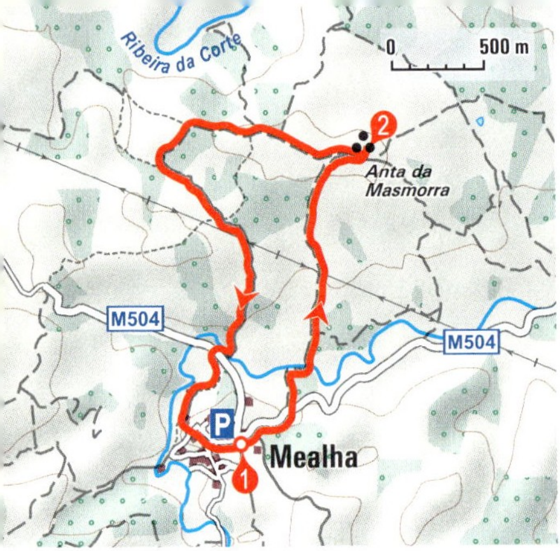

Von der Informationstafel am Ortseingang von **Mealha** ❶ gehen wir wenige Schritte dorfauswärts zurück zur Kreuzung. Dort folgen wir der Markierung unseres Weges (PR 8). Wir wandern zunächst rund 300 m auf der Straße in Richtung Cachapo und zweigen dann nach links auf eine Erdstraße ab. Diese führt leicht bergab in ein Flusstal. Den Fluss überqueren wir auf Trittsteinen. Danach folgen wir dem Weg geradeaus, der bald gemächlich ansteigt. Linker Hand wird der Weg von einem schmalen Bachlauf begleitet. Allmählich wird der Weg steiler und wir blicken nach links auf einen Teich (Wasserspeicher). Wenig später kommen wir zu einer Weggabelung, wo wir nach rechts durch einen Schirmpinienwald gehen. Der Weg mündet in eine breitere Erdstraße, der wir ein kurzes Stück nach rechts folgen. Dann bringt uns ein Stichweg nach links zu den Resten von zwei alten Windmühlen und von der Grabkammer des Hügelgrabes **Anta da Masmorra** ❷.

Orangenbaum in der nördlichen Hochebene der Algarve.

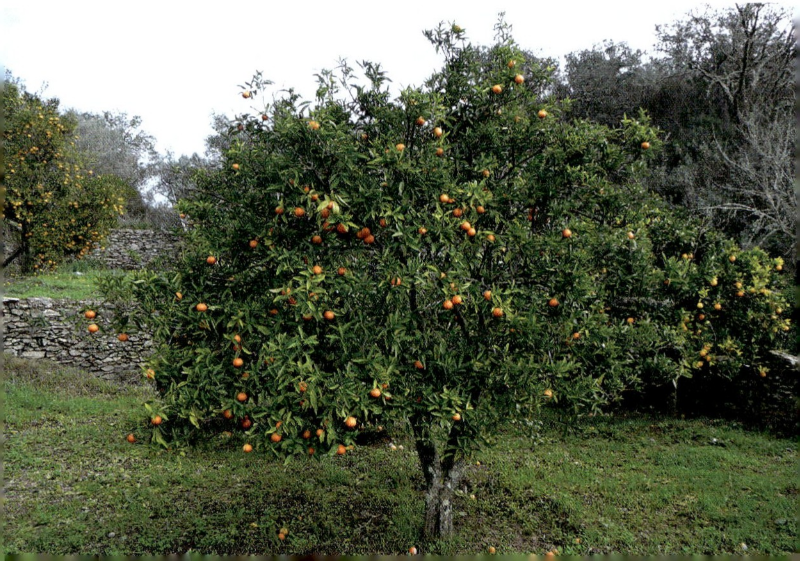

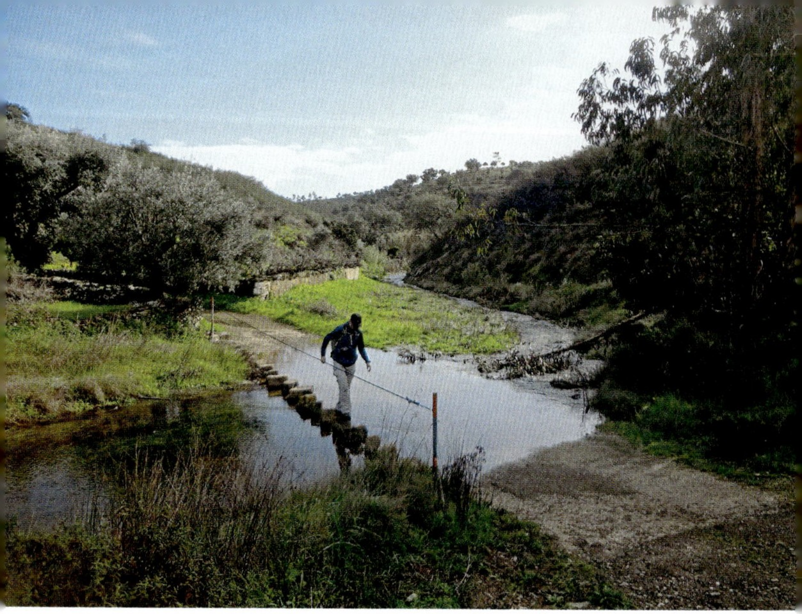

Flussquerung bei Mealha auf Trittsteinen und mit Unterstützung eines Halteseils.

Wir kehren an den Windmühlen vorbei zurück zur Erdstraße und folgen dieser nach rechts. Links von uns kann man auf das Dorf Mealha zurückblicken. Der Weg knickt leicht nach rechts, wir wandern weitgehend eben dahin und ignorieren Abzweigungen. Später lenken uns die Markierungen bei einer Weggabelung nach links und leicht bergab. Der Weg knickt nochmals nach links und fällt in der Folge steiler bergab. Rechts des Weges sieht man einige Teiche. Bald darauf kommen wir zu einer Kreuzung, die unser Weg geradeaus überquert. Anschließend verläuft er leicht nach links bergan. Wir gehen hier durch eine Landschaft mit Olivengärten, Zitrusfrüchten und Weinreben sowie ausgedehnten Anpflanzungen von Schirmpinienwäldern. Wir queren einen Weg, der eine Art Brandschneise ist, und gehen weiterhin bergab in Richtung Pinienwald.
Danach übersteigen wir nochmals eine Höhenkuppe und wandern bergab zum Flusstal. Wieder queren wir auf Trittsteinen das Gewässer, ein Halteseil hilft dabei. Danach steigen wir eine Erdstraße hoch, erreichen die M504. Dieser folgen wir ein kurzes Stück nach links, um gleich wieder nach rechts auf eine Erdstraße abzuzweigen (markiert). Wir gehen nun bereits auf das Dorf Mealha zu und sehen am Wegrand die Überreste von einigen Rundhäusern, die früher typisch für diese Region waren. Danach gehen wir durch das Dorf zur Informationstafel am Ortseingang von **Mealha** ❶.

↗ 200 m | ↘ 200 m | 9.1 km

38 Von Vale da Rosa in das verlassene Dorf Vale Luís Neto

3.00 h

Rundwanderung auf der Hochfläche des Pelados

Zwischen Barranco Velho und dem Gipfel des Pelados, 589 m, liegt eine heute wenig bewohnte Hochebene. Die Streusiedlung Vale da Rosa ist das letzte Dorf vor dem höchsten Punkt dieser kargen Landschaft. Früher gab es mehr Dörfer, die u. a. von der Korkproduktion gelebt haben. Vale Luís Neto ist ein Beispiel für ein verlassenes Dorf, das allmählich von der wuchernden Vegetation zurückerobert wird.

Ausgangspunkt: Vale da Rosa, 515 m, Picknickplatz an der N2 kurz nach dem Ortsschild der Streusiedlung. Anfahrt von Loulé auf der N396 in Richtung Barranco Velho, dann auf der N2 nach Vale da Rosa, 28 km. Parkplatz am Straßenrand.
Anforderungen: Einfache Wanderung auf Erd- und Asphaltstraßen; einige An- und Abstiege.
Markierungen: Meist gelb-rote Markierung. Wegbezeichnung »Vale da Rosa« (»Pequena Rota 10« von Loulé).
Einkehr: Keine Möglichkeit.
ÖPNV: Keine Möglichkeit.
Tipp: Der nahe gelegene Turm (nicht von innen zu besichtigen) auf dem flachen Gipfel des Pelados bietet von der Terrasse einen schönen Blick in die Landschaft der Serra do Caldeirão und der Serra do Malhão.

Wir starten am Picknickplatz an der N2, im Ortsgebiet von **Vale da Rosa** ❶. Von hier folgen wir nach rechts einem Asphaltsträßchen leicht bergab in Richtung »Fonte de Macieira« (Nordwesten). Am Einstieg ist der Weg nicht markiert, aber kurze Zeit später tauchen die ersten Markierungen auf. Wir wandern zunächst auf einer Art Wohnstraße mit Häusern und Gärten mit schönem Blick auf den Turm von Pelados. Bei einem weißen Haus (Garage) zweigt der Weg nach rechts ab und wir folgen weiterhin dem markierten Sträßchen durch die Streusiedlung Vale da Rosa. Auf einer schmalen Asphaltstraße steigen wir steil bergab und auf der Gegenseite wieder steiler bergan. Linker Hand liegen einige Bauernhöfe, verlassene, aber auch neu gebaute Häuser. Wir wandern in ein kleines Euklayptuswäldchen hoch und verlassen das Dorfgebiet.

Bald zweigt unser Wanderweg nach rechts auf einem gut markierten Pfad ab und führt bergab in das Flusstal des Vasconlihos. Der Weg-

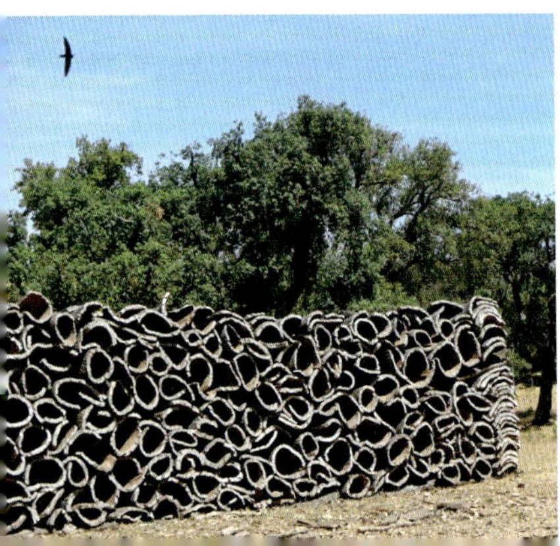

Korklager bei Vale Luís Neto.

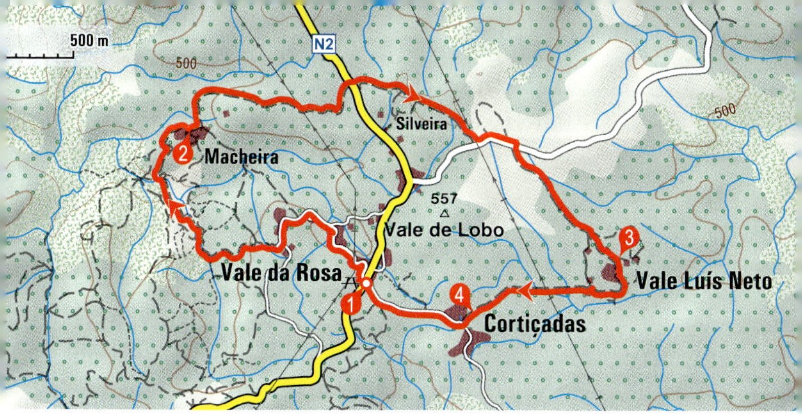

verlauf ist hier abschnittsweise stark verwachsen. Wir queren den schmalen Flusslauf und wandern in das Dorf **Macheira** ❷ hoch.

In der Mitte des Dorfes halten wir uns nach rechts und gehen auf einer breiten Sand- und Erdstraße in einem großen Linksbogen bergab, das Dorf verlassend. Im Anschluss steigt der Weg in einem großen Rechtsbogen wieder leicht bergan, immer mit Blick auf den Turm auf dem Pelados. Wir treffen auf die Landstraße N2, gehen kurz rechts und folgen gleich nach links einer markierten Erdstraße bergan in Richtung der Überreste einer ehemaligen Windmühle. Bevor wir diese erreichen, verzweigt sich der Weg; wir folgen dem rechten Wegverlauf leicht bergab zwischen Hausruinen hindurch. Danach kommen wir wieder zu einer Wegkreuzung. Hier wählen wir den Wegverlauf, der geradeaus über die Kreuzung und leicht bergan führt. In der Folge bleiben wir auf dem mehr oder weniger geradeaus führenden, gut markierten Hauptweg. In der Nähe einer Hochspannungsleitung mündet unser Erdweg in eine asphaltierte Straße ein, der wir für rund 300 m nach links folgen. Bei einem kleinen Wäldchen verlassen wir sie nach rechts und folgen einer breiten Erdstraße. Am Horizont kann man große Windräder in der Gegend von Feiteira erkennen. Der Wegverlauf ist in diesem Abschnitt sehr einfach und zumeist eben. Eine Tafel kündet unser nächstes Etappenziel an, das verlassene Dorf Vale Luís Neto. Zunächst kommen wir aber noch an bewirtschafteten Bauernhöfen vorbei, bevor uns unser Weg durch die verlassene Siedlung **Vale Luís Neto** ❸ leitet.

Am Ende des Dorfes gehen wir leicht bergab und zweigen danach rechts ab. Auf einer Erdstraße wandern wir durch eine bezaubernde Korkeichenlandschaft. Der Weg knickt nach links zur kleinen Sied-

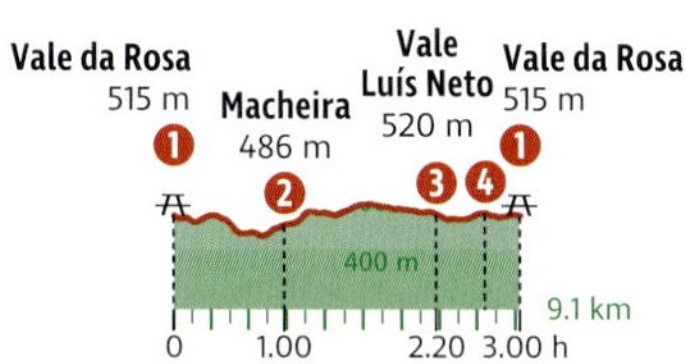

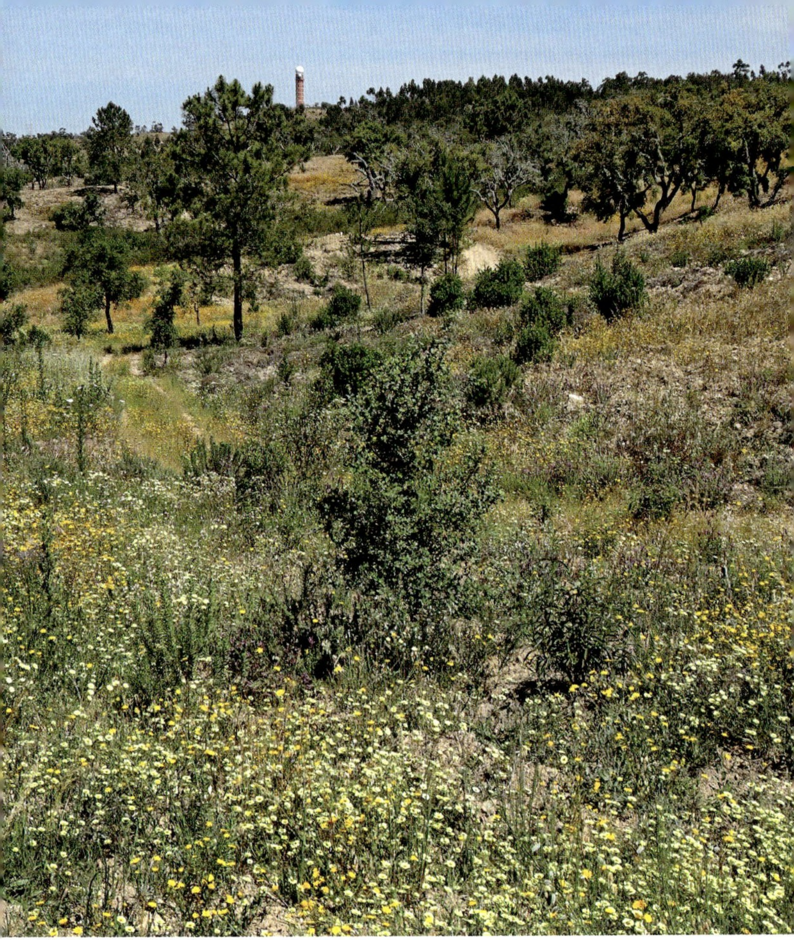

Blick auf den Torre Pelados.

lung **Cortiçadas** ❹. Rechts des Weges lagert geernteter Kork, linker Hand sind ausgedehnte Weiden zu sehen.
Nachdem wir die kleine Siedlung passiert haben, treffen wir auf ein quer verlaufendes Asphaltsträßchen und folgen diesem nach rechts zurück nach Vale da Rosa. Der letzte Kilometer führt zunächst leicht bergab teilweise durch ein Wäldchen. Wenig später erkennen wir die ersten Häuser und erreichen bald die N2 und den Picknickplatz von **Vale da Rosa** ❶.

↗ 300 m | ↘ 300 m | 9.6 km

3.15 h

Im Quellgebiet des Odeleite-Flusses 39

Wanderung durch die Tal- und Hügellandschaft um Montes Novos

Montes Novos ist eine kleine Streusiedlung zwischen Barranco Velho und Feiteira. Die Landschaft wird von den Schieferhügeln der Serra do Caldeirão geprägt, die im Frühling von Lavendel- und Zistrosenblüten übersät sind. In dieser Gegend liegen die Quellflüsse des Odeleite, der Richtung Osten in den Guardiana entwässert und weite Teile der südöstlichen Algarve prägt.

Ausgangspunkt: Montes Novos, 487 m, Ortseingang an der Durchgangsstraße N124 beim Schild »Cooperativa Agricola dos Montes Novos«. Anfahrt von Loulé auf der N396 in Richtung Barranco Velho, von dort weiter auf der N124 in Richtung Montes Novos, 26 km; Parkplätze am Straßenrand.
Anforderungen: Zumeist einfache Wanderung auf Erd- und Asphaltstraßen; schwieriger Anstieg in der zweitenWeghälfte durch Macchie; für diesen Abschnitt ist eine lange Wanderhose zu empfehlen.
Markierungen: Meist gelb-rote Markierung. Wegbezeichnung »Montes Novos« (»Pequena Rota 8« von Loulé).
Einkehr: In Montes Novos.
ÖPNV: Keine Möglichkeit.

Vom Schild »Cooperativa Agricola dos Montes Novos« am Ortseingang von **Montes Novos** ❶ gehen wir die Straße zwischen den beiden gelben Häusern in Richtung Dorfzentrum hoch. Diese macht nach 50 m eine Kurve nach rechts. Bei der kurz darauf folgenden Gabelung gehen wir auf der linken Straße weiter, am Kulturzentrum vorbei. Wir durchwandern die

Straße im Dorf Besteirinhos.

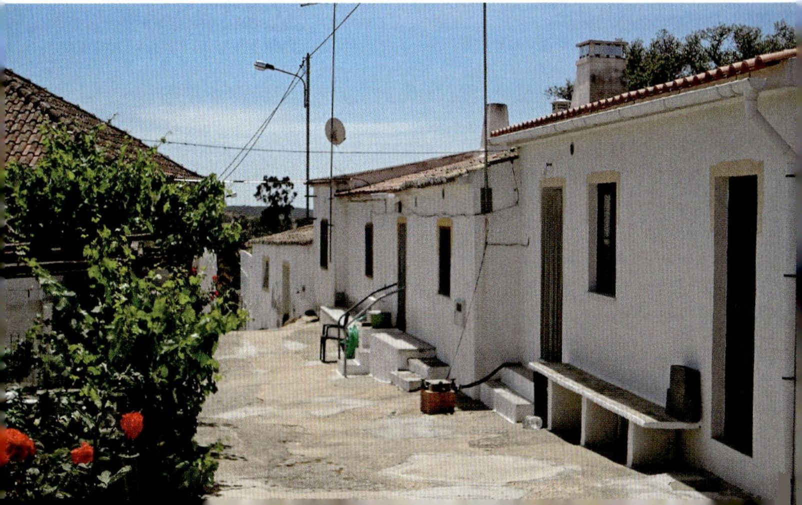

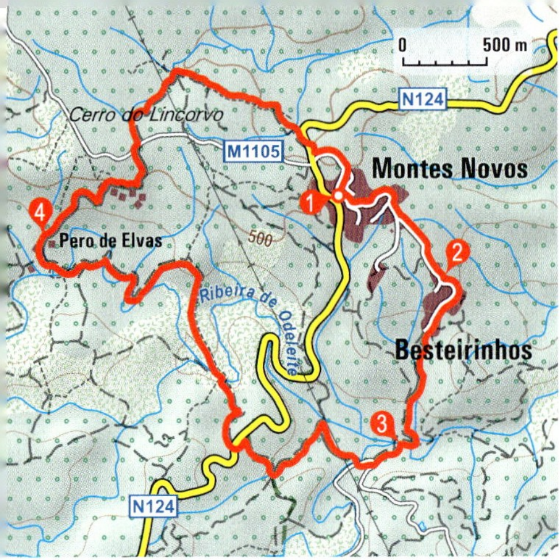

Siedlung auf der Dorfstraße. Am Ortsende passieren wir linker Hand ein Wasserbecken und einen Brunnen. Danach zweigt unser Weg nach links ab und wenig später folgen wir bei einer Kreuzung dem markierten rechten Weg. In der Ferne kann man die Windräder von Feiteira erkennen. Wir umwandern einen kleinen Hügel und kommen in die Siedlung **Besteirinhos** ❷. Diese durchqueren wir auf der Asphaltstraße, die wenig später in einen Erdweg und dann in einen Wiesenpfad übergeht. Unser Weg, der hier stellenweise stark verwachsen ist, führt nun bergab in Richtung Flusstal. Unterwegs queren wir ein trockenes Bachbett. Kurz bevor wir den Odeleite-Fluss erreichen, macht der Weg eine Kurve nach links und führt danach nach rechts, parallel zum Flusslauf. Nach rund 100 m überqueren wir auf Trittsteinen die **Ribeira de Odeleite** ❸. Danach führt der Weg ein kurzes Stück an einem Nebenfluss des Odeleite entlang. Bei der kommenden Wegverzweigung nehmen wir den Weg nach rechts, der schon bald in einen breiteren Erdweg (die »Via Algarviana«) übergeht. Wir gehen ein kleines Stück bergab und queren neuerlich den Nebenfluss des Odeleite. Auf der anderen Uferseite führt der Weg links haltend leicht bergan, verflacht aber rasch. Gemächlich wandern wir durch eine schöne Hügellandschaft. Erneut nähern wir uns dem Flusstal des Odeleite; bevor es aber zur Querung des Flusslaufes kommt, führt der Weg in einer scharfen Kurve nach links zurück. Der Erdweg steigt nun leicht bergan und wir erreichen bald eine Kreuzung. Hier biegt unser Weg scharf nach rechts in Richtung Asphaltstraße ab, während die »Via Algarviana« geradeaus weiterführt. Wir wandern auf der Erdstraße bis zur N124 hoch. Auf dieser gehen wir ein kurzes Stück nach links, zweigen aber bei der ersten

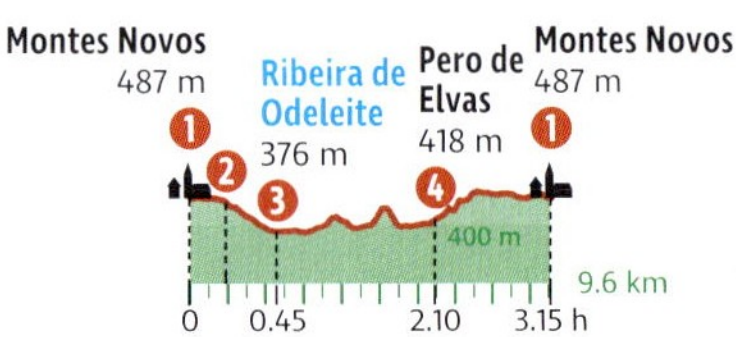

Gelegenheit nach rechts auf einen Erdweg ab. Dieser steigt etwas bergan. Eine Kreuzung überqueren wir geradeaus und wandern in einer großen Rechtskurve steil bergab auf das Tal des Odeleite zu. Nach dem Abstieg verläuft der Weg auf einem Wiesenpfad, der verwachsen sein kann. Kurz nach Beginn des Wiesenpfades zweigen wir rechts ab, um das trockene Bett des Odeleite zu überqueren. Dieser Wegabschnitt ist nicht eindeutig markiert. Nach der Flussquerung führt der Weg auf einen Höhenrücken hinauf, dann leicht bergab und dann wieder steil bergauf. Dieser Abschnitt ist anspruchsvoll, weil der Weg kaum zu erkennen und stark verwachsen ist. Am Ende des schwierigen Anstieges erreicht man eine Blumenwiese. Hier folgen wir einem schmalen Pfad auf rutschigem Gelände steil bergab. Nach links kann man auf das Tal des Odeleite zurückblicken, den wir kurz zuvor überquert haben.

Schließlich beschreibt der Weg eine Haarnadelkurve und führt mehr oder weniger in die gleiche Gehrichtung weiterhin bergab. Wir gehen noch ein kurzes Stück talabwärts, queren einige Feuchtstellen und erneut den Odeleite und folgen im Anschluss dem Weg, der in Richtung eines kleinen Bauernhofes ansteigt. Wir überqueren eine Kuppe und wandern auf einer Erdstraße recht steil bergan. Diese mündet in eine breitere Erdstraße ein, die ebenso weiter bergan führt. Im Aufstieg passieren wir das weitgehend verlassene Dorf **Pero de Elvas** ❹, das rechts des Weges liegt. Danach wandern wir hoch bis zu einer Asphaltstraße (M1105), überqueren diese auf dem markierten Weg, der hier in Richtung »Vale Luís Neto« ausgeschildert ist. Auf der breiten Erdstraße wandern wir mit leichten An- und Abstiegen dahin. Bei einer T-Kreuzung biegen wir rechts ab und steigen einen Höhenrücken recht steil bergan. Auch hier ist der Weg stellenweise wieder stark verwachsen und nicht besonders gut markiert. Unser Weg trifft auf die N124 zu. Wir gehen ein kurzes Stück nach rechts, bei der ersten Abzweigung nach links und rechts neben der Hauseinfahrt hoch. Dann folgen wir der Wegmarkierung nach links. Der letzte Abschnitt führt uns wieder auf der Dorfstraße durch die Siedlung bis zu unserem Ausgangspunkt am Ortseingang von **Montes Novos** ❶.

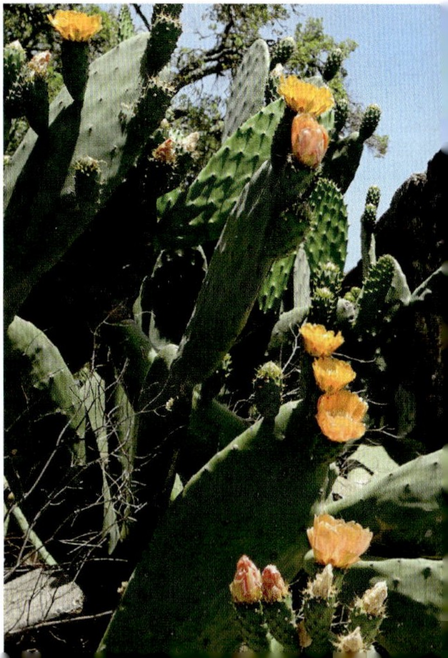

Ein Opuntienkaktus.

TOP

40

↗ 670 m | ↘ 670 m | 20.2 km

Am Südrand der Serra do Caldeirão bei Parises

7.30 h

Abenteuerliche Rundwanderung über Hügel und durch Täler zwischen Parises und Cabeça do Velho

Diese Wanderung erfordert nicht nur Ausdauer, sondern auch Abenteuergeist. Zahlreiche Bäche und Flüsse müssen gequert werden, was besonders im Winter eine gewisse Herausforderung darstellt. Abgesehen davon bietet diese lange Wanderung auch unvergessliche optische Eindrücke: Prächtige Korkeichen, die früher weite Teile der Serra do Caldeirão bedeckt haben, sind noch in einigen Abschnitten des Weges vorhanden; unvergesslich sind auch die unzähligen Zistrosen, die im Frühjahr viele der inzwischen baumlosen Hügel bedecken.

Ausgangspunkt: Parises, 474 m, Informationstafel am Ortseingang. Anfahrt von São Brás de Alportel auf der M1202 in Richtung Javali und auf der M513 weiter nach Parises, 17 km. Parkmöglichkeit.
Anforderungen: Lange, anstrengende Wanderung mit zahlreichen Flussquerungen (teilweise ohne Trittsteine) auf einem zumeist markierten Weg.
Markierungen: Meist gelb-rote Markierung. Wegbezeichnung »Percurso Pedestre entre vales, fontes e memórias da Serra do Caldeirão« (»Pequena Rota 2« von São Brás de Alportel).
Einkehr: In Parises und Cabeça do Velho.
ÖPNV: Keine Möglichkeit.

Anspruchsvolle Flussquerung des Ameixeira.

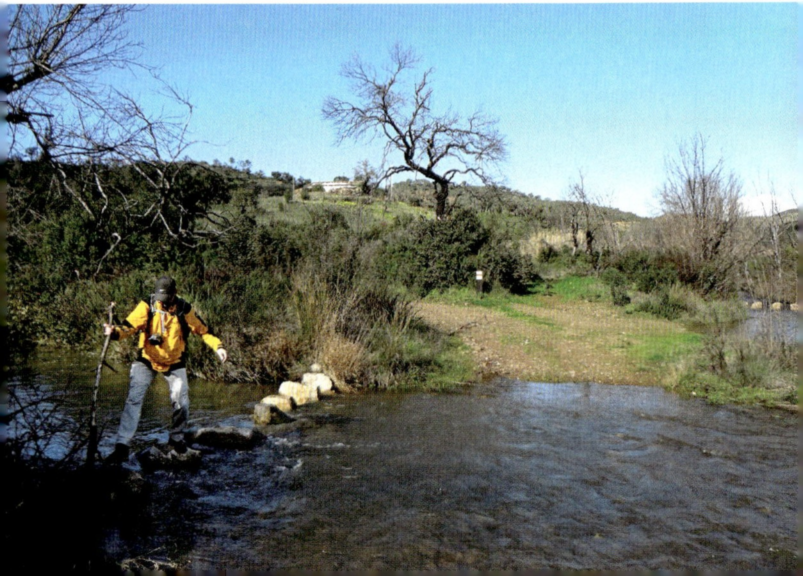

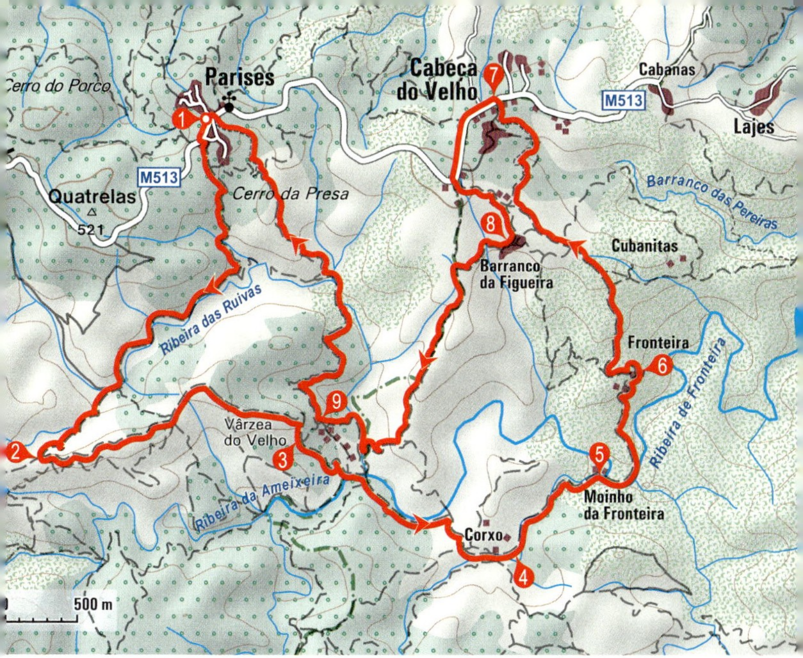

Von der Informationstafel in **Parises** ❶ gehen wir ein kurzes Stück unsere Anfahrtsstraße in Richtung Javali zurück, dann lenkt uns die Markierung in die Straße nach links. Schon wenig später geht diese in eine Erdstraße über. Von dieser zweigen wir nach rechts ab und wandern auf einer weiteren Erdstraße durch einen schönen Korkeichenwald kontinuierlich bergab. Bald kommen wir an einer Quelle vorbei (»Cerro da Presa«, rechts des Weges), linker Hand begleitet uns ein Bachlauf. Nachdem wir eine Brücke passiert haben, wird der Weg weniger steil. Bei einer Gabelung, an der ein Weg links abzweigt, bleiben wir auf der markierten Hauptroute und wandern weiterhin bergab. Bei einer weiteren Gabelung nehmen wir den linken Weg und queren wenig später einen ersten Bach. Danach steigt der Weg leicht bergan und es eröffnet sich uns ein großartiger Blick in die südliche Serra do Caldeirão.

Nach einem etwas längeren Anstieg zweigen wir scharf links ab ❷ und wandern mit leichten An- und Abstiegen auf einer Erdstraße durch eine schöne Hügellandschaft. Abzweigungen (oft Feuerschneisen) nach links und rechts ignorieren wir. Wir überqueren immer wieder kleine Hügelkuppen. Bei einem etwas steileren Abstieg (nach insgesamt rund 5,5 km) kommen wir zu einer **Kreuzung** ❸ nahe der verfallenen Siedlung Vârzea do

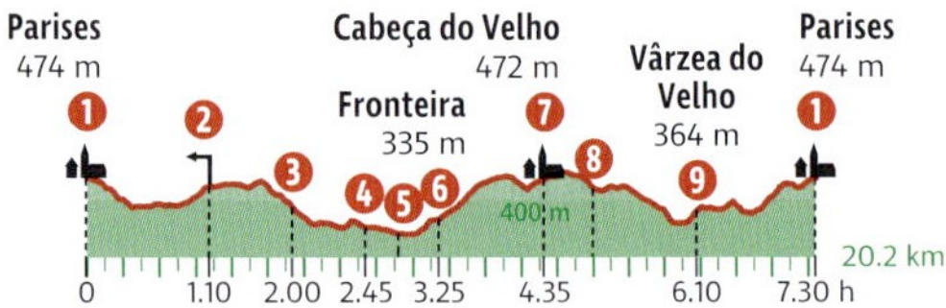

Velho. Unser Weg führt geradeaus bergab und an der Siedlung vorbei. Auf diese hat man vom Weg aus einen großartigen Blick. Dann steigen wir bis zur Talniederung ab. Hier fließen die Flüsse Ruivas und Ameixeira zusammen und werden zum Fronteira. Bei der folgenden Wegkreuzung gehen wir nach rechts und queren wenig später den Ameixeira-Fluss auf Trittsteinen. Danach gehen wir leicht bergan und folgen dem Flusslauf am rechten Flussufer. Wenig später führt nach rechts ein Weg zu einem Stausee hoch. Wir jedoch verlassen den Fluss erst beim Wegweiser in Richtung »Cabeça do Velho« und steigen auf einen Höhenriegel auf. Bei der Wegkreuzung oben folgen wir der Markierung geradeaus. Wir steigen wieder in ein Flusstal ab. Links des Weges passieren wir die verlassenen Häuser von **Corxo** ❹. Wenig später queren wir neuerlich einen Flusslauf, dem wir dann in Fließrichtung folgen. Auf einer Erdstraße gehen wir leicht bergab bis zu einer weiteren Flussquerung. Links taucht wieder ein Haus auf, die Überreste der **Moinho da Fronteira** ❺, einer Wassermühle.

Hier überqueren wir die wasserreiche Ribeira de Fronteira, die anspruchsvollste Flussquerung der Wanderung. Danach steuert der Weg leicht bergan auf die nächste Siedlung zu, die auf einem Berghang vor uns bereits erkennbar ist. Wir bleiben immer auf dem Hauptweg und steigen in einigen Kehren bergan. Der markierte Weg leitet uns direkt durch das verlassene Dorf **Fronteira** ❻. An der nächsten Kreuzung wählen wir den Weg, der weiterhin bergan führt. In der Ferne sieht man bereits das Dorf Cabeça do Velho. Wir wandern am Höhenrücken Cerro da Eira da Silveira bergan und erreichen eine Asphaltstraße in der Nähe der Siedlung. Von dieser zweigen wir wenig später nach rechts auf einen schmalen Wiesenpfad ab und steigen einen Hügel hoch. Hier empfiehlt es sich, gut auf die Markierung und den richtigen Wegverlauf zu achten. Der markierte Weg führt auf einem steinigen und schmalen Pfad zwischen Steinmauern steil bergab und im Anschluss durch einen Korkeichenwald, der von Waldbränden gezeichnet ist, weiter bergab. Schließlich erreichen wir im Dorf **Cabeça**

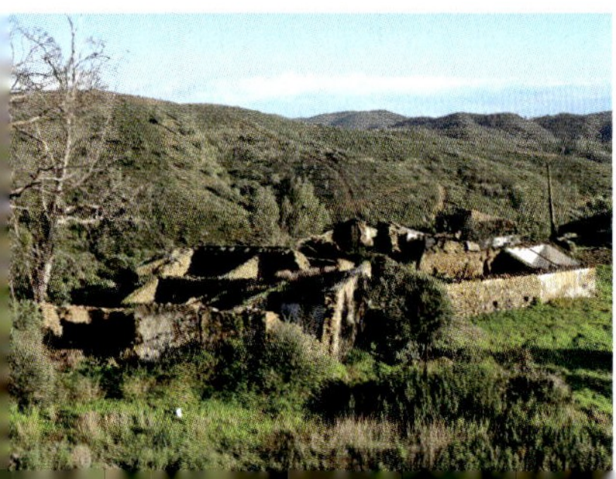

Das verlassene Dorf Vârzea do Velho.

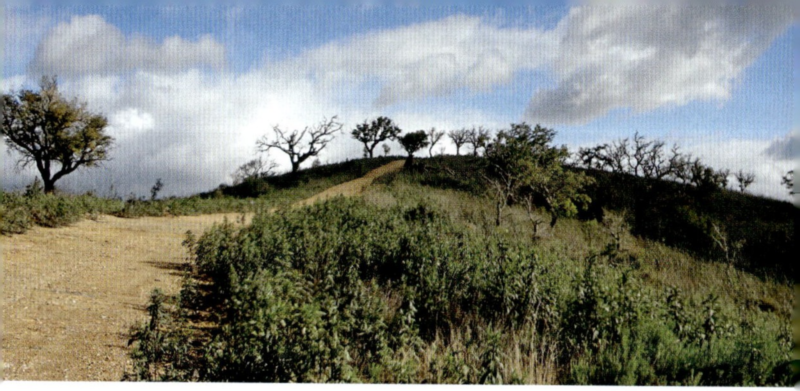

Höhenweg vor dem Dorf Vârzea do Velho.

do Velho 7 die M513. Wir folgen ihr nach links in Richtung Parises. Schon bald zweigen zwei Straßen nach links ab. Wir folgen der ersten (Markierung PR 2) bergab bis **Barranco da Figueira** 8.
Kurz danach zweigt unser Weg auf einen schmalen Wiesen- und Steinpfad nach rechts ab. Wir queren ein kleines Rinnsal und folgen einem Terrassenweg. Bald wird der Weg breiter und bei der folgenden Weggabelung nehmen wir den bergan führenden Erdweg. Bei der nächsten T-Kreuzung gehen wir nach links und wandern nun auf einer breiten Erdstraße konstant bergab. Schon bald sehen wir nach rechts wieder die verlassene Siedlung Vârzea do Velho. Schließlich lenkt uns die Markierung in Richtung Flusstal nach scharf rechts bergab. Der Pfad führt direkt zu den Trittsteinen für die Flussquerung. An der Kreuzung unmittelbar nach der Querung zweigen wir nach rechts auf einen Wiesenpfad ein und wandern ein kurzes Stück im Flusstal. Bei nächster Gelegenheit halten wir uns nach links und steigen auf einem Pfad zu den verlassenen Häusern der Siedlung **Vârzea do Velho** 9 hinauf. Der Weg führt zwischen den Häusern hindurch zu einer breiten Erdstraße. Dieser folgen wir nach rechts und wandern durch Korkeichenwälder bergan in Richtung Parises. Teilweise wandern wir auf der »Via Algarviana«, sodass der Wegverlauf stellenweise weiß-rot markiert ist.
Im Aufstieg müssen wir noch einmal einen Flusslauf queren, diesmal den des Ruivas-Flusses. Danach steigt der Weg steiler an bis zu einer Passlandschaft nahe dem Hügel Cerro do Esteval. Hier flacht der Wegverlauf etwas ab. In der Ferne erkennt man die Windräder in der Nähe von Feiteira. Auch die ersten Häuser von Parises sind bereits zu sehen. Unser Weg führt von der Erdstraße weg und wir steigen auf einem schmalen Pfad einen Graben bergab, wo es neuerlich eindrucksvolle Korkeichen zu sehen gibt. Danach wandern wir steil bergan und kommen kurz vor Parises an einem Drehbrunnen (»Poço Novo«) vorbei. Danach führt der Weg bergan nach **Parises** 1.

↗ 450 m | ↘ 450 m | 16.6 km

41 Am Oberlauf des Odeleite-Flusses bei Casas Baixas 5.00 h

Durch die einsamen Weiten der nördlichen Serra do Caldeirão

Diese Rundwanderung führt durch das vom Tourismus noch wenig berührte Gebiet in der nördlichen Serra do Caldeirão. Ein unbestrittener Höhepunkt ist dabei die eindrucksvolle Flussschleife des Odeleite in der Nähe von Grainho.

Ausgangspunkt: Casas Baixas, 366 m. Anfahrt von Tavira auf der N397 in Richtung Cachopo, kurz vor Cachopo auf der M505 nach Casas Baixas, 50 km. Parkmöglichkeit an der Straßenkurve westlich des Dorfes.
Anforderungen: Längere Wanderung auf Erdstraßen und Pfaden, kurze Abschnitte auch auf Asphaltstraßen, einige steile Anstiege.
Markierungen: Meist gelb-rote Markierung. Wegbezeichnung »Percurso D. Quixote« (»Pequena Rota 1« von Tavira).
Einkehr: Keine Möglichkeit.
ÖPNV: Keine Möglichkeit.
Tipp: Im rund 5 km südwestlich gelegenen Cachopo kann eine kleine Weberei besucht werden.

Von der Kurve am Ortsrand von **Casas Baixas** ❶ gehen wir zunächst auf das Dorf zu. Bevor wir in das Ortszentrum einbiegen, zweigen wir nach links in Richtung »Alcaria de Baixo« ab. Schon bald liegt dieser Weiler rechts unseres Weges, der hier noch immer auf einer kleinen Asphaltstraße verläuft. Nun folgen wir ein Stück der weiß-rot markierten »Via Algarviana« und gehen bei der nächsten Kreuzung nach rechts etwas bergab durch einen Seekiefernwald. Auf diesem Abschnitt sind wenige Markierungen angebracht bzw. durch Waldarbeiten zum Teil entfernt worden. Nach ins-

Flussschleife des Odeleite vor Grainho.

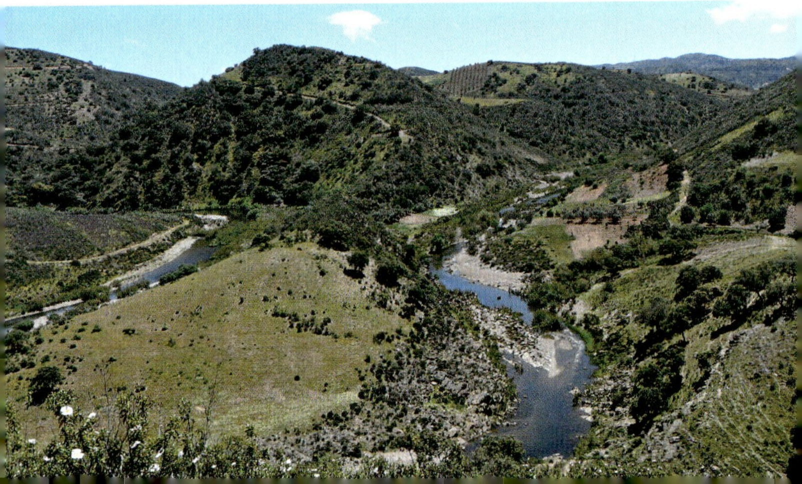

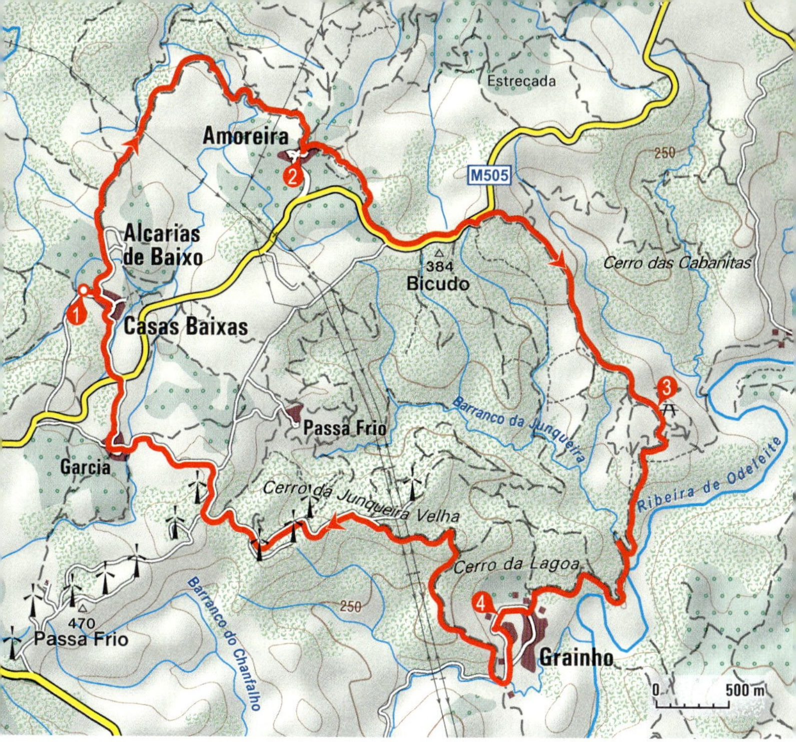

gesamt 900 m mündet der Pfad in einen Weg, dem wir in Richtung eines Flusslaufes nach rechts folgen. Nachdem wir den Bach überquert haben, geht es teilweise recht steil bergan zum Weiler **Amoreira** ❷. Am Ortseingang halten wir uns nach rechts und gehen eine kleine Straße leicht bergab. Nach 50 m zweigen wir nach links ab und wandern aus dem Dorf hinaus. Bei der nächsten Wegkreuzung gehen wir geradeaus und wandern nun auf einem schmalen Pfad durch ein Zistrosenfeld. Bald wird der Weg wieder breiter und wir gehen eine Erdstraße bergan, die schon bald in eine Asphaltstraße (M505) einmündet. Dieser folgen wir nach links. Nach knapp

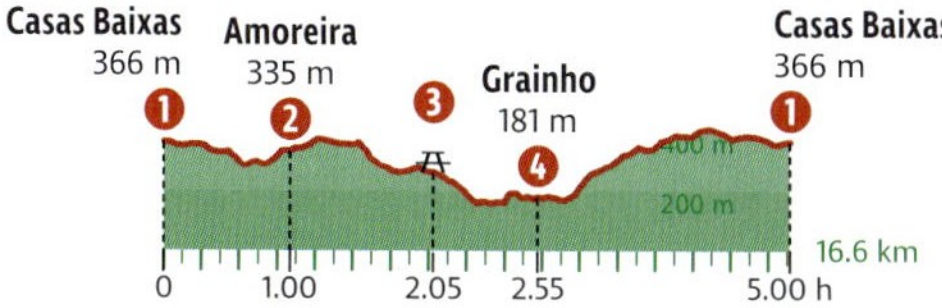

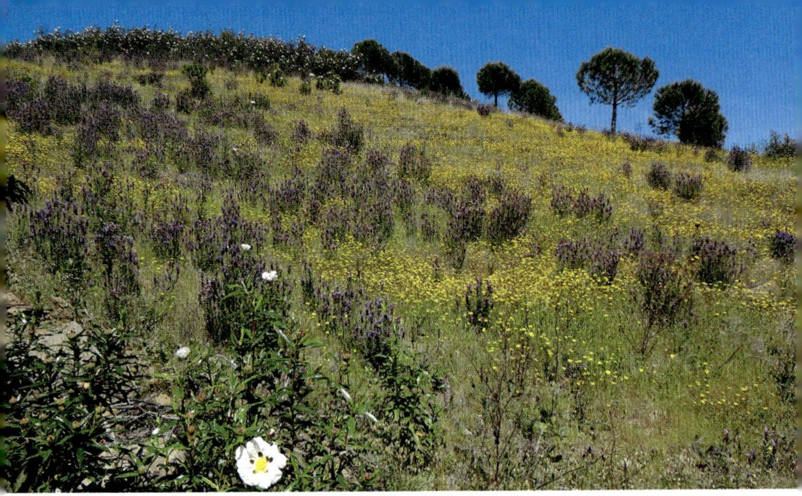

Üppige Blumenwiese beim Abstieg von Bicudo Richtung Grainho.

1 km zweigt unser markierter Weg nach rechts auf eine breite Erdstraße ab, die zunächst ein Stück parallel zur M505 verläuft, dann aber in einem großen Rechtsbogen hinunter in die Ribeira de Odeleite führt. Schon weit in der Talsenke und nach Querung eines Zuflusses zum Odeleite erreichen wir einen schönen **Picknickplatz** ❸.
Danach steigen wir leicht bergan und nehmen bei der nächsten Kreuzung den rechten Wegverlauf, der weiterhin bergan führt. Schon bald kommen wir zum schönsten Ausblick auf der Rundwanderung: Linker Hand schauen wir auf einen eindrucksvollen Flussmäander des Odeleite. Bald erreichen wir die Abzweigung zum Dorf **Grainho** ❹. Wir können nach links durch den Ort gehen oder das Dorf, auf unserem Weg bleibend, umgehen.
Wenig später treffen die Wege wieder zusammen und wir gelangen zu einer großen Kreuzung. Hier gehen wir, dem Schild »Garcia/Passa Frio« folgend, scharf rechts auf einer anfangs asphaltierten Straße bergan. Der Ausblick auf Obstgärten und Felder der vielfach gegliederten Hügelwelt ist sehenswert. Schon bald erreichen wir eine Passhöhe und blicken auf eine Reihe von Windrädern. Zu diesen steigen wir nun auf einer breiten Schotterstraße hoch. Rechter Hand sieht man von Weitem auf die Häuser des Dorfes Passa Frio. Bei einer Kreuzung direkt vor einer Windanlage gehen wir auf der rechten Schotterstraße hoch. Wenig später gibt es eine Abzweigung nach links, wir wandern jedoch geradeaus weiter und kommen auf einen Erdweg, der durch die kleine Ansiedlung Garcia führt. Beim Dorfbrunnen zweigen wir nach rechts ab und wandern eine schmale Straße, dann einen Pfad bergab. Vor uns taucht bereits das Dorf **Casas Baixas** ❶ auf, durch das wir zum Ausgangspunkt am westlichen Dorfrand gelangen.

↗ 170 m | ↘ 170 m | 14.1 km

4.00 h

Im Hochland bei Martim Longo 42

Wanderung durch eine weitgehend menschenleere und urtümliche Landschaft an der Grenze zum Alentejo

Martim Longo ist eine der größeren Siedlungen im Norden der Algarve und eine Art Verkehrsknotenpunkt. Hier öffnet sich im Frühling und Sommer ein blühendes Hochland. Das Land ist jedoch karg und dünn besiedelt. Viele verlassene Häuser liegen am Wegesrand dieser beschaulichen Wanderung.

Ausgangspunkt: Martim Longo, 288 m, beim Kreisverkehr im Osten der Siedlung in Richtung Alcoutim. Anfahrt von Alcoutim auf der N122-1 und auf der N124 bis Martim Longo, 30 km. Parkmöglichkeiten am Ortseingang.
Anforderungen: Mäßig anstrengende Wanderung auf markierten Wegen, Erdstraßen, stellenweise auf Asphaltstraßen.
Markierungen: Meist gelb-rote Markierung. Wegbezeichnung »Memoria Viva« (»Pequena Rota 6« von Alcoutim).
Einkehr: Cafés und Restaurants in Martim Longo, ein Café in Barrada.
ÖPNV: Martim Longo ist von Alcoutim auch mit dem Bus erreichbar, die Haltestelle ist direkt am Kreisverkehr.
Tipp: Die Kirche von Martim Longo war ehemals eine Moschee, der Kirchturm ist ein umgebautes Minarett. Die Kirche besitzt einige interessante Statuen aus der Barockzeit.

Vom Kreisverkehr in **Martim Longo** ❶ gehen wir zunächst mit der gelb-roten Markierung an der Durchgangsstraße in Richtung Norden bis zum nächsten Kreisverkehr. Hier biegen wir im spitzen Winkel nach links ab und folgen der Rua do Lutão und der Rua do Alcoutim, die rechts am Stadtzentrum vorbeiführt. Hinter der Kirche (links des Wegs) verlassen wir das Zentrum auf einer schmalen Asphaltstraße (Rua das Portas dos Cas-

Liebliche Landschaft zwischen Martim Longo und Diogo Dias.

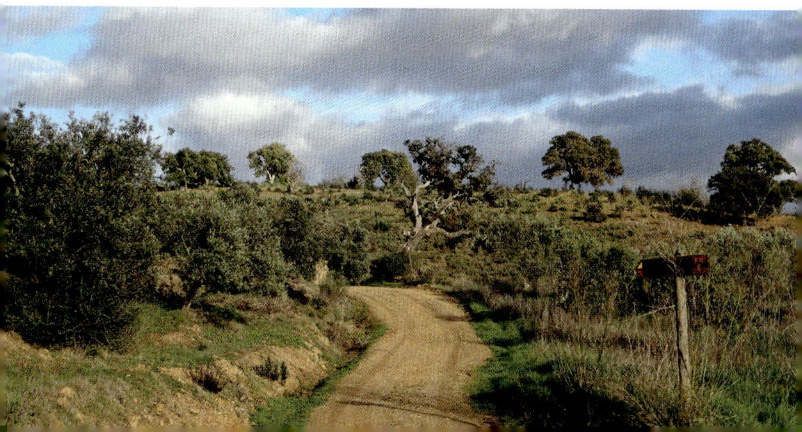

telhanos). Bei einer Wegkreuzung nach einem größeren Gebäude auf der rechten Seite folgen wir einer Erdstraße nach links, die an einer verfallenen Steinmauer entlang leicht bergab führt. Am Ende der Steinmauer biegt unser markierter Weg nach links auf einen Feldweg ab, der zunächst zwischen zwei Steinmauern verläuft. Unser Weg übersteigt eine kleine Kuppe und mündet in eine breitere Erdstraße, der wir nach rechts folgen. Wir passieren ein Haus und ein Glashaus und wandern an einem kleinen Rinnsal entlang. Nach den Häusern und nach einer weiteren Kuppe wandern wir leicht bergab in eine weite Landschaft. Hier stehen jüngere Seekiefernwälder, aber auch ältere Korkeichenwälder sind noch vorhanden.

Bei den kommenden beiden Wegkreuzungen nehmen wir jeweils den linken Wegverlauf (markiert). Rechts des Weges ist ein verfallenes Haus auf einem Hügel zu sehen, umgeben von Mandelbäumen. Vor diesem Haus macht der Weg einen starken Knick nach links und wir wandern um einen weiteren Hügel mehr oder weniger herum. Links des Weges verläuft ein Bach, den man anhand des breiten Schilfgürtels gut in der Landschaft erkennen kann. Schließlich queren wir den Bach auf Trittsteinen und gehen danach in einer großen Linkskehre leicht bergan. Nach einiger Zeit queren wir nochmals einen Bach. Vor einem kleinen weißen Haus zweigt unser Weg scharf nach rechts ab und wir wandern auf einem Erdweg einen Hügel hoch, übersteigen diesen und sehen bald die Siedlung **Diogo Dias** ❷. Kurz bevor wir das Dorf erreichen, zweigen wir auf eine Asphaltstraße nach links ab, halten uns an der nächsten Kreuzung wieder links und überqueren wenig später die nach Martim Longo führende Straße. Nun gehen wir auf einem Asphaltsträßchen in Richtung »Azinhal« leicht bergan. Nach rund

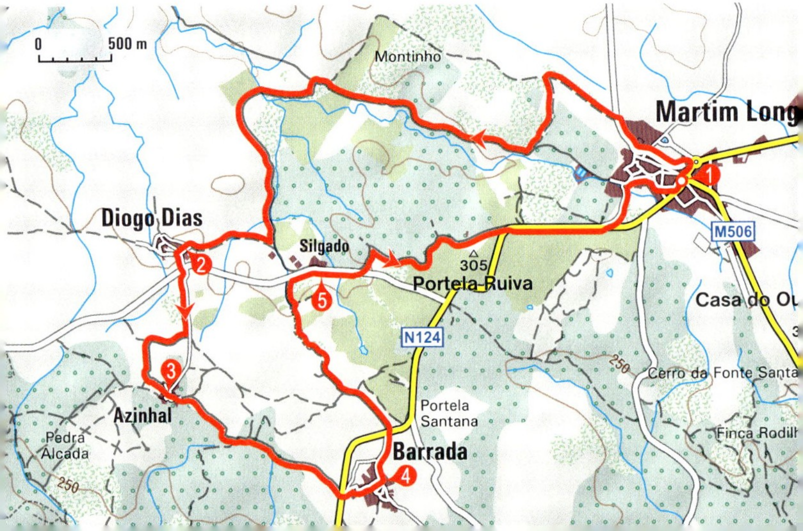

400 m zweigt unser Weg nach rechts auf eine Sandpiste ab. Wenig später biegen wir nach links ab und wandern auf einer schmalen Erdstraße weiter. Bevor wir die nächste Siedlung erreichen, sehen wir auf einem Hügel rechter Hand die Überreste einer Windmühle. Dort treffen wir auf eine Weggabelung, bei der wir nach links in die kleine, hübsch gelegene Siedlung **Azinhal** ❸ hochgehen.

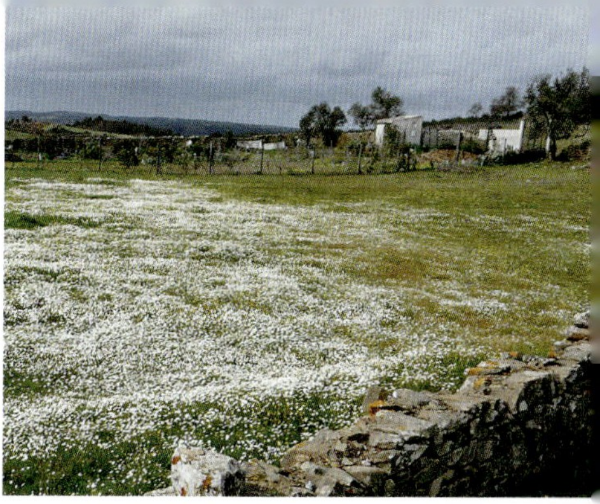

Blumenwiese etwas westlich von Martim Longo.

Unser Weg führt links am Dorf vorbei und steigt in eine kleine Ebene ab. In der Folge wandern wir auf einer schönen Erdstraße in Richtung Barrada, dem nächsten Dorf auf unserem Weg. Nach rund 20 Minuten tauchen bereits die ersten Häuser der Siedlung auf. Nach einem leichten Abstieg queren wir die Straße N124 (Cachopo–Alcoutim) und wandern auf dem markierten Weg durch **Barrada** ❹. Danach queren wir erneut die N124 und gehen auf einem breiten Erdweg weiter. Wir folgen dem markierten Hauptweg und zweigen bei der zweiten Weggabelung nach rechts auf einen schmalen Erd- und Wiesenpfad ab. Der nun folgende Wegverlauf ist nicht leicht zu erkennen. Bei einer Anhöhe muss man nach rechts abzweigen, bevor man in eine Gegend mit einigen Gärten und Gestrüpp kommt. Der Weg ist teilweise verwachsen, aber gut markiert. Der Pfad wird bald wieder breiter und biegt in der Nähe der kleinen Siedlung Silgado wieder nach rechts (in Richtung Martim Longo) in die N124 ein. Wir passieren **Silgado** ❺ und zweigen gut 200 m danach nach links auf eine Erdstraße ab, die wir bergan wandern. Bei der folgenden Verzweigung gehen wir nach rechts und kommen bald an landwirtschaftlichen Gebäuden links des Weges vorbei. Danach wandern wir bergab und erreichen bald wieder die N124, der wir für knapp 600 m folgen. Dann biegen wir in die nach links abzweigende Asphaltstraße ein (Markierung) und werden nach wenigen Minuten durch die Wohnstraßen zum Kreisverkehr in **Martim Longo** ❶ geleitet.

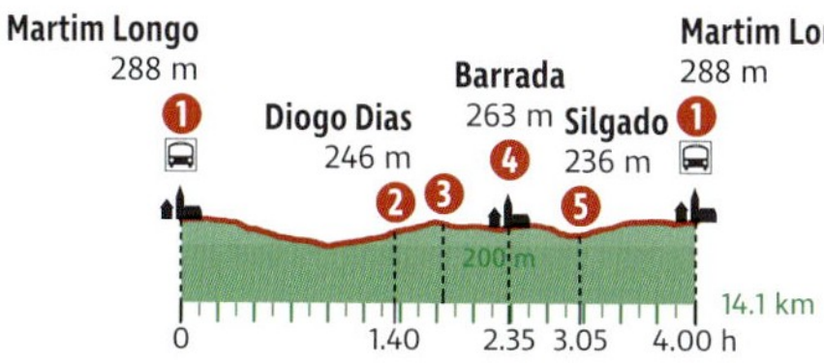

↗ 340 m | ↘ 340 m | 13.2 km

43 Bergauf und bergab um das Dorf Vaqueiros

4.00 h

Durch blühende Landschaft um ein bezauberndes Dorf

Das kleine Dorf Vaqueiros hat eine ideale Lage: Einerseits liegt es zu weit von der Küste entfernt, um als Urlaubsort bei Algarvetouristen beliebt zu sein, andererseits ist es kein typisches verlassenes Dorf im Hinterland der Algarve. Um die belebte Siedlung herum führt diese reizvolle Rundwanderung, die mehrere Flusstäler quert und Flussterrassen erklimmt. Besonders im Frühjahr wandert man hier durch eine überraschend farbenprächtige Landschaft.

Ausgangspunkt: Vaqueiros, 249 m, am südöstlichen Ortsrand gegenüber dem Sportplatz. Anfahrt von Alcoutim auf der N122-1 und der N124 bis Martim Longo, von dort auf der M506 bis Vaqueiros; geradeaus durch den Ort, dann links, 37 km. Parkmöglichkeiten beim Ausgangspunkt.
Anforderungen: Mäßig anstrengende Wanderung auf markierten Pfaden, Wegen und Asphaltstraßen; Flussquerung auf Trittsteinen; abschnittsweise steile An- und Abstiege.
Markierungen: Meist gelb-rot. Wegbezeichnung »Cerro acima, Cerro abaixo« (»Pequena Rota 8« von Alcoutim).
Einkehr: In Vaqueiros.
ÖPNV: Keine Möglichkeit.
Tipp: Unterwegs lohnt der Besuch des Freilichtmuseums Cova dos Mouros, das über die Geschichte des Bergbaus in dieser Gegend informiert.

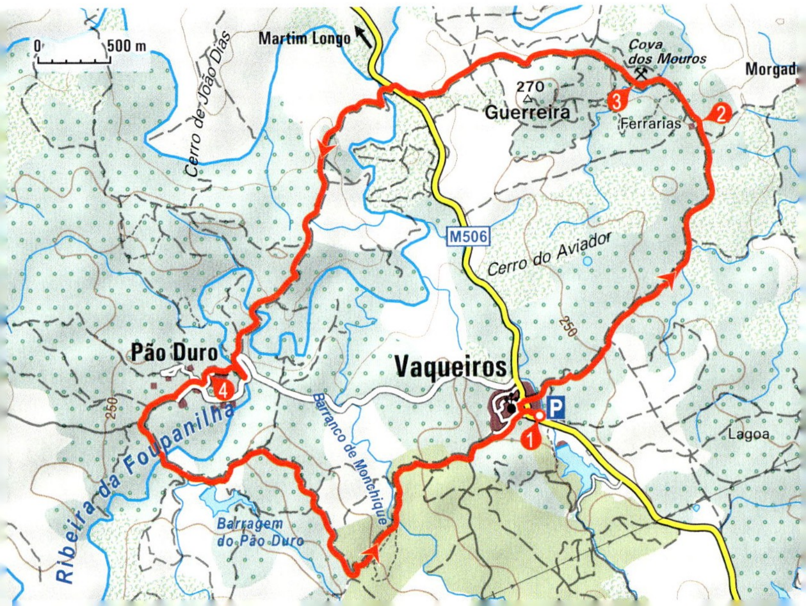

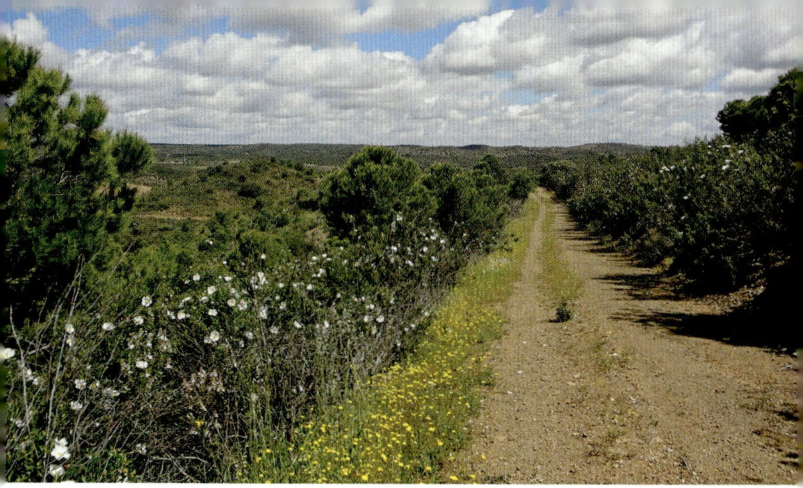

Blühende Zistrosen entlang des Wanderweges nordöstlich von Vaqueiros.

Wir starten unsere Rundwanderung beim Sportplatz am südöstlichen Ortsrand von **Vaqueiros** ❶. Von hier gehen wir zunächst in Richtung Dorfzentrum (an der Gabelung geradeaus), zweigen bei der Kirche nach rechts ab und halten uns wenig später erneut nach rechts, immer dem markierten Weg folgend. Nun geht es leicht bergab durch schöne Gärten. Wir überqueren einen Bachlauf und erreichen bald eine Erdstraße, die sich leicht bergan vom Dorf entfernt. Der Weg führt nun immer leicht bergan und bergab, stellenweise von einem Zaun flankiert, und schon bald erreichen wir das kleine Dorf **Ferrarias** ❷. Nach dieser Ansiedlung überqueren wir einen kleinen Bach und gehen nach links einen Hügel hoch. Rechts des Weges liegt das sehenswerte Freilichtmuseum **Cova dos Mouros** ❸.
Wir gehen auf der breiten Erdstraße weiterhin leicht bergan und können schon sehr bald einen eindrucksvollen Ausblick in die Ribeira da Foupana genießen. Danach führt der Weg an einigen Häusern vorbei und bergab in Richtung Flusstal und M506. Wir überqueren die M506, folgen ihr etwa 150 m nach rechts, zweigen ein gutes Stück vor der Brücke nach links ab und steigen in das kleine Tal der Ribeira da Foupanilha ab. Den Fluss, einen Zufluss zur Foupana, müssen wir auf Trittsteinen überqueren, was bei viel

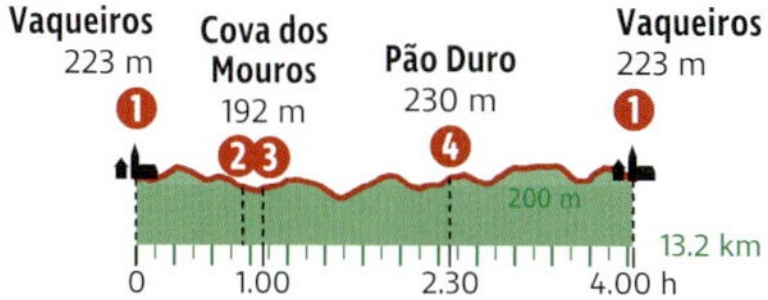

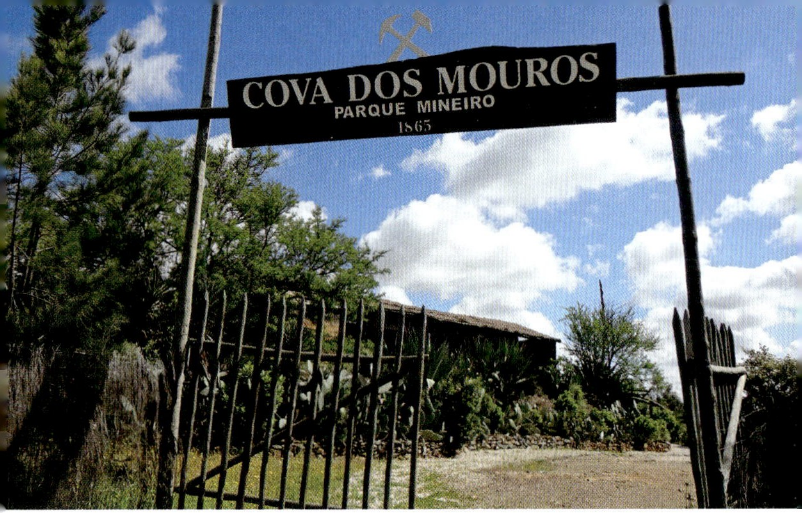

Eingang zur Schaumine Cova dos Mouros.

Niederschlägen und Hochwasser Schwierigkeiten bereiten kann. Danach wandern wir leicht bergan durch Seekiefernwälder auf eine Anhöhe zu.
In der Ferne sehen wir bereits unser nächstes Ziel, das Dorf Pão Duro. Zuvor steigen wir aber erneut in das Flusstal der Foupanilha ab und queren den Fluss auf betonierten Trittsteinen. Danach stoßen wir auf eine Asphaltstraße, folgen dieser ein kurzes Stück und queren dabei den Fluss auf einer Brücke. Unmittelbar nach der Brücke steigen wir nach rechts auf einem schmalen Pfad in das hübsche Dorf **Pão Duro** ❹ hinauf. Der markierte Weg leitet uns durch das Dorf. Am Ende des Dorfes zweigen wir nach links auf eine Erdstraße ab, überqueren neuerlich den Flusslauf und wandern im Anschluss leicht bergan weiter. Rechts hat man einen Blick auf den Stausee von Pão Douro. Wenig später übersteigen wir eine Anhöhe und wandern recht steil bergab in ein weiteres Flusstal. Dieses müssen wir noch queren, bevor im Anschluss ein Anstieg Richtung Vaqueiros die letzte Etappe unseres Weges einleitet. Am südlichen Dorfrand entlang gelangen wir nach rechts zurück zum Parkplatz beim Sportplatz von **Vaqueiros** ❶.

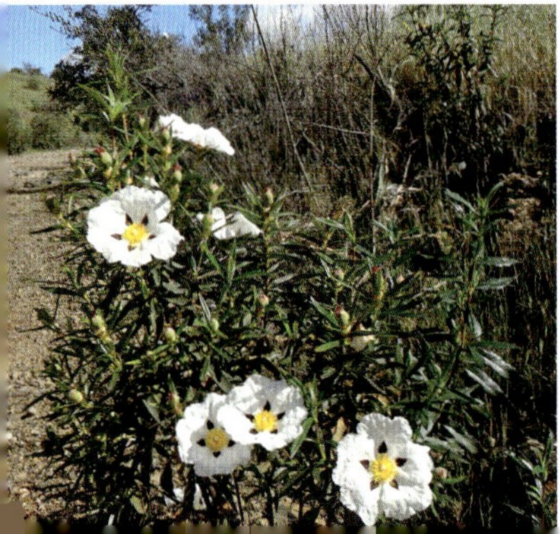

Blühende Zistrosen.

3.30 h

Im Grenzland um Giões

Durch das einsame Flusstal des Barranco de Cacela und zum verlassenen Weiler Viçoso

Giões ist ein winziges Dorf im nordöstlichen Hochland der Algarve. Wenige Kilometer nördlich von hier beginnt der Alentejo. Die Wanderung verbindet einige kleine Dörfer in diesem kargen Hochland und führt schließlich durch die verlassene Siedlung Viçoso.

Ausgangspunkt: Giões, 223 m, Informationstafel bei der Post am südlichen Ortseingang, nahe der Kirche. Anfahrt von Alcoutim auf der N122-1 und auf der N124 in Richtung Martim Longo, rund 7 km davor geht es auf der M507-1 nach Giões, 25 km. Am Ortseingang gibt es einige Parkmöglichkeiten.

Anforderungen: Mäßig anstrengende Wanderung auf Asphalt- und Erdstraßen sowie auf markierten Pfaden.
Markierungen: Meist gelb-rote Markierung. Wegbezeichnung »O Viçoso« (»Pequena Rota 5« von Alcoutim).
Einkehr: Café in Giões. Unterwegs keine.
ÖPNV: Keine Möglichkeit.

Am südlichen Ortseingang von **Giões** ❶ steht gleich neben der Post eine Informationstafel. Von hier gehen wir auf dem markierten Weg in Richtung Dorf und biegen nach der Kirche rechts ab. Vor dem Friedhof zweigen wir nach links ab, gleich nach dem Friedhofsgelände geht es auf einer Erdstraße nach rechts. Leicht bergab erreichen wir die M507. Auf dieser wandern wir nach rechts in Richtung Clarines. Links der Straße sieht man bald den

Überreste der verlassenen Siedlung Viçoso.

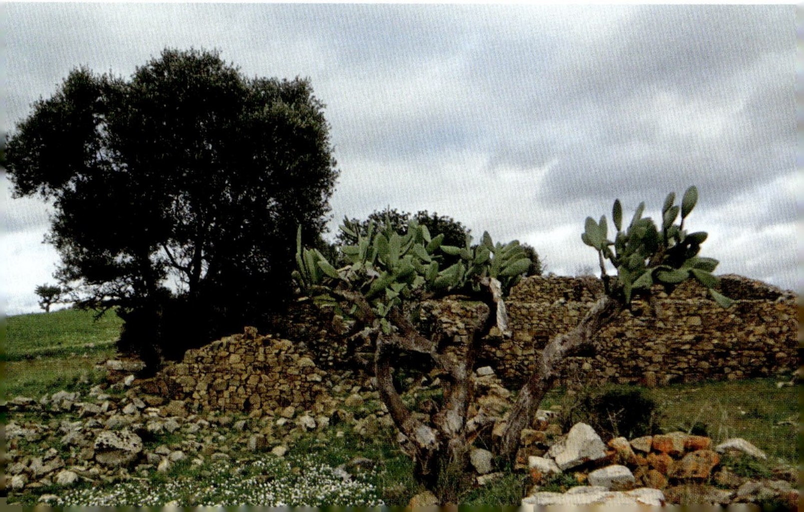

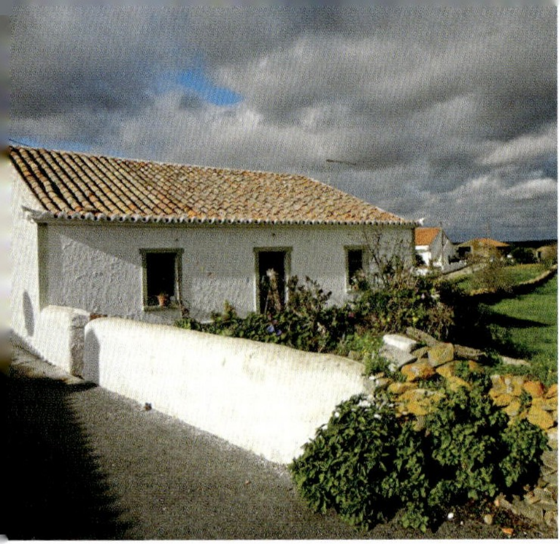
Eindrucksvolle Wolkenstimmung bei Farelos.

Überrest einer Windmühle, rechter Hand begleitet uns eine Steinmauer. Kurz nach der Windmühle zweigt ein Weg nach rechts ab.
Wir jedoch bleiben auf der wenig befahrenen Asphaltstraße, die leicht bergan führt. Wir überqueren zwei Hügelkuppen. In einer weiten Rechtskurve zweigt unser Weg nach links ab und gleich darauf nach rechts auf eine Erdstraße in Richtung Clarines, das auf einem Hügel zu erkennen ist. Wir wandern zunächst entlang eines Bachlaufes rechts des Weges. Auch Gärten, Oliven- und Orangenbäume sind zu sehen. Bei einer Kreuzung wählen wir den geradeaus verlaufenden Weg zwischen zwei Steinmauern. Dieser Weg knickt alsbald nach rechts und führt dann in einer Kurve nach links. Zweimal queren wir wenig später einen Bachlauf. Danach steigen wir auf schiefrigem Untergrund leicht bergan. Kurze Zeit später zweigen wir in steilem Winkel nach links ab und folgen kurz darauf der Abzweigung in Richtung Clarines.
Wir durchqueren das Dorf **Clarines** ❷ auf dem markierten Weg. Am Dorfplatz sehen wir die Markierung in Richtung »Farelos«, der nächsten Siedlung. Unser Weg verläuft nun nach rechts auf einem Sträßchen. Bei einem kleinen Teich rechts des Weges erreichen wir wieder die M507. Parallel zu dieser wandern wir in das Dorfzentrum von **Farelos** ❸. Vom Dorfplatz folgen wir dem markierten Weg über die M507 und in Richtung einer kleinen Nebensiedlung. Bevor wir diese erreichen, zweigen wir nach rechts auf ein asphaltiertes Sträßchen ab und steigen in Richtung des Barranco de Cacela ab. Das Betonsträßchen verbindet verschiedene Hauszufahrten am Dorfrand. Allmählich geht es in eine Erdstraße über und wir folgen der Wegmarkierung in Richtung »Viçoso«. Bei einer Wegverzweigung nehmen wir den rechten Wegverlauf, der in einer großen Schleife nach links über eine Kuppe führt. Danach eröffnet sich uns ein schöner Blick in das weite, hier schluchtartige Flusstal des Barranco de Cacela links des Weges.
Wir wandern nun bergab und queren den Flusslauf auf einer Betonbarriere. Danach folgen wir dem Weg, der auf einer Erdstraße weiterführt. Bei einer Wegverzweigung nehmen wir den Weg nach rechts (Markierung), der etwas bergan durch aufgeforstete Seekiefernwälder führt und danach wieder Richtung Flusstal abfällt. Im Flusstal befinden sich Gärten und kleine

Felder. Unser Weg folgt dem Flusslauf und quert diesen nach einiger Zeit auf Trittsteinen erneut. Danach wandern wir leicht bergan und sehen links des Wegs bald die Überreste eines Steinhauses. Neuerlich überqueren wir einen kleinen Hügel und wandern auf das verlassene Dorf Viçoso zu, das auf einem Hügel links des Weges liegt. Kurz vor dem Hügel zweigen wir von unserer Erdstraße nach links ab. Wir queren den felsigen Flusslauf und wandern bergan auf die Siedlung zu.

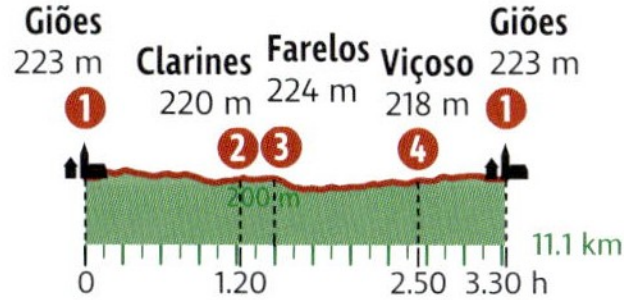

Bei dem verlassenen Dorf **Viçoso** ❹ zweigt unser Weg scharf nach rechts ab. Als Orientierungspunkt können eindrucksvolle Baumkakteen dienen. Nach einer weiteren Hausruine folgt eine Wegkreuzung. Hier gehen wir nach rechts weiter und queren wenig später wieder den Flusslauf. Danach steigt der Weg auf der Erdstraße leicht bergan. Wir queren nochmals ein Rinnsal und folgen dann einem schönen Feldweg zwischen Steinmauern. Nach einer weiteren Bachquerung mündet unser Pfad in eine breitere Erdstraße ein. Dieser folgen wir nach links in Richtung »Giões«, das wir in der Ferne schon erkennen können. Wir wandern nun auf die M507-1 zu. Noch bevor die Erdstraße in diese einmündet, zweigen wir bei einem Waschhaus auf einen parallel zur Asphaltstraße verlaufenden Weg ein und wandern auf Giões zu. Bei einer kleinen Brücke führt unser Weg hoch zur M507-1, auf der wir die Informationstafel in **Giões** ❶ erreichen.

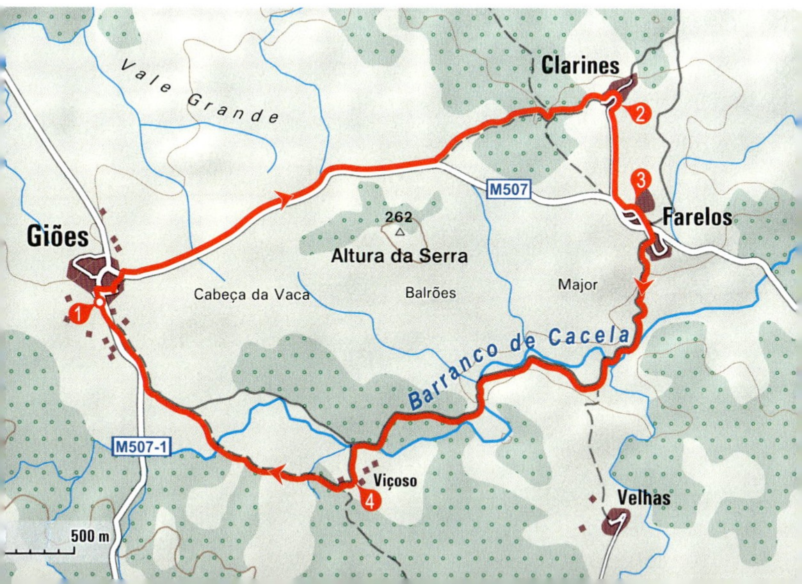

↗ 180 m | ↘ 180 m | 11.0 km

45 Der Brunnenweg um Pereiro

3.30 h

In das Dorf Fonte Zambujo und zum verlassenen Dorf Silveira

Das nordöstliche Hochland der Algarve ist eine beschauliche und oftmals sehr einsame Gegend. Immer wieder trifft man hier auf verlassene Siedlungen. Wasser ist ein wichtiger Faktor, um aus dem kargen Land mit Schieferuntergrund ein fruchtbares Bauernland zu machen. In den heißen Sommern sind Flüsse und Seen ausgetrocknet. Bevor Wasserleitungen in viele Dörfer gelegt wurden, waren Brunnen und Quellen von eminenter Wichtigkeit. Um diese herum sind Siedlungen entstanden. Aus diesem Grund findet man in der Algarve sehr viele »Brunnenwege« und auch Siedlungen, die nach Brunnen benannt sind.

Ausgangspunkt: Pereiro, 255 m, Ortseingang bei der Infotafel an der Lagoa da Junta de Freguesia. Anfahrt von Alcoutim auf der N122-1 und auf der N124 in Richtung Martim Longo bis nach Pereiro, 14 km. Am Ortseingang gibt es Parkmöglichkeiten.
Anforderungen: Mäßig anstrengende Wanderung auf Asphalt- und Erdstraßen sowie auf markierten Pfaden.
Markierungen: Meist gelb-rote Markierung. Wegbezeichnung »Caminhos da Fonte« (»Pequena Rota 4« von Alcoutim).
Einkehr: Café in Pereiro.
ÖPNV: Keine Möglichkeit.

Die Ruinen des verlassenen Dorfes Silveira.

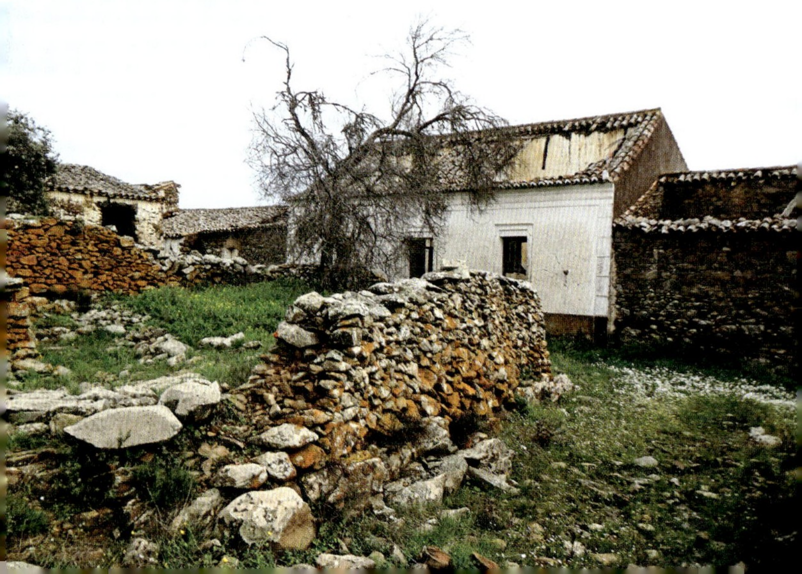

Wir starten bei der Informationstafel zum Wegverlauf am Ortsrand von **Pereiro** ❶, auf der Lagoa da Junta de Freguesia. Der markierte Weg in Richtung »Fonte Zambujo« lenkt uns auf einer Asphaltstraße in Richtung Süden aus dem Dorf hinaus. Rechts des Weges passieren wir bereits den ersten Ziehbrunnen, danach eine Brücke. Bei einem weißen Haus knickt der Wegverlauf nach links. Nach weiteren rund 500 m verlassen wir bei einer Gabelung nach links die Asphaltstraße und wandern auf einer Erdstraße weiter. Schon bald müssen wir einen ersten Bachlauf queren. Danach verläuft der markierte Weg auf einer baumlosen Hochebene weitgehend eben dahin. Unterwegs kommen wir an einem kleinen Teich vorbei. In der Nähe eines Hügels knickt der Weg etwas nach rechts und wir wandern um den Hügel herum. Dabei ersteigen wir eine kleine Anhöhe. Von hier sieht man bereits die kleine Siedlung, auf die wir nun zuwandern. Dafür gehen wir etwas bergab, passieren eine Wasserstelle und wandern hoch in das Dorf **Fonte Zambujo de Cima** ❷, das auf einem kleinen Hügel liegt. Wir durchqueren das Dorf geradeaus und steigen auf einem schmalen Pfad in ein kleines Bachtal hinab. Bei der Bachquerung ist der Wegverlauf nicht gut markiert. Ein Steinmännchen am Bachlauf bietet uns etwas Orientierung. Danach steigen wir auf einem schmalen Pfad den Hügel hinauf und erreichen eine kleine Häusergruppe. Wir gehen ein kurzes Stück bergab und erreichen die Asphaltstraße, der wir rund 100 m nach links folgen; in der Rechtskurve gehen wir geradeaus in den Weiler **Fonte Zambujo** ❸, der nur aus wenigen Häusern besteht. Wir durchqueren das Dorf zwischen Steinhäusern und -mauern und wandern bergab in ein Flusstal. Wir queren den Wasserlauf auf Trittsteinen und biegen wenig später nach rechts ab.

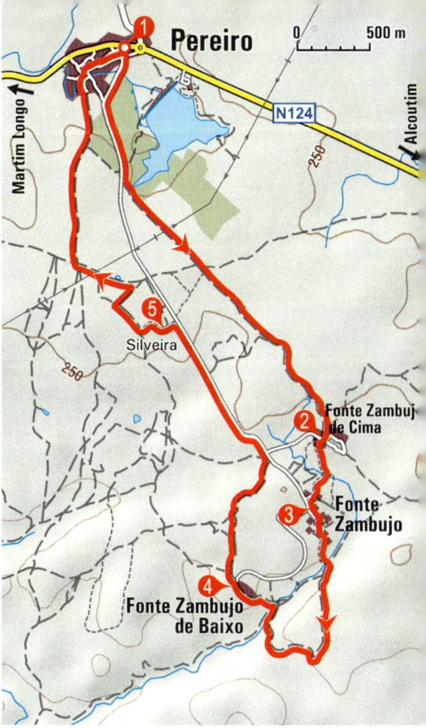

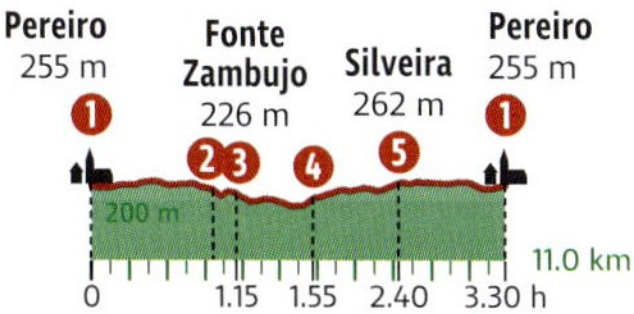

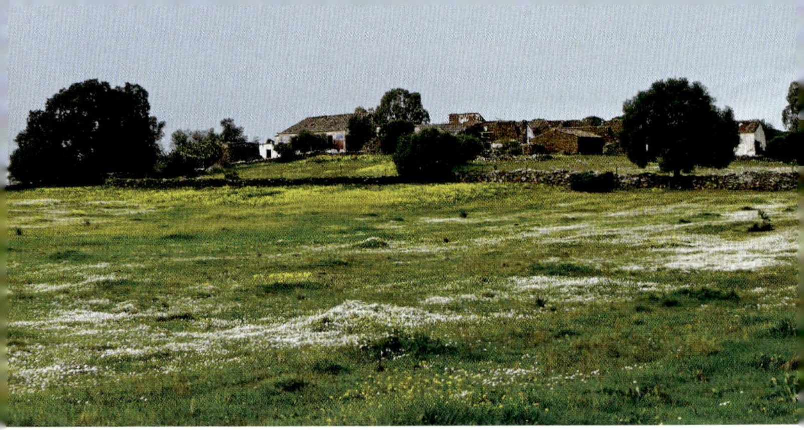

Blick auf Silveira.

Bei der folgenden Weggabelung halten wir uns neuerlich nach rechts und kommen kurz darauf durch einen lichten Seekiefernwald. Bei der nächsten Weggabelung halten wir uns ebenfalls nach rechts, wandern zurück in das Flusstal und queren den Bach wieder auf Trittsteinen. Im Anschluss steigen wir hoch in das Dorf **Fonte Zambujo de Baixo** 4.

Der markierte Weg führt durch das Dorf zu einer Asphaltstraße. Wir gehen geradeaus auf einer Erdstraße weiter. Schon nach rund 50 m verzweigt sich der Weg. Hier folgen wir der Erdstraße nach rechts oben. Wir wandern durch eine Landschaft von Zistrosen und später von Kork- und Steineichenwäldern. Danach steigen wir ab zu einer Asphaltstraße, der wir gemäß der Markierung nach links in Richtung »Pereiro« folgen. Sie führt zunächst etwas bergan, dann kurz bergab und wieder länger bergauf. Wir sehen am Hügel links vor uns Gebäudereste. Auf Höhe dieser Ruinen zweigt unser Weg nach links ab und führt direkt zum verlassenen Dorf **Silveira** 5.

Wir wandern durch die beschauliche Anlage und haben von dort einen eindrucksvollen Panoramablick in die nordöstliche Algarve. Nach Pereiro sind es laut Schild noch rund 2 km (tatsächlich noch knapp 3 km). Auf einem schmalen Pfad wandern wir leicht bergab aus dem Dorf hinaus. Danach macht der Weg bei einer Steinmauer einen starken Knick nach rechts und wird breiter. Kurz bevor wir wieder die Asphaltstraße erreichen, zweigt unser Weg scharf links auf eine breitere Erdstraße ab und wir wandern in Richtung einer Hochspannungsleitung. Kurz nach dieser zweigen wir nach rechts auf eine breite Erdstraße ab und gehen direkt auf Pereiro zu. Kurz vor der Siedlung gibt es einige Überreste von Windmühlen. Danach führt der Weg leicht bergab und geradeaus zwischen zwei Steinmauern in das Dorf hinein. Wir überqueren nach links eine Brücke, halten uns dann nach rechts und kommen wenig später zur Informationstafel in **Pereiro** 1.

↗ 320 m | ↘ 320 m | 11.5 km

TOP

4.00 h

Der Mandelbaumweg bei Alta Mora

46

Rundwanderung durch die Mandelbaumkulturen um Funchosa

Der Mandelbaum gilt als ein Wahrzeichen der Algarve. Heute trifft man auf diese zarten Bäume leider immer seltener. Auf dieser Rundtour dagegen wandern wir, besonders um das Dorf Funchosa, durch ausgedehnte Mandelbaumkulturen über Hügel und Täler, eine farbenprächtige Landschaft. Diese Wanderung ist besonders im Frühjahr lohnend; die Mandelbaumblüte ist im Januar und Februar; besonders prächtig ist der Blütenzauber im April und Mai (Zistrosen-Blüte).

Ausgangspunkt: Alta Mora, 223 m, an der markanten Kreuzung. Von Castro Marim auf der N122 zur IC27, dann auf der M512 bis Alta Mora, 25 km. Am Ortseingang Parkmöglichkeiten an der Straße.
Anforderungen: Mäßig anstrengende Wanderung auf markierten Wegen und stellenweise auf Asphaltstraßen; Flussquerungen auf Trittsteinen.
Markierungen: Meist gelb-rote Markierung. Wegbezeichnung »Caminho da Amendoeira« (»Pequena Rota 8« von Castro Marim).
Einkehr: Einkehrmöglichkeit in Pernadeira (Snackbar Pinto).
ÖPNV: Keine Möglichkeit.

An der Kreuzung am Ortsrand von **Alta Mora** ❶ wandern wir auf der gelbrot markierten Erdstraße nach Norden leicht bergab. Eine Abzweigung nach links ignorieren wir und folgen stattdessen dem Weg in einer großen Linkskurve weiter bergab. Vor einem Ziegenstall steigen wir bergan und wandern an einer Häusergruppe vorbei. Dahinter erreichen wir eine schmale Asphaltstraße, die in eine etwas breitere Asphaltstraße mündet; wir folgen ihr ein kurzes Stück nach links. Beim Ortschild »Monte da Estra-

Aufstieg Richtung Monte Estrada.

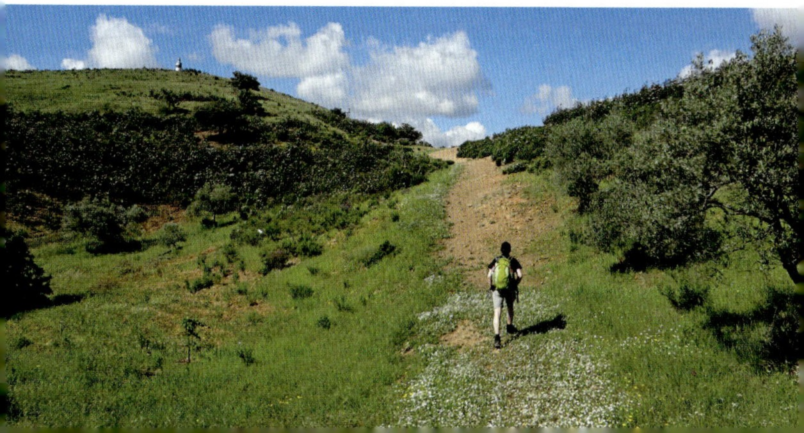

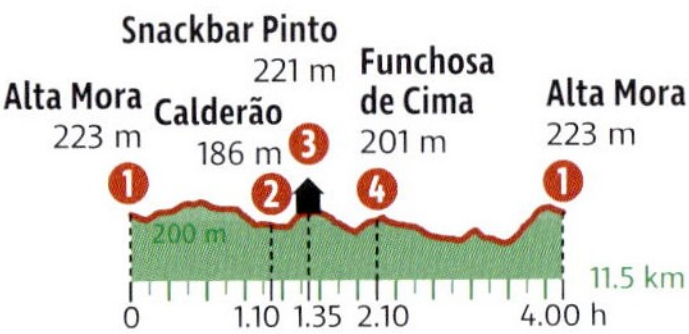

da« nehmen wir die nach rechts ansteigende Erdstraße. Auf dieser überqueren wir eine Hügelkuppe und erreichen bald wieder eine Asphaltstraße. Wir gehen auf ihr knapp 50 m nach links und dann gleich nach rechts auf einen Fahrweg. Wir folgen diesem einen Hang entlang. Wenig später führt er steil bergab und trifft erneut auf eine Asphaltstraße (M512). Auf dieser gehen wir rund 300 m nach rechts und biegen dann nach rechts in eine eine Erdstraße ein. Wir wandern leicht bergab und erreichen schon bald den verlassenen Bauernhof **Calderão** ❷, der links des Weges liegt. Kurz danach wandern wir in einer scharfen Linkskurve weiterhin etwas bergab und wenig später wieder bergan.

Bei der **Snackbar Pinto** ❸ treffen wir neuerlich auf die M512. Wir folgen ihr knapp 200 m nach links und schlagen dann nach rechts die Straße in Richtung Funchosa de Baixo ein. Dieser schmalen Asphaltstraße folgen wir nun für rund 1 km leicht bergab in ein Tal. Links haltend durchqueren wir die Siedlung Funchosa de Baixo. Am Ende der Siedlung nehmen wir einen Erdweg, der nach links ansteigt. Von diesem zweigen wir nach rechts ab und wandern in die Siedlung **Funchosa de Cima** ❹ hinauf. Der markierte Weg leitet uns nach links durch das Dorf. Am Ortsende zweigen wir nach rechts ab (Holzpfeil) und wandern auf einem Erdweg leicht bergab.

Auf diesem Wegabschnitt bewundern wir besonders viele Mandelbäume. Der Weg verläuft zunächst auf einer Hochebene, doch schon bald steigen

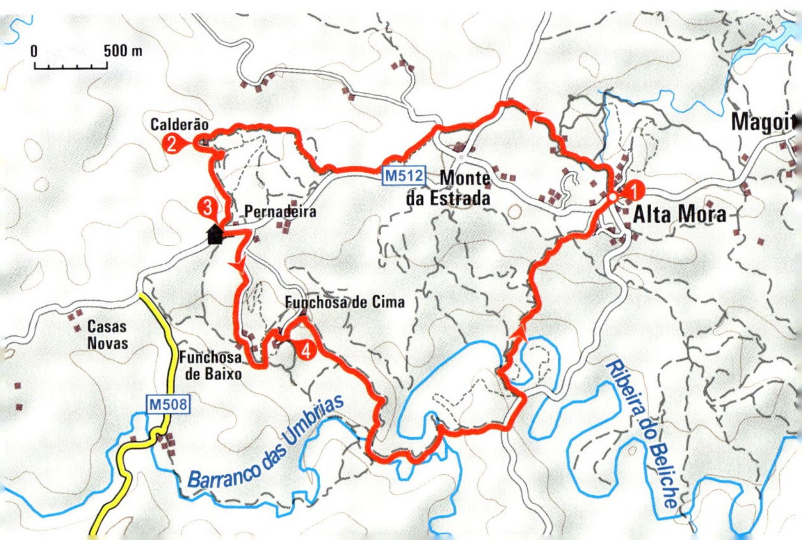

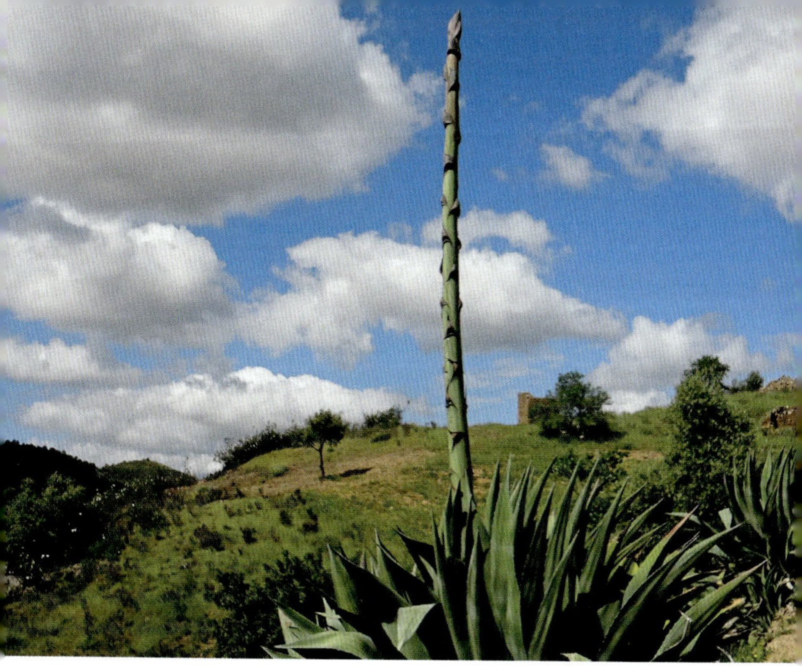

Eine Agave kurz vor der Blüte.

wir sehr steil in die Ribeira da Funchosa ab. Wenig später dreht der Weg nach links, wir überschreiten eine kleine Kuppe und steigen neuerlich zu einem Flusstal (Ribeira do Beliche) ab. Hier müssen wir den Flusslauf ohne Hilfsmittel überqueren, was bei Hochwasser schwierig sein kann. Danach steigt der Weg leicht an und wir überschreiten erneut eine Kuppe. Bald treffen wir auf eine Asphaltstraße, der wir gut 200 m nach links folgen. Noch bevor die Straße eine Brücke erreicht, zweigen wir nach links ab und steigen etwas steiler in Richtung Flusslauf bergab. Den Fluss überqueren wir mithilfe von Trittsteinen. Bei Hochwasser kann auch diese Flussquerung schwierig sein.

Danach führt der Weg auf einer breiten Erdstraße steil bergan. Bei einer Wegkreuzung nehmen wir den rechten Weg (auch der linke Weg ist möglich, weil beide Wege wenig später wieder zusammentreffen). Nach einem Anstieg von rund 120 Höhenmetern erreichen wir eine Hochebene mit schönem Panoramablick. Von hier gehen wir geradeaus bergab auf eine Häusergruppe zu. Vor diesen Häusern zweigen wir nach links auf einer schmalen Asphaltstraße ab, die etwas bergab zur M512 führt. Dieser folgen wir ein kurzes Stück nach rechts zum Ausgangspunkt bei **Alta Mora** ❶.

↗ 220 m | ↘ 220 m | 10.1 km

47 Auf den Cerro da Boavista

3.00 h

Zu einem großartigen Panoramablick auf die südöstliche Algarve

Unweit der Küste, im Hinterland von Carcela Velha, liegt eine bezaubernde Hügellandschaft. Auch wenn mehr und mehr Villen an den Abhängen gebaut werden, hat die Gegend ihren Reiz bewahrt. Diese Rundwanderung führt hoch zur Portela do Carvoeiro und auf den Cerro da Boavista.

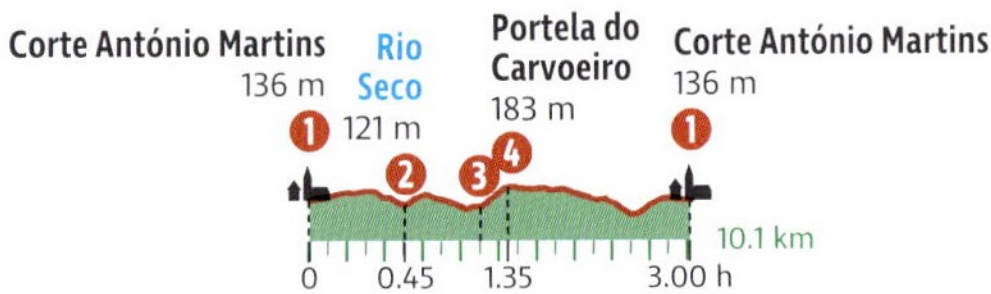

Ausgangspunkt: Corte António Martins, 136 m, Informationstafel an der M509, rund 2 km nach dem Monte-Rei-Golfplatz. Anfahrt von Vila Real de Santo António auf der N125 bis Villa Nova de Cacela, von dort weiter auf der M509 bis Corte António Martins, 17 km. Parkmöglichkeiten am Straßenrand.
Anforderungen: Mäßig anstrengende Wanderung auf markierten Wegen und stellenweise auf Asphaltstraßen.
Markierungen: Meist gelb-rot. Wegbezeichnung »Boa Vista« (»Pequena Rota 1« von Vila Real de Santo António).
Einkehr: Cafés und Restaurants in Corte António Martins.
ÖPNV: Keine Möglichkeit.
Tipp: Das nahe gelegene historische Zentrum des Küstenstädtchens Cacela Velha lohnt einen Besuch.

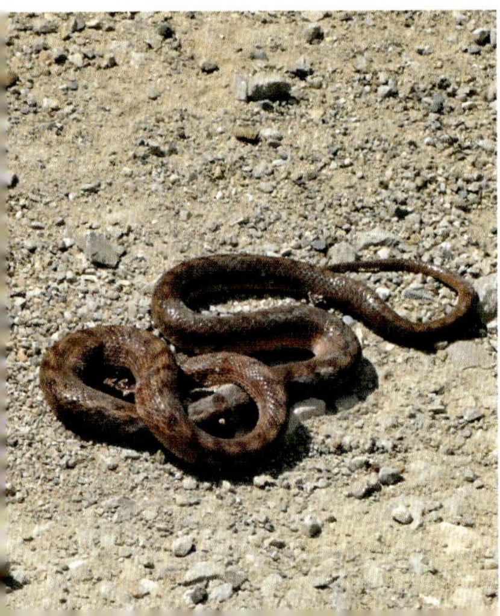

An der Informationstafel in der Streusiedlung **Corte António Martins** ❶ zweigen wir von der M509 auf den markierten Weg nach Norden ab und gehen an einem Fußballplatz und Kinderspielplatz (beide links des Weges) vorbei. Beim Fußballplatz geht der Weg in eine Erdstraße über. Links und rechts des Weges liegen Häuser und Gärten der Streusiedlung Corte António Martins. Bei einer bald folgenden Wegkreuzung zweigen wir scharf nach links ab und gehen einen Hügel hoch. Dort biegen wir nach rechts

Eine Ringelnatter am Wegrand.

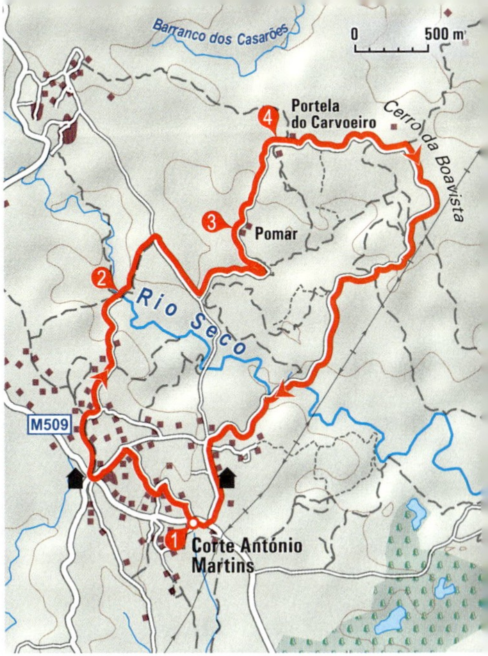

auf eine Asphaltstraße ab und gehen durch das verbaute Gebiet leicht bergan. Am Ende der Asphaltstraße zweigen wir nach links ab und durchwandern eine Senke. Unser Weg führt uns wieder zur Straße M509 hinunter. Hier biegen wir sofort wieder bei einer Tanzbar scharf rechts ab und wandern nun in leichtem Auf und Ab auf einer Erdstraße weiterhin durch Siedlungsgebiet. Am Ende eines Zaunes führt der Weg nach rechts weiter. Auf Asphalt wandern wir dann konstant bergan, wodurch der Blick auf die Umgebung zunehmend interessanter wird. Bei der nächsten Kreuzung gehen wir nach links, dem markierten Weg folgend. Allmählich werden die Häuser am Wegrand weniger und wir wandern auf einer recht schmalen, asphaltierten Straße bergab. Vor einem großen Haus (Garganta) führt der Weg steil bergab und wir wandern auf der schmalen Asphaltstraße bis zum Flusslauf des **Rio Seco** ❷. Vor der Flussquerung auf Trittsteinen geht der Asphaltpfad in eine Erdstraße über.

Jenseits des Flusses steigt der Weg zunächst steiler und später etwas gemächlicher bergan. Entlang des Weges sieht man Weingärten, kleine Olivenhaine, Johannisbrot- und Mandelbäume. Kurz nachdem wir im Anstieg ein verfallenes Haus links des Weges passiert haben, zweigt unser Weg nach rechts auf eine gepflasterte Straße ab, der wir bergab folgen. Nach rund 500 m zweigen wir nach links ab und folgen der Markierung in Richtung »Pomar«. Der Weg bleibt vorerst auf einer gepflasterten Straße, die wir bergab gehen. Sie wird allmählich zur Erdstraße. Auf einer Brücke queren wir einen Flusslauf und wandern im Anschluss bergan und in der Folge durch die kleine Siedlung **Pomar** ❸. Danach führt der Weg weiterhin, zum Teil steil, bergan, auf einen Hügel zu, der von einem Antennenmast dominiert wird. Dahinter liegt eine kleine Häusergruppe auf der Kuppe von **Portela do Carvoeiro** ❹. Ab hier eröffnen sich großartige Panoramablicke in Richtung Küste.

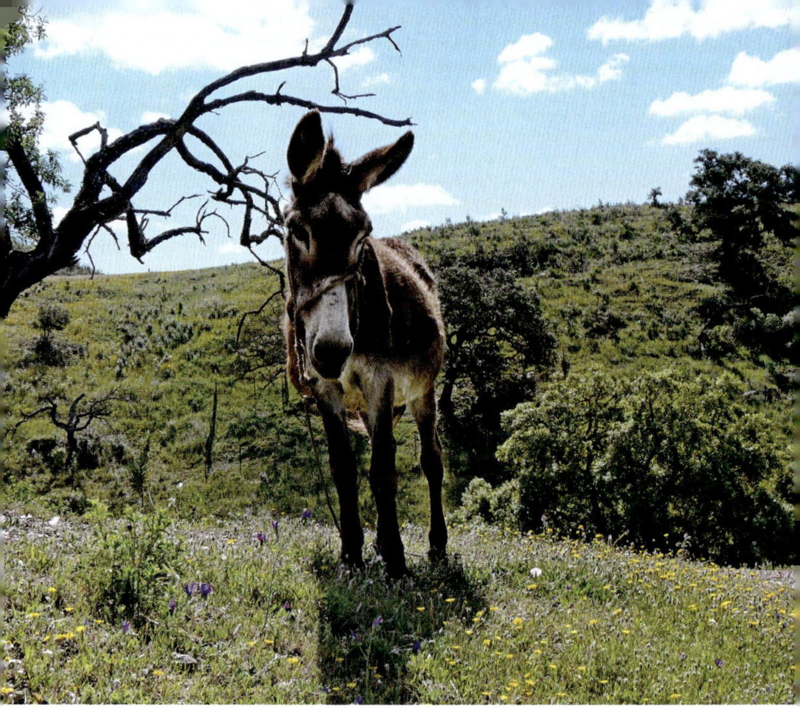

Ein Esel am Wegesrand bei Pomar.

Unser Weg verläuft als Panoramaweg über die Bergkuppen. Diese Hügel wurden in den letzten Jahren mit Seekiefern aufgeforstet. Bei einer Kreuzung halten wir uns rechts. Hier ist auch ein Richtungspfeil angebracht. Wir wandern nun auf der breiten Erdstraße konstant bergab. Schon bald erreichen wir wieder das Flusstal des Rio Seco, den wir auf einer Betonbrücke überqueren. Jenseits der Brücke sieht man in einiger Entfernung die Häuser der Streusiedlung Corte António Martins. Nach der Flussquerung steigt der Weg wieder etwas bergan und bald müssen wir einen zweiten Bach queren, diesmal auf Trittsteinen. Danach wandern wir steil bergan in Richtung einer Häusergruppe. Hier treffen wir wieder auf eine Asphaltstraße, die zunächst eben verläuft und danach etwas ansteigt. Wir treffen auf eine etwas breitere Asphaltstraße und folgen dieser nach links weiter. Links und rechts der Straße passieren wir Häuser und bald auch das Restaurant Bela Vista (links des Weges). Wenig später erreichen wir die M509. Auf dieser wandern wir rund 100 m nach rechts zur Informationstafel bei **Corte António Martins** ❶.

↗ 340 m | ↘ 340 m | 13.3 km

4.30 h

Zum Aussichtspunkt von Ladeiras do Pontal

Zwischen Balurco de Baixo und dem Flussknie des Guadiana

Das Tal des großen Flusses Guadiana hat eine besondere Atmosphäre zu bieten: Die Flussterrassen sind fruchtbar. Hier werden Gemüse und Zitrusfrüchte kultiviert. Die Dörfer wirken lebhaft und lieblich. In Kontrast dazu steht das Hinterland. Karge Hügel, wenig genutztes Weideland oder Korkeichenwälder sind dort zu finden. Auf dieser Rundwanderung erleben wir die zwei gegensätzlichen Gesichter dieser Gegend.

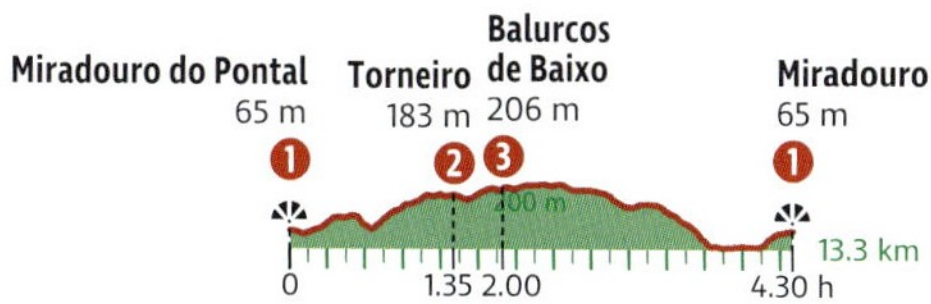

Ausgangspunkt: Miradouro do Pontal, 65 m. Anfahrt von Alcoutim auf der M507 in Richtung Süden. Nach rund 7 km liegt der Miradouro in einer großen Kurve; es gibt ausreichend Parkplätze.
Anforderungen: Wenig anstrengende Wanderung, die zumeist auf breiten Erdstraßen verläuft.
Markierungen: Meist gelb-rot. Wegbezeichnung »Ladeiras do Pontal« (»Pequena Rota 2« von Alcoutim).
Einkehr: Keine Möglichkeit.
ÖPNV: Keine Möglichkeit.
Tipp: Im nahe gelegenen Alcoutim lohnt sich der Besuch der Burg mit dem sehenswerten Archäologiemuseum. Von dort hat man auch lohnende Ausblicke auf den Guadiana-Fluss.

Neugierige Schafe und Ziegen bei Torneiro.

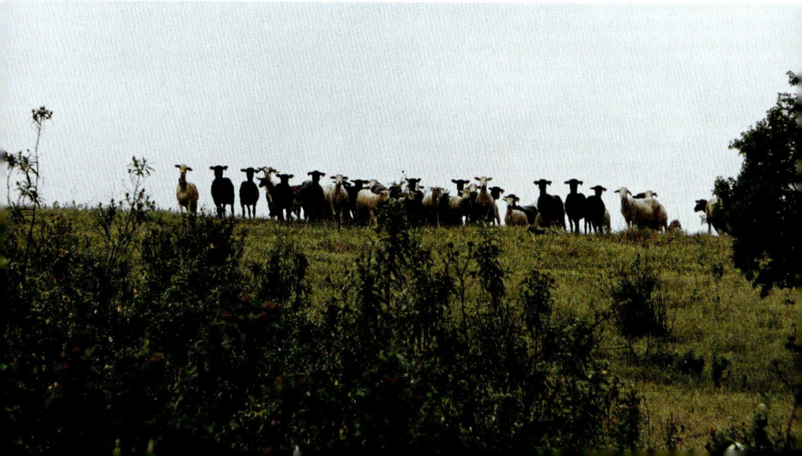

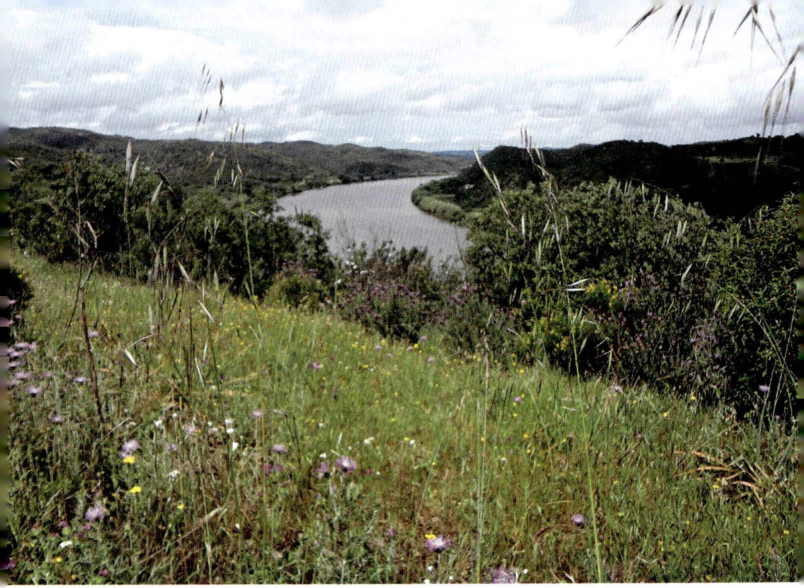

Blick auf den großen Grenzfluss Guadiana beim Miradouro do Pontal.

Der **Miradouro do Pontal** ❶ ist ein imposanter Aussichtspunkt mit Picknickplatz und Panoramablick auf den großen Guadiana-Fluss. Vom Aussichtspunkt folgen wir der M507 nach Südwesten in Richtung »Guerreiros do Rio«. Nach knapp 300 m zweigt der markierte Weg nach rechts ab und verläuft nun auf einer breiten Erdstraße. Anfangs wandern wir weitgehend eben dahin, bald beginnt der Weg aber leicht anzusteigen. Der Blick zurück in das Flusstal ist lohnenswert. Der Wegverlauf wird von Zistrosen- und Lavendelbüschen flankiert, was besonders im Frühjahr eine farbenfrohe Augenweide ist. Wir bleiben immer auf dem markierten Hauptweg und ignorieren Abzweigungen. Schon bald haben wir eine Art Hochebene erreicht und wandern auf einen Seekiefernwald zu. Danach führt der Weg in einer großen Kurve bergab und wieder bergan. Danach wandern wir neuerlich einen kleinen Höhenrücken hoch, um im Anschluss recht steil bergab zu steigen. Nach weiterem Auf und Ab erreichen wir die

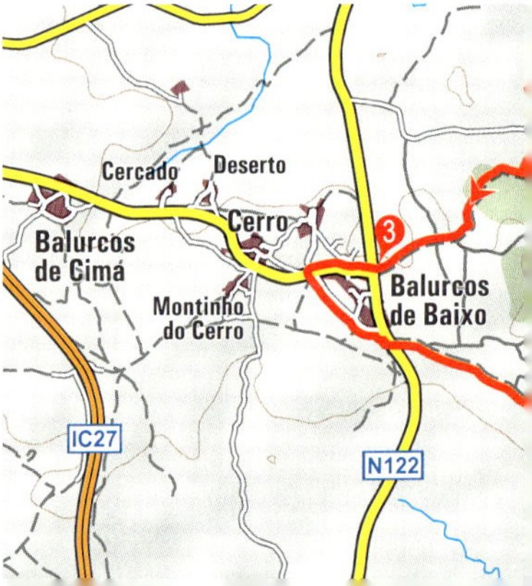

kleine Siedlung **Torneiro** ❷. Die Häuser des Dorfes sind v. a. weiß und gelb gestrichen. Sobald wir das Dorf erreicht haben, geht die Erdstraße in eine asphaltierte Straße über. Ein Backofen rechts des Weges ist ein wichtiger Orientierungspunkt. Hier führt der Weg nach links und wir wandern auf einer schmalen Asphaltstraße leicht bergab und in einer großen Rechtskurve wieder aus dem Dorf hinaus.
Wir bleiben weiterhin auf dem markierten Hauptweg und sehen bereits in einiger Entfernung unser nächstes Ziel, die etwas größere Siedlung Balurco de Baixo. Der Weg von Torneiro nach Balurcos de Baixo ist auch Teil der »Via Algarviana«, weshalb wir hier zusätzlich weiß-rote Markierungen antreffen. Beim Ortseingang treffen wir auf die Straße N122, die wir geradeaus überqueren. Auf der Dorfstraße (M1057) durchqueren wir **Balurcos de Baixo** ❸. Nach 300 m zweigen wir scharf links ab und gehen – der Markierung folgend – auf einer schmaleren Asphaltstraße wieder in Richtung der N122 zurück. Wir überqueren sie erneut und folgen einer leicht ansteigenden Erdstraße. Auf unserem Rückweg Richtung Flusstal des Guadiana wandern wir nun wieder auf dieser breiten Erdstraße durch eine hügelige Hochfläche mit unzähligen Mandelbäumen und Eichen. Links des Weges liegen auch größere Aufpflanzungen von Seekiefern. Bei einer Weggabelung nehmen wir den mittleren Wegverlauf und nähern uns alsbald wieder dem Flusstal. Auf diesem Abschnitt kann man – mit etwas Glück – größere Herden der Algarve-Ziegen antreffen.
Der Abstieg zur M507 ist etwas steiler, dann überqueren wir sie nahezu geradeaus. Danach steigen wir leicht bergab und wandern in Richtung Flussufer. Hier treffen wir auf einige Häuser sowie auf Olivenhaine und Orangenbäume. Rechts des Weges liegt in der Flussniederung eine Art Campingplatz. Danach steigt der Weg leicht bergan, auf eine Flussterrasse hoch, und durch einen lichten Eichenwald. Dieser besonders schöne Abschnitt unserer Wanderung bietet wunderbare Ausblicke in das breite Flusstal und bringt uns nach kurzer Zeit zum **Miradouro do Pontal** ❶ zurück.

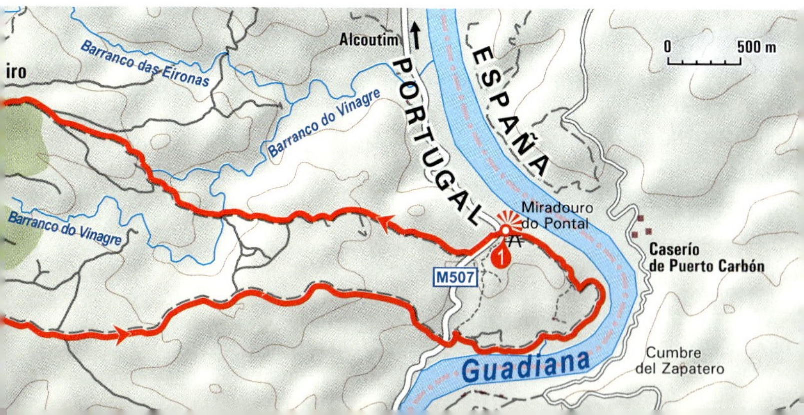

↗ 260 m | ↘ 260 m | 8.6 km

Wanderung am Guadiana-Fluss bei Laranjeiras

3.30 h

Aussichtsreiche Wanderung am Grenzfluss zu Spanien

Der Flussabschnitt zwischen Alcoutim und Foz de Odeleite ist der lieblichste im Tal des Guadiana-Flusses auf Seiten der Algarve. Dörfer wie Laranjeiras, Guerreiros do Rio oder Álamo vermitteln in Kombination mit dem breiten Strom Gelassenheit und Harmonie.

Ausgangspunkt: Laranjeiras, 25 m, am Flusshafen. Anfahrt von Alcoutim auf der M507, 10 km. Im Flusshafen ausreichend Parkplätze vorhanden.
Anforderungen: Wanderung auf breiten Erd- und Asphaltstraßen und auf Pfaden.
Markierungen: Meist gelb-rote Markierung. Wegbezeichnung »Corre, corre Guadiana« (»Pequena Rota 1« von Alcoutim).
Einkehr: In Laranjeiras, Guerreiros do Rio und Álamo.

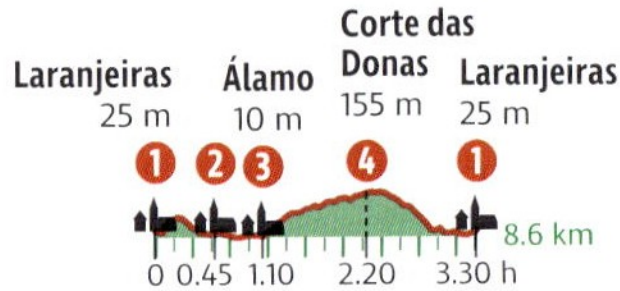

ÖPNV: Keine Möglichkeit.
Tipp: In Guerreiros do Rio gibt es das kleine »Museu do Rio«, das dem Leben am Guadiana-Fluss gewidmet ist.

Wir starten die Rundwanderung beim Flusshafen von **Laranjeiras** ❶ am nördlichen Dorfrand. Hier folgen wir der Markierung in Richtung Dorf. An der Gabelung wählen wir die linke Möglichkeit (von rechts kommt unser Rückweg) in Richtung »Guerreiros do Rio«. Wir durchqueren das Dorf auf dem markierten Weg. Bei einer kleinen Villa (»Moriada Federico«) zweigen wir auf einer Erdstraße nach rechts ab und wandern bergauf weg vom Fluss. Wir haben einen schönen Blick in die Kork- und Steineichenhaine dieser Hügellandschaft. Auf beiden Seiten des Weges begleiten uns Schweinegehege. Wir kommen auf eine Anhöhe. Bald knickt der Weg nach links in Richtung Flusslauf und führt steil bergab durch Mandelbaumhaine. Wir erreichen die Straße M507, der wir nach rechts durch **Guerreiros do Rio** ❷ folgen. Rund 400 m nach dem

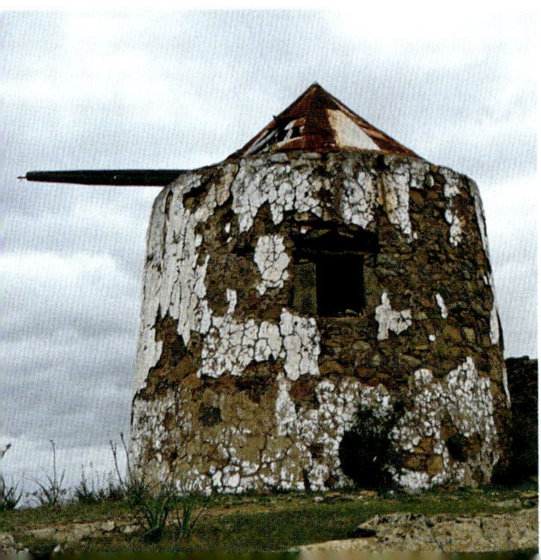

Baufällige Windmühle bei Corte das Donas.

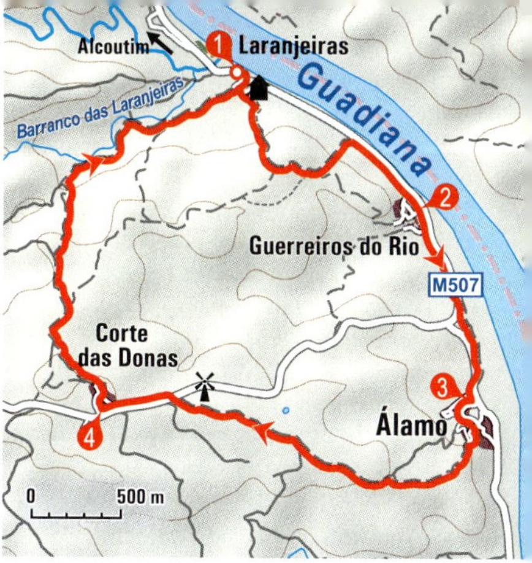

Dorf, vor einem Hügel, folgen wir schräg links einem Fahrweg, während die Straße weiter vorne eine Rechtskurve macht. In der Flussniederung wandern wir entlang eines Zaunes parallel zur Straße. Die weiß-roten Markierungen des Guadiana-Weitwanderweges begleiten uns. Bei einem kleinen Brunnenhaus erreichen wir wieder die M507 und gehen nach links nach **Álamo ❸**.

Am Ortsende verlässt unser Weg die Straße nach rechts und leitet uns zuerst bergauf am Dorf entlang. Dann macht der Weg eine starke Kurve nach links und überquert eine Art Graben. Auf der anderen Seite wandern wir auf einer Erdstraße und etwas später auf einer schmalen Asphaltstraße recht steil bergan. Allmählich verlassen wir den Siedlungskern und kommen auf eine schöne Terrasse mit Blick auf den Fluss. Danach verläuft der Weg ein kurzes Stück an einer Steinmauer entlang und wir steigen einen schmalen und steinigen Weg konstant bergan. Unser Weg mündet in eine breitere Erdstraße, die von Álamo her kommt. Wir überschreiten eine Bergkuppe. Danach wandern wir auf eine weitere Kuppe zu, auf der die Überreste einer Windmühle zu sehen sind, die rechts des Weges liegt. Gleich dahinter liegt die nächste Siedlung. Nach der Windmühle gehen wir ein kurzes Stück bergab und erreichen eine Asphaltstraße, an der wir nach links nach **Corte das Donas ❹** gehen.

Am Dorfende zweigen wir nach rechts ab und wandern auf der Dorfstraße in Richtung »Laranjeiras«. Am Ende des Dorfes, bei einem frei stehenden Backofen, geht die Asphaltstraße wieder in eine Erdstraße, zeitweise auch in einen Wiesenpfad über. Dieser mündet bald in eine breitere Erdstraße, in die wir nach rechts einbiegen.

Wir wandern hier anfangs leicht bergab, später wird der Abstieg auch steiler. Großartig ist der Blick in die schöne Hügel- und Flusstallandschaft. Wir folgen immer dem markierten Wegverlauf und ignorieren die Abzweigungen rechts und links. Allmählich erreichen wir das Tal des Laranjeiras-Flusses, der ein Nebenfluss des Guadiana ist. Hier mündet unsere Erdstraße in eine breitere Erdstraße, die nach rechts in Richtung des Dorfes Laranjeiras führt. Ab hier ist der Wegverlauf weitgehend eben. Wir durchwandern Haine von Olivenbäumen und Zitrusfrüchten und erreichen bald die ersten Häuser. Das letzte Stück wandern wir auf einer Asphaltstraße zum Flusshafen von **Laranjeiras ❶**.

↗ 270 m | ↘ 270 m | 11.5 km

50 Im Mata Nacional das Terras da Ordem bei Odeleite

4.30 h

Einsame Wanderung in den Flusstälern von Foupana und Odeleite

Terras da Ordem, übersetzt »Ländereien des Ordens«, ist heute ein ausgedehntes Waldgebiet (»mata nacional«), das im Besitz des Staates Portugal ist. Viele Seekiefern wurden hier in den letzten Jahren angepflanzt. Die Wanderung führt außerdem im Zusammenflussgebiet durch die Flusstäler von Foupana und Odeleite und durchquert dabei altes Bauernland. Es ist eine der landschaftlich schönsten und einsamsten Touren, die man im Flusstal des Guadiana unternehmen kann.

Ausgangspunkt: Casa da Guarda (Forsthaus), 158 m. Anfahrt von Castro Marim auf der IC27 bis Odeleite, danach weiter auf der N122 Richtung Norden; nach 3 km nach rechts in die Zufahrt zum Forsthaus abzweigen; insgesamt 20 km. Beim Forsthaus ausreichend Parkplätze vorhanden.
Anforderungen: Rundwanderung, die zumeist auf breiten Erdstraßen und gelegentlich auf schmalen Pfaden verläuft; einige steilere An- und Abstiege.
Markierungen: Meist gelb-rote Markierung. Wegbezeichnung »Terras da Ordem« (»Pequena Rota 5« von Castro Marim).
Einkehr: Keine Möglichkeit.
ÖPNV: Keine Möglichkeit.

Waldweg in der Nähe der Casa da Guarda.

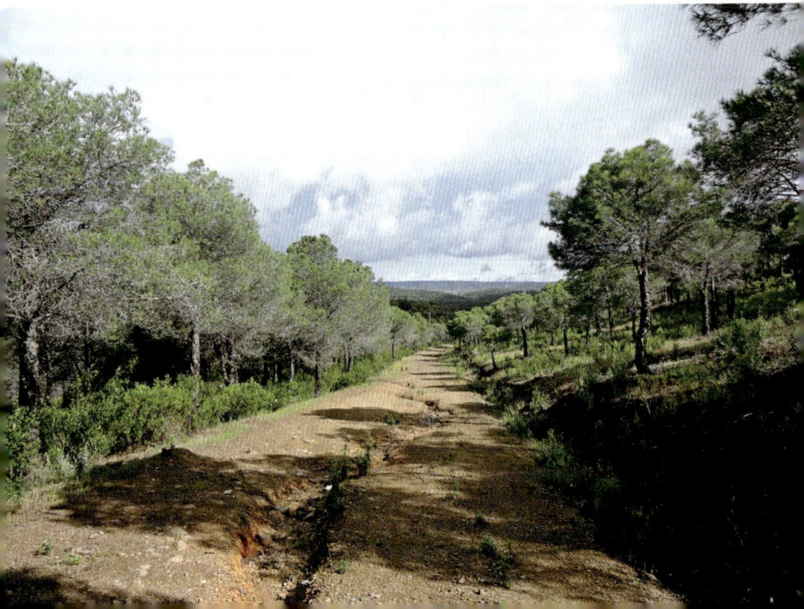

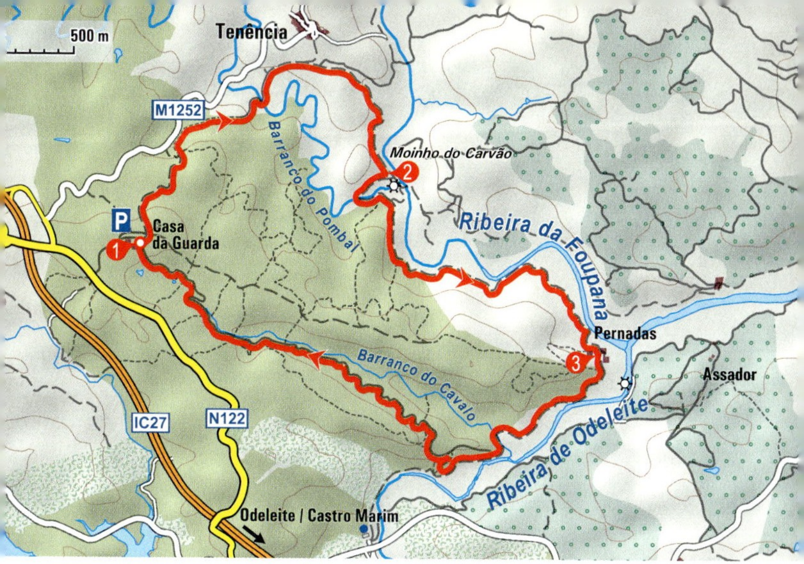

Direkt bei der **Casa da Guarda** ❶ beginnen die Wegmarkierungen. Wir gehen auf einer breiten Erdstraße nach Norden leicht bergab, durch einen noch jungen Seekiefernwald. Nach etwa 15 Minuten gelangen wir bis kurz vor die Asphaltstraße (M1252) und gehen in etwas Abstand zu ihr nach rechts. Von der Anhöhe genießen wir einen schönen Panoramablick in die Flusstallandschaft des Foupana. Danach folgen wir dem Orientierungsschild »Foz de Odeleite« und wandern auf einer breiten Erdstraße bergab. Nach einer großen Schleife nach rechts queren wir den Fluss Barranco do Pombal und wandern auf dem markierten Weg weiter. Bei der folgenden Abzweigung wählen wir den rechten Weg, der uns geradeaus weiterführt, und sehen bald die Häuser von Tenência, die auf einer Flussterrasse links des Weges liegen. Der markierte Weg führt nicht in das Dorf hinein, sondern in Richtung des Flusstales der Foupana. Direkt am Flussufer treffen wir auf die Ruinen der Wassermühle **Moinho do Carvão** ❷. Hier befindet sich auch der Zusammenfluss der Flüsse Foupana und Barranco do Pombal. Kurz vor der Mühle zweigt der Weg nach rechts ab und wird von schönen

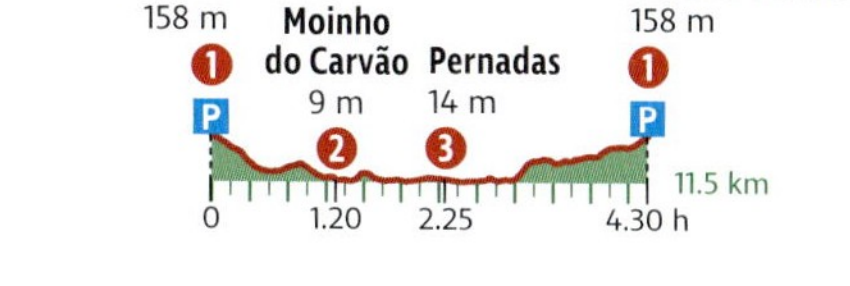

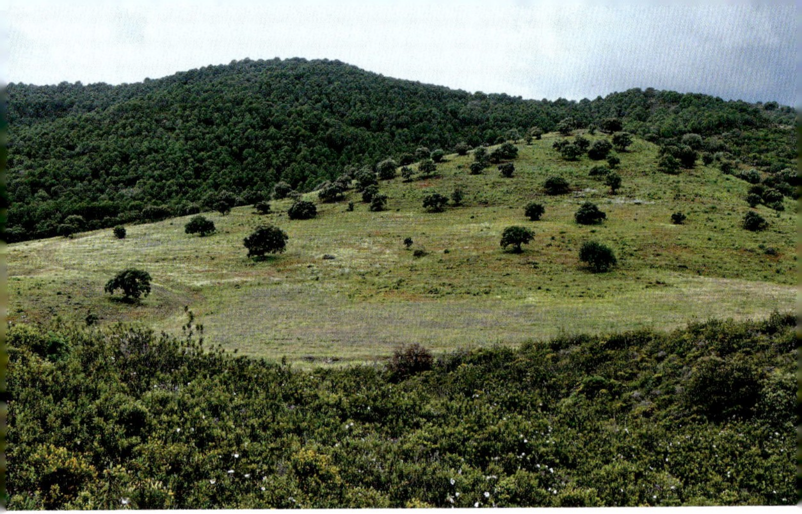

Blick auf den Mata Nacional (Bundesforst) von Terras do Ordem.

Orangenhainen gesäumt. In einer engen Schleife nach links müssen wir nochmal das Bett des Barranco do Pombal queren. Danach führt der Weg wieder in Richtung des Flusstales der Foupana zurück. In den folgenden 45 Minuten wandern wir – in wechselnder Distanz – entlang des Foupana-Flusses. Die Vegetation ist bemerkenswert. Besonders eindrucksvoll sind die alten Johannisbrotbäume entlang des Weges. Auch an Bauernhöfen und Ställen kommen wir vorbei. Schließlich steigen wir eine leichte Kuppe hoch und erreichen den kleinen Weiler **Pernadas** 3. Diese Siedlung liegt in etwa auf der Höhe des Zusammenflusses von Foupana und Odeleite.
Danach steigen wir wieder bis auf Flussniveau ab und wandern – immer auf dem markierten Weg – entlang der Ribeira de Odeleite weiter. Bei der Stelle, an der sich der Weg das dritte Mal dem Flusslauf sehr stark annähert, zweigen wir nach scharf rechts auf einen schmalen, markierten Pfad ab und steigen den steinigen Weg rund 10 Minuten steil bergan. Auf der Bergschulter kann man erneut das schöne Panorama genießen. Der Weg führt nun nach links, dem Relief folgend in einer großen Rechtskurve weiter leicht bergan. Bald schon erreichen wir den Seekiefernwald des Staatsforstes und folgen einem sehr schönen Pfad in den Wald hinauf. Nach rund 30 Minuten Aufstieg passieren wir einen kleinen Teich (links des Weges), der als Wasserreservoir zum Löschen von Waldbränden dient. Wir folgen weiterhin dem gut markierten Waldweg und sehen schon von Weitem den Feuerwachturm, der kurz vor dem Forsthaus steht. Bis dorthin macht der Weg noch einige Kehren, bevor wir schließlich den Ausgangspunkt an der **Casa da Guarda** 1 erreichen.

↗ 250 m | ↘ 250 m | 10.4 km

4.00 h

Rundtour um das Dorf Odeleite

Durch eine Hügel- und Flusstallandschaft zwischen Stausee und Mündungsgebiet des Odeleite

Beim Dorf Odeleite endet der größte Stausee im Südosten der Algarve. Nur unweit davon mündet der Odeleite-Fluss in den Guadiana, den Grenzfluss zwischen Portugal und Spanien. Diese Rundwanderung führt vorbei an einigen winzigen Siedlungen und am Rand der Höhenrücken von Álamos und Ruivo in das fruchtbare Flusstal des Odeleite.

Ausgangspunkt: Odeleite, 70 m, Informationstafel an der Abfahrt von der IC27 in Richtung Dorfzentrum. Anfahrt von Castro Marim auf der IC27 bis Odeleite, 17 km. Ausreichend Parkplätze am Dorfrand.
Anforderungen: Rundwanderung, die zumeist auf breiten Erdstraßen und gelegentlich auf schmalen Pfaden und auf Asphaltstraßen führt.
Markierungen: Meist gelb-rote Markierung. Wegbezeichnung »Odeleite de perto e de longe« (»Pequena Rota 4« von Castro Marim).

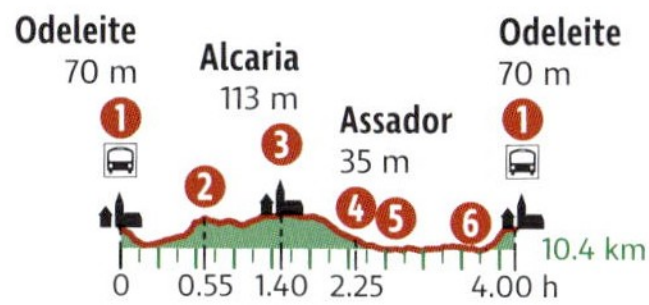

Einkehr: Cafés und Restaurants in Odeleite und Alcaria.
ÖPNV: Odeleite ist von Castro Marim aus mit dem Linienbus erreichbar.

Am Odeleite-Fluss bei Parnadas.

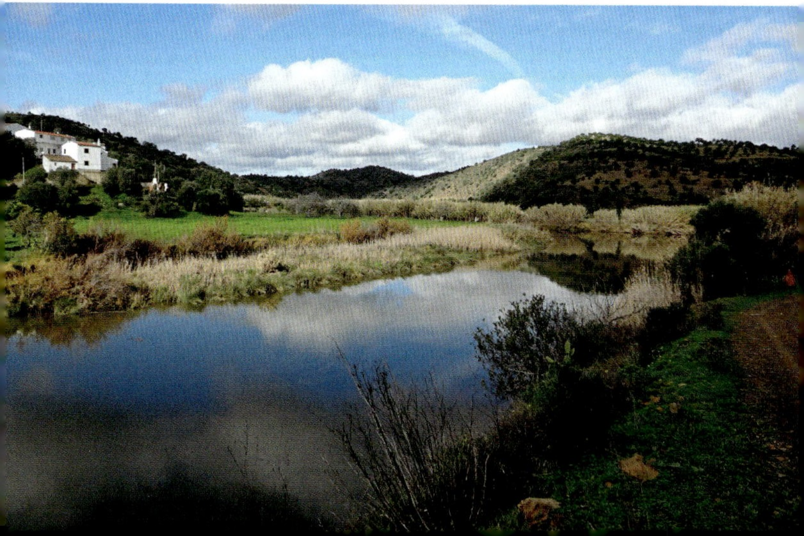

Von der Informationstafel am Ortseingang von **Odeleite** ❶ leitet uns die Wegmarkierung auf der Parallelstraße zur IC27 in Richtung Flusstal (Südosten) bergab. Das Dorfzentrum liegt links der Straße, rechts des Weges begleitet uns ein großer Damm. Der markierte Weg zweigt links von der Straße ab und leitet uns, zweimal links, dann scharf rechts abbiegend durch den östlichen Ortsteil. Nach den letzten Häusern überqueren wir auf einer Brücke den Fluss. Nach der Brücke geht die Asphaltstraße in eine Erdstraße über und führt, zunächst weitgehend eben, durch Orangenhaine. Rechts blickt man noch einmal auf die große Staumauer des Odeleite-Flusses. Bei einer Gabelung folgen wir dem rechten Weg an Oliven- und Zitronenbäumen entlang. Allmählich gewinnt der Weg leicht an Höhe und wir wandern durch ein schmales Tal mit mehreren kleinen Bauernhöfen. Danach steigt der Weg etwas stärker an und führt in ein Aufforstungsgebiet. In einer Wegschleife überqueren wir ein Rinnsal. Anschließend stoßen wir auf die ersten Häuser der Siedlung Fonte do Penedo. Wir überqueren die Straße (M1063) und gehen im Anschluss auf einer Asphaltstraße durch **Fonte do Penedo** ❷.

Wir gehen etwas bergab und zweigen nach einem Brunnen nach links ab. Kurz darauf führt uns die Markierung nach rechts und von der Siedlung weg. In einiger Entfernung sind Windräder zu sehen. Wir gehen ein Stück bergab und queren einige Rinnsale. Danach führt der Weg wieder leicht bergan. Stein- und Korkeichen prägen das Landschaftsbild. Nach einigen Kurven mündet unser Weg in eine breitere Erdstraße. Diese wandern wir nach links bergan, überqueren einige Landschaftskuppen und gehen auf ein weißes Haus zu. Bevor wir dieses erreichen, zweigen wir nach rechts ab und wandern durch eine Kleingartensiedlung leicht bergab in Richtung Alcaria. Wir queren die M1063 und wandern durch das Dorfzentrum von **Alcaria** ❸. Nach dem Dorf stoßen wir erneut auf die M1063 und folgen ihr gut 200 m nach links. Bei einer Stromleitung verlassen wir die Asphaltstraße nach links und gehen auf einer Erdstraße weiter. Diese führt zunächst durch Zistrosenfelder mit Korkeichen und erreicht in der Folge die Aufforstungsgebiete auf den Hügeln von Ruivo und Álamos. Der Weg knickt deutlich nach rechts

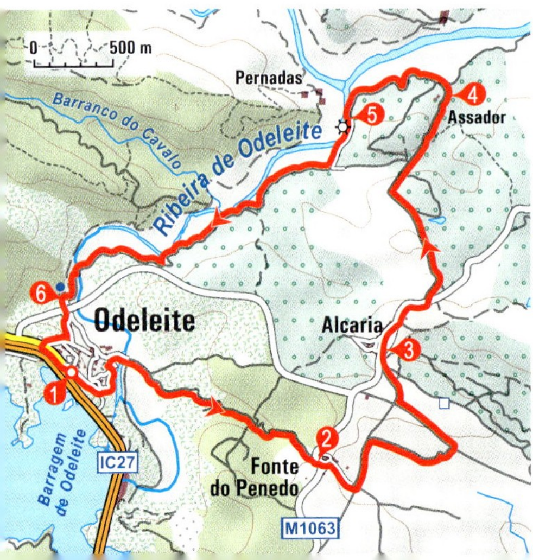

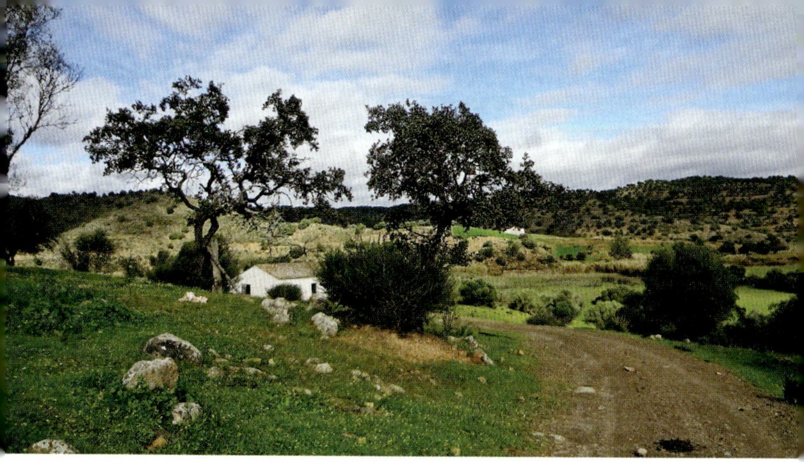

Der Bauernhof Assador.

und nach einem kräftigeren Abstieg erreichen wir eine Wegkreuzung. Hier wählen wir den Weg geradeaus. Wir steigen durch den Wald ab und kommen vor einer großen Linkskurve zum Bauernhof **Assador** ❹. Hier hat man einen lohnenden Blick in das Flusstal der Ribeira de Odeleite. Anschließend verläuft der Weg noch etwas bergab und dann dem Flusslauf gegen die Fließrichtung folgend zurück in Richtung Dorf Odeleite. Der Fluss wird von einem Schilfgürtel gesäumt. In der Ferne kann man einige Häuser auf der anderen Flussseite erkennen, die zur Siedlung Pernadas gehören. In der Nähe eines Wehres kommen wir dem Flussufer sehr nahe und der Weg ist abschnittsweise gepflastert. Hier steht eine renovierte **Wassermühle** ❺. Wenig später passieren wir einen Abenteuerspielplatz und Kletterwald. Danach biegt der Weg nach rechts ab und wir verlassen die gepflasterte Straße, um auf einer Erdstraße weiterzuwandern. Der Weg verläuft gemächlich auf einer Art Terrasse entlang des Flusses weiter. Im Tal sieht man kleine Gärten mit Oliven- und Orangenbäumen.

Wir steigen hoch zu einer Asphaltstraße. Kurz bevor wir diese erreichen, zweigen wir jedoch nach rechts auf eine breite Sandstraße ab, die neuerlich bergab und auf einem Terrassenweg zwischen Fluss und Straße verläuft. Linker Hand passieren wir eine Kläranlage und wandern auf eine Brücke zu. Auf dieser queren wir den Odeleite-Fluss etwas nördlich des Dorfes Odeleite, das wir links bereits sehen. Bei einer Kreuzung treffen wir auf einen **Radbrunnen** ❻. Wir folgen der Markierung nach links unter der Straßenbrücke hindurch und gehen gleich nach links auf der Rua Eufrásia Gomes steil bergan. Von dieser biegen wir rechts in die Rua da Escola ein, treffen am Dorfrand auf die Durchgangsstraße und gelangen nach links zur Informationstafel in **Odeleite** ❶.

↗ 140 m | ↘ 140 m | 7.5 km

52 Der Panoramaweg bei Azinhal am Guadiana-Fluss

2.15 h

Ein Fenster über den Guadiana

Faszinierende Ausblicke ermöglicht uns diese Wanderung am Rand des Reserva Natural do Sapal de Castro Marim. Von hier sehen wir auf die Festungsstadt Castro Marim und bis nach Vila Real de Santo António. Jenseits des Guadiana-Flusses liegt die andalusische Stadt Ayamonte.

Ausgangspunkt: Azinhal, 100 m, Marktplatz (Largo do Mercado) an der N122. Anfahrt von Castro Marim auf der N122, 12 km. Parkmöglichkeit am Marktplatz.
Anforderungen: Leichte, relativ kurze Wanderung auf Erd- und Asphaltstraßen.
Markierungen: Meist gelb-rot. Wegbezeichnung »Uma Janela para o Guadiana« (»Pequena Rota 3« von Castro Marim).
Einkehr: In Azinhal.
ÖPNV: Azinhal ist von Castro Marim aus mit dem Linienbus erreichbar.

Vom Marktplatz von **Azinhal** ❶ gehen wir zunächst an der N122 ein kurzes Stück zurück in Richtung Castro Marim. Am Dorfrand zweigen wir nach links in die Rua António Fernandes ein und gehen durch eine gartenähnliche Siedlung. Bei nächster Gelegenheit zweigen wir nach rechts ab und wandern auf einer Erdstraße aus dem Dorf hinaus. Der Weg wird linker Hand von einer Stromleitung begleitet und man sieht bereits nach links in das große Flusstal des Guadiana und auf die Autobahnbrücke in Richtung Ayamonte (Andalusien/Spanien). Der Weg fällt alsbald etwas steiler bergab. Am Fuß des Hügels, d. h. auf einer Flussterrasse der Ribeira do Beliche, eines Zuflusses zum Guadiana, angekommen, folgen wir dem Weg, der nach links weiterführt, und wandern auf einer Erdstraße in leichtem Auf und Ab an der Flussterrasse entlang. Wir passieren Hausruinen links des Weges und einen Brunnen. Hier macht der Weg eine scharfe Linkskurve und steigt etwas bergan. In einer weiteren Linkskurve dreht der Weg zurück auf eine Anhöhe. Wenig später wandern wir jedoch auf einem schmäleren Weg, der nach rechts abbiegt, wieder zurück in das Flusstal und genießen die vielfältige Vegetation am Wegesrand. Im weiteren Wegverlauf erreichen wir die **Ribeira do Beliche** ❷ mit ihren größeren Bauernhöfen. Am Talrand wandern wir auf einer Erdstraße zunächst leicht bergab. Nach insgesamt ca. 1 Std. Gehzeit biegt unser Weg vor einem

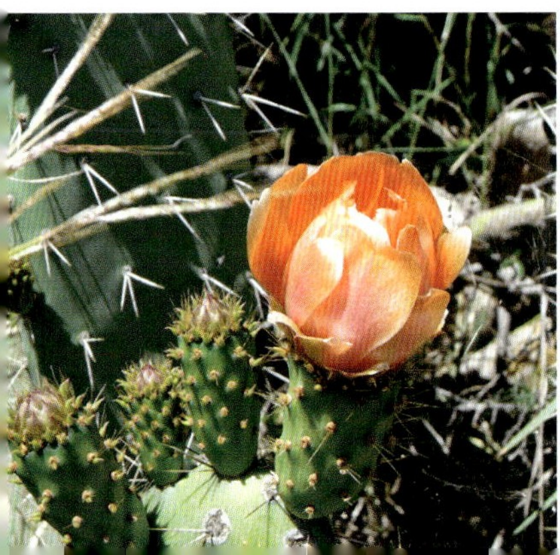

Blühender Opuntienkaktus.

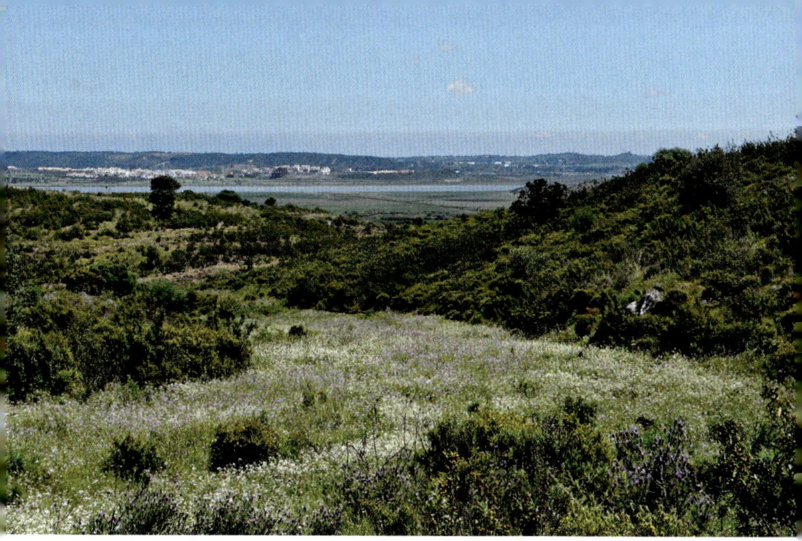

Blick auf das Flusstal des Guadiana.

lichten Seekiefernwald auf einer Anhöhe nach links ab und wir gehen in Richtung Azinhal zurück. Wir wandern kontinuierlich bergan, erst am Waldrand, später teilweise auch durch den Wald. Auf etwa halber Höhe des Anstieges zweigen wir im spitzen Winkel nach rechts in einen schmäleren Weg ein und biegen bei erster Gelegenheit links ab. Nach rund 10 Minuten folgen wir einem quer verlaufenden Weg nach links und nehmen bei der nächsten Weggabelung den rechten Wegverlauf, der uns auf eine verfallene **Windmühle** 3 zuführt. An dieser gehen wir vorbei und in einem Rechtsbogen auf eine Häusergruppe am Ortsrand von Azinhal zu. Über die Rua do Cemitério erreichen wir die Kirche und über die Rua de Santa Barbara den Marktplatz von **Azinhal** 1.

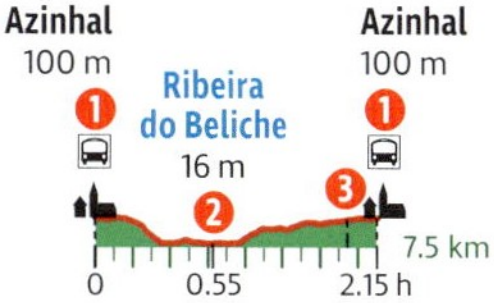

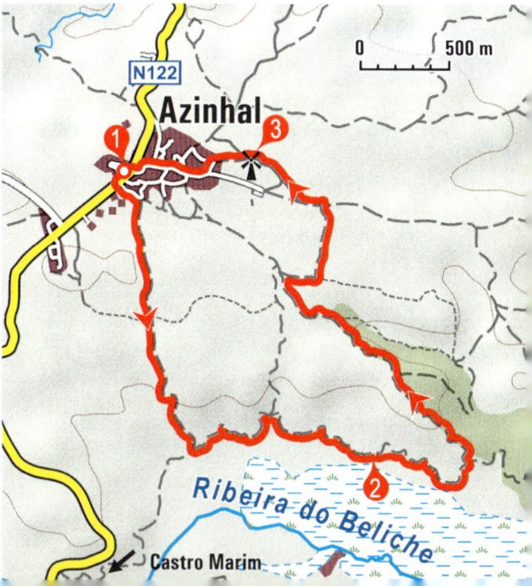

↗ 1280 m | ↘ 1270 m | 67.4 km

53 Guadiana-Weitwanderweg von Alcoutim nach Vila Real de Santo António

4 Tage

Eine stimmungsvolle und beschauliche Wanderung im größten Flusstal Südportugals

Für ca. 50 km bildet der Guadiana die Grenze zwischen Algarve und Andalusien. Das große Flusstal verleiht dem Südosten des Landes die ungewöhnliche Atmosphäre eines abgelegenen Grenzlandes. Irgendwie scheint die Zeit hier stehengeblieben zu sein. Nur wenige Dörfer liegen am Flussufer und die Landschaft vermittelt Ruhe und Abgeschiedenheit. Allerdings verändert sich die Landschaft des Baixo Guadiana (Unteres Guadiana-Tal) im Laufe des Weitwanderweges doch merklich. Im Norden sind die Uferhänge hoch und Aussichtsterrassen eröffnen immer wieder Ausblicke auf den gemächlich fließenden Strom und das nahezu menschenleere Land. Je näher man der Mündung kommt, umso flacher werden die Uferterrassen und umso dichter wird die Bebauung. So ist die Wanderung auf der »Grande Rota do Guadiana« irgendwie auch ein Gang durch die Zeiten: Alcoutim im Norden steht mit seinen alten Burgruinen für mittelalterliche Wehrarchitektur am Fluss, während die barocke Planstadt Vila Real de Santo António nahe der Guadiana-Mündung einen mondänen Charakter aufweist und die nahe gelegenen Badestrände von Monte Gordo ein sehr aktuelles Bild der Algarve vermitteln.

Ausgangspunkt: Alcoutim, 9 m, Flusshafen unterhalb der Igreja Matriz de Alcoutim.
ÖPNV: Täglich mehrmals Busverbindungen von Castro Marim und Vila Real de Santo António nach Alcoutim.
Endpunkt: Vila Real de Santo António, 9 m, Farol.
ÖPNV: Täglich mehrmals Busverbindungen von Vila Real de Santo António nach Castro Marim und Alcoutim. Die Stadt liegt zudem am Ostende der Algarve-Bahnstrecke Lagos–Vila Real de Santo António.
Anforderungen: Einfache Wanderung auf breiten Erd-Steinwegen und auf Asphaltstraßen (v. a. in der Nähe von Dörfern und in den Städten). Keine schwierigen An- und Abstiege, nur fallweise etwas rutschig im Abstieg. Die erste Wegetappe erfordert eine gewisse Ausdauer.
Markierungen: Der Weg ist als Weitwanderweg (GR 15) durchgehend weiß-rot markiert. Mehrfach sind abschnittsweise gelb-rote Markierungen von lokalen Rundwegen zu finden. Dies ist jeweils im Beschreibungstext vermerkt.
Einkehr: Möglichkeiten in Alcoutim, Laranjeiras, Guerreiros do Rio, Álamo (in der Unterkunft Turismo Rural Paisagem do Guadiana), Odeleite, Alcaria, Azinhal, Junqueira, Monte Francisco, Castro Marim und Vila Real de Santo António.
Unterkunft: Alcoutim: kleine Auswahl an Herbergen und Hotels, u. a. (1) Hotel d'Alcoutim*** (500 m nördlich der Stadt am Fluss gelegen, verschiedene Zimmerkategorien), Tel. +351 911 503 400, info@hotelalcoutim, (2) Pousada da Juventude (400 m nördlich der Stadt, Zwei- und Vierbettzimmer, Schlafsaal), Tel. +351 281 546 209, alcoutim@movijovem.pt, pousadasjuventude.pt; Álamo: derzeit nur das Turismo Rural Paisagem do Guadiana (1 km südlich von Álamo, Zweibettzimmer), Tel. +351 969 342 237, reservas@paisagemdoguadiana.pt, paisagemdoguadiana.com/alojamento/; Odeleite: derzeit nur das

Ferienhaus Casa do Correio (zentral, zwei separate Zimmer mit insg. 5 Betten), Tel. +351 963 916 114; Junqueira: derzeit nur das Turismo Rural Casas do Palheiro Velho (500 m nördlich von Junqueira, Zwei- und Dreibettzimmer, Suite), Tel. +351 919 249 862, infocpvelho@gmail.com, palheirovelho.com/; Vila Real de Santo António: große Auswahl an Herbergen und Hotels, u. a. (1) Pousada Vila Real Santo António**** (zentral, verschiedene Zimmerkategorien), Tel. +351 281 249 120, pousadas.pt/pt/hotel/pousada-vila-real-santo-antonio, (2) Hotel Apolo (zentral, verschiedene Zimmerkategorien), Tel. +351 281 510 700, hotelapolo@apolo-hotel.com, apolo-hotel.com/, (3) Arenilha Guest House (zentral, verschiedene Zimmerkategorien), Tel. +351 281 512 565, geral@coracaodacidade.com.

Tipp: Das Museu do Rio (Flussmuseum) in Guerreiros do Rio ist eine ideale Ergänzung zum Weitwanderweg. Das kleine Museum dokumentiert Natur und Kultur am Guadiana-Fluss und thematisiert u. a. Fischerei, Schifffahrt, Grenze und Schmuggel. Besonders sehenswert sind die Miniaturmodelle der Boote, die auf dem Fluss bei verschiedensten Tätigkeiten zum Einsatz kamen (im Sommer Di–Sa 10–13 und 14–18 Uhr, im Winter Di–Sa 9–13 und 14–17 Uhr, Eintritt 2,50 €, Tel. +351 281 547 380).

1. Tag: Alcoutim–Álamo; 6.15 Std./21,7 km; 540 m im Auf- und 510 m im Abstieg

Wir starten die Wanderung am kleinen Flusshafen von **Alcoutim** ❶ bei der Estátua do Contrabandista (»Statue des Schmugglers«), wo auch Fahrten auf die andere Flussseite nach Sanlúcar de Guadiana (Spanien) angeboten werden. Die Schmugglerstatue erinnert an den illegalen Handel zwischen Portugal und Spanien in der Zeit des Spanischen Bürgerkrieges (1936–1939). Auf der Rua de Município – zwischen Tourismusinformation (links) und Câmara Municipal (Rathaus, rechts) – erreichen wir die Praça da República, den Hauptplatz der hübschen Kleinstadt. Wir queren ihn halbrechts und folgen dann der Rua de D. Fernando. Vor der Brücke über die Ribeira de Cadavais, einem Zufluss zum Guadiana, biegen wir mit der Rua de D. Fernando nach links ab, bleiben also links des Flusstals. Bemerkenswert ist eine

Wegverlauf der »Grande Rota do Guadiana« nach dem Dorf Marmeleiro.

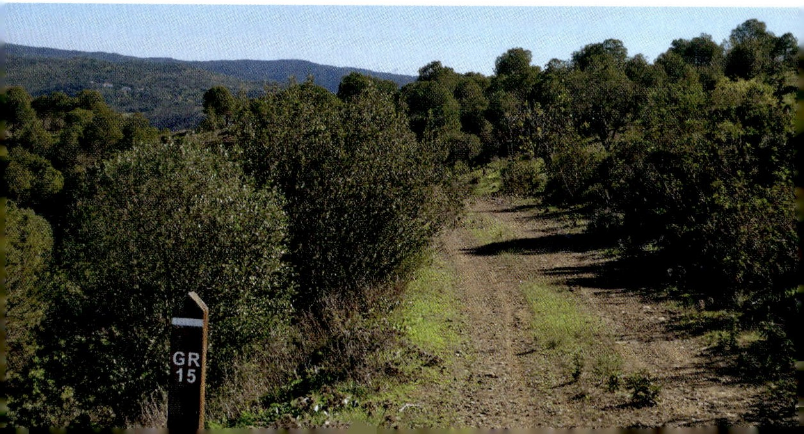

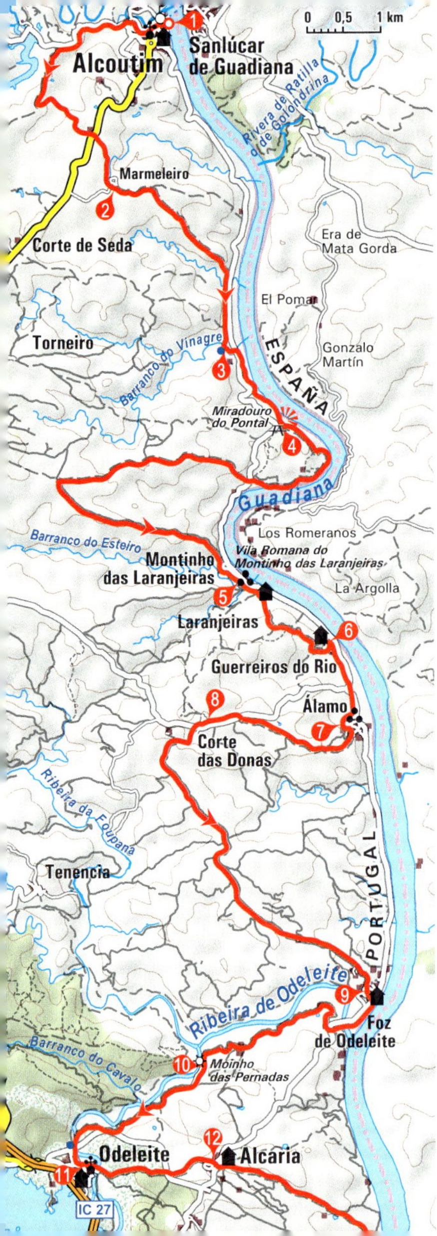

Serie von großen Fliesenbildern zur Linken, die traditionelle Handwerkskunst der Region zeigt. Etwa 150 m nach der Kreuzung vor der Brücke zweigen wir nach rechts auf einen schmäleren und gepflasterten Seitenweg (Avenida de Tavira) ab. Nun geht es leicht bergab zum Ufer der Ribeira de Cadavais, wo wir eine Wegkreuzung bei einer Brücke erreichen. Jenseits der Brücke liegt ein kleiner Badestrand am Flussufer (Praia de Pego Fundo, mit Picknickplatz und Café). Wir gehen geradeaus über die Wegkreuzung und bleiben auf dem gepflasterten Weg, der kurze Zeit später in einen Betonweg übergeht und leicht bergan führt. Nochmals geht es über ein kleines Flusstal und nach einer S-Kurve mündet der Wanderweg in eine Fahrstraße ein. Wir folgen der wenig befahrenen Straße nach rechts und wandern auf dieser ca. 1 km leicht bergan. Nach ca. 500 m passieren wir eine kleine Häusergruppe (links) und wenig später auch einen Teich (links). Nach diesem knickt die Straße nach rechts und 300 m später verlassen wir sie bei einem Wegpfeil nach links. Der Wanderweg führt uns nun auf einem Erd-Steinweg durch einen lichten Schirmpinienwald. Links blicken wir Richtung Alcoutim und Sanlúcar de Guadiana, rechts sieht man wenig später auf den Stausee Albufeira de Alcoutim. Auf diesem breiten Forstweg bleiben wir etwa 1 km und wandern stetig leicht bergan.
Bei einer Weggabelung (Markierung) halten wir uns nach links

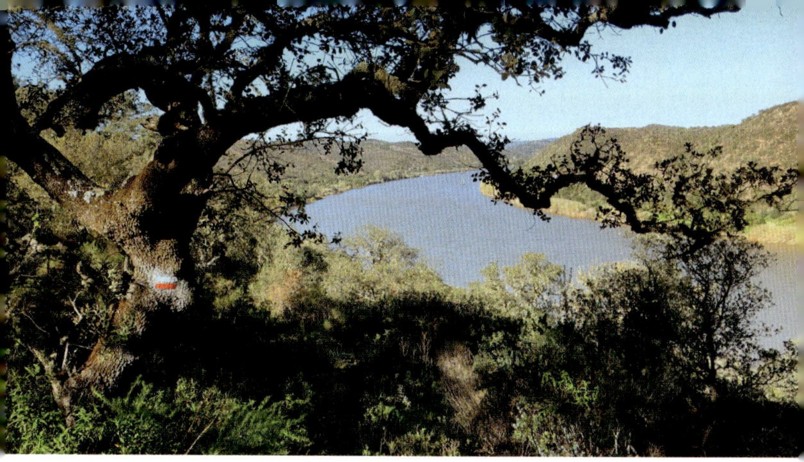

Blick auf den Guadiana unterhalb des Miradouro do Pontal.

und wandern mit Blick auf einen kleinen Teich auf der der linken Seite zunächst steil zu einem Talboden zwischen zwei Hügeln bergab. Nach einer Rechtskurve geht es dann – weiterhin durch lichten Pinienwald – den nächsten Hügel wieder bergan. Auf diesem Weg bleiben wir ca. 1 km, bis wir nach einer Linkskurve geradewegs auf ein kleines weißes Haus (links des Weges) zuwandern und kurz nach diesem die Zufahrtsstraße nach Alcoutim (N-122-1) überqueren. Etwa 70 m später halten wir uns bei einer Weggabelung nach rechts und wandern auf einem Erd-Steinweg zunächst leicht bergan. Nach einer Hügelkante taucht vor uns unser nächstes Zwischenziel auf: eine kleine Siedlung auf der gegenüberliegenden Anhöhe. Zunächst aber steigen wir in ein kleines Flusstal (Barranco de Barteiros) etwas bergab, bevor wir auf einem betonierten Weg steil bergan in das Dorf **Marmeleiro** ❷ wandern, das wir etwa 10 Min. nach der Fahrstraße erreichen.
Der Wanderweg führt geradeaus durch die Siedlung, bei der Kapelle Nossa Senhora de Fátima (rechts) zweigen wir nach links ab und folgen der Straße zwischen zwei Häusern hindurch. Danach knickt unser Weg nach rechts und wir verlassen schon nach wenigen Minuten das Dorf wieder auf einem Erdweg. Wir folgen einem Wegpfeil, der die Richtung nach Laranjeiras anzeigt. Hinter Marmeleiro wandern wir zunächst auf einer kleinen Hochebene durch ein altes, von Steinmauern umgebenes Weidegebiet. Auch Oliven- und Mandelbäume sind hier zu sehen. Nach etwa 500 m halten wir uns an einer Weggabelung nach rechts, umwandern einen kleinen Hügel und sehen wenig später in der Ferne schon das Flusstal des Rio Guadiana. Es geht nun auf einem teilweise etwas rutschigen Weg, der neuerlich durch lichte Plantagenwälder führt, zügig bergab. Etwa 30 Min. nach Marmeleiro erreichen wir gegenüber von einem Campingplatz die Fahr-

straße (M507) am Fluss. Wir halten uns dort nach rechts und queren gleich im Anschluss auf einer Brücke einen Zufluss zum Guadiana. Der Landstrich am Flussufer ist begehrt: Man sieht kleine Häuser in Olivenhainen sowie Bootsanlegestellen. Nach rund 1 km auf Asphalt wechseln wir die Straßenseite, zweigen bei einem Wegpfeil nach rechts ab und erreichen nach etwa 100 m einen **Radbrunnen** ❸, (port. »Nora de água«), der am Einstieg in das üppig bewachsene Barranco do Vinagre (ein Zufluss zum Guadiana) liegt. Wir queren das Flusstal – nach starken Niederschlägen kann dies beschwerlich sein – und folgen einem Hangweg nach links, der zurück Richtung Fahrstraße (M507) führt. Diese queren wir erneut, gehen dann etwa 100 m am Straßenrand entlang und folgen im Anschluss einem schmalen Pfad, der zwischen Straße und Flussufer verläuft, nach links. Hier durchwandern wir einen Stein- und Korkeichenwald und steigen zuletzt leicht bergan, bis wir die Aussichtsterrasse **Miradouro do**

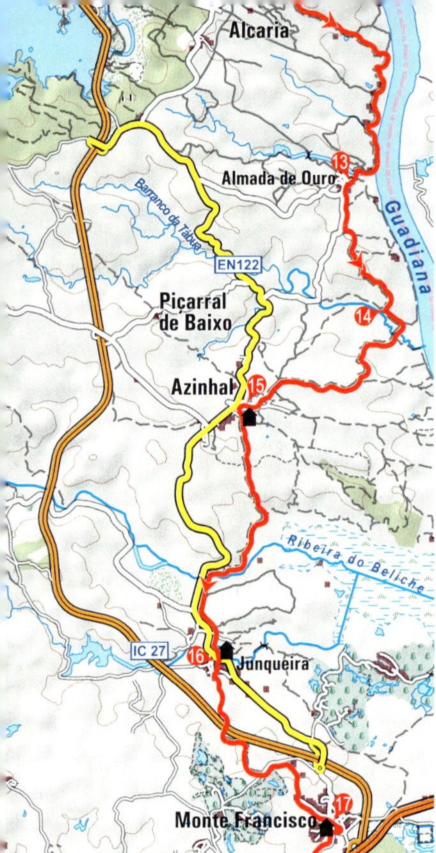

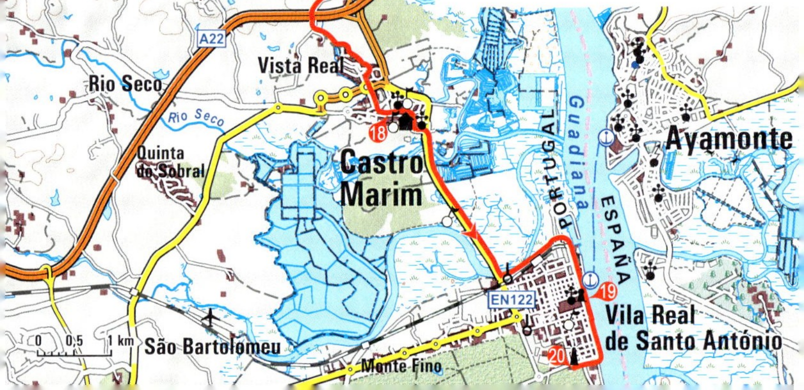

Pontal ❹ erreichen, die – am Beginn einer Schleife des Guadiana liegend – einen prächtigen Ausblick über das Flusstal ermöglicht.
Von hier folgen wir dem breiten Erd-Steinweg nach links, der uns parallel zum Flussufer durch einen Steineichenwald leicht bergab führt. Je näher wir dem Ufer kommen, desto sandiger wird der Weg. Hier treffen wir neuerlich auf Olivenhaine, Orangen- und Zitronenbäume sowie auf Johannisbrotbäume. Dazwischen sieht man einige Schuppen, Wohnmobile und Bootsanleger. Dem Flussufer in einiger Entfernung folgend, schwenkt der Weg allmählich zurück Richtung Straße (M507), die wir nach einer scharfen Linkskurve erreichen. Wir überqueren die Straße und folgen dem breiten Weg, der etwas rechts von unserer Einmündung liegt und mit einem Wegpfeil Richtung »Balurcos de Baixo« markiert ist. Da wir seit dem Miradouro do Pontal neben dem Weitwanderweg GR15 auch auf einem markierten Rundwanderweg (siehe Tour 48) unterwegs sind, sind hier weiß-rote und gelb-rote Wegmarkierungen angebracht. Jenseits der Straße geht es auf einem breiten Erd-Steinweg bergan. Die umgebenden Schieferhügel sind hauptsächlich mit Buschwerk überwuchert und werden vorwiegend als extensive Tierweiden verwendet. Häuser sind kaum zu sehen, dafür gelegentlich mit Schirmpinien aufgeforstete Flächen. Im Frühling verwandelt sich die Landschaft für wenige Wochen in ein Blütenmeer von Zistrosen.
Auf dem breiten Weg bleiben wir für etwa 3 km und steigen dabei rund 180 Höhenmeter auf, bis wir zu einer Wegkreuzung kommen. Hier trennt sich unser Weitwanderweg von der Rundwanderung. Wir folgen der weißroten Markierung scharf nach links. Der Wegcharakter ändert sich während des Abstiegs kaum, jedoch sieht man in der Ferne wieder das Flusstal sowie Windräder auf der spanischen Seite. Etwa 2,5 km nach der Wegkreuzung wird der Ausblick hoch über dem Flusstal immer schöner, denn der Blick fällt nun auch auf die Dörfer am Flussufer. Der Abstieg Richtung Uferstraße ist steil und zunächst etwas rutschig, geht aber nördlich des Dorfes Montinho das Laranjeiras in einen Betonweg über. Wir durchqueren das Dorf parallel zur Fahrstraße und erreichen diese beim Parkplatz der bekanntesten archäologischen Stätte des unteren Guadiana-Tals: **Vila Romana do Montinho das Laranjeiras** ❺. Hier wurden bemerkenswerte Funde aus der römischen, westgotischen und muslimischen Periode gemacht. Zu sehen sind Grundrisse von Häusern und einer westgotischen Kirche.
Wir folgen der Fahrstraße für rund 300 m bis nach Laranjeiras. Am Dorfeingang verlassen wir diese und folgen der Markierung des Weitwanderwegs, die nach rechts durch das Dorfzentrum leitet. Ab hier (bis Corte das Donas, zweite Etappe) folgen wir zudem wieder der gelb-roten Markierung einer Rundwanderung (siehe Tour 49). Schon nach wenigen Minuten verlassen wir das Dorf wieder und steigen auf einem schmalen Pfad steil bergan bis zu einem Aussichtspunkt mit herrlichem Blick auf das Dorf und das Flusstal. Weiter aufsteigend erreichen wir am nächsten Hügel eine Tierweide. Wir bleiben geradeaus auf dem Hauptweg, wandern leicht bergab und

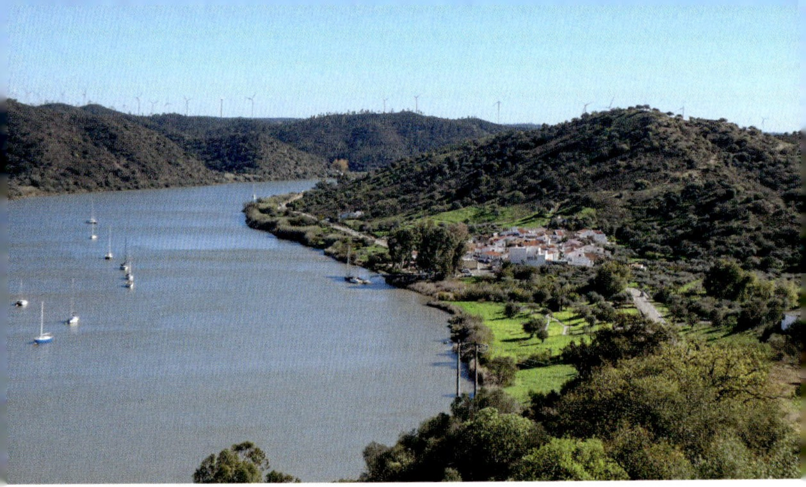

Blick auf das Dorf Laranjeiras.

orientieren uns bei der nächsten Gabelung nach rechts und wandern neuerlich etwas bergan. Nach einer steilen Rechts-Linkskurve führt der Weg schließlich steil bergab Richtung Flussufer. Der Erd-Schotterweg geht am Dorfrand der nächsten Siedlung in eine betonierte Fahrstraße über. **Guerreiros do Rio** ❻ ist eines der bekanntesten Dörfer entlang des Guadiana. Hier liegt auch das Museu do Rio, das wir beim Abstieg Richtung Uferstraße passieren. Unverkennbar ist die Fassade des Gebäudes, die mit schönen Bildern mit Bezug zu Natur und Geschichte der Region geschmückt ist. Mit Blick auf den Fluss gehen wir nach rechts weiter und folgen für ca. 600 m der schon bekannten Fahrstraße (M507). Danach lenkt uns die Wegmarkierung nach links Richtung Flussufer, weg von der Straße. Nun wandern wir auf einem schmalen Pfad durch einen Olivenhain und eine Kleingartenlandschaft mit Weinreben, kleinen Feldern, Feigenbäumen und Gemüsegärten. Bei einem Haus knickt der Weg wieder Richtung Straße, wir bleiben jedoch weiterhin auf dem schmalen Pfad (Markierung nach links) und treffen erst etwa 200 m später bei einem Radbrunnen am Dorfrand der nächsten Siedlung wieder auf die Straße. Hier gehen wir nach links und zweigen rund 100 m später nach rechts in die Rua de Álamo ein, die uns in das Zentrum von **Álamo** ❼ leitet.

2. Tag: Álamo–Odeleite; 4.00 Std./15,1 km; 280 m im Auf- und Abstieg

Auf der Rua de Álamo setzen wir unseren Weg durch das Dorfzentrum von **Álamo** ❼ fort, das durch ein Flusstal geteilt wird. Über eine Brücke wechseln wir vom rechten in den linken Siedlungsteil und folgen der Wegmarkierung durch einige Gassen steil bergan, an einem Haus mit Palmen

und einer Terrasse mit großen Tonvasen und schönem Ausblick vorbei. Hier endet die Siedlung und es beginnt ein schmaler Erd-Steinweg, der stellenweise von einer alten Steinmauer flankiert wird. Wir wandern nun bergan, zumeist durch einen Steineichenwald. Nach etwa 500 m knickt unser Wanderweg spürbar nach rechts und mündet bei einer T-Kreuzung in einen breiteren Erd-Schotterweg ein, der, ebenso von Álamo kommend, Richtung Corte das Donas hochführt. Hier halten wir uns nach links und folgen dem Weg ca. 1,5 km weiterhin leicht bergan. Schon von Weitem sind die Überreste einer Windmühle zu sehen (rechts) und kurz nachdem wir diese passiert haben, mündet der Erd-Schotterweg in eine Fahrstraße (M507-2) ein. Hier gehen wir nach links weiter in Richtung der Häuser von **Corte das Donas** 8, das wir nur am Rand passieren. Hier trennt sich der Rundwanderweg (vgl. Tour 49) vom Weitwanderweg, der noch ein kleines Stück auf der Fahrstraße weiterführt. Gleich nach der zweiten Zufahrtsstraße, die nach rechts in das Dorf führt, folgen wir der ersten Straße, einer Einfahrt zu einem Bauernhof, nach links (z. T. unkenntliche Markierung). Vor den Häusern (mit vielen Wachhunden) biegen wir nach rechts auf einen schmalen, steinigen Pfad und wandern auf diesem leicht bergan bis zu einer Hügelkante. Dort folgen wir der Markierung nach rechts auf einen Weg, der abschnittsweise an einer Mauer entlangführt und nach rund 200 m bei einer T-Kreuzung in einen breiten Weg einmündet. Diesem folgen wir nach links. Der Wegcharakter bleibt für die kommenden 5 km ähnlich: Wir wandern auf einem breiten Erd-Schotterweg durch Hügelland mit extensiven Weiden (viel Buschland) und einigen Aufforstungsgebieten (Schirmpinien), gelegentlich unterbrochen von Steineichen und Johannisbrotbäumen. In regelmäßigen Abständen passieren wir weiße Häuschen, die einen unterirdischen Kanal begleiten. So gelangen wir gemächlich zurück in das Guadiana-Tal, das wir ebenso wie die Ufersiedlung Foz de Odeleite schon aus der Ferne ausmachen können. Schon vor der Ortschaft passieren wir einige Häuser, darunter ein Versammlungshaus der lokalen Jägerschaft sowie ein Wasserverteilzentrum. Danach geht es in einigen Kurven weiter bergab in Richtung Siedlungsrand von **Foz de Odeleite** 9. Das Dorf liegt auf einer kleinen »Halbinsel«, die sich zwischen den beiden Flüssen Guadiana und Odeleite erstreckt. Wir durchqueren das Dorf in Richtung Flussufer, wo wir die schon bekannte Uferstraße (M507) erreichen. Dieser folgen wir nach rechts und überqueren rund 500 m später die Brücke über die Ribeira de Odeleite. Drehen wir uns auf der Brücke nach links, können wir wenige 100 m entfernt die Mündung der Ribeira de Odeleite in den Guadiana sehen, die auch namensgebend für das Dorf ist (»Foz de Odeleite« bedeutet »Mündung des Odeleite«).

Jenseits des Flusses zweigen wir bei erster Gelegenheit nach rechts ab (Markierung) und wandern in einer Rechts-Links-Kurve in die Flussniederung der Ribeira de Odeleite, die für den Rest der heutigen Etappe in Sichtweite bleibt. Wir laufen nun auf einem schmäleren Erd-Sandweg durch die flache

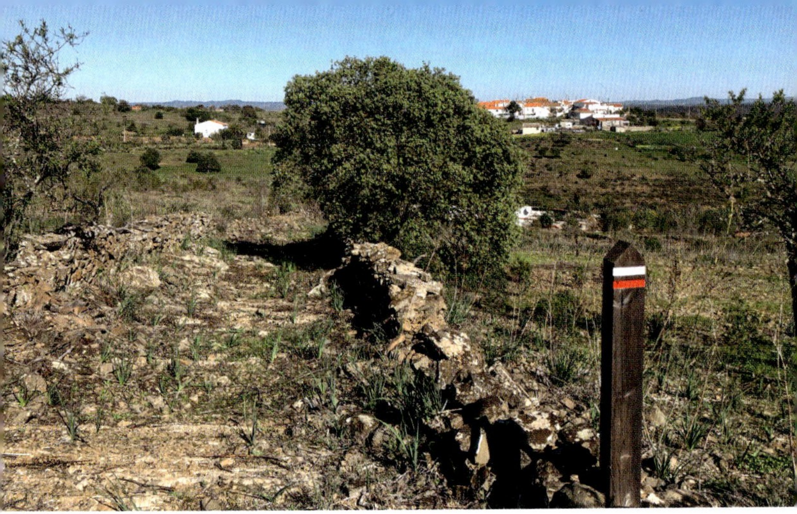

Wegverlauf mit dem Dorf Corte das Donas im Hintergrund.

Uferlandschaft, die hier von Binsengras bestimmt wird. Ein leichter Anstieg auf eine Flussterrasse leitet den Wanderweg an einer Hausruine vorbei (Sapal de Cima, links) und im Anschluss zurück Richtung Flussufer. Danach knickt der Weg wieder weg vom Ufer und führt zwischen Weiden und Olivenhainen zur Rechten und Buschwerk und Wald zur Linken leicht bergan zu einem kleinen Bauernhaus (Assador) an einer Weggabelung. Hier trifft neuerlich ein lokaler Rundweg (siehe Tour 51) auf unseren Weitwanderweg, weswegen der folgende Etappenabschnitt wieder weiß-gelb-rot markiert ist. Wir wandern nach rechts weiter und bleiben auf dem Weg, der parallel zum Flussufer verläuft. Vor uns liegt nun die nächste »Flussvermählung«, der Zusammenfluss von Foupana und Odeleite. Jenseits der Ribeira da Foupana liegt das große Waldgebiet Mata Nacional das Terras da Ordem (siehe Tour 50). Unser Wanderweg nähert sich bei der renovierten Wassermühle **Moinho das Pernadas** ⑩ wieder dem Flussufer.

Wir passieren die Gebäude und wandern auf einem gepflasterten Weg (der Zufahrt zur Mühle) bis zu einem Parkplatz mit Abenteuerspielplatz und

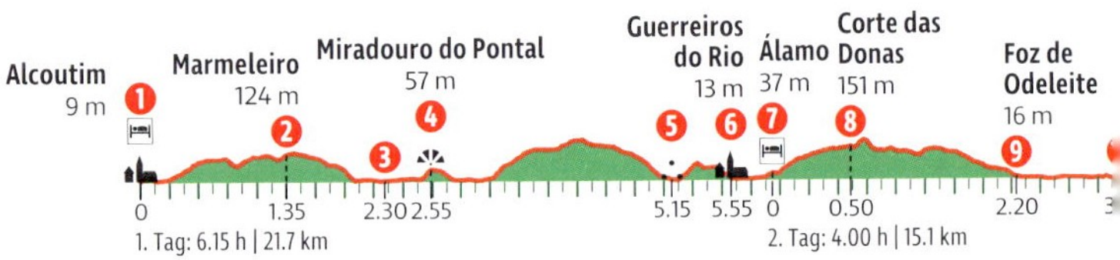

Klettergarten. Beides ist nur saisonal geöffnet. Dahinter biegt unser Weg nach rechts ab und wir verlassen die gepflasterte Straße, um auf einer Erdstraße weiterzuwandern. Der Weg führt hier nun gemächlich auf einer Art Terrasse entlang des Flusses weiter. Im Flusstal sieht man kleine Gärten mit Oliven- und Orangenbäumen. Wir steigen in Richtung einer Asphaltstraße auf, doch bevor wir diese erreichen, biegen wir nach rechts auf eine breite Sandstraße ab, die neuerlich bergab und auf einem Terrassenweg zwischen Fluss und Straße verläuft. Wir passieren eine Kläranlage linker Hand und wandern auf eine Brücke zu. Auf dieser queren wir die Ribeira de Odeleite etwas nördlich des Dorfes Odeleite, das wir links bereits sehen können. Bei einer Kreuzung treffen wir auf einen Radbrunnen. Wir folgen der Markierung nach links und unter einer Straßenbrücke hindurch. Bei der kommenden Weggabelung halten wir uns rechts und wandern die Rua Eufrásia Gomes steil bergan, bis diese bei einer T-Kreuzung in die Rua da Escola einmündet. Nun gehen wir nach links und wandern bergab bis zu dem kleinen Supermarkt Mercearia Cavaco auf der linken Straßenseite. Hinter dem Geschäft biegen wir links ab und beenden die zweite Etappe des Weitwanderweges im Dorfzentrum von **Odeleite** ⑪ am Largo 25 de Abril.

3. Tag: Odeleite–Junqueira; 4.50 Std./17,6 km; 330 m im Auf- und Abstieg
Vom Dorfzentrum in **Odeleite** ⑪ gehen wir mit Blick auf das Gemeindeamt nach links und die gleich folgende Rua da Praça nach rechts. Dann zweigen wir nach links in die Rua da Igreja ein und stehen wenige Minuten später am Portal der Dorfpfarrkirche Igreja Matriz de Odeleite. Dort halten wir uns nach rechts und zweigen bei erster Gelegenheit nach links wieder in die Rua da Praça ein. Auf dieser queren wir auf einer Brücke die Ribeira de Odeleite und wandern so aus dem Dorf hinaus, hinein in eine fruchtbare Obst- und Gartenlandschaft in der Flussniederung mit Gemüsegärten, Orangen-, Feigen- und Olivenbäumen. Bei der folgenden Weggabelung bei einem großen Johannisbrotbaum (ca. 200 m nach der Brücke) gehen wir nach links und wandern wenig später einen Erd-Steinweg bergan. Links sind Holzverschläge, kleine Ställe und Schuppen zu sehen, rechts liegt ein aufgeforsteter Hang mit Schirmpinien. Etwa 1 km nach der Brücke und nach rund 100 Höhenmetern Anstieg erreichen wir eine Fahrstraße, die wir überqueren und der wir etwa 100 m nach rechts folgen, um dann gleich nach links in einen schmäleren Erdweg einzubiegen. Zurück blickt man auf

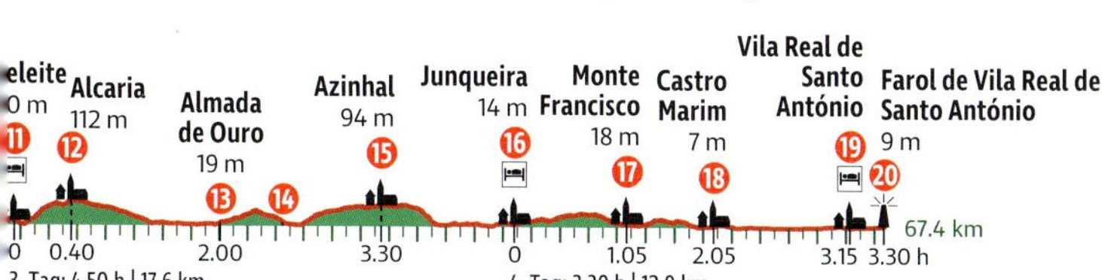

die Staumauer der Albufeira de Odeleite. Wir wandern nun durch einen lichten Pinienwald etwas bergab. Auf dem gegenüberliegenden Hang sehen wir bereits eine kleine Siedlung, die unser nächstes Etappenziel ist. Links des Weges begleitet uns eine mächtige Opuntienhecke, die sich bis an den Dorfrand von **Alcaria** ⓬ erstreckt, das wir nach einem kräftigen Anstieg erreichen.

Wir durchwandern das kleine Dorf in wenigen Minuten auf dem markierten Weg und überqueren die Fahrstraße (M1063) diagonal am südlichen Dorfrand. Der markierte Wanderweg führt im steilen Winkel nach links von der Fahrstraße weg (Markierung). In der Folge geht es auf einem Erd-Steinweg über eine Wiese und nach einem leichten Rechtsknick in einen lichten Wald hinein. Auf diesem breiten Forstweg laufen wir rund 1,5 km immer leicht bergab. Hinter dem Wald kommen wir an einer größeren, eingezäunten Zitrusfruchtplantage vorbei, in deren Zentrum ein Haus steht. Bei einer Weggabelung kurz nach der Hauszufahrt halten wir uns nach rechts und passieren wenig später einen Bewässerungsteich am Südostrand der Plantage. Vor uns sehen wir bereits das Tal des Rio Guadiana. Etwa 400 m weiter mündet unser Weg bei einer T-Kreuzung in einen breiten und sandigen Weg ein, der parallel zum Flussufer verläuft. Wie schon weiter im Norden ist auch hier der Ufersaum fruchtbar und bietet Platz für Felder, Weinberge, Gärten und Haine.

Gleich nach der Wegkreuzung queren wir den ersten Bachlauf, der in den Rio Guadiana mündet, und passieren wenig später den ersten Bauernhof (Amoreira) mit gut gepflegtem Gemüsegarten. Etwa 800 m später liegt das Landgut Lavandula auf unserem Weg mit eindrucksvollem Portalbereich und umgebenden Zitrusfruchthainen. Gleich darauf queren wir einen weiteren Zufluss zum Guadiana und nähern uns wieder dem Flussufer. Für rund 300 m sind wir in der Folge unmittelbar am Guadiana unterwegs, danach knickt der Weg nach rechts, passiert ein weißes Haus (rechts) und verläuft durch eine Gartenlandschaft in Richtung der nächsten Siedlung. Bevor wir diese erreichen, überqueren wir den nächsten Guadiana-Zufluss auf betonierten Trittsteinen (dies kann in der regenreichen Zeit etwas beschwerlich sein) und wandern auf dem markierten Weg geradewegs durch das hübsche Dorfzentrum von **Almada de Ouro** ⓭. Auf der Hauptstraße nehmen wir die erste Gasse nach links und verlassen nach wenigen Minuten die Siedlung auf einer Fahrstraße.

Nach etwa 500 m, vor einem leichten Rechtsknick der Straße, zweigen wir nach links auf einen Erd-Steinweg (Wegpfeil) ab. Nun wandern wir durch eine hügelige und mit Buschwerk zugewachsene Landschaft nach Süden Richtung Guadiana-Tal. Einzelne Grundstücke am Wegesrand sind eingezäunt; möglicherweise entstehen hier neue Bau- oder Landnutzungsprojekte. Ein markanter Blickfang in der Ferne ist die 1991 eröffnete Ponte Internacional do Guadiana, die einzige Brücke über den Fluss zwischen Algarve und Andalusien. Etwa 1,5 km nach der Fahrstraße erreichen wir den

verlassenen und verfallenen Weiler **Choças** ⑭, der auf einer Flussterrasse liegt. Bei den Gebäuden mündet unser Weg in einen breiteren Erdweg ein, den wir nach links (Richtung Flussufer) weitergehen. 300 m später zweigen wir nach rechts ab und queren gleich darauf die Ribeira das Choças, einen Zufluss zum Guadiana. Das breite Tal der Ribeira das Choças erscheint wie eine grüne Oase. Auf den Tierweiden im Talgrund wächst saftiges Gras, während die Hügelhänge von Buschland überwuchert sind. Auf der anderen Talseite führt der Wanderweg in weiten Kurven den Hang bergan. Nach etwa 1 km mündet von links ein Weg ein. Wir bleiben auf dem Hauptweg, der in Richtung Azinhal weiterführt, unserem nächsten Zwischenziel, das wir bereits halblinks vor uns liegen sehen. In der Umgebung sieht man verkohlte Baumreste, die Überbleibsel eines kürzlichen Waldbrandes. Weiterhin wandern wir leicht bergan und treffen in der Nähe einer Antenne auf eine Wegverzweigung. Wir folgen der Markierung nach links, in Richtung der Siedlung. Markant sind die Kirche am Dorfrand und auch der Überrest einer Windmühle in der Nähe.

Wir wandern in das Zentrum von **Azinhal** ⑮, durch die Rua de Santa Barbara und weiter über den Largo do Mercado (Hauptplatz), wo es auch Cafés gibt. Dort treffen wir auf die Durchgangsstraße (N122), der wir 200 m nach links folgen und dann nach links in die Rua António Fernandes einbiegen. In dieser Wohnstraße am Dorfrand sind wir wieder etwa 200 m unterwegs, bevor wir sie nach rechts auf einen Erd-Wiesenweg (Wegpfeil) verlassen. Zunächst wandern wir über eine leicht hügelige Hochebene, bevor etwa 800 m nach der Kreuzung ein steiler und z. T. rutschiger Abstieg in das

Blick auf das Dorf Odeleite.

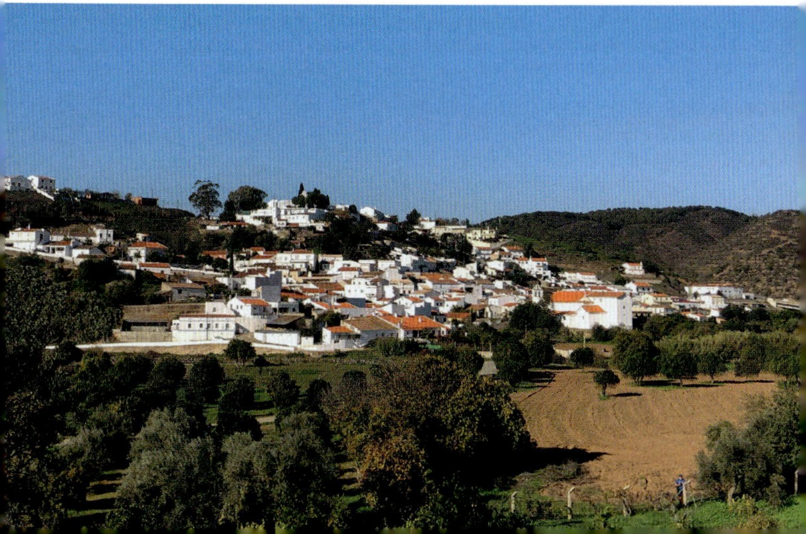

nächste Flusstal beginnt: Vor uns liegt die Ribeira do Beliche mit Weiden, Gärten und Feldern. Sie ist ein Zufluss zum Guadiana und wird im Oberlauf als Wasserreservoir und zur Stromgewinnung aufgestaut, weswegen nur ein spärliches Rinnsal das mächtige Tal durchfließt.
Noch vor dem Talgrund biegen wir bei einer T-Kreuzung auf einen breiten Erd-Steinweg nach rechts ab und wandern auf einer Flussterrasse am nordöstlichen Rand der Ribeira do Beliche weiter. Links von uns liegt der bewirtschaftete Talgrund, rechts ist spärliches Buschland auf den Hängen zu sehen. Wir passieren einen Bauernhof (Casa da Boa Onda) und wandern auf einem Terrassenweg weiter, der in die Fahrstraße (N122) einmündet. Auf dieser gehen wir nach links weiter und überqueren kurze Zeit später auf einer Brücke die Ribeira do Beliche. Auf der Fahrstraße wandern wir etwa 1,3 km bis an den nördlichen Siedlungsrand von **Junqueira** 16, wo wir bei der Taberna Gil & Graça die dritte Tagesetappe abschließen.

4. Tag: Junqueira–Vila Real de Santo António; 3.30 Std./12,9 km; 130 m im Auf- und Abstieg

Von der Taberna Gil & Graça in **Junqueira** 16 aus gehen wir durch die Rua do Barranco, durchqueren das Dorfzentrum, zweigen dann nach links in die Rua das Escadinhas ab und kommen so zum Sportplatz mit Vereinslokal, eine Art soziales Zentrum des Dorfes. Durch die Rua das Figueiras geht es weiter in Richtung eines Wasserturms, kurz davor nach links und aus dem Dorf hinaus. Ab hier sind wir wieder auf einem Erd-Steinweg unterwegs. Bei einer Wegkreuzung ca. 100 m später gehen wir geradeaus und leicht bergan. Der Weg wird hier von Opuntien und leider auch von etwas Müll flankiert. Wir wandern auf die Trasse der Schnellstraße IC27 zu, die vor und über uns liegt. Durch einen Tunnel unterqueren wir diese, ignorieren eine Abzweigung nach rechts und bleiben auf dem sehr breiten Erd-Schotterweg, der zunächst rechts der Schnellstraße weiterführt, dann von ihr wegknickt und in einem Linksbogen an einem Hang leicht bergan führt. Vor uns liegt ein Golfplatz und dahinter die Siedlung Monte Francisco. Der breite Erd-Schotterweg mündet bei einer T-Kreuzung in die schmale Zufahrtsstraße zum Golfplatz. Hier gehen wir auf dem Gehsteig nach links (wieder Richtung Schnellstraße) und bleiben etwa 500 m auf dieser Straße. Vor einer Kläranlage zweigen wir nach rechts ab und

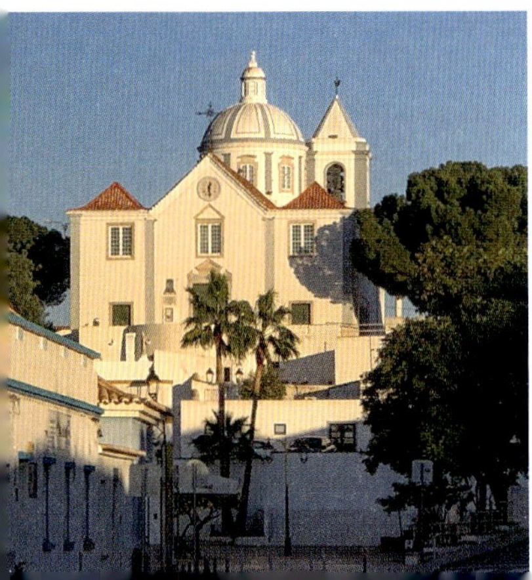

Igreja Matriz de Nossa Senhora dos Mártires in Castro Marim.

wandern dann auf einem Hangpfad in Richtung eines kleinen Eukalyptuswaldes bergab, danach kurz am Waldrand entlang und weiter auf die Siedlung zu. Am Dorfrand biegen wir nach links in die Rua Nova de São Francisco ein, wandern durch eine Wohnstraße (prächtige Villa links, Olivenhaine rechts) bergab und steigen dann über eine Treppe zur Rua da Estrada Nacional hoch, der wir nach rechts in Richtung Dorfzentrum von **Monte Francisco** 17 folgen. Wir bleiben auf dieser Straße bis zu einem Kreisverkehr am südöstlichen Ortsrand. Dort nehmen wir die erste Straße (Rua da Vista Real) nach rechts und verlassen diese bei erster Gelegenheit nach links. Der Weg führt aus der Siedlung hinaus, verbleibt aber auf Asphalt und verläuft in Richtung der weithin sichtbaren Autobahntrasse (A22). Wir unterqueren diese in einem Tunnel. Etwa 200 m nach dem Tunnel und vor einem Haus (Teil der dahinter liegenden Streusiedlung Vista Real) zweigen wir nach links ab und wandern auf einem breiten Erd-Schotterweg leicht bergab. Rechts von uns stehen ein Sendemast und ein riesiges Gebäude (ehemaliges, jetzt verlassenes Hotel). Der Weg führt uns zu zwei Teichen. Nach dem ersten Teich gehen wir nach links (also zwischen den Teichen hindurch) und erklimmen auf einem breiten Schotterweg (mit viel Müll rechts und links des Weges) eine kleine Anhöhe, wandern an einem verlassenen Haus rechts vorbei und gehen einen von Schirmpinien und großen Steinen flankierten breiten Weg bis zu einer Art Aussichtsterrasse, die einen prächtigen Blick auf die Landschaft der letzten Etappe des Weges ermöglicht. Wir sehen das breite Tal des Rio Guadiana mit der markanten Brücke (Ponte Internacional do Guadiana) rechts von uns sowie vor uns die Stadt Castro Marim mit den Festungshügeln und dahinter die Lagunenlandschaft Reserva Natural do Sapal de Castro Marim e Vila Real de Santo António.

Der Markierung folgend gehen wir auf einem Erdweg nach rechts und am Rand einer Vorstadtsiedlung von Castro Marim bergab. Dann zweigen wir nach rechts in die Travessa do Oceano ein und folgen bei der Kreuzung der Straße nach links (Avenida Infante Dom Henrique). Sie leitet uns zu einem Kreisverkehr. Hier gehen wir geradeaus und folgen weiterhin der Avenida Infante Dom Henrique. Links von uns liegt ein Schulcampus samt Fußballplatz, rechts befindet sich ein Parkplatz. Die nächste Straße (Durchfahrtsstraße) überqueren wir geradeaus, wandern durch eine kleine Gasse und biegen 100 m später nach links in die Rua de São Sebastião, die Hauptstraße von **Castro Marim** 18, ein. Hier gibt es eine Reihe von Geschäften, Cafés und Restaurants. Wir wandern entlang der Hauptstraße Richtung Igreja Matriz Castro Marim, die etwas erhöht liegt und durch die markante Kuppel leicht zu erkennen ist. Kirche und Hauptstraße liegen genau zwischen zwei Hügeln, auf denen jeweils eine Festung steht: links das Castelo de Castro Marim, rechts die Forte de São Sebastião. Beide zeugen davon, dass die Stadt lange Zeit eine portugiesische Grenzfestung Richtung Spanien/Andalusien war. Wir passieren den Hauptplatz der Stadt (Largo 1° de Maio) und folgen der Straße, die rechts vor der Terrasse, auf der die Kirche

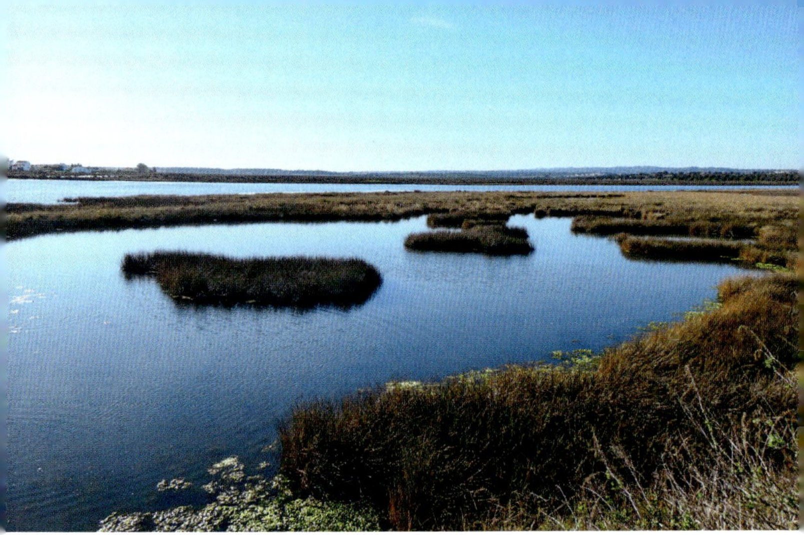

Blick auf die Lagunenlandschaft zwischen Castro Marim und Vila Real de Santo António.

steht, eine Rechtskurve beschreibt. Am Ende der Kurve ist auf der rechten Straßenseite eine separate Spur für Wanderer und Radfahrer angelegt worden, die wir in der Folge nutzen werden. Links von uns befindet sich der Zambujal-Hügel, der als »Revelin de Santo António« (kleines Festungswerk) bekannt ist; heute steht dort eine intakte Windmühle und dahinter die kleine Kirche Ermida de Santo António.

Die Straße (Fortsetzung der Hauptstraße von Castro Marim) mündet schließlich in die Durchgangsstraße (N122) Richtung Vila Real de Santo António ein. Wir gehen nun nach rechts weiter und wandern weiterhin auf dem separaten Wanderweg auf der rechten Seite der Straße. So durchqueren wir auf den folgenden 2 km die Lagunenlandschaft zwischen der Küste und Castro Marim, heute ein Naturschutzgebiet (Reserva Natural do Sapal de Castro Marim e Vila Real de Santo António), das durch den Flussarm Esteiro da Carrasqueira entwässert wird. Mit Glück und in der richtigen Jahreszeit können hier Watvögel beobachtet werden, wobei die Flamingos die größte Attraktion darstellen. Die Lagune wird auch wirtschaftlich zur Salzgewinnung aus Meerwasser genutzt.

Hinter einer Brücke über den Esteiro da Carrasqueira, einem Zufluss zum Guadiana, erreichen wir einen Kreisverkehr. An diesem biegen wir nach links ab (zweite Ausfahrt) und wandern am Lagunenrand und am linken Rand der Avenida de Castro Marim Richtung Flussufer des Guadiana. Eine die Straße begleitende Allee bietet Schatten. Wir passieren den Bahnhof von Vila Real de Santo António rechts der Straße und ein kleines Indus-

trieviertel in der Nähe des Flusshafens, der links vor uns liegt. Nach ca. 1 km erreichen wir am Eingang des Flusshafens einen größeren Kreisverkehr. Wir wandern hier geradewegs weiter Richtung Flussufer und folgen der Wegmarkierung, die an der Uferstraße nach rechts nach Vila Real de Santo António weist. Mit dieser geht es neben dem Fluss auf dem linken Gehsteig der Avenida da República Richtung Jachthafen weiter. Gegenüber vom Jachthafen liegt die schachbrettartig angelegte Altstadt von **Vila Real de Santo António** **19**. Eine moderne Statue erinnert an den Stadtgründer Marquês de Pombal (Sebastião José de Carvalho e Melo, gest. 1782). Der schöne Hauptplatz (zwei Gassen parallel zur Uferpromenade) mit einem markanten Obelisken im Zentrum ist nach ihm benannt.
Wir bleiben an der Uferpromenade und wandern geradeaus Richtung Flussmündung weiter. Dabei passieren wir den schönen Stadtpark (links, Jardim da Avenida da República) und sehen an mehreren Stellen alte, mit Kanonen bestückte Geschützstellungen, ein weiterer Hinweis darauf, dass die Stadt u. a. als Grenzbefestigung gegen Spanien diente. In Bezug auf den Guadiana-Weitwanderweg ist aber der Blick auf die Mündung des Guadiana-Flusses in den Atlantik, die gleichzeitig Grenze zwischen Algarve und Andalusien ist, die größte Attraktion. Wir gehen bis zum Ende der Promenade, wo die Straße in einen Kreisverkehr mit einem markanten Denkmal mit Fischmotiven (Monumento ao Pescador) mündet. Hier folgen wir der Hauptstraße nach rechts. Nach 200 m beginnt links der Straße der Küstenwald, in dem Schirmpinien und Seekiefern vorherrschen, und gleich darauf passieren wir den sehenswerten **Farol de Vila Real de Santo António** **20**, der etwas abseits des Flussufers und der Küste liegt, aber zu den schönsten Leuchttürmen des Landes zählt. Wenn geöffnet, kann man über 220 Stufen auf eine 46 m hohe Plattform steigen und einen Rundblick über die Mündung des Rio Guadiana und die umgebende Landschaft genießen. Hier beenden wir unsere Tour. Wandert man jedoch an der Estrada da Mata noch 300 m weiter, so kann man nach links durch ein Tor (mit Informationstafel zum Guadiana Weitwanderweg) den Küstenwald betreten und erreicht nach weiteren 1,5 km den weiten Sandstrand.

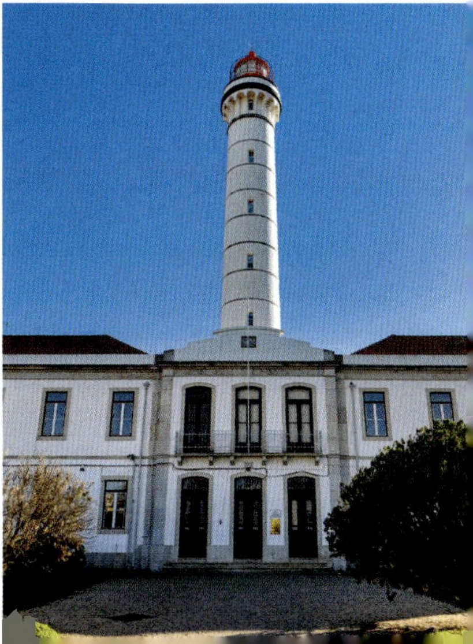

Der Abschluss des Weitwanderwegs am Farol de Vila Real de Santo António.

STICHWORTVERZEICHNIS

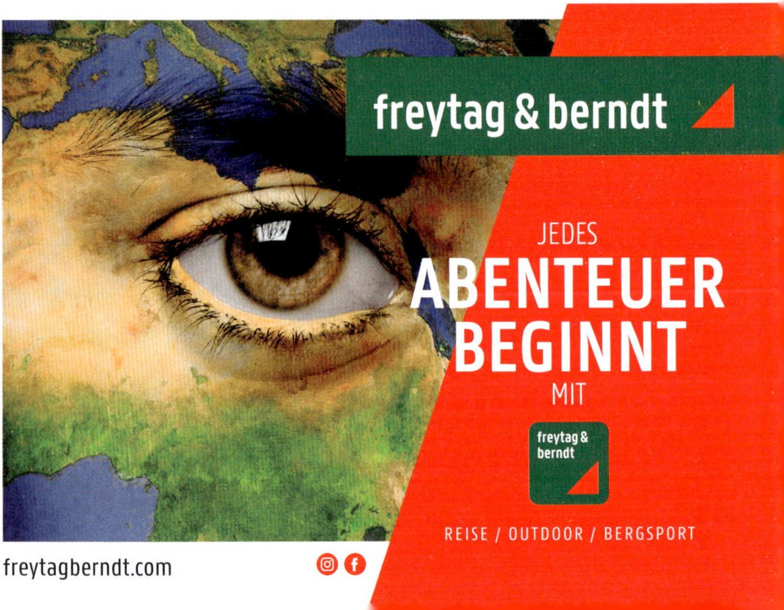

freytagberndt.com

Wanderbare **GLÜCKS-MOMENTE** in ganz Europa.

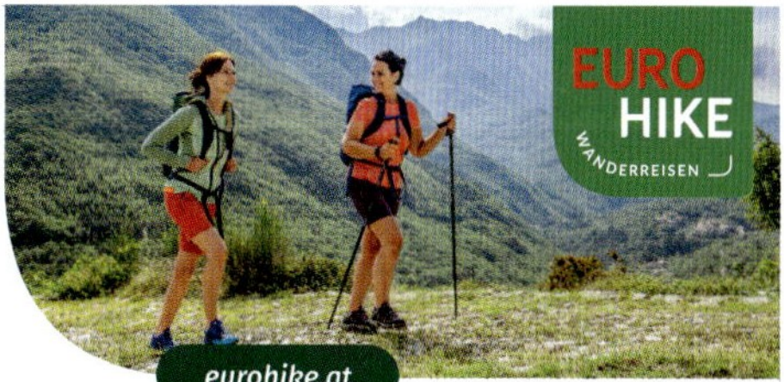

eurohike.at

Gratis-Infoline: 0800 070 6333

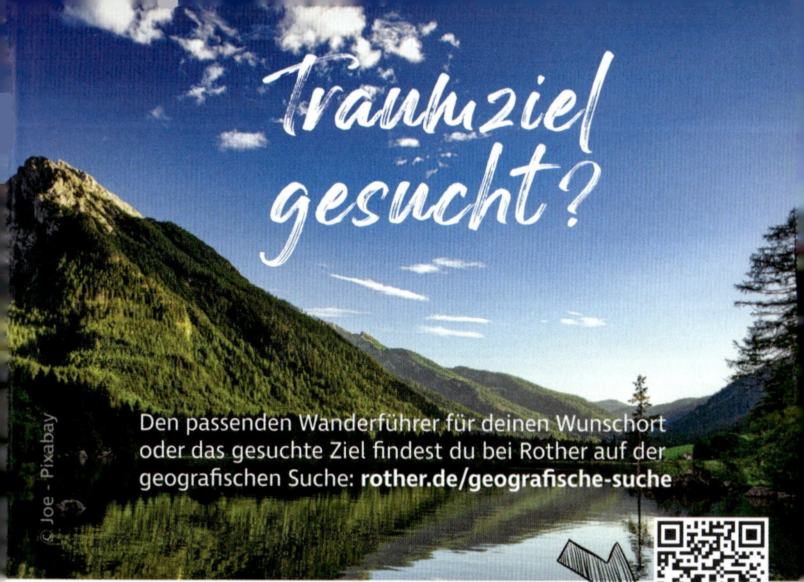

Traumziel gesucht?

Den passenden Wanderführer für deinen Wunschort oder das gesuchte Ziel findest du bei Rother auf der geografischen Suche: **rother.de/geografische-suche**

© Joe - Pixabay

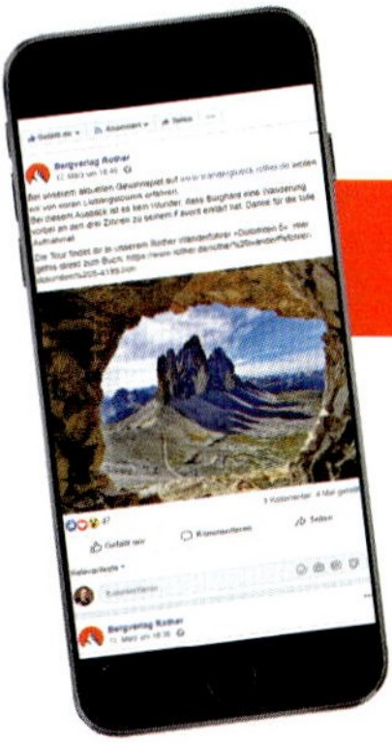

Nichts verpassen!

Monatliche Neuerscheinungen, Tourentipps und Gewinnspiele im Rother Newsletter

Gleich anmelden:
rother.de/newsletter

700 Ziele auf
rother.de

ROTHER
BERGVERLAG